国网北京市电力公司
STATE GRID BEIJING ELECTRIC POWER COMPANY

国网北京市电力公司年鉴

2017年

《国网北京市电力公司年鉴》编委会

中国电力出版社
CHINA ELECTRIC POWER PRESS

图书在版编目（CIP）数据

国网北京市电力公司年鉴. 2017 年 / 《国网北京市电力公司年鉴》编委会组编. —北京：中国电力出版社，2017.6

ISBN 978-7-5198-0835-8

Ⅰ. ①国… Ⅱ. ①国… Ⅲ. ①电力工业–工业企业–北京–2017–年鉴 Ⅳ. ①F426.61-54

中国版本图书馆 CIP 数据核字（2017）第 134659 号

出版发行：中国电力出版社
地　　址：北京市东城区北京站西街 19 号（邮政编码 100005）
网　　址：http://www.cepp.sgcc.com.cn
责任编辑：刘丽平（LiPing-Liu@sgcc.com.cn）
责任校对：常燕昆
装帧设计：张俊霞　赵姗姗
责任印制：邹树群

印　　刷：北京盛通印刷股份有限公司
版　　次：2017 年 6 月第一版
印　　次：2017 年 6 月北京第一次印刷
开　　本：889 毫米×1194 毫米　16 开本
印　　张：16.75
字　　数：458 千字
印　　数：0001—1000 册
定　　价：158.00 元

特约撰稿人

李兴华　　国网北京市电力公司办公室
张　晶　　国网北京市电力公司发展策划部
马晓艳　　国网北京市电力公司人事董事部
王希菁　　国网北京市电力公司人力资源部
姚敬明　　国网北京市电力公司财务部
宗晓茜　　国网北京市电力公司安全监察质量部
李　戎　　国网北京市电力公司运维检修部
周晓梅　　国网北京市电力公司建设部
林　华　　国网北京市电力公司营销部
徐绍军　　国网北京市电力公司科技信通部
白晓东　　国网北京市电力公司物资部
徐光兵　　国网北京市电力公司审计部
门吉光　　国网北京市电力公司纪检监察部
王　岚　　国网北京市电力公司思想政治工作部
张文旭　　国网北京市电力公司离退休工作部
郑　磊　　国网北京市电力公司法律事务部
朱雪敏　　国网北京市电力公司对外联络部
韩戈奇　　国网北京市电力公司后勤工作部
赵　飞　　国网北京市电力公司运营监（测）控中心
赵　钢　　国网北京市电力公司电力调度控制中心
鲁秦圣　　国网北京市电力公司电力交易中心
范晓辉　　国网北京市电力公司工会
刘园园　　国网企业管理协会北京市电力公司分会
吕　翔　　国网北京城区供电公司
欧阳昕倩　　国网北京朝阳供电公司
乔　飞　　国网北京海淀供电公司
李　放　　国网北京丰台供电公司

赵　飞　　国网北京石景山供电公司
孙　特　　国网北京亦庄供电公司
赵美佳　　国网北京通州供电公司
党　剑　　国网北京昌平供电公司
王进朔　　国网北京门头沟供电公司
邓　洁　　国网北京房山供电公司
付冠男　　国网北京大兴供电公司
张　强　　国网北京平谷供电公司
钟玉娟　　国网北京怀柔供电公司
杜静伊　　国网北京密云供电公司
周宇婷　　国网北京顺义供电公司
颜　渊　　国网北京延庆供电公司
张　健　　北京电力经济技术研究院
张祎果　　北京电力科学研究院
秀景琪　　国网北京电力工程公司
刘　丛　　国网北京市电力公司检修分公司
王　辉　　国网北京市电力公司信息通信分公司
娄　强　　国网北京市电力公司培训中心
武　鹏　　国网北京市电力公司物资供应分公司
居　然　　国网北京市电力公司综合服务中心
李嫚莉　　国网北京市电力公司综合服务中心
胡晨同　　国网北京市电力公司客户服务中心
姚　莉　　国网北京电动汽车服务有限公司
金　建　　北京市供用电建设承发包公司
王卫东　　国网北京电力物业管理公司
肖东良　　北京市城市照明管理中心
辛　颖　　集体企业管理办公室

编 辑 说 明

1 《国网北京市电力公司年鉴》是国网北京市电力公司（以下简称公司）的企业年鉴，是一部集史实性和资料性为一体的综合性工具书。本年鉴每年编纂出版一期，按年度记载公司的重大事项、专业工作和所属各单位的基本情况。本期是第 13 期，记载年度为 2016 年度。

2 本年鉴的编纂宗旨是：全面、系统、真实地反映公司在北京地区电网规划与建设中取得的成绩，总结公司生产经营工作的创新经验，弘扬公司干部职工的奉献精神，展示公司服务首都经济社会发展的企业风采。

3 本年鉴采用文章和条目两种载体，以条目体为主，用规范的记述文体，直陈其事，文字力求言简意赅。同时，文中选配具有一定史料价值的图片，力求图文并茂。

4 本年鉴的框架结构由篇目、栏目、条目 3 个层次组成。共设有 16 个篇目，即特载，公司概况，电网发展，企业管理，安全生产，电网运行与电力市场，科技信息，党的建设与精神文明建设，学、协会工作，供电公司，业务支撑机构及其他单位，产业管理，公司荣誉，大事记，重要文献，统计资料。

5 本年鉴的编辑工作是在公司直接领导下进行的。稿件由公司各部门、各单位的专人负责撰写，经部门、单位领导审核后，由年鉴编辑部汇总编辑并经年鉴编辑专家组反复审核定稿。

6 本年鉴编辑工作得到了公司各部门、各单位的高度重视和大力支持，在此谨致谢意，并欢迎提出改进意见。

篇　目 / Sections

目　录

安全生产

电网运行与电力市场

科技信息

党的建设与精神文明建设

学、协会工作

供电公司

业务支撑机构及其他单位

产业管理

公司荣誉

大事记

重要文献

统计资料

Contents

Safe and Production

Power Grid Operation & Power Market

Science & Technology Information

CPC Party Construction & Spiritual Civilization Construction

Work for Academy and Association

Power Supply Company

Business Support Agencies & Other Units

Industry Management

Corporation Honors

Key Events

Important Documents

Statistics

特　　载

领导关怀

李士祥到长椿街220kV变电站检查公司春节保电准备工作

2月3日，北京市委常委、常务副市长李士祥到长椿街220kV变电站，现场检查公司春节保电准备工作并慰问一线员工。

李士祥代表市委市政府感谢公司全体员工为首都发展所做的贡献，向大家送上新春祝福。李士祥指出，公司秉承“四个服务”宗旨，积极承担社会责任，讲奉献、敢担当，采用先进技术与人员值守相结合模式，确保了节日供电基础好、措施实。他强调，2016年是“十三五”开局之年，要牢记“首都安全责任重于泰山、人民生命财产高于一切”，继续发扬优良传统，紧绷安全这根弦，齐心协力、履职尽责，共同确保城市安全可靠运行，为建设国际一流和谐宜居之都提供更加坚强有力的供电保障。

■ 2月3日，北京市委常委、常务副市长李士祥到长椿街220kV变电站检查公司春节保电准备工作。

刘振亚到公司考察北京电网春节和全国两会供电保障工作

■ 2月4日，国家电网公司董事长、党组书记刘振亚到公司考察北京电网春节和全国两会供电保障工作。

2月4日，国家电网公司董事长、党组书记刘振亚到公司视察北京电网春节和全国两会供电保障工作，慰问干部员工。国家电网公司董事、总经理、党组成员舒印彪陪同慰问。

在听取了公司关于首都电网运行情况及春节、全国两会供电保障工作安排的汇报后，刘振亚表示很放心。他指出，2015年，在广大干部员工的共同努力下，公司取得了很多成绩、很多经验、很多创新，他对大家为电网发展所付出的艰辛努力表示感谢。他强调，当前公司要按照国家电网公司统一部署，做好节日期间安全生产和优质服务工作，让人民群众度过一个欢乐祥和的春节。同时，刘振亚鼓励大家再接再厉，在新的一年再创佳绩。

李东序到公司调研指导工作

7月1日，国务院派驻国家电网公司监事会主席李东序到公司调研指导工作，慰问一线员工，并结合“两学一做”学习教育活动，在丰台供电公司开展主题党日活动。

李东序认为，公司认真落实国家大气污染防治工作要求，全力以赴实施“煤改电”工程，为服务首都生态文明建设做出了积极贡献。

李东序指出，公司立足首都电力事业，发挥党员先锋模范作用，高标准做好政治保电工作，确保了首都安全可靠供电。公司把深化党员服务队建设作为落实“两学一做”要求的重要举措，涌现出“华灯班”等特色党员服务队，在党和首都群众中之间搭建起一座连心桥。

■ 7月1日，国务院派驻国家电网公司监事会主席李东序到公司调研指导工作。

寇伟到公司调研并慰问一线职工

■ 8月12日，国家电网公司总经理、党组副书记寇伟到公司调研并慰问一线职工。

8月12日，国家电网公司总经理、党组副书记寇伟到公司调研，慰问一线职工，并就落实国家电网公司年中工作会议精神，完成好全年各项任务提出要求。

寇伟指出，公司贯彻落实国家电网公司党组的决策部署和年中工作会议精神，推进“两个转变”，各项工作得到了市委市政府的肯定。作为国家电网公司在首都的窗口单位，公司承担着首都城市运行安全供电的重要责任。要坚持不懈地抓好安全生产和优质服务，把安全责任落到实处，确保安全可控、能控、在控。创新服务方式，融入“互联网+”理念，利用现代手段提高供电服务的技术含量，践行“你用电、我用心”服务理念。要落实国家电网公司与北京市政府签订的合作协议内容，完善北京电网结构，不断向国际一流城市电网迈进。加快推进“三集五大”体系再集约试点工作，在国家电网公司系统内发挥引领示范作用。要高水平地完成全年经营目标任务，千方百计开拓市场，创新发展模式，提高市场占有率。不断加强党的建设，将“两学一做”学习教育与中心工作紧密结合，抓好党的作风建设和反腐倡廉工作，落实主体责任和监督责任，做到干事干净。

要 事 特 辑

【中国共产党国网北京市电力公司第一次党员代表大会】 11月28～29日，中国共产党国网北京市电力公司第一次党员代表大会召开。公司208名全体党员代表参加会议。北京市国资委党委副书记、巡视员赵林华出席。李同智主持大会开幕式。杨新法、闫承山分别代表中国共产党国网北京市电力公司委员会、纪律检查委员会做工作报告。

按照《中国共产党章程》《中国共产党基层组织选举工作暂行条例》规定，参会的党员代表均由各基层党委、总支，按照既定组织程序，自下而上选举产生，经审查全部符合党员代表大会党员代表资格。全体出席会议代表划分为7个代表团，分别召开代表团会议履行代表职责。

会议期间，公司全体党员代表行使民主权利，听取并审议了杨新法所做的题为《推进全面从严治党　凝聚公司发展力量　为全面建成“一强三优”现代公司努力奋斗》的党委工作报告和闫承山所做的题为《挺起纪律规矩　强化主责担当　坚决维护公司安全健康和谐发展局面》的纪委工作报告。公司全体党员代表表决通过《关于中国共产党国网北京市电力公司委员会工作报告的决议》和《关于中国共产党国网北京市电力公司纪律检查委员会工作报告的决议》。经过充分酝酿和民主选举，大会产生了公司新一届党委会委员、纪律检查委员会委员。

大会号召，公司广大党员和职工高举中国特色社会主义伟大旗帜，时刻与党中央保持高度一致，肩负起建设坚强首都电网、服务首都经济社会发展的历史重任，发挥党组织的政治核心作用、战斗堡垒作用和共产党员先锋模范作用，团结带领广大职工，坚定信心、攻坚克难、开拓创新，为全面建成“一强三优”现代公司，实现“两个一流”目标努力奋斗。

（朱春晔）

【“两学一做”学习教育活动】 截至2016年底，公司各级党委中心组学习528次，党支部集体学习2151次，各级干部讲党课廉课779场次。制定学习教育指导卡，各级党组织共配发学习材料3万余册，制作培训课件128个。在丰台供电公司试点开发“移动端党员之家”，获人民网推荐。围绕公司“煤改电”、北京城市副中心建设等重点任务，组织成立27支共产党员突击队、834个党员示范岗、332个党员责任区和6支青年突击队。在8个区建设“电力爱心教室”，党员服务队开展供暖季“卫蓝暖心”等专项行动，在全市“煤改电”村镇社区设党员服务站809个，开展志愿服务活动1300余次。完成2496人次的党员组织关系排查及后续处理，规范严谨开展党费检查收缴；完成公司党委、机关及基层单位共28个党委、69个党支部换届选举工作。查找党员、党员领导干部和基层党组织3个层次需要重点解决的14个突出问题，公司制定完成整改措施255项。

（王　岚）

【“煤改电”工程】 根据国家环保部《关于印发〈京津冀大气污染防治强化措施（2016-2017年）〉（环大气〔2016〕80号）的通知》要求和北京市政府关于大气环境治理的工作部署，全年在确保完成全市重点推进的463个“煤改电清洁能源”村庄（其中“煤改电”村庄400个、13.2万户）的基础上，公司又超额完成247个“煤改电”村庄的建设任务（含区政府投资建设的142个村），“煤改电”总村庄数达647个，改造总户数达25.13万户。实施完成“煤改电”后，每年可减少燃煤75.39万t，减排二氧化碳196.01万t、二氧化硫1.82万t、氮氧化合物0.54万t。

（王　诜）

【“五新”服务】 公司下发《关于印发业扩工程“五新”服务专项行动计划的通知》（京电办〔2016〕14号），启动了业扩工程“五新”服务专项行动。主要从以下五方面开展工作：

（1）创新业扩报装接电服务新模式。创新业扩报装“契约式”新服务。创新建立业扩物资储备新模式。对于“契约式”项目、固定总价试点项目及其他重点工程，有效利用现有资金，根据项目签约进展，实施物资采购储备，缩短业扩工程建设周期。

（2）创新业扩报装“互联网+”服务新手段。推行线上办电新业务。拓展手机APP等电子渠道，实现业扩报装全业务线上办理，将间隔审批、断面审批、送电启动、资产移交等环节，由线下全部纳入线上管理。建立客户服务新渠道，构建“一口对外”服务体系。

（3）建立业扩项目配套建设新制度。建立业扩配套工程项目包管理制度。建立业扩报装项目“先接后改”机制。建立业扩报装受限项目“挂账销号”制度。

（4）建立业扩报装流程规范新标准。建立业扩全流程管控新标准。建立业扩报装业务工作新标准。

（5）建立业扩报装业务协同新机制。建立营配工作协同，建立业扩接电月度计划管理，建立业扩工程三级管控。

推进电网资源信息线上共享。简化断面审批管理。通过业扩工程“五新”服务专项行动，公司全年累计接电 1283.31 万 kVA，同比增长 42.24%，完成 1100 万 kVA 指标的 116.66%。

（代贵生）

【发布《电靓京城　服务国际一流和谐宜居之都 2015》白皮书】2月26日，公司发布《电靓京城 服务国际一流和谐宜居之都建设 2015》白皮书。公司已连续四年发布社会责任白皮书。白皮书系统介绍了公司推进建设能源互联、网架合理、安全高效、智能清洁的首都电网，满足经济社会对电力的需求，服务京津冀一体化发展国家战略，启动北京城市副中心电网建设；保障安全可靠的电力供应，完成“9·3”阅兵等重大政治供电保障任务；致力于不断改善智能用电体验，构建多元化的交费平台；配合北京市政府民生工程，改善用电环境，打通服务客户“最后一公里”；落实北京市清洁空气行动计划，服务清洁能源并网与消纳，推进电能替代，参与美丽乡村建设；完善“三集五大”体系建设，深化“五位一体”协同机制，依法从严治企，开拓创新，实现提质增效的相关情况。

（邢其敬　朱雪敏）

公司概况

【公司简介】国网北京市电力公司（简称公司）是国家电网公司的子公司，前身是1905年创建的京师华商电灯股份有限公司。2003年以前作为华北电力集团公司的直属单位，按地市公司实施“收支两条线”管理；2003年成为华北电力集团公司授权经营、独立核算的分公司，由国家电网公司按省公司直接管理；2008年成为独立法人企业。

公司作为首都最大的公用事业单位，负责北京地区1.64万km^2范围内的电网规划建设、运行管理、电力销售和供电服务工作。先后完成了第29届奥运会、新中国成立60周年庆典、APEC供电保障、纪念抗日战争胜利70周年等重大活动保电任务。

公司下辖二级单位29个，包括供电公司16个、业务支撑和实施机构10个、其他单位3个。2016年，完成售电量918.37亿kWh，全年完成投资216.28亿元，资产总额达1029亿元，完成全年营业收入616.3亿元，实现利润17.6亿元。公司拥有35kV及以上变电站492座，变电容量8927万kVA，输电线路8864km、电缆2041km；历史最大负荷2082.8万kW，负荷密度约1000kW/km^2；城市供电可靠率达99.982%。北京电网已经形成六大分区相互支持的坚强结构，具备较强的资源配置能力和风险抵御能力。同时，北京电网是一个典型的受端电网，本地发电仅占全部用电负荷的30%，其余70%的电力依靠山西、内蒙古等地输入。

公司贯彻落实国家电网公司战略部署，践行“努力超越，追求卓越”的企业精神和“诚信、责任、创新、奉献”的核心价值观，坚持做好为中央党政军领导机关服务，为日益扩大的国际交往服务，为国家教育、科技、文化和卫生事业的发展服务，为首都市民的工作和生活服务，不断深化“两个转变”。

2016年，公司对标进入国家电网公司综合标杆，业绩考核位列A段。公司团委获中央企业和北京市五四红旗团委称号，在国家电网公司第二届“青创赛”中荣获2金4银5铜，在中国第三届青年志愿服务大赛中荣获2金，城区供电公司代表中央企业荣获最佳团队奖。离退休工作部作为国家电网公司唯一代表，荣获“全国老干部工作先进集体”荣誉称号。

（李兴华）

【安全生产】发挥两级安委会统筹指导作用，健全明责、履责、问责的闭环管理机制，开展“三查三强化”、履职尽责专项安全大检查。加大对安全事件和违章单位的问责力度，全年安全事件、违章行为同比分别下降43%、26%。创新开发安全生产规范化管控平台及移动作业终端，实现安全管理标准化和安全巡检规范化。以防范外力和降低用户内部故障为重点，综合运用人防、技防措施，设备运维水平显著提升，“反外力百日专项行动”期间外力故障同比下降65%。强化输电线路防覆冰、“煤改电”用户保障等关键环节管控，逐村、逐线落实差异化措施。持续开展台区供电质量治理，基本消除低电压台区和重过载台区。公司资产全寿命周期管理升至国家电网公司“领先型”水平。完成迎峰度夏和防汛任务，平稳应对2082.8万kW历史最大负荷及“7·20”特大暴雨考验。智能配电网全面升级。启动“智能配电网建设三年（2016～2018）”行动计划，配电自动化实现四环内全覆盖。坚持高标准、高质量编制城市副中心高端智能配电网建设实施方案。全年完成十八届六中全会、天宫二号发射等重大政治保电任务219项，累计政治保电天数324天。

（李兴华）

【电网发展】促成国家电网公司和北京市政府签署面向“十三五”战略合作协议，先后与西城、丰台、延庆、亦庄、石景山、昌平、首钢、新机场等8家政府和企业集团签署战略合作协议。市政府率先发布“十三五”能源和电力发展规划，并将7项外受电通道、266项输变电工程全部纳入城市规划。市区两级政府首次提出承担110kV输变电工程前期费用和征地等工作。政府将“煤改电”、冬奥会等65项配套输变电工程纳入“一会三函”，并对“煤改电”10kV及以下配套电网工程给予30%补助。创新配套变电站与轨道交通同步规划、同步拆迁、同步建设、同步投运的“一体化”新模式，并促成政府承担65%（近20亿）的共建站建设费用。全年共取得110kV及以上电网项目核准71项、规划意见书132项。策划启动首都电网“135”提升工程，明确“十三五”电网发展目标和建设重点。提前两个月完成城市副中心电力线路迁改工程。首条特高压入京通道北京东—顺义以及太平500kV送电工程按期投产，外受电通道蔚县—门头沟500kV工程顺利开工。建成国内首家集多种“煤改电”技术装备的实景示范展示区，开展运行数据监测分析，为“煤改电”技术选择提供决策参考。创新“智慧工地”技术，对施工现场实施全天候、全方位视频监控，保障工程安全质量。全年投产110kV及以上变电容量427万kVA、线路488.62km，优质工程率实现100%。

（李兴华）

【经营管理】强化财务实时管控，提升资金运作效益，在投资规模持续放大情况下，实现资金存量和贷款成本“双下降”。持续开展“两金”压降工作，全年存量应收账款和存货分别压降 62.6%、99.2%。争取政策支持，全年落实各项外部渠道支持资金超过 20 亿元。实行“统一入库、集中检测、按需领用”履约模式，保障物资及时供应。开展审计问题整改专项行动，实施重点工程跟踪审计。以“明细数据和实时监测”为重点，初步建成涵盖 7 个监测域的大数据分析应用平台。严格入口标准，毕业生招聘实现数量和质量双提升。强化法律风险管控，西北热电配套工程群体性诉讼等重大案件取得胜诉。梳理整合闲置房屋、土地和办公用房，腾退房屋 1.1 万 m^2，节约租金 1125 万元。优化调整部分单位办公场所，实现海淀、朝阳生产综合楼、亦庄办公区全面入驻。完成集体企业改革改制，清理处置企业 44 户，减免税费 9 亿元。集中开展突出问题审计整改，理顺资本纽带关系，优化平台组织架构，率先在国家电网公司实现平台法人治理。

（李兴华）

【优质服务】创新业扩“双契约”服务，对外坚持客户导向，对内强化履责协作，客户平均接电时间缩短 15 天，全年签订契约项目 569 项，容量 247.3 万 kVA；拓展“掌上电力”手机 APP 线上报装服务，受理线上报装 2.09 万件、容量 180.2 万 kVA。深化“互联网+电力营销服务”模式，完善网络交费平台，拓展线上应急送电、可视化报修服务，实现营销服务由线下向线上的转变，居民网络自助交费率达到 60%。开展“强管理、降投诉、促服务”提升行动，活动期间投诉数量同比下降 75%。做好“煤改电”用户服务保障，针对性推出“日常购电不出村、应急服务全天候、多方协同保供暖”等新举措，组建 127 支首都电力共产党员服务队，在各村设立服务点，实现供电服务全覆盖。推进充电桩进入中南海、公安部等 85 个党政机关。与市公交集团合作建设电动公交车充电设施。累计建成 762 座充电站、10 215 台充电桩，实现北京地区高速公路充电设施全覆盖。

（李兴华）

【组织机构】

国网北京市电力公司

本部职能部门（23个）：
- 办公室
- 发展策划部
- 人事董事部
- 人力资源部（社保中心）
- 财务资产部
- 安全监察质量部（保卫部）
- 运维检修部（政治供电办公室）
- 建设部
- 营销部（农电工作部）
- 科技信通部（智能电网办公室）
- 物资部（招投标管理中心）
- 审计部
- 监察部（纪委办公室）
- 思想政治工作部（机关党委、团委）

本部职能部门（23个）：
- 离退休工作部
- 经济法律部（体改办）
- 对外联络部（品牌建设中心）
- 后勤工作部
- 运营监测（控）中心
- 电力调度控制中心
- 电力交易中心
- 工会
- 企协分会

供电公司（16个）：
- 城区供电公司
- 朝阳供电公司
- 海淀供电公司
- 丰台供电公司
- 石景山供电公司
- 亦庄供电公司
- 通州供电公司
- 昌平供电公司
- 门头沟供电公司
- 房山供电公司
- 大兴供电公司
- 平谷供电公司
- 怀柔供电公司
- 密云供电公司
- 顺义供电公司
- 延庆供电公司

业务支撑机构（10个）：
- 经济技术研究院
- 电力科学研究院
- 北京电力工程公司
- 检修分公司
- 信息通信分公司
- 物资分公司
- 培训中心
- 综合服务中心
- 客户服务中心
- 国网北京电动汽车服务有限公司

其他单位（3个）：
- 北京市供用电建设承发包公司
- 物业管理公司
- 北京市城市照明管理中心

国网北京市电力公司组织机构图（2016 年）

【公司领导班子】

国家电网公司副总工程师兼国网北京市电力公司总经理、党委副书记	李同智
党委书记、副总经理	杨新法
副总经理、党委委员	刘润生
副总经理、党委委员	安建强
副总经理、党委委员	唐屹峰
总会计师、党委委员	李　路
副总经理、党委委员、工会主席	王西胜
副总经理、党委委员	张铁恒（2016 年 3 月任，原任公司纪委书记）
副总经理、党委委员，通州公司总经理、党委副书记	赖祥生
副总经理、党委委员，城区公司总经理、党委副书记	孙兴泉（2016 年 12 月任公司副总经理）
党委委员、纪委书记	闫承山（2016 年 3 月任）
总工程师	陈守军（2016 年 12 月任）
副总经理、党委常委	杜小波（2016 年 3 月离任）
副局级调研员	柏　磊（2016 年 7 月退休）

（关首峰　杜长军）

电网发展

规划与发展

【北京电网发展规划】按照北京城市转型发展新要求，配合市发改委编制《北京市“十三五”时期能源发展规划》、《北京市“十三五”时期电力发展规划》，并获市政府批复。新建7项外受电通道工程、266项输变电工程和配电网工程全部纳入北京市“十三五”能源和电力发展规划。组织对通州城市副中心、煤改电、张北柔性直流等新增重点任务进行梳理，将规划项目增补纳入规划库，并争取国家电网公司将投资规模由760亿元调增至939亿元。启动实施首都电网“135”提升工程，围绕三大目标，推进五大重点电网建设任务，投资1030亿元，投资规模达到“十二五”的1.5倍，建设规模达到奥运电力强网“0811”工程的3倍。结合北京“十三五”城市格局调整和发展热点，组织编制《北京市行政副中心智能电网建设方案》《北京市副中心电网空间布局规划》《“煤改电”配套规划方案》《2022年冬奥会延庆赛区配套电网规划方案》等重点区域配套电网规划，开展新首钢高端产业综合服务区、北京新机场及周边地区配套电网规划调整，并推进北京新机场高速涉及电力设施迁改工程。结合区域开发，组织编制、审核一级开发配套电网规划74项，配套落实龙爪树、北辛安等8座110kV变电站。

（王立勇　张　晶）

【规划前期工作】促成国家电网公司和北京市政府签署面向“十三五”战略合作协议，先后与西城、丰台、延庆、亦庄、石景山、昌平区政府签订“十三五”战略合作协议；与首钢、新机场签署战略合作协议，将配网投资范围延伸至园区和机场红线内。力促市政府采用“一会三函”模式加快前期工作进度，惠及重点工程65项；创新配套变电站与轨道交通同步规划、同步拆迁、同步建设、同步投运的“一体化”新模式，落实长期无法解决的变电站站址11处。全年共取得110kV及以上电网项目核准71项、规划意见书132项。“煤改电”工程配套46项输变电工程全部取得可研批复和立项核准，张昌三回送出工程取得立项核准批复，北京东—通州、张北柔直工程（北京段）取得全部北京市支持性文件；在副中心核心区落实“1+3”变电站选址和城市电力运行保障中心用地，并纳入保密工程。

（王亚峰）

【体系机制建设】建立“十三五”重点项目“一区一图一计划”管控机制，按区明确重点工程，在项目前期、工程前期、建设施工三大阶段，从选址到竣工共设21个里程碑节点，将完成情况纳入指标考核和评价体系。针对“煤改电”、行政副中心、迎峰度夏、新机场配套迁改等重点系统工程，组织编制从规划方案—前期手续—施工建设的全流程节点推进手册，统筹主、配网之间，变电站与切改工程、迁改工程之间的衔接关系，合理安排项目建设时序，编制里程碑节点计划。

（张　晶）

【课题研究】开展电力体制改革、综合管廊规划建设等多专业课题研究工作。《“强简强”电网规划研究》获得国家能源局专项表彰，《基于智能终端的电量与线损同期管理模式研究与实践》获得国家电网公司管理创新三等奖，《基于同期“四分”线损管理的关键技术研究和应用》获得公司科技进步一等奖，《基于四大专业六大平台的同期线损精益化创新管理实践》《基于综合计划全过程管控的售电量计划管理提升卓越实践》获得公司卓越绩效典型案例一等奖。

（张　晶）

工程建设与管理

【综述】完成年度电网建设各项工作任务，提前两个月完成城市副中心电力线路迁改工程；首条特高压进京通道北京东—顺义、太平500kV送电工程按期投产；以运河220kV输变电工程开工为标志，启动城市副中心配套电网工程建设；外受电通道蔚县—门头沟500kV送电工程顺利开工并有序推进；推进46项“煤改电”配套工程。组织参加国家电网公司设计竞赛，取得基建线路设计调考团体第2名、结构专业个人第1名。执行基建安全质量“亮牌”考核机制，提出重点工程20项安全质量管控措施，全年基建安全质量局面稳定。推广三星庄110kV变电站创优示范工程成果，开展流动红旗检查和标准工艺竞赛活动，深化标准工艺现场应用。完成年度创优输变电工程32项，优质工程率100%，北京东—顺义、太平500kV送电工程获得国家电网公司基建工程安全质量管理流动红旗和示范业主项目部荣誉称号；三星庄110kV变电站获得国家电网公司创优示范工程称号。

（刘守亮）

【基建工程完成情况】全年开工110kV及以上输变电工程46项，新建变电容量634.35万kVA、线路541.34km；投产110kV及以上输变电工程30项，新增变电容量427万kVA、线路488.62km；完成35kV及以上电力线路迁改工程12项、69.44km。

2016年竣工投产工程统计表

建设单位	工程名称	新增变电容量（万kVA）	新增线路（km）	投产日期
朝阳	金盏110kV输变电工程	10	12.27	1月
海淀	远大220kV站110kV切改工程	—	5.16	1月
经研院	酒仙桥220kV输变电工程	36	27.15	1月
经研院	东北热电中心220kV送出工程（酒仙桥）	—	34	1月
检修公司	西大望220kV主变压器扩建工程	25	—	1月
城区	宣南（报国寺）110kV输变电工程	20	4.6	1月
通州	半壁店110kV变电站主变压器扩建工程	5	—	1月
丰台	郭公庄110kV输变电工程	10	9	1月
顺义	庄子营110kV输变电工程	10	9.02	3月
怀柔	北房110kV变电站主变压器增容工程	10	—	3月
石景山	石莲110kV输变电工程	10	4.5	3月
朝阳	高安电垃圾焚烧发电厂110kV送出工程	—	4.45	3月
门头沟	灰峪110kV输变电工程	10	8.3	3月
丰台	大红门110kV输变电工程	10	15.38	3月
延庆	八达岭31MW光伏110kV并网工程	—	25.65	3月
经研院	龙潭湖220kV输变电工程	72	18.63	5月
建设部	北京东—顺义、太平500kV送出工程	—	89	5月
建设部	高碑店220kV输变电工程	36	3.3	5月
海淀	航天城110kV变电站扩建工程	10	—	5月
通州	永顺110kV变电站扩建工程	15	—	5月
海淀	三星庄110kV输变电工程	10	14.94	6月
昌平	马池口35kV变电站升压110kV工程	10	8.8	6月
经研院	七家庄220kV输变电工程	36	14.36	9月
丰台	丰台通久110kV输变电工程	10	5.8	9月
昌平	七家庄—海青落110kV联络线工程	—	6.06	6月
经研院	团结湖220kV输变电工程	36	28.5	5月
经研院	昌平—东升220kV线路工程	—	110.29	6月
城区	龙潭湖220kV变电站110kV送出工程	—	16.74	6月
检修公司	通州220kV变电站扩建工程	36	—	12月
检修公司	西北旺220kV扩建工程	—	12.72	11月

（陈　伟）

【重点工程建设】北京东特高压站配套500kV输变电工程是国家大气污染防治行动计划12条重点输电通道之一。工程线路起于河北省三河市，止于北京市境内现状太顺500kV架空线路破口点，路径全长66km。北京段路径长度25.5km，铁塔109基，其中96基为500kV四回路钢管塔。线路途经平谷、顺义两区，跨越京平高速、大秦铁路等交通设施。这不仅是首条入京特高压线路，也是北京市境内的第一条500kV同塔四回线路，更是国内仅有的几条500kV同塔四回线路之一。

同塔并架优化设计，减少了土地和通道占用范围，提高了路径利用率；四分裂630mm²截面钢芯铝绞线，比常规四分裂400mm²的500kV线路提高了输送容量。公司与平谷、顺义区政府分别签署战略合作协议，属地公司成立前期协调小组，政府部门人员现场办公，为工程快速实施提供前期保障。业主、监理、施工、设计、物资等参建各方在现场集中办公，以业主为核心、监理为纽带、施工为主体，开展前期策划、过程管控等工作。作为国家电网公司首批全过程机械化施工试点工程，该工程所有灌注桩基础利用循环钻机和旋挖钻机施工。平原地区铁塔全部利用吊车安装，降低高空作业风险；铁塔螺栓采用电动扳手紧固，减轻工人劳动强度；全线利用八悬翼无人机展放导引绳，实现架线全过程不落地，减少通道下方前期占地。工程于2015年10月20日正式开工建设，2016年6月19日发电投产，完成国家电网公司要求的投产目标。工程在建设过程中实施管理创新和技术创新，提高了施工效率，在保证工程安全高质胜利竣工的同时，还夺得安全质量管理流动红旗。

为服务首都大气环境治理，推动京津冀协同发展，公司规划了东、南、西、北四个方向六条外受电通道建设。已列入《北京市2013～2017年清洁空气行动计划》的蔚县至门头沟送出工程，是北京电网“西部”重要的电力外送通道工程之一。项目投产后一期将以两台66万kW的机组并入北京电网，将增加北京电网130万kW受电能力，相当于北京西北部燃煤电厂关停前约一半的装机容量，将为北京“四个中心”建设提供可靠能源保障。蔚县电厂—门头沟500kV送出工程（北京段），包含新建双回路架空线路、已建南门线还建部分和更换门头沟变电站侧已建线路单侧地线，共3部分。线路起于北京市门头沟区与河北省怀来县交界处No.1号塔，止于门头沟变电站侧500kV出线龙门架，全线位于门头沟区。线路总长59.58km，新建铁塔101基。工程于2016年8月25日正式开工建设，计划2017年6月底具备反送电条件。沿线地形山地占30%，高山占50%，峻岭占20%，海拔为300～1700m，塔位处地形多为灰岩、页岩、片麻岩、大理岩、石英岩等，风化程度从微风化到强风化不等，岩石硬度较大。

■ 锡盟—山东特高压工程北京东站500kV下送输电线路。

（肖飞　摄）

该工程基础施工时需采取爆破施工，在炸药爆破手续未完成期间，选用“二氧化碳致裂器”新型设备，用于本工程降基面、爆破成孔等施工作业，加快基础土石方施工速度的同时节约人工成本，降方及成孔效果优秀，此举较传统炸药爆破方式大大缩减前期准备时间。缩短架设索道，为工程材料运输搭设桥梁，本工程共计架设索道49条，架设总长度为65km。在混凝土浇筑现场设置视频监控，通过视频监控记录整个浇筑过程，确保基础质量。在工程建设初期，成立业主、监理、施工、设计、物资、前期项目部集中办公，提前策划，加快前期协调进度。及时沟通，稳步推进工程建设。

（郭　涛）

【基建工程管理】将北京城市副中心、“煤改电”等重点电力配套项目全部纳入市政府绿色审批通道，其中2016至2017年26项35kV及以上“煤改电”配套工程全部于年底前开工建设。按期建成投产特高压下送北京东—顺义、太平送电工程；提前一个月开工建设北京城市副中心首个配套输变电工程——运河220kV输变电工程。建立“5+1”里程碑计划管理模式，以“1”（即关键节点责任表）为参照，统筹推动“5”（即项目前期、工程前期、工程建设、同期配套10kV切改、资金计划）个子计划实施进度。建立重点区域、重点工程专项调度机制，快速协调解决工程建设难点。针对“煤改电”、城市副中心、新机场配套等重点工程，制定并实施提速增效管理机制与措施，促进各项重点工程高标准、高质量、高效率建设实施。贯彻落实国家电网公司基建安全质量重点工作，加强施工过程安全质量监督，重点开展季节性、节假日专项安全检查和安全质量综合督查评价，全年公司级巡检1189次，排查治理隐患和问题2353项。深化基建安全质量“亮牌”考核管理机制，规范工程分包管理，严格执行“二维码”管理要求，开展“十项基建安全管理通病”和16项安全质量共性问题综合治理，印发《基建工程施工现场安全检查作业卡》等指导性文件，研制并推广应用“工程安全质量数码照片采集”APP，提升现场安全质量管控力度。提出20项安全质量重点管控措施，公司层面组织复审工程安全质量策划文件，为北京城市副中心、“煤改电”配套、新机场、冬奥会等重点工程建设打下坚实基础。打造三星庄110kV变电站、马坡220kV变电站创优示范工程，推广创优示范成果，完成11项省公司命名的优质工程评价，21项国家电网公司命名的优质工程通过现场核检，输变电工程优质工程率100%。北京东—顺义、太平500kV线路工程获得国家电网公司安全质量管理流动红旗称号。完成国家电网公司电缆线路标准工艺和设计图集修编、500kV户内GIS安装工法编制。开展公司输变电工程流动红旗竞赛和在建工程57项标准工艺竞赛活动，提升工程质量管理水平。开展“基建骨干人才储备库”建设工作，遴选入库骨干人才11名，覆盖了项目管理、安全管理、质量管理、技术管理、技经管理等基建管理各子专业。实施基建专家骨干人才培养提升与使用激励实施方案，制定并实施专门的人才培养提升方案，明确专家骨干人才培养目标和任务要求；结合公司专家骨干人才使用激励的整体思路，组建基建专家骨干人才团队。

（胡进辉）

【基建技术管理】推进110kV输变电工程变电站模块化建设，编制完成110-A2-5、110-A2-8两个通用设计模块，在张华、黄港、玉河、辛安屯四个示范工程的基础上，在26项110kV煤改电工程中推广应用。贯彻国家电网公司“三通一标”，以及通用设备“四统一”要求，完成对梁各庄、邓庄、辛营、张华等变电站21项主要设备的技术方案审核。完成国家电网公司220kV通用型GIS试验套管研制、利用盾构隧道本体钢筋替代人工接地体的实施方法研究、室内GIS间隔对接小环境研究等新技术研究工作，完成公司输电线路工程跨越重要输电通道、跨越高速铁路、跨越高速公路设计指导意见。完成机械化施工示范工程房山—南蔡500kV送出工程设计策划方案和机械化施工专项策划方案；组织设计竞赛与设计评优，公司经研院获国网层级竞赛优胜奖一次、二等奖一次；龙潭湖220kV变电站工程获国网优秀设计一等奖。温泉—西北旺220kV送电工程获国网优秀设计二等奖，电子城110kV变电工程等工程获得公司优秀设计奖；组织参加国网设计线路专业调考，获得调考团体第二名，结构专业个人第一名的历史最好成绩。开展3批次设计质量“回头看”专项自查工作，对2014年至今投产的110kV以上输变电工程进行检查。共涉及14家建设单位14项变电工程，19项送电工程。

（朱占巍）

【技经管理】完成工程初步设计评审76项，其中220kV规模及以上输变电工程14项，审定概算51.51亿元；220kV规模以下输变电工程29项，审定概算28.02亿元；电力设施迁改及输变电配套10kV切改等其他工程33项，审定概算8.59亿元。针对29项工程开展技经巡检，220kV及以上工程6项，110kV及以下工程23项，覆盖公司建设部、建管中心、检修公司、城区、朝阳等13个建设管理单位，通过“巡检+整改+反馈”的闭环管理模式，实现技经规范管理的持续提升。完成国家电网公司农网工程、电缆工程造价分析等6项国家电网公司课题研究任务，完成国家电网公司技经专业“十二五”总结，完成公司年度输变电工程造价分析报告、北京上海造价差异分析等18项课题报告。落实施工图预算管理，新开工41项煤改电工程全面应用施工图进行招标，应用施工图预算进行造价管控。完成110kV及以上输变电工程结算26项，开展龙潭湖220kV输变电等工程结算复核工作82项，涉及合同金额35.68亿元，核减结算金额1644.19万元。开展依法治企基建技经专业专项“回头看”交叉互查，检查2014年、2015年竣工投产输变电工程58项，其中220kV及以上工程17项，110kV及以下工程41项。

（张　波）

农 电 发 展

【农电管理】公司农电系统未发生电网安全事故，未发生农村地区人身触电伤亡事故。农网供电可靠率达99.924%，农网综合供电电压合格率累计完成99.855%，北京十个远郊区（县）110kV及以下综合线损率累计完成5.97%，累计电费回收率100%。公司按照政府和国家电网公司的要求，加大农村电网建设投入，采用变压器分换装、老旧线路改造、加装分段联络开关等措施，消除供电瓶颈，优化网架结构，打造一张安全、可靠、充足、经济的农网，促进改善农村生产生活条件。加强供电所的人、财、物集中管理，优化成本预算管控末端融合，规范基础管理、人员管理、安全生产、营销服务等业务内容。

（王　诜）

【农电标准化建设】公司贯彻落实《国家电网公司关于开展星级乡镇供电所建设工作的指导意见》，加强乡镇供电所规范化、标准化和科学化建设，强化乡镇供电所服务功能。按照公开、公平、公正原则，通过定级、建设、考评、筛选、复评、优化提升的流程，完成所辖乡镇供电所1～4星级建设任务，通州西集供电所、大兴采育供电所被命名为“国家电网公司五星级乡镇供电所”，该项指标处于国家电网对标A段。实施帮扶互查活动，组织40家供电所开展帮扶互助，针对发现的问题进行整改。加强供电所同业对标工作，突出重点流程、关键环节，明晰指标定义，定期发布指标数据，为供电所开展业务分析、发现问题、整改提升奠定基础，促进供电公司和乡镇供电所管理水平提升。

（王　诜）

企业管理

计划与投资管理

【计划管理】 固定资产投资完成216.28亿元，新开工110kV及以上线路541km，110kV及以上变电容量634万kVA，售电量完成918.37亿kWh，线损率累计完成6.88%。

完成国家电网公司下达的28项综合计划指标，完成高井、石景山和一热3座关停燃煤机组的替代方案，落实市政府压减燃气机组200h发电量要求，完成2016年发电量计划编制；组织完成2015年碳排放履约，累计结余配额15.9万t。

加强同期线损精益化管理，实现“技术和管理双穿透”，建立“日管控、周调度、关键节点重点督导”管控模式，形成会商、汇报、通报三项制度和采集、模型、计算、反馈四个管控重点，实现城区、通州两家供电公司“四分”线损月同期管理，其余12家供电公司35kV及以上分压、分线日同期管理，并对线损率异常情况进行全天候监测，相关管理成果获公司大数据分析创意大赛第二名。

（佘 妍 丁 冬）

【投资管理】 制定并下发《关于进一步加强固定资产投资计划管理的通知》，以“计划编制准确、项目执行刚性、明确调整机制、严肃考核对标”为理念，加强投资全业务链条对各单位的指导、服务和管控。向国家电网公司汇报沟通，将“煤改电”等29项配套工程及时纳入年度投资计划，并争取到13亿元投资规模；组织完成2017年全口径储备项目5534项，总投资423.99亿元；构建项目效益分析指标评价体系，在网架结构、供电能力等7个维度制定41项指标，实现主网项目分级评价；加快推进度夏、煤改电等重点项目实施进度，提前预安排2017年新开工重点项目316项，当年投资24.90亿元；争取到“煤改电”历史补贴和新开工补贴共21.31亿元，实现项目补贴开工前下达历史性突破，累计取得外部渠道资金支持20.31亿元。

（丘吉多）

【统计管理】 获得北京市诚信统计单位称号，梳理明确公司及基层单位报送政府有关统计部门的报送范围、数据来源和报送渠道。整合统计系统与营销、调控等专业系统数据接口，实现系统间数据集成，减少重复录入，确保数据质量。将国家电网公司一级部署的规划设计和规划计划系统应用至各供电公司和有关单位，推广完善主配网规划辅助管理平台，为发展专业提升管理水平提供有力的信息化支撑。

（林立新）

人力资源

【综述】 公司业绩对标排名在国家电网公司蝉联A段，人资专业管理对标保持国家电网公司标杆行列。公司全口径劳动生产率完成157.17万元/（人·年），在各省公司中排名第二；公司竞赛调考综合排名首次进入B段；全员绩效管理规范指数、人力资源计划完成率排名第一。截至年底，公司共有全民职工8101人，其中研究生及以上学历1431人，本科学历3786人，专科学历1641人；高级职称1152人，中级职称1937人；技师及以上职业资格3963人，高级工1894人，中级工426人。

（郭建府 冀 强 王桂哲）

【领导班子和干部队伍建设】 选人用人工作坚持“好干部标准”，强化重品德、重能力、重业绩的导向，注重围绕公司重点工作充实配备干部，注重在实践中培养和锻炼干部，注重复合型干部培养，注重各区域、各专业、各年龄段干部的统筹使用，调动干部职工的积极性和主动性。注重干部一贯表现，强调选拔政治坚定、大局意识强、工作实绩突出、群众公认、勤政廉洁的干部。注意配强班子正职，选拔任用业务精、懂管理、善经营的干部充实班子。注重在解决发展重大问题中识别干部，在重大关头、关键时刻检验干部。严肃干部人事纪律，坚持民主集中制，严格执行动议提名、组织考察、讨论决定等程序步骤；坚持个人有关事项“凡提必核”，坚决防止“带病提拔”。全年公司党委研究调配中层干部4批次，提拔交流干部139

人次。

干部考核和干部监督。在2015年修订5项制度的基础上，落实干部管理的新要求，制（修）订公司《领导干部任职回避和公务回避暂行规定》、《领导干部因私事出国（境）管理办法》、《领导班子和领导干部综合考核评价办法》等3项制度。按照国家电网公司考评要求完善公司现有制度体系，运用“基层与机关互评、同级互评、上下互评”的联合考评组织方式，建立现场考核与网络测评有效衔接、相互补充的考评手段，提高考评效率和考评效果。丰富测评维度，开展党政正职和专业干部横向测评，进行本部干部考核和后备推荐，实现上级、同级、下级同时参评的360°评价。抓住考核关键点，开展干部行为反向测评，实施干部业绩网上公示，营造干事创业氛围。完成年度班子和干部综合考评，并综合测评数据、现场谈话以及日常掌握情况，进行分析研判。重视个人有关事项填报工作，全年开展抽查核实104人次。落实领导干部和关键岗位人员出国（境）备案管理要求，严格执行领导干部提醒、函询、诫勉谈话等制度，组织新提拔人员任前谈话和廉政谈话。完成公司全部处级、科级干部1100余册档案的专项审核工作。修订《干部人事专业评价实施细则》，严格执行选拔任用报备制度，开展季度评价；坚持开展基层单位中层干部选拔任用“一报告两评议”和选人用人工作检查。

干部培训培养。结合公司中心任务，结合“两学一做”学习教育，注重理想信念教育，注重解决实际问题，分层、分类、各有侧重地开展处级、科级、本部人员培训班9期，共473人参加培训。公司党委班子成员逐一作形势任务专题辅导。深化挂职锻炼和实践培养，加强干部跨专业、多岗位交流和培训，将新入企大学生重点安排到基层单位班组和艰苦岗位培养锻炼，选派中青年干部到急难险重任务一线交流锻炼，增长才干。全年共选拔8名基层单位科级干部到机关挂职处长岗位，基层单位12名同志到本部空缺一般管理岗位培养锻炼。

（关首峰　杜长军　毕春勇　戴志强）

【人才队伍建设】 509人通过确认、认定和评定方式取得相应专业技术资格；160人通过后续学历认证；2877人取得25个电力行业特有工种和通用工种的初、中、高及技师职业资格。全年新增专家人才206人，其中国家电网公司级优秀专家人才17人；完成408名专家人才年度考核，合格率97.5%；在建设专业建立专家骨干人才培养和使用新模式，促进专家成长与专业发展深度融合；以专家人才为主体，开展专兼职培训师资格认证工作。

（司贺秋）

【全员教育培训】 全年共完成318个培训项目、66 854人次的培训。深化网络大学应用，全年完成123门课程制作上线，网络考试人数达5.1万人次，网络登录达到123.6万人次，网络大学首页定制、证书管理、人才培养、资源评比等功能和京电微课堂手机APP先后上线试运行。在国家电网公司网络大学优秀课件、优秀项目评选中获得一等奖3个、二等奖8个、三等奖6个。

（司贺秋）

【深化“三集五大”体系建设】 推进业务集约融合，在完成国家电网公司下达改革任务的基础上，创新建设主配网指挥中心，实施末端融合，构建“移动终端+互联网+大数据”的智能管理体系，将“五位一体”融入移动终端，分别与主网、配网两个中心平台连接，促进上下贯通，协同互动，支撑“三集五大”体系高效运转。举办国家电网公司大中城市业务集约融合成果汇报研讨会，公司业务集约融合工作获得国家电网公司认可。

（李　蓉）

【“五位一体”协同机制建设】 开展全员要素比对；推广端到端流程监控；优化业务流程356个，完善制度标准65项；构建标准化作业程序，形成作业指导书542个、作业指导卡342个，提高一线标准化作业水平。推进“五位一体”落地班组。开展末端业务融合，将“五位一体”融入管理和作业过程，在管理层面，公司在主网和配网分别建设智能运检指挥平台和配网建设配电运营指挥平台。将“五位一体”的职责、流程、制度、标准、考核固化至两个指挥平台，优化业务信息传导机制，提升管控水平。在作业层面，将“五位一体”融入作业过程，构建涵盖生产专业及营销专业的APP应用，将“五位一体”的职责、流程、制度、标准、考核由PC端拓展至移动端，转化为电子工单要求、现场作业标准和员工作业行为，与工作任务自动匹配，同时分别与主网、配网两个中心平台连接，上下贯通，协同互动。

（李　蓉）

【“三定”管理】 优化调整组织机构，以调控、运检、营销业务集约和末端融合为重点，优化业务实施组织体系，印发《国网北京市电力公司关于调整公司本部部分部门机构设置及人员编制的通知》《国网北京市电力公司深化“三集五大”体系建设供电公司机构设置和人员编制指导意见》，完成检修分公司、供电公司相关单位机构设置方案批复。通过业务集约融合，减少班组145个，机构精简31%。深化定员管理，承担国家电网公司定员机制评价研究、定员系统测试、定员报表设计等任务。组织各单位按照专业和机构两个维度进行细化分解。开展深化“三集五大”体系建设业务调整后的定员分析，组织核定供电公司副科级、技术岗位、各层级职员职级等编制。参与国家电网公司岗位管理办法和岗位分类标准修订，调整《国家电网公司岗位分类标准》中的岗位分类，梳理定员项目与岗位分类的对应关系，对供电公司315个典型岗位进行归类，设置复合型岗位58个。

（李　蓉）

【员工管理】开展人力资源诊断分析，编制《公司“十三五”人力资源规划》。毕业生招聘数量较2015年提高56.9%，硕士及以上学历占比54.26%，招聘数量与质量实现双提升。完成“三集五大”深化集约专业人员优化配置，开展青年人才交流竞聘，实现人员交流配置1668人次，其中跨单位配置425人次。实现各单位、各专业核心业务长期职工配置率提高。

（段鹏飞）

【薪酬管理】完成薪档晋升首次调整工作，优化积分规则，丰富积分维度、把握重点导向，引导员工关注能力发展与绩效提升。围绕公司中心工作，加大政治供电、劳动竞赛等专项奖励力度。规范各层级人员收入分配比例关系，落实边远地区补贴发放，实施新员工培养期绩效考核评价与薪金兑现。公司一级一体化福利项目管控平台推广上线“双轨”运行，补充完善福利项目基础数据。

（张亚楠）

【绩效管理】固化争先进位业绩考核管理模式，细化季度考核里程碑计划，优化各专业业绩考核责任体系，强化得分率和排名“双提升”工程。夯实指标层层分解、评价挂钩机制，修订《所属单位及其企业负责人业绩考核办法》。深化全员绩效量化考核，围绕“首都电网135提升工程”，建立健全配套激励机制，构建绩效工资激励功能评估体系，公司各单位员工与考核结果实际挂钩的绩效工资占比平均值为53.16%，与员工所在组织和员工个人考核结果实际挂钩的绩效工资最高值与均值倍比数，最高值为1.80倍，最低值为1.11倍，平均值为1.52倍，修订人力资源专业对标指标体系，每月发布各项指标完成情况，形成公司上下联动和对标与专业业务整合的工作机制。

（戴　泓）

【社会保险】落实“五险”费率调降政策，以“保职工利益、降企业成本”为目标，主动取得政府部门认可，执行“五险”企业缴费最低费率，公司每年减少支出千余万元。倾斜一线分配稳岗补贴，围绕公司年度重大任务和重点工程，倾斜基层单位分配，促进健康食堂建设，提升一线职工就餐品质。

（李　宝）

【信息化建设】部署人力资源过渡一级信息系统，组织机构调整、人员配置调动、薪酬福利核算各项业务转换至一级部署系统，完成员工自助个人信息确认，完善系统数据基础。

（段鹏飞）

财务管理

【综述】贯彻落实年初公司“两会”要求，开展提质增效工作，推进输配电价改革，加快工程转资，加强资源精益管控，提升风险防控能力。公司被评为年度国家电网公司财务工作先进单位，荣获财务专业管理标杆。资产、预算和财税专业研究成果在国家电网公司财务典型经验评比中获得入围单位和区域标杆称号，财务专业5项管理创新获得北京市企业管理现代化创新成果一、二等奖，1项管理创新获得国家电网公司管理创新成果三等奖，1项管理案例入选国家电网公司卓越管理案例。

（姚敬明）

【输配电价改革】公司输配电价核定结果较实际水平有所提升，在全国省级电网和国家电网公司范围内实现整体水平的重大突破。在成本监审中，获得监审组对电网企业运营特点的理解和对公司提供数据的认可。

在市发改委核定输配电价水平中，争取到公司“十三五”投资和售电量增速获得市物价部门全面认可并作为核价基础；核价立项重要参数均采用公司建议，有效推高了核定输配电价水平。促成并组织实施代理北京市郊区非居民用户在北京电力交易中心开展直购电交易，配合北京市政府实施区域差别电价，降低实体经济企业成本，开辟电网企业参与电力市场新路径。

（金　锋）

【提质增效】主动融入公司提质增效工作大局，坚持价值导向，落实“瘦身健体”提质增效，面对用电结构调整、成本刚性增长等困难，多措并举，促进公司业绩提升。加强政策研究，梳理拆迁补偿款和“煤改电”等政府补贴项目，转化为对企业的效益，实现社会效益和企业效益双丰收。强化资金管理，深度业财融合，精准投放资金，降低融资成本，压降财务费用1亿元。落实财税政策，组织落实“营改增”政策，降低企业税负。公司全年实现利润总额17.6亿元，在省公司中对标排名第6，达到历史最好水平。

（杨　柳）

【工程转资】协同建设、运检等职能部门，梳理本年转资的历史留存和新增工程，推进工程决算及转资工作。各单位累计完成决算项目3655个，转资率较以前年度有大幅提升，为争取输配电价核定的转资率参数采用国家规定的最高值提供支撑。

（杨　莉）

【预算管理】开展项目可研经济性与合规性审查工作，发挥财务审核职能，强化储备项目的事前管控，提升项目安排的科学规范化水平。强化项目预算过程管控，将项目预算全链条向前延伸至项目储备环节，对项目全过程、各环节预算执行情况进行实时展示和实时预警分析，及时发现问题、解决问题，确保项目预算执行合规有序。安排成本支出，强化预算控制的“硬约束”，坚持有保有压，严格成本管控，严禁可控费用超支，确保可控费用可控在控。

（杨　柳）

【会计集中核算】开展“两金”压降工作，重点管控电费回收、项目剩余物资、电池租赁费、工程施工业务，压控“两金”余额，实现基准日存量应收款项压降30%以上、余额增长控制在营业收入增长以内；开展年度会计基础工作规范化评估工作，实现第三批7家参评单位达标率100%，完成为期三年的集中评估，公司35家会计主体全部达标，会计基础管理水平得到提升。加强财务实时管控，围绕“信息实时反映、过程实时控制、结果实时监督”，完成财务信息系统11类41项应用优化；衔接输配电改革监管要求，开展业财信息多维反映研究，选择业务代表性较强的五家单位，构建公司业财融合的成本多维度反映实施路径，出具信息多维反映报表；开展业务凭据电子化试点建设，以业务需求为切入点，推行业务凭据电子化，聚焦供应商大厅、科技项目、发票校验等领域，推动信息集采共享；固化在线签批流程，探索无纸化办公，提升信息加工与反映效率。

（李克强）

【资金集中管理】完成资金供给保障工作，加强融资管理和资金调配，合理安排融资时序和节奏，运用资金管理决策系统，为公司融资决策提供辅助支持。多渠道引入低成本资金，降低资金存量，争取国家电网公司低息借款79亿元，盘活子公司闲置资金50亿元；深化细化现金流预算管理，优化模型、强化分析，降低执行偏差率。抓住利率下行趋势，置换存量银行贷款，提前还贷26.34亿元，降低融资成本。在支撑公司投资同比增加的情况下，全年实现资金存量和融资成本“双降”，平均月末资金存量同比下降15.1%，平均融资成本率同比降低12%，节约财务费用3亿元。

（宋　华）

【工程资产管理】同步完善设备资产对应关系，确保信息动态一致。结合有效资产监审要求，区分存量与增量、自建与接收、输配电相关与无关等不同维度，分类完善和规范资产卡片信息，做到账卡物一致匹配，服务输配电成本监审。落实国家电网公司压减工作要求，制定并上报北京电力实业开发总公司及北京京电房地产开发经营公司清理处置实施方案，压缩产权管理级次。推进未建立资本纽带企业清理整合工作，研究制定公司四家企业的清理方案。梳理匹配物料编码、设备分类编码、资产分类编码关系，奠定物资设备资产联动基础。部署现场验收盘点功能，实现盘点清册在相关系统间信息共享，自动创建设备资产卡片。加强业财协同，统一标准，规范操作，逐步建立工程自动竣工决算生成路径。优化电网工程投资预算编报模式，前移总投资预算编报时点，将总投资预算编制调整为日常工作。通过抓预算总额、抓敏感费用，动态跟踪预算执行进度，深化预算执行分析，实时反馈工程建设进度，发挥投资预算的预警、纠偏及调整功能。

（杨　莉）

【内控稽核评价】制定公司全面风险管理与内部控制“十三五”规划，明确风控管理目标。部署财务标准一体化和标准流程固化，统一财务业务活动价值归集标准；组织开展资金安全专项检查，排查问题与风险，完善资金安全保障体系；开展“两金”清理压降、信息化建设等内控专题评价，强化监督整改，提升公司经营风险防控能力。完成《基于大数据的财务实时监督创新发展》课题研究，切实提高国家电网公司实时监督海量数据处理的效率。

（姚敬明）

【电价税收管理】落实国家煤电联动电价调整要求，在确保落实国家征收工业调整基金和可再生能源基金附加征收标准上调政策的基础上，保障公司现有购售价差空间略有上浮。在全国1月和6月两次下调工商业用电价格的形势下，争取到北京地区销售电价不下调。完成营财一体化推广应用，通过国家电网公司验收，实现电价电费信息的实时反映、全过程的实时控制和结果实时监督，实现“营财融合、信息贯通、流程在线、风险可控”，实现从业务发起到事务确认再到管理规则落地的业务、资金和账务的一体化管理，提高营财电费账务数据的规范协同性。组织落实“营改增”和所得税优惠政策，节约流转税3.95亿元、所得税3372万元，有效降低企业税负。

（金　锋）

【财会队伍建设】统筹做好“上挂下派”业务锻炼培养，搭建不同层级财务人员交流平台。组织开展财务大讲堂和各层级财会人员专项培训，提升财会队伍专业视野和全局把控能力，推进财会专家队伍建设，年度新增四级四类优秀专家5人，国家电网财务柔性团队专家6人。

（姚敬明）

审计管理

【综述】公司审计工作着力于“全覆盖、促整改、重创新、强基础”，两级审计完成各类项目105项，发现问题1285个，提出审计建议1132条，审计建议采纳率100%。《信息化手段提升审计监督服务能力的创新实践》荣获中国内审协会内部审计信息化优秀成果奖，《新常态下基于信息融合系统模型的内部审计监督全覆盖的探索与实践》和《新常态下基于风险管控视角的工程内部审计机制构建》荣获中国内审协会2016年内部审计理论研讨三等奖，《基于依法治企的电网企业内审监督模式创新与实践》荣获公司管理创新成果一等奖，《“五位一体”审计管理框架的构建与实施》荣获北京市管理创新成果二等奖；15个项目获评公司2016年度优秀审计项目。“煤改电”工作经验、大力度推动问题整改、审计信息化应用实践等3篇文章在《国家电网动态》上刊登。

（徐光兵）

【审计问题整改专项行动】逐项梳理历次审计问题整改实证资料，对整改效果进行动态跟踪评价。通过专项行动，清理长期未及时决算工程2000余项；盘活房产资源，梳理闲置房屋，实现节约租金1125万元；收回各类资金1.2亿元，切实改善和消除经营管理中的风险隐患。

（徐光兵）

【重点迎审及派出审计】完成国家审计署“重大政策落实”跟踪审计、公司原总经理经济责任审计的配合工作，审计结果总体平稳。遴选20余名各专业骨干人员，完成对英大传媒投资集团有限公司经济责任审计任务；派出4名审计人员参与平高集团有限公司经济责任、西局周转房项目等审计工作。派出审计组建立定期召开工作例会、检查结果三级复核、信息平台资源共享三项工作机制，确保审计质量过硬、审计效果明显。

（徐光兵）

【领导干部履职监督】坚持“离任必审、离任即审”，突出“人”这个重点和根本，深化经济责任审计，加强对各级权力运行的制约和监督，开展领导干部经济责任审计及重点岗位专项审计16项。突出“资金支配”、“八项规定”等重点内容，发挥经济责任审计在加强干部管理和党风廉政建设方面的促进作用。重点关注高风险敏感问题、体制机制层面的共性问题，发挥内审要情专报作用，拓展审计深度和影响力。

（徐光兵）

【工程投资审计监督】 针对工程项目管理的薄弱环节和风险点，对公司所属17家单位189项基建、生产、营销等资本性投资项目竣工决算审计。在审定结算的基础上，再次核减多计费用、多结施工款、虚列剩余物资等，化解大规模资产损失风险，促进投资效益的提升。对部分历史遗留工程合规性进行彻底审查，开展电力设施迁改工程、非生产性技改工程专项审计，努力消除审计盲区。

（徐光兵）

【重点领域审计监督】 创新开展“煤改电”工程跟踪审计，提出“一村一卡”跟踪审计模式，将逐村、逐街现场复核贯穿工程实施全过程，按照“三不放过”原则，将审计成果与合同签订、资金支付、工程结算结合，确保工程量实价准。探索实施信息化营销专项审计，创新项目在线审计方式，覆盖所属全部16家供电公司。通过信息数据对比分析，集中发现专业管理深层次问题，满足各管理层级的差异化需求，突显审计增值服务职能。开展集体企业全口径资金管理专项联合审计，强化对资金安全的管控力度，夯实资金安全管控基础，促进企业资金集约运作，降低融资成本，提高资金收益。

（徐光兵）

【审计成果综合运用】 落实国家电网公司“严肃审计、严肃整改、严肃问责”审计工作要求，以内审要情形式反映突出问题、重要风险，督促有关问题得到研究解决。坚持查改并重、边查边改，通过公司党委会专题汇报、整改约谈、协同会商等方式，消除和化解一批公司运营管理中的突出问题和重大风险。若干“硬骨头”问题整改取得突破性进展，清理长期未及时决算工程，收回各类欠款，治理废旧物资处置不到位的问题，盘活房产资源。

（徐光兵）

【审计工作机制建设】 推进“审计中心作业”模式，重点审计项目全部实现“上审下”方式，强化对二级审计机构的管理和指导，形成两级审计联动的工作模式。落实国家电网公司审计信息系统深化应用要求，将审计信息化成果纳入优秀审计项目评审标准，确保考核结果优异和系统的深度运用。建立非现场审计工作室，搭建信息化作业环境，融通各业务系统数据，构建非现场审计数据网，挖掘信息化数据资源，探索建立多维数据比对的非现场审计方式，提升对问题项目的锁定能力。

（徐光兵）

物　资　管　理

【综述】 公司物资系统着力物资供应链全过程管控，完成北京市行政副中心迁改、“煤改电”等重点工程项目物资供应保障工作。在需求计划提报及招标采购环节，向国家电网公司总部争取采购绿色通道。推广应用物资标准化、工程标准造价成果，提升农村“煤改电”工程物资和服务采购效率。超前开展备货计划，强化供应链重点环节预警机制，优化配电网物资履约模式，将物资供应由货到现场模式改为“统一入库、集中检测、按需领用”模式，全年中心库收发货物资金额达到21.4亿元，提升配电网物资供应效率，保障农村煤改电等重点项目物资供应。

（吴　江）

【计划管理】 推动协议库存执行调整方案的系统开发和试点工作，解决部分品类物资采购数量与实际需求偏差过大的问题。促成将公司两相输变电工程纳入国家电网公司整站招标试点，提升物资采购供应效率。与公司建设部联合探索主网物资集中申报方式，物资计划一次审核通过率实现倍增。扩大物资固化技术规范应用范围，固化技术规范应用率由年初的20%提升至60%，提升技术规范书申报的准确性。

（申　博）

【招投标管理】 全年完成110个批次的物资和服务采购工作，集中采购金额105.9亿元，其中物资采购金额35.76亿元，非物资采购金额70.14亿元，节约采购资金9383.55万元。落实集中招标采购全覆盖要求，实施营销、后勤等9大业务框架协议采购，涉及11个职能部门和20个基层单位，采购总估算金额达到20亿元。编制完善1773项省公司集中招标采购评标模板，配合国家电网公司物资部整理形成《审查会与发标工作手册》等4项国家电网物资专业标准化作业指导手册，持续提升采购规范化水平。

（陈　巍）

【采购合同管理】 全年完成3463份合同的签订工作，

合同签订金额 41.82 亿元。实现从合同签订至付款完成的全过程监控预警。完成国家电网公司合同变更流程的系统开发和验收上线工作，合同变更管理更加严格高效。协调国网物资公司、国网冀北电力和国网天津电力三家物资供应管理单位，确保锡盟—山东特高压工程合同签订和物资付款工作及时准确。

（陈　晨）

【物资仓储管理】 制订仓库标准化建设提升三年行动计划，形成新的仓储配送网络体系建设思路。发布仓储业务操作手册，开展覆盖所有作业人员的仓储业务培训，完成对公司所有仓库的标准化检查。以清仓利库为契机，开展实体库与虚拟库权限清理及数据治理工作，提升各公司的仓储业务规范性。

4 月 22 日，国家电网公司副总经理、党组成员栾军到公司检查国家电网应急物资储备管理工作。（王聪超　摄）

（高国中）

【物资供应管理】 深入供应商生产现场和工程施工现场，完善物资项目部建设标准，做好现场履约服务，完成北京东特高压 500kV 送电工程、北京市副中心迁改工程等重点工程的物资供应，确保蔚县电厂—门头沟 500kV 送出工程、安定 500kV 增容工程等在建工程物资有序排产。在推广煤改电工程配电台区成套化供应的同时，探索主网工程整站物资供应新模式，明确设备集成商职责，梳理设备集成商与分包供应商业务界面，确保推进试点工程，提升供应效率。

8 月 11 日，“煤改电”设备在燕郊中心库集中到货。（王聪超　摄）

（高彦龙）

【物资质量管理】 建立质量检测日会商机制，设置中心库质量检测基地，建立物资部、物资公司、电科院“一张表”的信息传递模式，完善不合格信息日反馈机制，实现质量检测 3 日内完成的目标。首次开展 110kV 变压器、组合电器及 10kV 柱上断路器的厂内抽检，委托检测机构开展短路电流开断能力验证和温升试验等型式试验。全年完成物资检测量 44 834 件，抽检量同比增长 83%，共发现并处理不合格物资 1586 件，约谈问题供应商 226 家，开展监造工程 10 项，发现问题 26 项。

9 月 5 日，“煤改电”物资在燕郊中心库集中检测。（王聪超　摄）

（李　静）

【废旧物资管理】 废旧物资处置 ERP 全流程业务上线，委托国家电网拍卖公司开展废旧物资网上竞价工作，重点加快价值评估进度，提升废旧物资处置效率，全年网上竞价处置废旧物资 2100 万元。组织专项行动，解决库存非固定资产零散废旧材料长期积压问题。探索开展积压物资置换工作，完成 3650 余吨废旧铁塔的置换。

（高国中）

【物资监察管理】 严格按照物资供应计划进度及成效要求，推进廉洁教育、制度梳理、专项检查等工作。

完成国家电网公司风险防控课题任务，编制国家电网公司系统物资从业人员廉洁警示教育培训教材的法规制度篇章。以指标设置为手段，兼顾引导与考核，在扩充评标专家库容量的同时，优化评标专家库结构，提高专家队伍整体素质。

（吴　江）

运营监测（控）工作

【常态化监测业务】承担国家电网公司车辆修理费、车辆租赁费、通信检修费、备品备件、力率电费5个计划预算主题和非生产大修关键流程、生产设备核心资源主题的业务设计；开展69项监测主题和4项专题的测试验证，累计完成28个源业务系统、222张数据源表、1911项数据项、近1500万条明细数据的收集、清洗、匹配和分析；持续开展常态化监测分析工作，组建安全生产、营销服务、财务专业等7个常态化监测工作小组，每月收集73项主题及专题的249张数据源表近500万条数据，定期编制并发布各项业务监测分析报告。

（赵　飞）

【电网运营在线监测】实现电网运营在线监测系统在国家电网公司系统内第一批上线运行，完成公司历史数据和增量数据的接入、匹配、核查、计算、分析等工作；拓展系统应用功能，开展配电变压器台区、生产大修、生产技改项目监测业务的深化设计，结合北京地区特点，重点开展煤改电工程及采集电量监测分析工作，及时研判电采暖电量变化趋势和发展规律。

（赵　飞）

【大数据分析应用平台】建成北京电力运监大数据应用平台，完成与12个业务系统、72个接口的集成，累计接入数据3.2亿条，实现核心指标、安全生产、营销服务、电网建设、经营管理、专题分析以及地图视频7个监测域、23个监测主题、30个监测场景、百余项监测点的动态监测分析。平台的建成应用为公司整合各领域数据资源，开展跨专业、跨部门、跨流程的大数据分析奠定了基础。

（赵　飞）

【大数据分析应用体系】基于大数据分析理念，依托海量历史数据，完成基于大数据的售电量变化趋势分析、新建住宅小区电能替代策略分析以及“煤改电”典型台区负荷裕度分析等重点课题研究。举办北京电力大数据分析应用创意大赛，征集日常工作中通过数据分析可以改进管理模式、提高工作效率、节约运营成本的优秀创意方案，内容涵盖人力资源、财务、物资、规划建设、安全生产、营销服务等多个专业领域，大赛激发了各业务数据的活力，有效支撑企业创新创效发展。

（赵　飞）

基础管理

【电力体制改革推进】公司成立工作领导小组及专业工作组，明确与政府相关部门的对接沟通原则，形成统一领导、分口对接、主动沟通和定期协调的工作机制。全年组织召开电改协调会21次，向公司领导班子专题汇报4次，在全公司范围内做3次专题报告，对全体科级以上干部进行培训。建立集财务、营销、规划、交易、调度等专业于一体的信息沟通渠道，编制电改动态信息16期，向国家电网公司总部报送周报42期，及时反馈重要信息。开展改革专项课题研究，形成电改形势下市场化交易、投融资策略、配售电放开应对等7项研究成果。与政府部门建立多层级长效沟通机制，参与公司体制改革综合试点方案编制。配合完成输配电成本监审、首都交易中心组建等重点工作，组织开展区域增量电网梳理工作，上报5项增量配电网放开示范项目得到国家发展改革委批复。

（郑　磊）

【对标管理】公司结合年度重点工作任务，制定对标目标和保障措施，优化制定内部对标指标体系，开展对标专项提升工作，推广对标管理体系，推动各单位对标工作系统化、规范化，夯实企业基础管理水平。公司获得国家电网公司对标综合、业绩、管理标杆，人力、财力、规划、建设、营销管理5项专业标杆，华北区域规划管理专业标杆；入选国家电网公司典型经验3项，入围7项。

（陈毛昌）

【管理创新】公司围绕“一强三优”现代公司战略目标，开展管理创新实践活动，严格全过程管控，建立定期协调推进机制，推荐优秀成果参加外部各级评审，展示企业和电网建设最新成就。公司41项管理创新成果获得省部级以上荣誉，其中国家级二等奖1项，国家电网公司级6项，北京市级34项，连续四年被评为北京市管理创新优秀组织单位。管理创新指数对标指标在国家电网公司系统内位于第5名，保持A段水平。

（刘园园）

【全面质量管理QC小组活动】开展QC小组活动，印发工作指南，制定QC小组活动成效指数对标指标，全年课题立项194项，组织开展片区现场指导6次，表彰优秀成果59项，推动完成28项优秀QC成果在职工创新工作室孵化。制定外出参赛方案，开展赛前指导7次，全年共54支QC小组参加外部发表赛，获得各级奖项荣誉49项，其中国家级23个、北京市级22个、行业级4个。发挥诊断师队伍作用，组织推荐职工参加取证培训，目前共有诊断师国家级75名、北京市级345名。

（高明洁）

【标准化建设】强化通用制度与技术标准宣贯执行，发挥公司通用制度及制度标准专业部门主导作用，按照“谁管专业谁负责”的原则，发挥制度标准一体化平台作用，全年宣贯国家电网公司新发布的技术标准158项、通用制度44项，针对“现场型”标准编写234项作业指导书，参与编写国家电网公司标准6项，公司制度标准执行指数对标指标全年段位为A段。

（高明洁）

【社团组织管理】强化职能管理作用，组织召开专题会议，宣贯通用制度，排查参加、成立、挂靠社团组织，并以文件形式通报公司参加社团组织情况。公司层面参加的社团组织共3家、公司所属单位层面参加的共12家，社团组织数量压缩70%、会费缴纳压缩50%。规范综合服务中心及公司所属各单位会费缴纳程序，执行会费预算制度，规范开展审批报备等常态工作，完成公司及各单位参加的30个社团组织的退出手续。

（高明洁）

依法治企

【综述】编制落实公司“十三五”法治建设规划，明确法治企业建设总体目标、实现途径及重点任务，多维度推进“三全五依”法治企业建设。参与“煤改电”工程招标、业扩报装契约式服务等中心工作，印发法律风险专报和法律风险提示函12份，针对公司生产经营中的关键问题和潜在风险提出法律建议。开展改革涉法问题研究，对电改后交易中心法律关系变化等逐项进行评估，超前应对系统风险。

（郑　磊）

【依法维权】规范案件全过程管理，建立重大案件会商机制，启动编制证据收集留存指引。全年妥善处置新发案件124起，关注度高、影响范围广的案件均取得有利判决结果。深化“一案一报告”和领导干部出庭制度，开展优秀结案报告评选，领导干部代理案件率50%以上。推广公证维权，明确公证适用范围、办理程序和费用标准，在电费回收、物资管理、劳动用工等领域深入应用。

（郑　磊）

【合同及招投标管理】加强合同文本审核，公司试点开展工程建设领域合同履约管控，为推动实现合同审查、签署、履约、归档全链条管理进行探索。公司全年签订合同37 447项，涉及金额628.26亿元，法律审核率100%。完善招标法律保障工作机制，参与15批次招标保障，对200余项单一来源采购逐项进行法律审核，确保依法合规。

（郑　磊）

【规章制度管理】系统梳理600余项配套制度，提出通用制度调整建议5项，新建修订自建制度20余项。

为运检、基建、营销、调控4个专业113个基层岗位编制岗位制度指引，基本实现一线班组全覆盖。深化“开门办制度”工作，解决答复基层制度执行难题24项；收到基层制度草案建议86项、采纳33项，采纳率38%，同比提升17个百分点。创新制度宣贯形式，以图表形式解读规章制度；个性化制度学考APP上线运行，满足各专业各层级制度学考需求。发布基层季度自查重点制度名录，全年发现整改问题38项。

（郑　磊）

【普法工作】编制落实“七五”普法规划，明确法治宣教主要任务、工作步骤和任务安排。出版《电网企业法律纠纷典型案例评析》，剖析典型案例。组织“学案例防风险”主题活动，录制典型案例“微课堂”，组织“走进法庭”25次，开展基层班子成员讲法治课及员工学法用法征文推广。在大兴区政府常务会上开展电力设施保护相关法律法规讲座，推荐公司员工担任法院人民陪审员。建立法治电网网站、微信公众号网络普法平台，网站全年27家基层单位全部参与、发布信息133篇，微信公众号开辟“法治大家谈”“海峰观察”“小周法漫”等专栏，在线开展“法治人物”和“法治事件”评选，举办法律知识有奖竞答，全年共推出47期，发布文章110篇，关注人数近万人。在国家电网公司法治企业知识竞赛中取得第四名的历史最好成绩。

（郑　磊）

【法律队伍建设】建立公司法律片区联系人制度，通过会议研讨、远程交流等多种形式，在课题研究、试点推进、疑难探讨等方面发挥作用。开展合同承办员、案件处理实务等专题培训。规范律师选聘，通过竞争性谈判方式扩大律师库范围，入围律所同比增长50%。明确法律服务费用标准，签订框架服务合同。

（郑　磊）

综　合　管　理

【值班室工作】体系建设方面，印发《关于加强值班工作的通知》，规范和加强公司值班工作。编制《值班工作提示》，明确值班领导工作职责；编制值班专业《行政办公工作手册》、月度《值班工作安排手册》；修订《带班领导、值班领导短信发送规范》《总值班室值班员接打电话规范》，夯实工作基础。加大硬件投入，改善值班工作条件。运行保障方面，完成十八届六中全会、“天宫二号”发射等重要活动及重要节假日期间的行政值班保障工作，完成国家电网公司和北京市政府签署面向“十三五”战略合作协议，公司与西城、丰台区政府签署战略合作协议，国家电网公司优化提升“三集五大”体系部分大中城市业务集约融合调研座谈会等重要公务活动保障。全年共完成国家电网公司各类值班任务61项，向国家电网公司报送值班报告18件，处理来文来电1199件，编制各类值班刊物306期（其中《值班日报》199期、《值班快报》57期、《值班周报》50期）。

（陈　林）

【档案管理】筹建公司档案中心基地，开展档案中心规划方案设计、功能区域划分等前期工作。推进档案工作标准化、规范化。文书档案共计接收、审核公司收发文件8218余件、授权委托经济合同300件、组卷592卷；人事档案提供利用1720卷，归档材料17 518份，公证材料及查档证明238份，复印档案材料157份，整理干部档案837卷，转递人事档案54卷；工程档案完成整理立卷、上机上架1688卷，使用国家电网档案管理系统客户离线端归档的项目83项；会计档案接收1224册；声像档案照片入册1969张。

（李兴华）

【信访工作】组织完善公司两级信访稳定工作领导机构，建立健全信访风险评估防控体系，坚持信访维稳工作关口前移和重心下移。制定《公司深化“三集五大”体系建设队伍稳定工作方案》，修订《公司突发群体事件处置应急预案》，编制《公司信访接待常见问题解释参考》。加强基层基础建设，落实信访答复、复查、复核三级工作制度。加强政企联动，坚持依法治访，妥善应对各类突发情况。全年各部门、各单位落实信访维稳工作责任制，排查化解矛盾，保持公司改革发展和谐稳定的良好局面。

（崔　征）

机关管理

【本部建设】落实公司党委“服务首都　岗位建功”主题教育实践活动，组织本部干部员工学习贯彻党的十八届六中全会精神、全国国有企业党的建设工作会议精神和习近平总书记系列重要讲话精神，学习贯彻国家电网公司“两会”精神；加强干部员工思想教育，下发《习近平总书记系列重要讲话》《关于新形势下党内政治生活的若干准则》和《中国共产党党内监督条例》等书籍3100多册。完成全国两会、十八届六中全会等供电保障人员政审工作354人次。

（王　岚）

【党务管理】加强机关党组织建设，完成19名因工作调动、辞职、退休等应转出但未转出组织关系党员的梳理工作，并完成后续补缴党费、转出组织关系工作。完成2007年以来64名机关党员组织关系介绍信回执追补工作。完成机关党委和25个党支部党组织换届选举工作。11月9日召开机关党委党员代表大会，选举产生中国共产党国网北京市电力公司机关第一届委员会。开展“两学一做”学习教育，组织各级党支部完成组织生活会和民主评议党员工作。发展党员4名，预备党员转正6名，完成公司党委2015～2016年度创先争优评选表彰推荐工作，办公室党支部等3个先进党支部、龙国标等16名优秀共产党员、王岚等4名优秀党务工作者受到公司党委表彰。做好党员组织关系转移工作，转入72人，转出49人。

（王　岚）

后勤管理

【后勤资源管理】完善公司房产土地系统数据录入工作，实现公司房产土地信息在线查询。组织完成921处房产、299处土地的地理位置坐标测绘及外观照片采集工作，推进公司房产土地可视化管理。滚动梳理房产土地数量及现状信息，将“房产土地系统录入准确率”纳入后勤专业对标指标。调整9家单位共15处房产，累计腾退房屋11 132m^2，退租房产8处，为公司减少房屋改造支出2800万元，节约对外支付房屋租金1125万元。完成国家电网公司公务车改革任务，实现公务用车压减30辆目标。争取资金6700万元，更新抢修运维车辆266部，带电作业车、发电车等特种车辆27部，为公司“大检修”体系调剂车辆44部，发挥专业公司优势，获批200个应急抢险车辆号牌，一线班组车辆不足问题得到解决。

（韩戈奇）

【后勤安全管理】印发《国网北京市电力公司后勤专业安全大检查暨履职尽责专项行动工作方案》，实现后勤项目建设全过程安全可控、在控。成立安全质量巡视小组，组织开展工程项目安全巡检和隐患排查，发现问题即时催督整改。落实“十条禁令”要求，加强交通安全管理，全年共发生交通违法行为1255起，同比下降2%，实现年初制订的工作目标。采取交通安全分片区管理，实施季度通报和违规约谈管理举措，抑制公车私用、违法行车等现象，公司连续14年荣获“北京市交通安全先进单位”和“北京市交通安全优秀系统”称号。落实消防安全责任，明确火灾防控责任人，定期排查消防安全隐患，按照“一点一案”要求制定消防应急预案。落实特种设备安全法，淘汰技术落后、故障频发设备。

（韩戈奇）

【后勤专业化管理】研究制定项目管理指导意见和3个工作手册；制定后勤安全管理指导意见和工程安全管理细则；制定统一的办公楼宇物业管理工作标准，制定亦庄办公区物业管理及考核制度。试点开展建筑智能化研究，开展集体公寓智能物业研究。《以人文后勤为核心的省公司后勤综合管理体系建设》获公司管理创新成果一等奖。制定对标指标年度目标及指标提升措施22项，细化三级56项对标指标考核细则，新增“后勤项目计划管理规范指数”等15项指标。建立对标预警机制，按月进行指标分析诊断，形成诊断分析报告及点评报告共16篇。开展后勤管理典型经验总结提炼工作，制订经验推广计划。《打造“HRTS”后勤工作体系，提升公司后勤管理水平和服务保障能力》获得国家电网公司后勤专业优秀典型经验。

（韩戈奇）

【**重点项目建设**】开展小型基建管理“攻坚年”活动。修编公司“十三五”后勤工作规划，优化调整后五年后勤项目储备库。开展三轮在建项目现场督导。发布项目建设“十四条禁令”，严控新开工项目方案及招投标管理，完成项目历史遗留问题整改。组织清理积压未增资转资项目，共完成小型基建项目等项目转资手续15项，转资额47 962.28万元。亦庄办公区按期入驻。利用现有土地资源，根据各专业需求，规划公司九大专业基地，完成各专业基地建设方案。

（韩戈奇）

【**运行保障工作**】初步形成后勤保障“一盘棋”工作机制。编制统一的后勤应急保障预案体系，明确后勤应急保障内容和保障标准。在全国两会、全球能源互联网大会等重大政治保电任务中，统一部署、统一管理、快速反应，从车辆调配、餐饮住宿、防暑防寒、劳动保护措施、医患救助等方面，为生产一线提供保障。在7·20强降雨突发事件应对等后勤应急抢修工作中，及时处置房屋渗漏雨110余处，完成多起事故抢修。在“大检修”工作中推动“四个中心”建设，对用房现状和调整需求进行审核、调度，非生产性房产实物资产内部移交完成。完成“大运行”人员办公用房、办公家具配置。

（韩戈奇）

【**关心关爱职工方面**】开展“个性化”体检服务，满足职工“差异化”健康体检需求，全员体检率96.15%，完成国家电网公司体检率95%的目标要求。开展专家“一对一”“送上门”医疗咨询服务。根据体检结果分析，针对性举办3期健康大讲堂。健康医疗服务送基层、到班组，覆盖率达87.6%。印发《国网北京市电力公司办公楼宇物业管理工作标准》，明确物业服务工作内容、物业项目分类、物业服务工作标准等，实现物业服务标准化、专业化、精细化管理。打造智慧办公园区，在亦庄办公区引入“互联网+后勤服务”理念，利用现代化高科技手段，建立智能物业管理信息系统，实行园区一卡通服务和物业在线管理。利用有限资源，解决15家单位办公用房紧张问题。开展老旧宿舍楼维修工程，惠及家庭368户，建筑面积3万m^2。依法合规维护职工切身利益，光源里棚户区居民签约率达到98%以上。

（韩戈奇）

【**“健康食堂”创建**】开展“健康食堂”创建，按照机关、工区、班组和抢修施工现场流动配餐点四个类别，分别制定“健康食堂”达标标准。开展“流动红旗单位”竞赛评比活动。全公司达标食堂共170个，总体达标率达到68.6%。推进后勤保障基地建设。按照有机蔬菜标准，种植各类蔬菜达50余个品种，实现产量100万kg，共为30个单位43个食堂提供绿色蔬菜配送，受益职工覆盖公司所有单位。

（韩戈奇）

安全生产

安 全 监 察

【综述】开展安全管理提升活动，坚持“严抓严管”，增强安全管控能力。严抓安全责任落实。为健全明责、履责、问责的闭环管理机制，健全“说清楚”和“约谈”机制，强化对安全事件和违章责任单位的严厉问责，以责任落实促安全保障能力的提升。推行作业安全标准化。应用移动作业手段推进现场作业安全标准化，编制典型作业安全管控标准化工作流程，明确各关键环节实证材料采集要求；组建安全监控中心，实现对作业现场全流程的实时监控、检查和提醒。质量监督管理不断深入。推进资产全寿命周期管理体系深化应用，成功创建“领先型”体系。推进城、农网中压采集装置自动采集全覆盖，深入开展低压可靠性试点。应急安保能力不断增强。编制《大面积停电事件应急预案》《应急防恐发展规划报告》，建设第二综合救援队伍。开展“煤改电”等应急演练120余次。首次实施安保特勤巡护，确保公司安保形势稳定。

（宗晓茜）

【安全责任落实】为健全明责、履责、问责的闭环管理机制，公司修订安全职责，以安全审计抓各级领导干部履责。同时印发《国网北京市电力公司关于加强安全生产问责的有关规定》（京电安〔2016〕1号）抓问责，健全“说清楚”和“约谈”机制，明确“说清楚”和“约谈”条件和标准，对因风险管控、隐患排查治理等规章制度不落实造成的故障、事件提高等级处罚，强化对安全事件和违章责任单位的严厉问责，构筑安全生产严抓严管的高压态势，以责任落实促安全保障能力的提升。

（宗晓茜）

【安全风险预警管控】强化电网中长期风险预警和管控，针对电网固有风险，发布电网风险预警单，联合相关部门开展相关管控措施落实情况的检查。强化电网检修风险预警和管控，利用风险会商机制，严格审核调度预案、运维管控措施、作业危险点控制措施，严格执行用户风险告知制度；利用早例会，做好风险管控责任落实的监督。强化施工风险预警和管控，规范基建工程风险预警管控措施编制和审核，将基建风险现场纳入日常安全巡检内容，开展常态监督检查。

（宗晓茜）

【安全标准化措施】为落实现场生产安全管控标准化措施，公司组织编制40余项输、变、配电典型作业安全管控标准化工作流程。组织开发生产作业安全管控平台和移动作业APP，明确各关键环节实证材料采集形式，设置安全监控中心，实现对作业现场全流程的实时监控、检查和提醒。同步实现安全巡检（稽查）移动办公，固化工作流程和检查标准，实现安全巡检人员对违章的全线上处理，实时将违章在全体作业人员中进行通报、警示。

（宗晓茜）

【专项安全监督】每月组织开展跨越工程监督检查。聘请外部专家组织开展信息通信安全性评价，推进评价问题的闭环整改。开展集体企业安全审计，重点针对集体企业领导干部履责情况以及承分包、施工安全管理情况进行评估检查，指导集体企业健全安全工作体系，提高安全管控能力。开展安全双准入管理，建立施工单位、人员安全积分制，累计对3家施工单位实施“三停”处理，取消42名施工人员工作负责人资格，加大外包业务的安全管控力度。

（宗晓茜）

【“三查三强化”安全专项行动】为吸取陕西电力“6·18”事故教训，公司编制“三查三强化”安全专项行动工作方案，细化10个专业的隐患专项排查工作方案和排查标准。活动期间各专业共开展各类培训34次，培训人员695人次。各单位以安委会、本单位例会、安全生产例会为载体进行工作调度，共召开专题会759次，确保公司要求落实到位，累计发布隐患排查交流宣传报道461篇，确保隐患专项排查向纵深推进。公司安质、运检、科信、调控等部门会同相关单位，每周组织对各单位初步排查的1914项隐患进行初步核定，从隐患发生、发展情况及可能造成的后果等方面进行分析，初步认定948项隐患，最终核定确认521项隐患。对已核定的隐患完成系统录入，完善隐患治理方案、管控措施的制定，同时开展隐患分析评估，全部隐患已建立档案，并落实治理措施。

（宗晓茜）

【隐患排查治理】印发《关于加强常态化政治供电隐

患排查治理工作的通知》（安监〔2016〕35号），推进政治供电常态化隐患排查治理，组织各专业部门根据年度隐患专项排查工作计划开展专项隐患排查工作，贯彻落实国家电网公司“三查三强化”工作要求，部署“三查三强化”隐患专项排查治理工作。完善公司隐患系统应用功能，补充政治供电常态化站线、营销重要客户隐患查询、安全生产风险指数隐患任务单自动派发等功能，重点简化隐患信息的在线浏览。结合公司隐患排查治理系统功能完善及运行中发现的问题，开展隐患系统典型问题专题培训。开展调度通信大楼供电和消防安全隐患治理，完成“回头看”工作中49项调度通信大楼供电及消防安全隐患的治理工作。以设备新隐患排查及现存隐患管控为重点，开展公司层面隐患排查治理工作日常巡查，并重点结合外力故障、防汛、迎峰度夏、迎峰度冬、政治保电等任务对各单位重点线路加强巡查监督工作，累计编发隐患排查治理工作周报44期。

（宗晓茜）

【可靠性管理】组织编制电能质量在线监测系统实用化提升工作方案，提升电能质量在线监测综合应用水平。落实运维职责，完善运维管理流程，加强运维团队的建设工作，组织运维人员参与开展源业务系统接口监控及数据诊断技术研究，强化系统接口、硬件资源、数据通道的监测告警功能，确保电能系统日常稳定运行。结合电能系统监测范围持续扩展以及数据量激增的现状，按照国家电网公司要求开展电能系统功能及数据现状的关系梳理，公司安质部组织建设停电事件自动补全系统，增强电能系统实用性，优化电能系统运行性能。推进低压可靠性试点工作。组织通州、亦庄开展低压可靠性停电数据自查整改，进行低压数据质量核查，保证数据真实、完整、连续，支撑低压可靠性管理决策分析。扩展电能质量在线监测范围，完善后续工作方案，细化管控措施，推进农村范围采集装置及农网供电电压监测装置的升级改造工作。组织各属地公司开展线路分段整改，组织各单位进行线路分段、用户数据维护、台账对应等工作，完成线路分段维护调整。加强可靠性管理，完善指标分析预测工作。配合国家电网公司，完成每月供电停电事件的转换成功率调研工作。推进地市大屏建设进度，协助国家电网公司做好大屏工作的进度管控、调研反馈的收集，监督落实地市大屏的数据绑定及可视化展现的建设。组织丰台开展PMS2.0停电信息报送模块调研工作，为提高系统智能化做准备。

（宗晓茜）

【质量监督管理】印发《国网北京市电力公司安监部关于印发2016年质量监督专项活动实施方案的通知》（安监〔2016〕27号），布置开展质量监督专项活动，组织开展配电设备抽检和电力安全工器具质量检测自查工作，针对督查发现的问题，督促专业部门及单位开展整改工作，全年完成电缆检测共计1382卷/根，变压器检测5345台，发现29盘电缆不合格，其他检测均合格。根据配网质量专项督查工作情况，编写《2016年度配电设备抽检典型案例汇编》，并上报国家电网公司。公司印发文件，全面部署开展“质量月”活动，重点强化全面质量监督工作，加强相关要求的宣贯执行，确保年度质量监督重点措施落实。根据《国家电网公司质量事件调查管理办法》最新要求，对基层单位开展宣贯培训。根据国家电网公司每个季度通报情况，开展质量事件自查整改工作，加强质量事件报送质量。

（宗晓茜）

【应急工作机制】以国家电网公司应急通用制度为基础，修订下发《应急救援队伍管理细则》《应急装备管理细则》，加强队伍建设和装备管理工作，重新梳理各单位应急救援队伍情况，组织对各单位应急队伍和装备管理情况进行检查，并形成检查报告。修订下发《预警应急响应工作细则》《突发事件应急响应工作细则》，梳理应急响应工作标准和工作流程，编制应急响应工作卡，加强应急响应过程监督，提升整体应急工作水平。

（宗晓茜）

【应急预案体系】以大面积停电预案修订工作为基础，组织对《国家大面积停电事件应急预案》《国家电网公司大面积停电事件应急预案》进行宣贯培训，配合北京市发展改革委，迎接国家能源局关于《国家大面积停电事件应急预案》的调研工作，与北京市发展改革委对接修订完成《公司大面积停电事件应急预案》（简称《预案》），邀请北京市应急办、国网安质部、北京市发展改革委、华北能监局、全球能源互联网研究院、国网天津电力、国网冀北电力等部门或单位的应急专家对《预案》进行评审，组织各供电公司开展本单位《大面积停电事件应急预案》编制工作，并对各单位预案进行评审，提高预案编制质量。针对迎峰度夏、度冬等关键供电保障时期，修订《防汛应急预案》《度夏应急预案》，编制《煤改电客户停电事件应急预案》，梳理保障重点，制定预警和突发事件应急响应级别确定原则，及时高效应对灾害天气和处置各类突发事件。

（宗晓茜）

【**应急队伍建设**】将华商远大公司纳入综合救援队伍。组织各单位应急救援队伍参加国家电网公司应急技能培训。以综合应急救援一队为教练团队，组织各单位应急救援队伍开展有针对性的技能培训工作，重点加强汛期和雨雪冰冻等灾害的应对技能培训工作，定期组织开展野外拉练，参加培训人数达500余人次。

（宗晓茜）

【**应急培训演练**】制定应急培训工作方案，组织应急管理人员开展应急理论培训工作。围绕春节、“两会”、防汛、度夏、度冬、“煤改电”停电预案，开展应急演练120余次，通过演练磨合应急处置工作流程。与华北分部对接，制定华北分部大楼停电预案并开展实战演练工作。与国网天津电力、国网河北电力、国网冀北电力共同开展京津冀电力应急联合演练。全年公司共启动应急响应85次，其中Ⅰ级响应2次，Ⅱ级响应11次，Ⅲ级响应26次，Ⅳ级响应46次，完成寒潮暴雪、雷电暴雨等恶劣天气、电网大负荷等应对工作和春节、全国“两会”、十八届六中全会等重要活动供电保障工作。

（宗晓茜）

【**安保防恐和消防监督**】完成全国“两会”、六中全会、“天宫二号”载人航天等重要活动保电安保防恐任务。制定有关安保特勤工作的管理要求，组建安保特勤队伍，开展重点场所和电力设施站线安保防恐看护和特巡。开展保安人员综合业务和岗位技能培训，累计开展14期，人员3035人。组织城区等供电公司与检修公司完成安保任务的平稳交接。联合政府部门，举办“2016年电力设施保护安全宣传咨询日”活动。完成军委首长人民防空工作调研检阅任务。建立健全公司消防安全制度体系，组织开展冬春季火灾防控专项活动和消防安全专项监督检查工作，完成春节期间烟花爆竹火灾防控工作。开展安保稽查工作，全年累计稽查1653场站次，发布安保稽查日报188期，通报相关问题210项，2016年底已整改199项。

（宗晓茜）

【**资产全寿命周期管理体系应用**】根据国家电网公司文件要求，印发《国网北京市电力公司安监部关于印发2016年资产全寿命周期管理重点工作计划的通知》（安监〔2016〕33号）。组织开展年度资产管理体系评价员推荐工作，公司向总部推荐3名不同专业评价员，推荐人员参与过体系建设及评价，后续将开展公司评价培训工作。参加专业骨干培训。参与国家电网公司“三流合一”系统建设及资产管理指标研讨工作。公司提出新指标意见和建议，并配合国家电网公司开展新指标测算工作。公司向各专业部门、各基层单位下发《企业资产全寿命周期管理》书籍共计700余册，在公司内部组织开展资产全寿命周期管理宣传学习活动，开展体系深化应用。推进体系常态化运行。根据公司资产全寿命周期管理体系月度工作计划，组织相关专业部门开展现状评价、目标、策略、计划等体系文件修订工作。组织编制公司承担的《配网资产管理综合绩效评价体系研究》课题研究报告，并于年中和年底向国家电网公司总部进行专题汇报。完成国家电网公司资产全寿命周期管理体系专项督查和体系“领先型”评价验收，通过国家电网公司“成熟型”评价验收工作。

（宗晓茜）

生　产　管　理

【**综述**】深化运检精益化管理，确保电网设备实现安全稳定运行。强化电网设备故障管控能力，全年变电、输电、配电设备故障率同比降低48%、36%和43%；完成“大检修”体系深化建设，7月将城近郊及通州公司输变电设备运维业务全部集约至检修公司，共涉及变电站193座，输电线路518.85km，划转运检业务人员288人，在国家电网公司率先实现110kV及以上输变电设备运检集约管理；提升配电网管理水平，春节期间实现台区“零过载、零低压、零投诉”，迎峰度夏大负荷期间公司配电网异常台区数量同比下降85.9%；启动公司智能配电网建设，高标准打造城市副中心“国际一流”配电网，推进“一体双核”配电自动化主站建设，通过“一键穿透、全息管控、云端一体”集约化运行监控和运维管理，支撑配电网调控、运维抢修和精益化管理。

（李　戎）

【重大活动电力保障】全年公司共完成保电任务219项（其中特级任务1项、一级任务69项、二级任务57项、三级任务92项），保电324天。完成全国“两会”、纪念抗战爆发79周年、“天宫二号”及“神舟十一号”航天任务、十八届六中全会以及纪念全球能源互联网中国倡议一周年活动等重要保电任务。实现“主网运行安全零闪动、配网供电可靠零差错、服务优质高效零投诉”的保电目标。公司派出专家组对杭州“G20”峰会保电工作进行前期协助，同时派出应急装备电源和专业人员对敦煌文博会进行供电保障支援等工作。其中，为做好全国“两会”供电保障工作，公司提前从建立组织体系、完善工作机制、落实保障措施、加强应急演练、严格督导检查入手，配套制定83项重点工作任务，精心梳理31个“两会”主会场和驻地、22个“两会”重要城市运行保电客户的内外部电源和用电安全状况，开展140座变电（开闭）站、560条主配网线路的状态检测工作，组织针对每一个主会场和驻地重要客户编制供电保障手册，实现“体系完善、设备完好、方式可靠、保障有力”的筹备阶段工作目标。“两会”期间，北京地区电力供需平衡有序，未出现重点设备及线路重载、过载和限负荷情况，未发生造成保电客户供电影响的电网故障。公司保电期间日均投入保障人员4856人，累计投入82 556人次，日均投入车辆1406辆，累计投入23 909车次，完成“两会”保电任务。

（胡永强）

【“大检修”体系建设】实现主网设备集约管理。城近郊公司35～110kV变电设备、通州公司35～110kV输变电设备运检业务全部集约至检修公司。共涉及变电站323座，输电线路1884km，在国家电网公司率先实现110kV及以上输变电设备运检集约管理。创建设备精益管理指挥体系。在检修公司成立集输变电运检业务“信息交互、分析指挥、管理决策”功能于一体的运检指挥中心。以运检指挥为中枢进行全业务流程再造和优化重组，开展多专业联合指挥，实现信息汇集、任务协同、过程监控和决策支持的全过程集约管理，确保生产流程顺畅、运转高效。推进移动作业系统应用。以强化作业过程管控为目标，开发、应用涵盖输变电专业运行维护、试验检测、检修抢修等六大业务功能的移动作业系统；在配电网层面完成异常台区治理、10kV故障处理、配电网设备巡视等三个模块的配电网移动作业上线运行。

（李　洋）

【设备管理】细化专业管理，严控变电设备故障。强化新投运变电设备强制检测管理，严把设备入口关；针对设备故障暴露出的干式设备和组合电器质量问题，明确新投运设备强制检测范围和流程，全年开展852台次干式设备强制检测工作，共计发现问题设备36台次，全部进行了更换；同时结合新设备投产前开展的耐压试验，共完成600面10kV开关柜、9条10kV绝缘母线、97个间隔110kV GIS、64个间隔220kV GIS状态检测工作，发现6个局部放电类问题，已全部处理，确保设备“零缺陷”投运。加强缺陷管理，组织相关单位落实相关责任，结合春秋检工作加大处理缺陷力度，全年共计处理1382条缺陷，其中危急缺陷215项，严重缺陷217项，并做好缺陷分析工作，针对共性问题，组织各运维单位有针对性排查，及时处理问题设备，确保设备健康运行。

加强输电设备管理，提高精益化管理水平。公司发布《国网北京市电力公司通道运维管理办法》（京电运检〔2016〕102号）等规章制度；开展电缆基础数据普查工作；对电缆专业巡视及日常运维工作加强管理，建设输电电缆可视化作业管理平台系统，加强电缆作业全过程动态管控力度，提升输电电缆专业管理水平；编制公司输电通道气象监测布点方案，布置观冰站点17处，临时观冰哨10处。安排覆冰应急抢修队伍18支，抢修人员476人、车辆78辆。

（马　锋　谭　磊）

【状态检修工作】做好设备日常检测，丰富设备评估模式。强化运行设备“体检”分析，详细制定年度状态检测计划，加强过程管控，全年共计完成检测工作65 112件，发现并处理设备缺陷和隐患43起，同时逐步完善状态检测基础数据库，编写典型案例，提升状态检测数据分析水平。加强设备评估工作管理，在开展传统变电设备评估工作的基础上，创新设备评估方法，特邀变电专业专家77人组成专家库，采用自评估和第三方专家评估相结合的模式，同时建立督导小组和工作小组，协调解决工作中相关问题，对防汛度夏105座重点变电站进行评估，其中自评估问题2316项，专家评估1888项，针对发现的问题制定相应的管控措施，为电网稳定运行奠定设备基础。强化智能运检技术，实现设备精准管控。完成智能管控平台建设，通过涵盖设备管理、人员管理等功能的56个模块设计、开发及平台上线运行，实现信息穿透、状态透明、质量管控的目标，取得国家电网管控系统示范区建设成效。依托智能管控平台，丰富应用移动作业终端等技术手段，将各个生产信息系统互联互通，实现设备状态、过程监控、任务组织等多源信息实时共享、实时交互。将业务管理要求、现场作业标准、作业过程管控纳入各项业务信息流程，实现电网设备和人员的全方位实时监视、检修运维问题的精准分析判断及作业过程和质量的全流程指挥。依托信息化、智能化手段，运检人员掌控输变电设备运行信息、状态信息、作业信息，实现设备状态和人员状态全景透明，推进“互联网+电力检修”生产模式转变。

（李　洋）

【生产运行管理】推进变电站精益化管理工作。组织各单位开展变电站精益化管理自评价及整治工作，按照边评价边整治的原则，完成公司193座变电站的精益化评价整治工作，占公司变电站数量的1/3；在各单位自评价的基础上，公司组织开展检修公司和昌平等9家远郊供电公司变电站精益化抽查工作，并完成国家电网公司对检修公司城北500kV变电站和顺义公司110kV聚源变电站精益化检查工作，确保变电站精益化评价整治工作落到实处。

受国家电网公司委托，牵头组织国家电网公司“五通”中检测通用制度的编制修订工作，负责完成检测通用管理规定总则、3个带电检测分册和4个停电试验分册的编制工作，并提出667项“五通”反馈意见。完成国网河北、天津、浙江、上海、河南电力10座500kV变电站全站测试，发现并确认各类异常131余处。

开展输电精益化管理提升工作。编制并发布《标准化线路示范段建设方案》（运检〔2014〕16号），对公司标准化示范段建设工作进行制度上的规范。及时总结典型经验，提高线路本体、基础、标志标识等附属设施规范化水平，完善标准化工艺导则和线路图册，为提升公司输电线路标准化建设工作奠定基础。输电电缆专业精益化建设方面，制定《国网北京市电力公司电缆专业精益化提升方案》并试点建设亦庄精益化隧道，将公司范围内电缆及通道进行分级管控、差异化运维，提升电缆网安全优质运行水平。组织开展电网冰区、风区、舞动区、雷区、鸟害、污区分布图制（修）订工作，对重要高风险线路实施差异化管控工作。强化差异化运维，协同调控中心梳理出143条、1841km电压跌落重要线路，每日安排2次特巡，对线下动态隐患安排人员24小时看护；完成标准化线路（含标杆线路）治理工作，组织专家组赴各单位进行现场检查确认。完成1038km示范段、6055km标准化线路治理，达到公司所辖资产的70%。

做好消技防及辅助设施规范化管理。组织开展消技防“第三方”检测工作，重点对开展消技防大修技改工程的变电站进行检测，共计检测81座变电站消技防设施，涉及大修技改工程的消技防设施均符合要求，同时通过检测发现消技防设备问题102项，要求各单位列入2017年储备项目，通过工程实施进行完善。开展溢水报警系统的安装与监测工作，全年新安装溢水报警系统153座变电站，其中，58座地下（半地下）变电站安装率100%；同时要求新安装的变电站溢水报警信号全部上传至调控中心。

开展管理模式创新，推行输电通道属地化运维。梳理细化通道环境隐患定级及管控标准，重新划定通道环境的运维责任，施行输电线路属地化管理。各通道运维单位发挥属地优势，根据本区域特点采取属地供电所管控、外协队伍管理、政企群众护线等多种模式强化通道环境管控，一方面强化公司内部各专业间的协同配合；另一方面，建立与属地政府间联动会商机制，加强对线下施工隐患的管控。截至5月公司范围内全面实现输电通道属地化运维。

推动通道气象监测站建设。全年安装光纤传感等覆冰在线监测装置28套，布置观冰站点17处，临时观冰哨10处，配备发电机、望远镜、卫星电话等必要的观冰和通信工具。完成观冰站与自动气象站建设工作，进入试点使用阶段。自动气象站电源采用市电和太阳能对蓄电池浮充模式，通过光纤或无线公网方式接入PMS在线监测系统。

开展防雷改造工作，提升线路防雷能力。针对22条生命线以及存在串供、转带风险的64条线路开展防雷治理，加装避雷器3498支，差异化绝缘治理981串；针对山区架空线路安排接地电阻普测和降阻工作，发现并处理问题杆塔2790基，输电线路雷击故障率同比下降61.54%。及时总结防雷成效，发布《2016年雷击故障分析报告》。

（马　锋　谭　磊）

【技术监督管理】以电网设备家族缺陷及告（预）警发布为载体，突出推进技术监督工作。全年累计发布电网设备家族缺陷发布单4项，其中上报国家电网公司2项，经国家电网公司认定家族缺陷2项；累计发布告（预）警通知单154份，其中可研设计阶段6份，设备验收阶段115份，安装调试阶段28份，运维检修阶段5份。以全过程和专项技术监督为抓手推进技术监督。完成规划可研阶段、工程设计阶段、设备采购阶段、设备制造阶段、设备验收阶段、运维检修阶段技术监督任务29项。完成主网输电线路防雷专项技术监督、220kV 团结湖输变电工程交接验收专项监督等专项技术监督 12 项。开展配电网建设改造物资试验项目及差异梳理专项技术监督，对配电网建设改造物资设备试验项目的国家电网招标规范检测项目、公司设备选型标准以及物资检测规范检测项目进行差异化比对分析并提出解决措施，规范物资检测标准，通过建设技术监督示范工程开辟技术监督新的载体和工作模式。落实公司“突出配电网建设改造、提升电网发展水平”的决策部署，重点开展配电网常态化技术监督。组织编制技术监督工作方案和检查记录卡，针对工程设计、物资检测、施工质量三个阶段开展检查，保证配电网建设改造原则、典型设计、物资订货、施工工艺、拆旧设备等相关技术标准在配电网建设改造中得到有效执行。共对 442 项工程 1307 个施工现场进行配电网建设改造技术监督检查，发现问题 3200 余项，下发质量问题整改通知单 548 份；编制配电网建设改造专项技术监督工作周报 48 份，季度分析报告 4 份；抽检变压器、电缆、架空绝缘导线、避雷器、绝缘子、自动化终端等 19 类设备 51 720 件，发现不合格物资 1550 件；发布配电网建设改造技术监督红、黄、蓝告警单 149 份，发布配电网设计单位、物资供应商和施工单位负面清单通报 4 期，促进配电网建设改造工程质量的提高。

（李　红）

【技术改造与大修管理】组织编报 2017 年技改大修项目储备及 2018 年预下达项目。分三批组织开展 2017 年技改大修项目储备编制和审核工作，生产技改储备项目共计入库 1119 项，年度投资 13 亿元，总投资 15.6 亿元，年度储备资金为全年计划资金的 3.2 倍；大修储备项目共计入库 1147 项，年度投资 5.9 亿元，年度储备资金为全年计划资金的 1.86 倍。并分两批组织各专业、各单位编报 2017 年预下达项目，共计报送技改预下达项目 153 项，12 625 万元；大修预下达项目 256 项，9687 万元。

组织安排重点专项项目。组织开展技改项目包子项目编审工作。根据设备隐患治理实际需要，组织落实分解年度生产技改项目包资金，主要用于解决变电站主变压器、断路器、配电变压器等变配电设备隐患治理，共计编制项目包子项目 23 项，资金总额 1002 万元。组织各单位梳理常态化及“两会”保电重要客户电能质量监测终端安装计划，并组织安排相关 8 项专项生产技改隐患治理项目，资金总额 640 万元。按照国家电网公司的统一安排，组织城区和通州两个供电公司编制同期线损改造项目，共安排 50 项专项生产技改项目，资金总额 3005.81 万元。

（及伟才）

【配网管理】推进配电网建设改造。以实现“六个百分之百”为目标（配电自动化 100% 覆盖、供电能力 100% 满足、用户故障 100% 隔离、架空线路 100% 联络、非山区线路 100% 绝缘化、“煤改电”线路 100% 标准化），启动公司智能配电网建设，累计颁布配电网建设改造、“煤改电”、配电网典型设计等技术标准和技术细则 14 项。编制 2016～2018 年“国际一流”智能配电网建设行动计划，以“一线一图一表”为模板，梳理完成公司 2016～2018 年配电网建设提升项目，梳理配电线路 8046 条，编审建设改造方案 2895 个，保证投资精准和项目落地，年内公司城市区域配电自动化覆盖率完成 72.03%，全域配电自动化覆盖率完成 64.57%；试点开展配电网工程设计在线评审，实现设计审查信息化、流程化、规范化、标准化，提高设计成果标准化、规范性。高标准打造城市副中心“国际一流”配电网，主动对接主体建筑、城市道路等工程建设，编制完成综合管廊电力舱、应急供电、智能监控、电动汽车充电等高端智能配电网建设方案。

提升配电网运维管理水平。开展配电网故障管控，开展故障高发线路专家会诊巡视，累计会诊巡视线路 185 条，发现各类缺陷、隐患 3365 处；建立故障高发线路预警告警机制，累计发布预告警单 39 项；应用配电网故障管控系统，科学统计分析故障原因和区段，精准开展运维质量提升和季节性防护工作，配电网架空故障率同比降低 42.59%。开展台区精益化管理，累计完成 2321 台重过载配电变压器、低电压和三相不平衡配电变压器治理；编制台区监测、治理现场作业指导手册，发布异常台区治理标准，累计发布预警台区 205 台，现场实测异常高发台区 253 台，春节期间实现台区“零过载、零低压、零投诉”；在迎峰度夏大负荷期间，公司配电网异常台区数量同比下降 85.9%。制定《国网北京市电力公司 10kV 及以下生产计划工作规范》，将 0.4kV 生产工作纳入计划管理，最大限度地减少同一间隔或回路设备停电次数和时间。

推进配电网自动化智能化建设。PMS2.0 通过国网运检部验收，在国家电网公司系统率先实现 287 个业务流程贯通和信息共享，配电网调度等业务的全面应用实现运检、调度、营销等多专业、全业务、全流程的融合贯通。结合配电网运营指挥中心建设，梳理配电网调度、运检和营销业务流程，打造综合性运维和抢修班组，实现运维区域化、检修专业化、抢修快捷化、服务一体化；完成配电网运营指挥中心平台一期可视化分析、配电线路运行管控、配电变压器运行管控、主动检修工单、综合报表分析等6大功能模块部署和应用培训，实现配电网全景可视化、分析研判指挥、配电网移动APP上线。启动“一体双核”配电自动化系统主站建设，在公司和通州公司配置两个系统核心节点，采用分布式计算等先进技术，满足北京全域和城市副中心的配电自动化终端接入和系统应用需求；在市调、各地调和电科院共部署18个应用节点，实现公司自动化主站全覆盖。

推进不停电作业和新技术应用。推进配网不停电作业工作集约化，启动西南分中心和东北分中心建设；完成绝缘杆作业法带电断接引流线技术和带电恢复线路绝缘技术的研发和推广。编制“配电网十大重点技术”研究应用方案，开展单相接地故障精确查找定位、配电网设备状态管理、台区智能监测和绝缘横担等新技术应用，在国内首次开展配电网无人机巡线，提高山区线路设备隐患排查效率；应用三维定位、管井检通等新技术，探索配电网技术水平提升新思路。

（辛　锋）

【防汛工作】加强防汛工作组织管理。明确专人对接机制，第一时间获取市防汛办应急预警信息。对市国土局和市水文总站进行走访，建立联系机制，了解洪水和地质灾害预警有关情况，完善公司针对两类预警应采取的措施；对城近郊变电站上收后，各单位水泵、沙袋等防汛物资情况进行排查，补充防汛物资，确保满足防汛定额要求；针对变电站站院进水制定专项整改方案；优化完善防汛“一点一案”内容、上报周期、检查要求，建立“一点一案”与大修技改项目联动机制，将“一点一案”作为项目储备审核的依据。完善相关制度要求。以“确保运维检修人员安全、快速了解雨情水情”为原则，修订完善公司汛情预警期间变电站恢复有人值班、雨前雨中雨后特巡、通过视频工业电视查看水情、站内保安查看积水情况的有关要求和信息报送要求；细化防汛应急期间各专业工作要求。提高技术装备水平。修订公司站室溢水报警系统技术指导原则，规范变配电站室溢水报警装置探头安装地点、报警信号接入方式；针对地下站室抽水问题，多购置三相大功率水泵，与发电机配合使用。购置吸程较高的抽水车组，彻底解决地下站和隧道抽水问题。

（乔宏宇）

电网运行与电力市场

电力供需形势

【2016年电力供需形势分析】全社会用电量累计完成1020.27亿kWh，同比增长7.09%。其中第一产业用电量累计完成19.62亿kWh，同比增长6.05%；第二产业用电量累计完成334.31亿kWh，同比增长3.23%；第三产业用电量累计完成470.89亿kWh，同比增长8.09%；城乡居民生活用电量累计完成195.43亿kWh，同比增长11.83%。

当年，北京电网最大瞬时负荷为2082.8万kW，发生在8月11日（周四）11时51分，比2015年最大负荷1856.6万kW增长12.18%。高峰负荷时刻，北京地区电厂出力771.1万kW，外网联络线受电1311.7万kW，外网受电比例62.98%。

截至年底，北京地区全社会发电机组装机容量1103.14万kW，同比增长1.61%。其中水电装机容量98.3万kW，同比持平；火电装机容量970.88万kW，同比增长0.63%；风电装机容量18.6万kW，同比增长24%；太阳能装机容量15.35万kW，同比增长102.18%。截至年底，全社会发电机组发电设备平均利用小时数为3959h，同比增长4.32%。其中水电发电设备平均利用小时数为1234h，同比增长85.84%；火电发电设备平均利用小时数为4320h，同比增长3.87%；风电发电设备平均利用小时数为1750h，同比增长2.76%；太阳能发电设备平均利用小时数为824h，同比增长30.59%。

北京电网为非独立控制区，电力平衡在京津唐电网内统一安排。北京电网500kV层面依然保持10个通道20回线路与外网联络，受电能力较强，网内机组按照月度电量计划及京津唐电网平衡情况统一安排发电、停备及检修。2016年北京地区电力供应充足，无拉路限电情况发生。

（张　晶）

【2017年电力供需形势预测】全社会用电量预测。大气污染治理作为政府的重点工作。地区经济将在调结构、稳增长的前提下保持平稳增长，经济结构日趋合理，但存在众多不确定因素，同时考虑用户自发自用电量的影响，预测2017年全社会用电量为1034亿kWh，同比增长1.35%。

根据近年来统调最大负荷的增长规律，并综合考虑影响负荷增长的各种主要因素，预计2017年最大负荷预测值为2250亿kWh，最大整点负荷预测值约为2230万kWh，同比增长7.5%。

2017年预计华能电厂的燃煤机组将停运，海淀北、通州等燃气热电冷三联供电厂投运，预计2017年末全社会发电装机容量为1024万kW。北京地区外送电通道输电能力保持不变，高峰负荷期间，最大输送能力为1700万kW。2017年预计投产变电容量510万kVA，线路484km。预计2017年全年北京电力供应充足。

（张　晶）

电网调度运行

【电网概况】截至年底，北京电网内共有电厂30座，发电机组205台（含124台风机），总装机容量10 769.8MW。并入110kV及以上的升压变压器共有64台，变电容量12 919.5MVA，其中并入220kV的升压变压器37台，变电容量11 750MVA，并入110kV的升压变压器27台，变电容量1169.5MVA。北京地区运行的110kV及以上变电站476座，变压器1191台，变电容量110 810.7MVA。500kV变电站10座，变压器28台，变电容量27 606MVA。220kV变电站85座，变压器226台，变电容量39 535MVA。其中公司所属变电站78座，变压器203台，变电容量38 420MVA；用户变电站7座，变压器23台，变电容量1115MVA。110kV变电站381座，变压器937台，变电容量43 669.7MVA。其中公司所属变电站330座，变压器824台，变电容量39 557.5MVA；用户变电站51座，变压器113台，变电容量4112.2MVA。北京电网共有110kV及以上架空线路573条，共6845.455km，110kV及以上电缆线路931条，共1924.6km。500kV架空线路8条，共312.706km；500kV电缆线路2条，共13.372km（其中昌海、门海线为架混线路）。220kV架空线路205条，共2783.83km；220kV电缆线路135条，共579.57km。110kV架空线路360条，共3748.919km；110kV电缆线路794条，共1331.658km。

（张绍峰）

【系统运行管理】全年发布年度电网风险预警17类173项，度夏季节性风险预警6类96项，度冬季节性风险预警10类54项，重要客户外电源风险预警4类129项。开展重大检修方式专项校核117次。组织完成对网内燃气机组的一次调频、励磁调速、AGC、AVC等涉网控制系统和发电机涉网保护参数、重要辅机的低电压穿越参数的核查工作。编制电网220kV批准书14项、110kV批准书62项。完成3座垃圾焚烧电厂和1座光伏电站的并网任务，实增装机容量136MW。度夏期间主配网采取139项方式调整措施。组织开展“十三五”北京地区火电机组电量压减专题分析，明确2016～2020五年305亿kWh的火电电量压降目标。结合电网运行特性的变化及面临的安全形势，组织开展直流融冰技术、柔性直流技术、潮流稳定控制技术的交流。参与对上海、哈尔滨、绵阳等地调相机生产厂家的现场调研，收集整理调相机运行管理相关资料。完成990个重要客户外电源方式图绘制，开展重要客户基本信息、外电源风险信息、外电源追溯信息梳理工作。

（张绍峰）

【调控运行管理】调控一体化工作。截至年底，公司两级调控中心按照国家电网公司“大运行”体系建设要求，完成“大运行”体系深化集约工作。市调层面，顺利完成343条110kV线路调度权移交。编制《北京电网调控运行管理规范》，明确市调、地调调控范围划分及监控信息分级分类监视原则，完善优化倒闸操作、故障处置等业务流程。地调层面，将0.4kV电网设备纳入地调调度管理范围，编制《国网北京市电力公司0.4kV电网调控管理规范（试行）》，规范0.4kV停电计划、操作管理、电网事故及异常处理、新设备启动及调度图形管理，实现低压配电网统一调度的从无到有，提升配网调控运行管理水平。截至年底，北京市调监控接入变电站82座，其中500kV变电站4座，220kV变电站78座，220kV已运行变电站全部纳入市调监控。全年北京市调共执行电网操作任务1415项，操作步骤22 893步，执行正确率100%；执行停电计划票共计1128张，完成率100%；进行电网事故处理66起，正确率为100%。

北京电网安全稳定运行。年内，北京电网成功应对2082.8万kW历史最大负荷考验，在“7·20”强降雨和“11·22”寒潮中运行整体保持平稳。强化电网运行风险管控，加强电网实时运行风险、检修方式风险和事故方式风险的辨识和分析，发挥在线安全分析系统功能，针对重大检修计划进行电网安全校核分析106次，针对电网事故预想进行电网安全校核分析425次，与网调、国调开展联合计算，进行电网安全校核分析52次。结合迎峰度夏（冬）、重点工程投产、重要保电任务，编制各类预案3467项。加大地调调控编制质量管控，实现一级及以上检修风险预案、度夏（冬）严重故障预案、煤改电线路预案100%审核。提升应急处置能力，完善“一键操作”管理制度，拓展“一键操作”功能应用范围，实现一级及以上风险工作全覆盖。参与国调《国家电网公司故障停运线路远方试送管理规范》修订工作，开展典型异常故障处置分析，针对2016年220kV主变压器风冷全停故障频发的特点，组织专题分析，制定变压器风冷全停故障专项处置原则，对强油风冷变压器逐一编制事故处置预案和一键操作方案。优化AVC控制无功设备伴随信息，市调监控系统日报警信息由2000条降至1000条。针对6类34种可能引起设备故障跳闸的严重告警信号，建立调控、运维单位协同监控机制，双方制定专题画面开展同步监视，同时加强沟通联系，发生告警信号后，相互通报，并按危机缺陷开展处置。完善智能操作票及调控防误系统建设、应用，形成两级调控防误管理体系。

配网调控精益化管理。构建从500kV到400V的全电压等级GIS调度专题图，实现停电区域内受影响用户自动统计分析，彻底解决“盲调”问题。同时，基于“营配调一张图”开展调控运行工作，保障图源唯一，简化图形运维。利用GIS系统“站—线—变—箱—户”电源追溯关系，实现用电采集、EMS、配电自动化、通信网管告警、计划停电、客户报修等大数据的综合应用，实现故障综合自动研判和快速、准确定位，通过在海淀公司7条线路、1330台配电变压器试点应用。

完成大运行深化集约建设任务。制定《“大运行”体系深化建设操作方案》，编写《“大运行”深化建设风险分析及管控方案》相关部分内容；开展110kV变电站传动接入市调智能电网调度控制系统工作，完成462 601个“四遥”信息的核对和传动工作，审核完善变电站接线图987幅，完成11 515张保护定值单的核对任务；编制大运行深化建设电网调控范围调整执行方案，完成全部329座110kV变电站调控权移交。

编制《北京电网调控运行管理规范》。

完成迎峰度夏、度冬工作。监控系统异常报警信息实时监视、实时确认，34类重要异常报警信息重点监视，日均发现并处置各类设备缺陷15项，未发现信息遗漏的情况。重点对系统电压、主变压器、线路负载率、油温、断面等进行实时监视，及时联系地调采取10kV倒路措施33项；发现并处置主变压器油温设备缺陷10次。制定巡视检查记录模板并按照要求开展巡视，遇有恶劣天气、政治保电任务等情况开展特殊巡视。“7·20”暴雨恶劣天气期间，及时发现36座110kV变电站进水情况并第一时间通知运维人员现场处置，未发生一起溢水报警信息漏监或延迟通报的情况。

风险预案的编制和完善工作。重新梳理和编制所辖变电站常规预案和专项预案。根据所辖调控范围特点，考虑与市调、地调配合关系，针对329座变电站逐站编制常规事故预案，范围涵盖主要设备的N-1、N-2及全停故障。编制15站47台气体变压器冷却器全停故障应急处置预案，在D5000系统中完成一键操作功能，并对每值调控人员进行演练。组织各地调完成检修风险预案的编制和审核工作。针对秋季检修计划，组织地调联合编制327项检修应急处置预案并针对一级以上风险组织进行联合演练。组织各地调及时完成687条10kV煤改电线路事故预案的编制和审核工作，并完成煤改电线路在D5000系统中的标识和审核。加强新员工技能培训和考试工作，印发针对调控业务编制的培训教材。试运行初期，利用1个月的时间集中组织学习调控专业相关制度和规程的重点章节，抽调经验丰富的管理人员和运行经验丰富的“老师傅”帮助新入职的调控人员理解和掌握调控专业技能。组织开展变电站现场学习，先后前往110kV前门变电站和新投产的通久变电站熟悉设备，与运行人员交流。每月组织运行人员进行规章制度和业务技能考试，并将考试成绩纳入月度工作评价。针对强迫气循环风冷系统变压器、电网一级及以上风险工作、常规预案、专项预案共进行32次事故演练。

（周运斌　张印宝　刘　辉
沙立成　李英昊　王兴存）

【调度计划管理】 全年北京电网110kV及以上设备停电计划共计执行1503项、35kV及以下设备停电计划共计执行13 513项。全年审核通过停电及带电作业风险工作共计2152项，其中110kV及以上设备涉及电网三级以上风险的风险管控单976张，电网维度一级（+）风险26项、一级风险295项、二级风险609项、三级风险46项；35kV及以下设备涉及电网三级以上风险的风险管控单1176张，其中电网维度一级（+）风险7项、一级风险106项、二级风险635项、三级风险428项。年内北京电网未发生人为责任的电网或人员事故，未对重要客户造成故障停电影响。北京电网新投产垃圾焚烧电厂3座，发电机组5台，新投产光伏电站1座，实增装机容量13.6万kW。北京电网统调电厂共计完成发电量391.25亿kWh，地方电厂共计完成发电量25.81亿kWh，合计完成发电量417.06亿kWh。统调和地方电厂发电量分别占总发电量的93.81%和6.19%。燃煤发电占总发电量的8.17%，燃气发电占总发电量的88.81%，火力发电合计占总发电量的96.98%；风力发电占总发电量的0.78%，水力发电仅占总发电量的0.02%，以垃圾焚烧为主的生物质能发电占总发电量的2.08%。统调电厂中年度发电量完成率较高的为郑常庄电厂，完成率为101.52%，年度电量完成率较低的为京科热电电厂，完成率为99.05%。年内，北京地区最大负荷为2082.8万kW，发生在8月11日11时51分，同比2015年最大负荷1856.6万kW增长12.18%。高峰负荷时刻，空调等降温负荷为982.8万kW，占最大负荷的47.18%。当日最大整点负荷为2074.7万kW，发生于12时，联络线净受电1301.65万kW，外网受电比例62.74%。

（薛建杰）

【设备监控管理】 按照公司“大运行”深化集约任务要求，完成公司330座110kV变电站的监控信息接入审核、模拟传动及变压器挡位抽传工作，完成变电站监控信息表、监控信息变更单、主接线图等基础资料梳理及组织报送工作，完成城近郊及通州公司近三年新投变电站集中监控许可资料的移交工作。结合“大运行”深化集约调控范围调整及各单位职责变化，完成《国网北京市电力公司设备监控信息分析及会商管理规定》《国网北京市电力公司集中监控缺陷管理实施细则》等规章制度的修编工作，明确各部门工作职责。

变电站监控信息规范化管理工作。结合“大运行”体系深化集约工作需要，重新梳理和完善公司变电站监控信息编制、审核、验收、变更等工作管理流程和管理要求，修编下发《国家电网公司变电站设备监控信息管理规范》。组织运检、调控运行、设备检修等人员，修编完善《变电站典型信息表》。完成消技防、溢水等变电站监控信息接入情况的梳理，协同运检部开展相应设备安装及信息接入情况排查，确保监控信息与现场实际设备的一致性，规范信息接入管理。开展变电站集中监控许可工作，不断提升变电站集中监控接入管理水平。完成220kV高碑店、龙潭湖、七家庄3座变电站的集中监控接入工作，完成110kV报国寺、郭公庄、庄子营、石莲、大红门、灰峪、金石、三星庄、马池口、通久10座变电站的集中监控接入工作，实现110kV及以上公司所属变电站集中监控覆盖率100%；公司两级调控机构组织开展变电站集中监控试运行评估共13站次，评估过程中发现6项问题并督促完成整改。

监控信息分析工作，提升监控信息分析水平。在度夏、度冬、政治保电等特殊时段，有针对性地开展专项分析及问题排查。度夏前，开展并完成整改变压器油温及冷却系统缺陷12项。度夏期间，每日开展变压器油温监视及分析，发现并协调督促处理缺陷32项。度冬期间，加强断路器油泵或空压机运转分析，针对兴都、八里庄变电站频繁打压的家族性缺陷督促相关部门整改。开展变电站重点信号分析，按照变电站信息表确定将6类设备34类信号列为有可能引起故障跳闸的变电站重要异常信息，明确相关信号释义，同时从运行监视标准及要求、异常处理、沟通联系机制上明确管控措施。推进变电站监控信息量表的定值化管理，开展“变电站监控信息表专家系统”的建设，完善系统功能及管理流程，推进监控信息表的编制、审核、执行和变更的线上流程化管理。开展110kV变电站线上定值化管理及一致性核对工作。结合变电站监控信息表专家系统的建设及“大运行”体系深化集约工作特点，开展110kV及以上变电站的设备监控信息初始化工作，完善间隔信息、信息分类、设备分类等内容，为监控信息分析及变电站接入监控信息运行评价工作打下坚实的基础。

（刘　洋）

【继电保护管理】 截至年底，公司继电保护及安全自动装置共36 858套（不包含故障录波器），较2015年增长5.49%。其中微机保护装置共36 506套，微机化率99.04%，同比增加0.28%。北京地区全部继电保护及安全自动装置共计动作3927次，正确动作3922次，正确动作率99.87%。其中，330kV及以上电压等级继电保护及安全自动装置按照功能统计共动作6次，按照台数统计共动作4次，正确动作率100%。220kV及以上系统继电保护及安全自动装置按照功能统计共计动作227次，正确动作率100%；110kV系统继电保护装置按照功能统计共计动作321次，正确动作率99.38%，较2015年降低0.62%。全年故障录波完好率100%，故障快速切除率100%。

按国调要求完成DL/T 584—2007《3kV～110kV电网继电保护装置运行整定规程》中110kV失灵保护及分段保护部分内容的编写工作；完成对公司35kV及以上变电站继电保护专业反事故措施落实情况核查工作；完成北京电网各电压等级继电保护后备定值配合关系的核查及整改工作；完成对南瑞科技和许继公司智能变电站相关保护装置问题的核查及整改工作；开展继电保护专业精益化自评工作。

继电保护专业安全管控。编写并印发了《智能变电站继电保护现场作业安全规范》和《智能变电站继电保护设备标准化作业指导书》。开展对110kV及以上继电保护作业现场的全覆盖安全检查。研究制定智能变电站合并单元、智能终端及保护装置改造工作标准工时。

编制印发《安装柱上断路器的10kV架空线路继电保护整定原则》，明确整定要求及原则，提高继电保护整定计算工作的规范性。根据通州副中心核心区域电网接线方式，研究确定相关站室内部的继电保护配置方案。开展整定计算分析统计工作，确保定值安全。开展35kV及以下线路过流保护定值专项核查工作，并针对存在的问题提出整改措施，有效地防止因过负荷导致的过流保护误动作情况。根据继电保护定值整定流程安全内控标准，按月开展继电保护整定SOP流程的统计分析工作。结合华北分中心下发的当年综合电抗，计算并发布《2016年度北京地区各厂站母线综合电抗》。按照“大运行”集约整体工作计划，编制继电保护整定计算资料移交内容及工作要求，并完成两个阶段的资料移交工作。编写继电保护整定计算工作危险点及控制措施。对新上岗的继电保护整定计算人员开展继电保护整定计算原则、管理规定以及OMS系统中保护整定模块专项培训。完成城区等7个公司继电保护检修集约化过渡期间的专业协同配合工作。

继电保护技术支持系统建设。按照国调中心工作部署，完善二次设备在线检测模块主站程序，并完成与220kV七家庄变电站设备联调接入工作。完成继电保护状态检修模块建设，并试点完成3座220kV变电站内继电保护设备及二次回路的状态评价工作。完成基于故障录波联网系统的电网故障情况下电压跌落数据分析及展示功能。

（邢　悦）

【自动化管理】截至年末，公司拥有自动化系统及设备21 783套（台），同比2015年21 155套（台）增加628套（台），同比增长2.97%，其中自动化系统共790套，同比2015年增加58套（其中厂站系统新建13套，厂站视频系统新建45套），自动化设备共20 993套（台）。公司自动化系统及设备运行稳定，220kV及以上远动系统运行率保持在100%；厂站遥测数据合格率保持在99.5%以上，在国调系统并列第一。

公司能量管理系统共计34套，其中智能电网调度控制系统（D5000）13套，其他SCADA/EMS系统21套，系统接入遥信量573 074个，遥测量151 597个，遥控量36 322个，公司调度管辖范围内厂站监控系统475套，其中2016年新建13套，新投运220kV七家庄、高碑店、110kV报国寺等13个变电站；改造监控系统58套，涉及220kV西大望，110kV科创街、博兴等58个变电站。

年内，自动化专业以深化“大运行”体系建设为契机，开展市调智能电网调度控制系统集约化改造工程，完善市调智能电网调度控制系统功能和配置、优化系统性能、组织开展110kV变电站接入调控系统模拟传动、调度设备间改造的等工程，实现北京电网110kV及以上电网的集中调度与监控管理。

强化基础数据质量综合整治，提高自动化基础数据质量。① 坚持日核查、周总结、月分析等数据核查机制，通过核查、整改、反馈、检查的闭环管理过程，并配合OMS系统综合指标排名监督考核制度，保证了自动化系统数据的准确可靠。② 开展电网数据维护质量整治工作，确保数据维护的及时性、完整性、准确性和一致性。③ 开展110kV及以下电网自动化基础数据质量整治工作，确保数据准确可靠。

完善二次系统安全防护技术体系。构建完整的二次系统安全防护管理体系，确保电力二次系统的安全稳定运行。截至年末，公司部署的二次系统安全防护设备包括安全隔离装置、纵向加密认证装置、防火墙、防病毒、安全审计系统及入侵检测装置，其中安全隔离装置部署79台；防火墙部署118台；纵向加密认证装置部署1593台，纵向加密认证卡部署69块；安全审计19台；入侵检测19台；防病毒17台，以上二次系统安全防护设备部署率均100%。

自动化系统运行维护与安全管理。① 坚持自动化专业现场安全检查，对基础自动化改造、涉及自动化信息参数变更及设备检修工作现场进行安全检查并每周通报现场安全检查情况。② 依托经研院和电科院技术支撑，对各单位智能变电站建设和验收的技术监督和自动化设备运行情况现场评估，确保各项技术要求落到实处。③ 开展智能站自动化设备典型缺陷分析，组织专家对自动化设备通信中断、装置告警、误发信号等典型缺陷进行深入分析，制定针对性管控措施，提高自动化系统运行的可靠性。④ 按照调控集约化模式完成OMS框架调整以满足调控集约化市、地两级调度业务需求。

（董　宁　许章波）

电力市场交易

【综述】全年公司完成全口径购电量980.82亿kWh，同比增长6.34%，北京电网结算市场交易电量86.63亿kWh，同比增长50.25%。

表1　全年北京地区电厂基数合同电量完成情况

序号	单位名称	结算电量（万kWh）			上网电价（元/MWh）
		本期	同期	同比	
一	电厂合计	4 581 619.53	4 501 512.34	1.78%	—
1	火电	4 549 350.22	4 417 622.75	2.98%	—
	煤机	873 722.72	1 041 983.23	-16.15%	—
	燃机	3 613 001.39	3 375 639.51	7.03%	—
	生物质能	62 626.11	54 008.93	15.96%	—

续表

序号	单位名称	结算电量（万kWh）			上网电价（元/MWh）
		本期	同期	同比	
2	水电	3206.16	2250.68	42.45%	—
3	风电	24 699.84	24 670.80	0.12%	—
4	光伏	4363.31	2959.19	47.45%	—
二	直购电厂	4 577 664.41	4 499 219.78	1.74%	—
1	高井电厂（煤机）	169 783.00	214 189.00	-20.73%	退运
2	石景山电厂	259 036.00	354 042.80	-26.83%	退运
3	一热电厂	148 360.00	131 064.01	13.20%	退运
4	华能电厂（1～4号）	278 605.64	321 238.31	-13.27%	462.6
	华能电厂（5号）	17 938.08	21 449.11	-16.37%	369.5
	华能电厂（6～8号）	404 074.24	406 541.90	-0.61%	650
5	京丰燃气电厂	167 210.44	172 733.55	-3.20%	650
6	郑常庄燃气电厂	208 104.60	184 221.95	12.96%	650
7	京阳燃气电厂	336 429.50	339 606.85	-0.94%	650
8	京桥燃气电厂	361 076.60	368 331.92	-1.97%	650
9	京科燃气电厂	108 090.51	107 670.64	0.39%	650
10	高井电厂（燃机）	584 361.25	564 930.30	3.44%	650
11	京西燃气电厂	561 185.35	567 203.84	-1.06%	650
12	高安屯热电	363 025.28	369 837.67	-1.84%	650
13	国华燃气热电	390 664.43	178 177.16	119.26%	470
14	协鑫热电厂	73 715.40	61 510.02	19.84%	650
15	正东热电厂	55 063.80	54 873.72	0.35%	650
16	密云水电厂	38.10	21.66	75.90%	364
17	京西水电厂	1053.87	782.51	34.68%	364
18	鹿鸣山风电场	24 699.84	24 670.80	0.12%	451.5
19	阿苏卫沼气电厂	3527.83	3528.02	-0.01%	351.5
20	高安屯垃圾焚烧电厂	21 846.00	21 894.84	-0.22%	351.5
21	德青源沼气电厂	478.28	491.82	-2.75%	351.5
22	华泰沼气电厂	7199.40	5664.80	27.09%	351.5
23	鲁家山垃圾焚烧电厂	29 574.60	22 429.44	31.86%	351.5
24	华电密云光伏电站	2522.38	2113.14	19.37%	351.5
三	非直购电厂	3955.12	2292.56	72.52%	—
1	地区小水电站	2114.19	1446.51	46.16%	300
2	地区光伏	1840.93	846.05	117.59%	351.5

表 2　　全年市场交易电量完成情况

序号	交易类型	交易电量（万 kWh）		
		本期	同期	同比
1	发电权交易	590 678.00	571 104.00	3.43%
2	集中电采暖直接交易	4614.91	5470.54	-15.64%
3	绿电替代交易	13 655.00	0.00	—
4	京津唐电力直接交易	228 527.01	0.00	—
5	新疆送北京交易	28 824.09	0.00	—
	合　计	866 299.01	576 574.54	50.25%

（王海英　韩福彬）

【电力市场建设】成立首都电力交易中心有限公司。7 月 15 日首都电力交易中心有限公司正式挂牌成立，10 月按照新机构设置要求实现全部人员到岗到位，并完成处室职责梳理和业务交接。首都电力交易中心有限公司作为经过北京市金融局正式批准和许可的交易场所，落实金融行业类别监管要求，自觉接受社会监督，严格按“三公”要求服务市场主体，切实维护电力交易市场秩序，为电力交易市场的建立、培育以及未来开展交易市场融合、电力金融交易等创新型业务奠定坚实基础。

电力交易平台建设。每月组织召开联席会，通过平台进行电力交易专业指标等分析报表数据的统计和人工检查，适时开展应用检查与准确性校核，发现问题及时反馈，督导整改并及时核查落实完成情况，不断推进平台实用化。

电力市场成员情况。截至年底，北京电网直购电厂 22 座，发电机组 169 台，总装机容量 973.99 万 kW。当年没有退运和新增机组。

（王　沁　周　哲）

【交易开展情况】全年，公司全口径购电量 980.82 亿 kWh，同比增长 6.34%；其中，购华北电网电量 522.66 亿 kWh，同比增长 10.69%；购电厂电量 458.16 亿 kWh（含发电权交易电量 59.07 亿 kWh），同比增长 1.78%。市场化交易电量 86.63 亿 kWh（其中发电权交易电量 59.07 亿 kWh，京津唐直接交易电量 22.85 亿 kWh，集中电采暖交易电量 0.46 亿 kWh，

■ 7 月 15 日，首都电力交易中心有限公司成立大会揭牌仪式。

“绿电”替代交易电量 1.37 亿 kWh，疆电入京交易电量 2.88 亿 kWh）。电力交易中心落实京津冀协同发展规划纲要、大气污染防治行动计划、节能减排促进低碳经济、开发实施清洁能源替代等有关政策精神，在北京地区售电侧改革过渡时期，采用市场化交易模式代理完成远郊区非居民客户与京外电厂直接交易电量 22.85 亿 kWh，并以市场化手段充分释放改革红利，将产生价差全部传导至用户，有效促进电力交易市场培育，加快市场化交易进程，切实履行央企社会责任。

扩大电网市场化交易电量规模。电力交易中心组织完成关停燃煤电厂发电权交易电量 59.07 亿 kWh，节约标煤 34.54 万 t，减排 CO_2 89.79 万 t，减排 SO_2 7267t；完成集中电采暖用户采购东北富裕风电的大用户直接交易 0.46 亿 kWh；落实北京市政府和新疆维吾尔自治区政府“电力援疆”合作协议，启动开展“疆电入京”工作，完成交易电量 2.88 亿 kWh；配合北京电力交易平台，组织三个批次燃气电厂电量压减 200h 的京外电厂清洁能源电量替代工作，交易电量 1.37 亿 kWh；联合地方政府大力推动代理分散“煤改电”用户购买京外清洁能源，相关方案已经得到北京市发展和改革委员会认可，经市政府领导批准后将进入实施阶段。公司全年共签订 70 份购电协议。合同、协议全部送交电力监管机构备案，合同签订率 100%，合同备案率 100%。

（李东梅　崔东君）

【电力市场服务】推进市场化改革。首都电力交易中心有限公司建立以来，紧密围绕中央电力体制改革部署和有关文件精神，在国家电网公司和北京电力交易中心的领导下，以电力市场化交易为核心抓手，第一

时间组织学习国家电网公司和各级政府密集下发的各类文件、规则及指导意见，解读电力交易市场化改革相关内容，探讨适用于首都市场化改革行动计划；配合政府研究电改问题，落实《北京市开展电力体制综合改革试点》《京津唐电网电力用户与发电企业直接交易暂行规则》《华北能源监管局电力中长期交易监管暂行办法》以及《售电公司市场注册规范指引》等征求意见稿的意见反馈和正式文稿的贯彻实施工作；梳理优化必备性和通用性制度，先后起草了《首都电力交易中心市场管理委员会组建方案》《北京地区参与电力市场化交易方案》《北京市电力用户与发电企业直接交易规则》等建议稿。

交易业务管理工作。规范电力市场秩序，开展季度、年度电力交易与市场秩序评价，采用交易平台公告、联席会等方式，及时发布北京地区月度、季度电力市场交易情况和工作信息；针对发电企业的专业服务和沟通，组织发电企业人员开展电力交易平台和相关业务培训。精细月度电量计划和购电结算管理，应对交易成分日趋复杂、结算工作量大等挑战，交易结算准确率达100%。

平台功能应用管理。梳理两级交易平台对接流程，确保大用户直接交易、跨区跨省交易等各类型交易功能完备、流程对接顺畅；开展交易平台应用评价，系统业务数据完整、准确，核心业务运行流畅，展现交易平台资源优化配置的作用。

市场服务。按照规定时间和披露内容及时向发电企业发布北京电网电力市场交易信息，全年组织召开北京电网厂网联席会暨电力市场交易信息发布会4次。电力交易大厅接待人员来访198人次，受理问询793次。

（孙国娟　丁　忱　鲁秦圣）

电力市场营销

【综述】公司完成全口径售电量918.37亿kWh，同比增长6.72%。实现当年电费回收率100%。应收电费余额完成1127.87万元，同比减少42.11%。新增客户298 140户，同比增长3.91%。共受理客户申请报装容量1774.88万kVA，同比增长23.73%；共完成接电容量1283.31万kVA，同比增长42.24%。

表1　全年公司电力销售情况统计表

单　位	售电量（亿kWh）	增长率（%）
城区供电公司	101.41	4.23
朝阳供电公司	169.81	6.03
海淀供电公司	132.62	5.19
丰台供电公司	79.43	6.67
石景山供电公司	18.25	8.91
亦庄供电公司	48.82	8.95
通州供电公司	57.03	9.78
昌平供电公司	65.11	10.64
门头沟供电公司	10.02	7.62
房山供电公司	57.43	1.95
大兴供电公司	55.20	7.49
平谷供电公司	14.79	11.48

续表

单　位	售电量（亿kWh）	增长率（%）
怀柔供电公司	17.50	5.12
密云供电公司	16.79	9.24
顺义供电公司	65.78	9.61
延庆供电公司	8.36	6.63
合计	918.37	6.72

表2　全年公司客户发展情况统计表

单位	2016年户数	2015年户数	2016年新增户数	增长率（%）
城区供电公司	921 719	940 982	−19 263	−2.05
朝阳供电公司	1 565 880	1 527 449	38 431	2.52
海淀供电公司	794 502	777 368	17 134	2.20
丰台供电公司	843 819	811 236	32 583	4.02
石景山供电公司	201 696	195 429	6267	3.21
亦庄供电公司	100 651	83 801	16 850	20.11
通州供电公司	581 762	537 420	44 342	8.25
昌平供电公司	563 173	527 550	35 623	6.75
门头沟供电公司	164 268	153 333	10 935	7.13

续表

单位	2016年户数	2015年户数	2016年新增户数	增长率(%)
房山供电公司	473 814	429 411	44 403	10.34
大兴供电公司	508 544	481 824	26 720	5.55
平谷供电公司	211 313	205 774	5539	2.69
怀柔供电公司	164 698	159 364	5334	3.35
密云供电公司	256 624	245 129	11 495	4.69
顺义供电公司	410 723	389 908	20 815	5.34
延庆供电公司	152 876	151 944	932	0.61
合计	7 916 062	7 617 922	298 140	3.91

表3　全年公司市场发展情况统计表

单位	申请报装		完成接电	
	容量（万kVA）	增长率（%）	容量（万kVA）	增长率（%）
城区供电公司	59.84	-31.73	53.36	-11.92
朝阳供电公司	248.81	25.97	196.00	57.06
海淀供电公司	153.74	18.09	135.57	65.31
丰台供电公司	152.87	19.79	130.16	56.98
石景山供电公司	30.55	-5.26	19.11	5.95
亦庄供电公司	81.20	-37.85	72.37	21.96
通州供电公司	275.37	110.45	145.01	83.64
昌平供电公司	125.53	42.99	106.19	15
门头沟供电公司	60.88	134.66	28.65	15.65
房山供电公司	140.39	-18.19	98.80	28.98
大兴供电公司	142.26	25.92	102.60	38.57
平谷供电公司	39.68	104.32	26.52	33.56
怀柔供电公司	33.88	111.25	30.14	59.66
密云供电公司	48.04	92.51	36.41	105.73
顺义供电公司	154.89	32.52	82.04	10.69
延庆供电公司	26.95	21.58	20.40	50.56
合计	1774.88	23.73	1283.31	42.24

（林　华）

【电能替代】落实国家电网公司关于电能替代工作部署，推广电能替代各项工作。全年推广电能替代项目应用538项，完成电能替代电量22.40亿kWh。其中推广热泵项目应用198项，增售电量11.79亿kWh。

（崔晓丹）

【智能用电】建设完成535座充换电站、5908个充电桩，完成私人充电设施报装接电1.76万户，基本形成覆盖北京全部区域、服务公用行业和私人需求的充电服务网络。已投运的充换电站服务电动汽车83 661辆，当年累计提供充换电服务187.92万次，充电量3603.63万kWh，服务里程12 303.15万km，预付电费收入4275.53万元，实现CO_2终端减排36 920.96t。建成中南海、公安部等85个党政机关的711个充电桩，完成公共领域全部充电桩峰谷分时电价、TCU（计费控制单元）升级改造和车联网平台信息接入。

（陈建树）

【光伏并网】截至年底，共受理并网申请项目1819项，累计报装容量17.27万kW；其中并网发电项目1545项，容量122 402.23kW；累计发电量18 536.09万kWh，累计上网电量2444.61万kWh。并网发电项目中，按项目分类：居民1262项，容量10 431.19kW；金太阳177项，容量59 771.8kW；企业106项，容量52 199.25kW。按上网模式分类：全部上网19项，容量3692.74kW；全部自用40项，容量40 014.22kW；自发自用余电上网1486项，容量78 695.27kW。

（代贵生）

【电价管理】1月1日，北京市发改委、财政局明确低压供电的经营性充电设施用电应执行大工业1～10kV电价标准（亦庄经济开发区应执行工业用电100kW及以上电价标准），并自发布之日起，调整地区销售电价构成，将向除居民生活和农业生产以外其他用电（含分布式燃气、生物智能、地热能及资源综合利用客户及企业自备电厂的自发自用电量）征收的可再生能源附加标准由0.015元/kWh提高至0.019元/kWh，并将向非居民照明、商业及工业类别用电（含亦庄经济开发区内相关类别用电）征收的城市公共事业附加标准统一调整为0.018元/kWh。依据相关要求，公司及时调整低压供电经营性充电设施用户《供用电方案》编制规则，完成31.34万用户及公司自营6443个充电桩电价调整与电费破月结算工作。执行该政策累计减收电费24 471.17万元。

6月30日，国家发展改革委员会调整两部制电价用户基本电价执行的相关规定，允许用户按季度变更基本电价计费方式、按月变更最大需量核定值，取消用户办理减容、暂停流程部分限制规则，明确用户最大需量核定值下限标准、按需量核算基本电费规则，对暂停（或减容）后容量不足两部制的用户调整为单一制电价。编制《最大需量计收基本电费相关业务操作手册》，调整相关用电变更业务流程受理与处置规定，完善营销业务应用系统相关功能，举办两部制电价政策调整专题培训，实施电费政策性退补176万元。

10月13日，为落实京津冀协同发展规划纲要的有关精神，促进非首都功能有序疏解和大城市病治理，北京市发改委明确2016年11月1日至2017年12月31日期间，对十个郊区（含亦庄开发区）非居民用户（不含选择直接交易、委托其他售电公司交易、执行惩罚性电价、执行居民电价的非居民等用户）试行区域差别试点电价政策。参与试点用户的销售电价采取浮动制，浮动水平根据市场交易下电网企业减少的购电成本确定，其中11月1日至12月31日期间，向下浮动标准为2.77分/kWh。依据相关要求，公司新增153个专用电价编码，开展水泥等限制类企业的现场甄别工作，完成25.01万用户的电价编码替换与价值调整工作。全年执行该政策累计减收电费24 471.17万元。北京市经信委、发改委向公司提交三批实施差别电价企业名单，认定新增与暂停执行差别电价企业分别为24家和42家。截至年底，地区执行差别加价电价政策企业有101家，累计征收差别加价电费2172.02万元。公司紧密围绕“强化人员业务素质、规范电价执行管理”工作目标，结合分布式电源及两部制电价等新政策重点，深化开展了销售电价执行情况稽查与电价知识抽调考工作。在电价专项稽查方面，部署108项稽查重点任务，稽查客户36.49万户，发现电价执行问题120户，增加经济收益约252.83万元。抽选一线生产技能人员252人，开展电价知识抽调考试，平均成绩为85.75分。

（黄　宁）

【电费回收】加强电费回收管控，保障“当年电费回收率”“应收用户电费余额占当年月均应收用户电费比例”等同业对标指标继续保持国家电网A段水平，实现年底电费零在途。落实“一户一策”和“一类一策”的电费风险管控体系，开展高压客户分次划拨电费、分次抄表结算电费及电费担保等协议的签订工作，规范欠费停复电管理，加强电费回收风险预警，有效降低电费回收风险。

（蒋　旭）

【业扩管理】继续以国家电网公司精简业扩手续、提高办电效率精神为指导，实行“一证受理”，推进业扩工程“五新”专项服务行动。开展业扩报装契约式服务。全年累计签订内外部“契约”服务书569项，容量247.34万kVA。开展业扩物资储备新模式。全年组织完成四批次8545万元的业扩储备物资招标工作。

建立业扩报装业务协同新机制。发挥业扩工程三级协调机制作用，组织重点工程协调会90余次，协调重点工程257项，完成国家计算机信息中心、亚投行总部、65个保障房项目等重点工程送电任务。全年业扩工程平均接电时间缩短15天。

创新“互联网+”服务新手段。掌上电力（企业版、居民版）APP办电业务于8月10日正式上线，手机APP累计受理业扩报装共计20 917项，容量180.17万kVA，其中高压业务1643项，低压业务19 274项。线上报装率47.59%。

实现业扩全流程线上办电。系统自10月10日正式上线运行以来，公司对5000kVA及以上供电方案实现各部门线上协同会审，5000kVA以下供电方案向协同部门实施备案。同时发展部的间隔申请、运检部的断面申请、PMS录入、调控中心的保护定值审核、检修公司带电作业中心的带电作业申请全部实现线上办理，通过新增子流程环节推送信息4501条，通过协同办公平台推送协同信息2202条。

建立业扩配套工程项目包管理制度。业扩配套受限项目已完成可研批复等工作，进入立项阶段，业扩报装服务效率和水平得到全面提升。

（代贵生）

【电能计量管理】基本建成省级计量中心。“四线一库”自动化设备实现上线试运行，完成计量建标及检定授权工作，2017年一季度正式投入运行。完成北京地区全采集覆盖。加大采集覆盖推进力度，全年换装智能表60万只，更换约0.7万台非互通集中器，微功率无线采集网络互通率80%，除去少量待拆迁客户、边远山区信号无法覆盖等问题，全部实现采集覆盖。提升采集系统运行水平。采集数据抄通率99%，应急送电1h下发成功率99%，日常购电费1h下发成功率97%、24h成功率99.8%，采集系统在线监控异常问题14天内处理完成率达到95%。以“效率最高、成本最低、周转最快”为原则，创新计量器具供给配送管理模式，实现计量器具订单式直配全业务流程上线运行，基层供电所部署智能周转柜239台，累计完成各类直配订单356单、计量器具16.3万只，订单响应平均时间4.5天，库存周转率提升至50%。

在北京地区全面试点使用手机APP接收处理采集运维工单，全年累计完成1.5万单，将计量抢修及采集系统监控工单以电子工单形式下发到现场一体化运维人员的手机上，实现地图定位、工作导航和专家系统指导，对工作质量进行系统化的监控考核，提升工作质量。

建立国家电网系统内居民客户的最高服务标准，采集主站实现柔性下发机制，开展现场问题专项整治，将应急送电 1h 内下发成功率提升至 99%，日常购电 24h 下发成功率提升至 99.8%；对外广泛宣传统一服务标准。完成采集闭环运维管理的试点运行，全年累计处置故障集中器 3572 台，监控并处理现场各类采集异常 57.31 万次，累计追补电费 3417 万元。

（董　宇）

【营业普查】开展打击窃电专项行动，累计出动 3178 人次，对北京地区 165 632 户存在窃电、违约用电重点嫌疑对象开展现场查处工作，共查处窃电、违约用电 415 户，追补电量 1290.07 万 kWh，追补电费 780.05 万元，追补违约使用电费 3590.16 万元，为公司挽回经济损失 4370.21 万元。

（李立刚）

【营销信息化建设】建成“2+2”的智能互动平台，推出面向客户的“掌上电力”居民版、企业版 APP，面向电力一线抢修、服务人员的“掌上电力”电网版、营配末端融合 APP，电力客户可使用手机 APP 随时随地办理业务和查询信息，电力一线抢修、服务人员实时在线办理业务，在丰台公司成功开展可视化电力报修试点，在朝阳公司深入开展大客户 APP 服务需求调研分析。“掌上电力”居民版、电力微信注册绑定用户 294.69 万户，“掌上电力”企业版注册绑定用户 4.66 万户。线上受理应急送电 2.12 万笔、可视化电力报修 1100 户次，居民网络自助交费率达到 60%。

（姚　斌）

优　质　服　务

【重要活动保障】全年累计完成全国“两会”、航天发射、十八届六中全会等重要保电任务 219 项，保电天数达到 324 天，实现服务零差错、供电零闪动、客户零投诉工作目标。

（李立刚）

【95598 热线服务】配合国家电网客服北中心完成 95598 报修工单直派供电公司工作。全年 95598 热线受理业务 91 万件，按时完成率达 99.93%，办结业务 910 377 件，退单率 0.005%，各项业务总满意率达 99.75%。

（李立刚）

【营业窗口服务】结合“互联网+电力营销服务”服务模式，研究制定营业窗口优化方案，关停所有 31 个 24 小时售电窗口，优化撤并自有营业网点 22 个，实现营销服务从线下业务向线上服务的转变。强化营业窗口优化过程规范化管理，在优化过程中实现“零投诉”。开展营业厅服务人员轮训工作，累计完成 4 轮共 800 人次培训，提高服务人员业务技能。

（李立刚）

【履行社会责任】落实服务、通知、报告、督导“四到位”要求，完成 1243 户重要客户的用电安全评估工作。推进民生工程建设，完成 31 个老旧小区改造，惠及居民客户 4.3 万户；如期完成地铁 16 号线、6 座可再生水厂、65 个保障房等工程送电任务。

（李立刚）

科技信息

科 技 工 作

【科技项目管理】公司全年研究开发费投入13 789万元。其中，国网总部管理费用11 689万元，自安排费用2100万元。围绕煤改电业务技术支撑、用电服务与电动汽车、新能源与电网规划等领域开展项目顶层设计。公司参与申报国家重点研发项目3项、北京市科技项目3项、国家电网总部煤改电科技项目2项，安排公司煤改电技术支撑科技项目12项。“交直流混合配电网规划技术科技攻关团队”被授予国家电网公司第四批科技攻关团队称号；“先进配电自动化与配电网优化控制联合实验室”被授予国家电网公司联合实验室称号。

（徐绍军）

【国家级重大科技项目】公司牵头863课题“主动配电网关键技术研究及示范”、“交直流混合配电网关键技术”顺利推进。“主动配电网关键技术研究及示范”课题完成2套硬件装置自验收，完成2套软件系统功能调试、信息平台功能集成与调试以及装置系统在厦门示范区的部署与安装调试；“交直流混合配电网关键技术研究”课题完成交直流混合配电网规划软件子模块开发集成，交直流混合配电网保护、测控、安自一体化装置样机研制，以及220kV分区互联装置和10kV柔性环网装置阀段样机研制，通过国家科技部中期检查。

（徐绍军）

【科技成果和知识产权】公司获中国标准创新贡献奖1项、中国电力科学技术奖2项、北京市科学技术奖5项、国家电网公司科技进步奖9项，入围北京市2016年科学技术奖8项。完成专利申请579项，其中发明申请329项；专利授权286项，其中发明授权73项。

【兼顾电网安全与智能服务的电动汽车有序充电应用技术】项目成果获2016年度国家电网公司科学技术进步三等奖。项目开展电动汽车充电需求与负荷特性、对电网影响量化评估体系的理论研究，移动互联服务、有序充电控制策略等关键技术攻关，以及有序充电控制器、有序充电控制系统等核心装备和系统开发，建成兼顾电网安全与智能服务的电动汽车有序充电控制管理系统。经专家鉴定，研究成果整体达到国际先进水平，其中在集中充电模式下的有序充电实践方面达到国际领先水平。研究成果已覆盖北京地区245座充换电站4263台充电桩和38个营业厅，其中21个站726台桩实现了桩体实时有序调控。成果已在京津冀推广应用，月均访问量3万余人次，并被央视新闻联播、《科技日报》等媒体报道，曾向国家科技部部长万钢等领导进行汇报演示。成果关键技术已被多个充电设施生产厂商采用。成果共获得授权专利13项，软件著作权6项，发表SCI/EI论文14篇，形成标准2项。

（徐绍军）

【环境保护工作】完成110kV及以上电网建设项目环评35项，完成率100%；完成110kV及以上电网建设项目竣工环保验收33项，完成率100%；完成104座在运变电站电磁环境和噪声监测；结合“六五”环境日，联合北京市环保局举办电网环保进社区主题宣传活动，发放环保宣传册400余份；参加第六届北京科学嘉年华活动，宣传智能用电、煤改电、电动汽车、电磁环境等知识；借助第三方机构，利用网络媒体宣传电力设施电磁环境科普知识；与民间环保组织合作建立国内电磁环境专业网站，通过网站宣传和公众答疑取得良好宣传效果。

（沈　琪）

信 息 化 建 设

【互联网+北京电力】围绕企业发展战略，完成“互联网+北京电力”规划方案编制，确定“1+*N*+*N*”信息化建设内涵，2个系统、12个移动应用投入使用。建设智能运检管控平台和配网运营指挥系统，支撑“大检修、大运行”全面落地。突出实时智能，建设领导决策支持移动应用，提高科学决策水平。突出便捷可控，建设安全生产管控移动应用，提升安全生产水平。突出营配融合，建设配网运维抢修、营配一体化末端融合移动应用，提升抢修服务效率。突出互联互动，建设“掌上电力”移动应用，支撑全方位一体化“互联网+电力营销服务”体系，提升客户服务能力。突出灵活可靠，建设通信巡视和信息运维移动应用，加强信息通信保障。

（温明实）

【信息系统建设管理】全年完成信息化项目 109 个，获得 2016 年中国电力行业信息化成果二等奖 4 项、三等奖 5 项，国家电网公司信息化建设优质项目 1 项。一体化平台服务承载能力逐步提高，持续开展软硬件资源池优化提升与深化应用，开展三项云资源管理平台属地化实施工作，试点开展自主云操作系统、虚拟化软件部署实施工作，初步建成公司大数据平台。信息化有效支撑“三集五大”体系完善，启动 ERP 集中部署工作，开展同期线损管理系统二期推广建设工作，完成城区、通州两家大型供电企业的数据接入应用，持续开展 PMS2.0 系统的数据治理工作，扩大营配调数据贯通应用成果。获得国家电网公司创新发展技术成果 5 项，作为国家电网公司唯一成果发布单位出席世界互联网领先科技成果发布活动。对 2014～2015 年信息化专项、运维项目进行后评估，并顺利通过国家电网公司总部集中审查与集中验评。

（温明实）

【网络与信息系统安全运行】全年信息系统安全事件数保持零纪录，信息网络运行率、系统检修执行合格率、信息调度管理规范性均为 100%。完成全国两会、G20 杭州峰会、网络安全攻防演习等重大政治活动信息安全保障工作。颁布《自建信息系统安全管理规范》，开展在运系统安全回头看工作，完成 44 个自建信息系统安全加固。试点建设信息安全预警分析中心支撑平台（SG-S6000），推广信息通信一体化调度运行支撑平台（SG-I6000）。开展网络与信息安全攻防演练，完成 Oracle 数据库重大隐患治理。完成国家电网公司信息通信运维服务管理规范编制等 25 项技术支撑专项任务。获得国家电网公司信息运行方式编制优秀单位称号、“信息通信安全运行流动红旗”和“信息通信优秀基层单位（班组）流动红旗”。信息安全红蓝队在第三届首都网络安全日大赛中取得优异成绩。

（温明实）

电力通信

【电力通信网概况】公司年度运行光缆总长度达到 33 070.906km，其中骨干通信网光缆长度 10 123.166km，各类光缆 2139 条段，35kV 及以上站点光缆覆盖率 100%。骨干网传输网 A 平面的东、西、南、北环主要采用环状网络结构，传输容量以 10Gbit/s 与 2.5Gbit/s 为主，业务的保护方式主要采用子网连接保护（SNCP），主要承载 220kV 及以上变电站、部分电厂和二级单位的调度电话、调度自动化、行政电话、会议电视业务。骨干网 A 平面 14 个子环网系统容量提升到 2.5G，用于承载继电保护、调度自动化主用通道等业务。调度语音网覆盖前门市调、顺义备调、16 个区调共计 18 个节点 19 套设备。行政交换网覆盖前门 B 座 4 个核心节点、16 个供电公司等 34 个一级节点及 13 个二级节点，共计 53 套设备。电视电话会议系统包括国家电网高清电视电话会议系统、专线硬视频系统、网络硬视频系统、软视频系统，其中专线硬视频系统于年内全部改造为高清设备。数据通信网分为核心、骨干、汇聚和接入 4 层，共覆盖 800 个节点，共计 801 套设备。公司通信高频开关电源设备配置总量为 606 台（套）。

（温明实）

【通信网建设管理】公司通信重点工程建设进度完成率 100%。在骨干通信网方面，完成国家电网公司一体化电视电话会议系统二期建设，并自筹资金完成公司所有直属单位终端全覆盖，完成原有标清专线系统高清化改造，电视电话会议系统持续深化应用；推进省级数据通信网优化整合，实现网络层级简化、管理规范集约；完成 IMS 行政交换网建设、骨干传输网 A 平面改造、骨干传输网 B 平面建设、北京城市副中心通信网完善等重点项目储备；完成骨干传输网 A 平面子环网改造及供电所、营业网点光纤建设，推进配电数据网建设，实现 35kV 及以上变电站、主要办公场所、营销网点、分支机构的光纤覆盖率达到 100%。在终端通信接入网方面，推进配电通信网项目建设，开展基于 230 专网和 LTE 专网技术的无线接入方案现场应用试点，完成北京城市副中心高端智能配电网建设通信技术方案，采取光纤与无线相结合的方式，全面覆盖1.5万个配电自动化终端、6.3万个公用变压器、5.7万个专用变压器以及732万居民用户，实现配电自动化、用电信息采集、分布式能源及电动汽车充电站（桩）等业务承载。

（温明实）

【通信网运行管理】公司通信检修管理规范指数100%，通信设备及业务通道保障率100%，通信运行评价指数100%，通信网安全可靠水平显著提升。加强通信业务管理，开展通信网运行方式分析，评估优化继电保护等重点业务，完善公司通信系统突发事件应急预案；加强通信基础管理，加强通信机房空调、动力环境、蓄电池后备电源的检修维护，推进通信机房标准化达标工作，完成15条OPGW光缆线路三点接地改造；强化通信隐患排查整改，完善通信隐患排查标准，部署迎峰度夏及冰冻雨雪天气通信安全生产工作，开展安全大检查暨履职尽责专项行动，开展通信专业隐患专项排查治理，完成554个站点通信隐患梳理工作，累计排查通信隐患61项，全部完成整改，确保“三查三强化”安全专项行动取得实效；完成全国两会、亚投行成立、“神州十一号”及“天宫二号”发射等43次重大政治供电保障保障任务，完成50次应急支撑保障任务。

（温明实）

党的建设与精神文明建设

党 建 工 作

【基层党组织建设】动态调整党组织设置，结合“三集五大”试点深化完成调控中心、检修公司等基层组织调整。为各单位配齐党委书记、纪委书记。实行“双向进入、交叉任职”，各单位行政正职全部兼任党委副书记。制定《国网北京市电力公司党委议事规则》，健全公司党委会议制度和决策程序。7～11 月，公司任期届满党组织，包括公司党委、28 个二级基层（机关）党委、69 个党支部，全部完成党组织换届工作。

开展党组织生活创新设计“五个一”评选活动。召开公司基层党委书记工作研讨会、推进会，推动全年各项工作，完成党费收缴专项检查和 2496 人次党组织关系排查及后续处理。开展政工干部、党组织书记、服务队骨干培训，参培率 100%。公司 5 项成果入选国家电网公司《国有企业党建工作指导手册》。

（张　鹏）

【党员教育管理】开展“两学一做”学习教育。坚持“基础在学”，各级党委中心组学习 528 次，党支部集体学习 2151 次，各级干部讲党课、廉课 779 场次，为党员配发学习材料 3 万余册；强化“关键在做”，制定落实问题整改措施 255 项，高质量召开两级领导班子民主生活会和组织生活会。开展“三亮三比三争当”主题活动，查找 3 个层面需重点解决的 14 项突出问题，制定完成整改措施 255 项。在 127 支党员服务队的基础上，组建 27 支党员突击队，设立 834 个党员示范岗和 332 个党员责任区，广大党员在北京城市副中心建设、“煤改电”等重点工作中，冲锋在前、勇挑重担，赢得社会各界一致好评。严格执行“三会一课”、民主评议党员等党内生活制度；做好入党积极分子培训，全年发展党员 180 人；召开纪念建党 95 周年创先争优表彰暨“两学一做”学习教育推进大会，187 名优秀共产党员、35 名优秀党务工作者受到表彰。城区公司党委获得“中央企业先进基层党组织”称号，海淀公司党委获得“北京市国资委先进基层党组织”称号；1 名同志获得“北京市优秀党务工作者”称号，4 名同志获得“北京市国资委优秀共产党员”称号。试点开发移动端“党员之家”，获得人民网推荐。

（王　岚）

【国家电网首都电力共产党员服务队建设】组建 127 支共产党员服务队，注册队员 2232 名，“七一”前后，开展“你用电、我用心——北京电力红马甲在行动”专项行动；供暖季开展“卫蓝暖心”专项行动，在全市“煤改电”村挂牌服务，在村镇社区设党员服务站 809 个，建成“电力爱心教室”15 个，开展志愿服务活动 1300 余次。

（王　岚）

思 想 政 治 工 作

【开展主题教育活动】策划开展“服务首都　岗位建功”主题教育实践活动，用“追求卓越品质，打造卓越团队，推进卓越管理，深化卓越实践，创造卓越绩效”（“五个卓越”）引领公司经营发展和队伍建设总方向，实施“领航”“旗帜”“聚力”“驱动”四大工程，发挥干部人才引领作用和先进榜样示范作用，汇集企业发展合力，推动企业创新发展。

（李　萍）

【精神文明建设】弘扬社会主义核心价值观，在公司机关和各单位开展“道德讲堂”活动，共计 106 期，参与人数 7204 人。大力弘扬劳模、工匠精神，培养选树爱岗敬业先进典型，张文新获评首批“国网工匠”，王小宁当选年度“国企楷模”优秀人物。深化文明单位创建活动，开展 2014～2016 年公司文明单位评比工作。

（李　萍）

【企业文化建设】实施企业文化“三大”工程，开展企业文化传播阵地建设和落地示范点创建，全年建成企业文化长廊53处，企业文化示范点78个。成功构建卓越文化管理、实践、成果“三大体系”，4个供电所获评国家电网公司企业文化建设示范点，3名同志当选“最美国网人”，分别被评为国家电网公司诚信榜样、创新能手和道德模范。

（李　萍）

纪　检　监　察

【综述】年内，公司纪检监察工作按照国家电网公司党风廉政建设和反腐败工作决策部署，牢固树立“敏锐、敏感、敏捷”意识，坚持“挺纪在前讲政治、抓早抓小严监管”，着力在“挺纪律、重履责、控风险、强监督、严执纪”上下功夫，惩防并举，标本兼治，有效维护公司健康和谐发展大局。全年未发生处级及以上领导干部和本部员工腐败违法案件或严重违规违纪问题，未发生瞒案不报、压案不查或责任追究不到位的情况，未发生影响和损害公司形象的重大行风事件。公司反腐倡廉建设工作荣获国家电网公司党风廉政建设责任制考核优秀单位；公司就健全廉政管控体系、“煤改电”工程专项协同监督、八项规定交叉互查等主要做法在《国家电网工作动态》进行交流。

（门吉光）

■ 3月11日，公司召开2016年思想政治工作暨党风廉政建设和反腐败工作会议。（李博　摄）

【党风廉政建设】强化责任担当意识，将党风廉政建设与业务工作深度融合，同步推进。梳理年度监督重点任务，以修订党风廉政建设责任制为抓手，细化“两个责任”任务清单和负面清单，将党风廉政内容纳入企业负责人业绩考核，逐级签订责任书到班组和个人，全年签订责任书8184份。健全履责约谈制度，公司两级党委书记约谈下级主要负责人738人次，领导班子其他成员约谈分管范围下级负责人1232人次，纪委书记共约谈下级党政主要负责人、中层干部及重点岗位人员1284人次，各单位纪委共书面报告308次。

（门吉光）

【重点对象监督管理】以监督权力运行为核心，针对“关键少数”，在梳理经营决策、业务管理、作风形象等五类廉洁风险，强化主要领导廉洁风险防控责任的基础上，以推动业务分管领导讲廉、研廉、促廉为重点，持续深化“七廉”活动，促进各级领导干部和职能部门切实把好业务范围内廉洁风险防控的第一道关口。全年公司各级领导班子围绕八项规定执行监督、依法治企问题整改等重点工作均进行7次廉政专题研究，各级党政主要负责人、分管领导带头讲廉课234场次，人员廉洁意识和防控能力持续提升。坚持以约束业务人员的自由裁量权为核心，针对“职低权实”的重点岗位人员，拓展《廉洁从业重点岗位人员监督管理规定》的内涵及方式，将交流轮岗作为硬约束。推进各单位开展专家讲廉、集体研廉、自评考廉、参观警廉等各项监管措施，促进重点岗位等各类人员正确认知红线、底线。公司各级研判岗位从业风险共577项，制定落实防控措施863项；动态梳理重点岗位1789人，交流219人次。

（门吉光）

【专项监督工作】针对“煤改电”工程时间紧、任务重、要求严和监督力量相对薄弱的情况，突出监审力量融合和监督模式创新，结合工程实施进度，同步开展过程跟踪审计和廉政风险防控联合监督行动，以工程物资管理、分包队伍选用、账卡实物匹配等为核心，瞄准制度、流程执行的规范性和严肃性，从资金资产管理、人员廉洁从业等多个维度进行跟踪审计和执纪审查，增强监督的深入性和防控的实质性，促进从事后监督向过程管控的转变。

公司两级累计完成对455个村、22个街道的现场查纠工作。实施八项规定、工程建设、集体企业管理专项协同监督行动，有效化解行风廉政等潜在风险。

深化八项规定交叉互查行动，紧盯敏感时段和关键环节，从公务接待、车辆使用等12类35个方面，对各单位及集体企业进行100%检查，重点对节假日期间车辆封存情况等进行监督，并开展“回头看”工作，有效遏制“四风”问题反弹。

针对经营管理风险，结合信访举报情况，开展工程建设、集体企业等专项监督行动，对采购方式选择、评标现场管理、资格资质审查、定标授标决议等关键环节，尤其是集体企业物资采购、工程分包等高风险领域进行重点监督，严查领导干部插手干预、应招未招、越权采购、违规定标等问题，严防违反程序标准的操作性“硬伤”。全年两级参与监督活动218人次。注重发挥协同监督在化解风险上的平台作用，全年共下发整改意见书31份，公司纪委先后对18家基层单位进行约谈督促，促进整改工作落实到位。

招投标监督管理工作，公司全年参与招标监督等活动93人次。加强纠风和行风建设，整合监督资源，强化明察暗访，全年开展供电服务明察暗访272次，共发现问题145个，已全部整改落实到位。公司连续11年走进“北京市政风行风热线”直播间，强化服务客户导向，传播优质供电服务理念。

■ 3月24日，公司迎接国家电网公司“四风”问题整治情况“回头看”检查。（李博 摄）

（门吉光）

【廉洁文化宣教工作】 践行“纪法分开、纪在法前、纪严于法”理念，在不断深化廉洁文化“四进”（进班子、进部室、进班组、进家庭）活动，发挥廉洁教育

■ 6月30日，公司参加“北京市政风行风热线”走进直播间节目。（李博 摄）

基地作用的基础上，坚持以党章为核心，结合“两学一做”，开展学习《廉洁自律准则》《纪律处分条例》《党内监督条例》等廉政教育，通过班子学、专家讲、案例剖、制度考等多种渠道方式，引导广大干部员工以案说法，举一反三，澄清认识误区，把握道德高线，严守纪律底线，切实提升责任风险意识和拒腐防变能力。公司系统共开展各类警示教育434场次，直接受教育面达3万人次。

（门吉光）

【信访案件查办】 落实“三转”要求，突出问题导向，聚焦主业抓执纪，紧盯政治纪律、决策权力、选人用人、行风廉政等方面，以领导班子、领导干部为重点，通过专项检查、交叉互查等方式监督制度执行，有效防范“集体闯红灯”和“绕道走”情况。向制度要长效，结合公司“三集五大”体系深化建设，推动各业务部门健全完善工程管理、招标采购、业扩报装、集体企业等监管制度，经营管理更加严格规范。坚持惩防并举，以“零容忍”态度做到有案必查，完成上级交办信访等各类查办及配合工作。坚持严管厚爱，完善信访案件动态梳理和集中管理机制，灵活运用“四种形态”，使咬耳扯袖、红脸出汗成为常态。全年公司纪检监察系统共收到并核查各类信访举报42件，给予党纪政纪处分4人，诫勉谈话3人，执纪问责的震慑警示作用得到持续发挥。

（门吉光）

品 牌 建 设

【综述】 实施“电靓京城”品牌传播与塑造活动，发挥外联品牌的价值传播与价值增值功能，构建多样传播方式、多元传播渠道、多种平台运用的立体化宣传体系，实现重大议题传播在中央电视台新闻联播、新华社现场直播、境外传播的新突破。开展公司舆情防控工作，公司舆情形势保持平稳，推进社会责任实践和根植。牵头组织完成国家电网公司首届党群队伍专业技能竞赛参赛工作，并获得团队三等奖。公司与英大传媒集团签订深化战略合作协议，推进公司媒体创新融合，形成“一站一刊两微一端”全媒体格局，凝聚企业发展合力，传递公司价值理念，为电网和公司发展营造良好舆论环境，发挥品牌建设服务、保障、支撑公司发展的作用。公司被评为国家电网公司2015～2016年度品牌建设先进单位。公司记者站被评为国家电网报社“十佳记者站”、中国电力报社“优秀记者站”。

（李春华　朱雪敏）

【品牌传播】 围绕“特高压入京、北京城市副中心建设、实施电能替代”等重点工程、重大议题，开展全媒体高密度、联动式感性传播。中央电视台《新闻联播》在除夕夜黄金时段播出“特高压春节不停工”新闻，向全国人民展示公司的良好形象。11月4日《巴黎协定》生效日当天，中央电视台英文频道（CCTVNEWS）连续3天滚动播出公司“电能替代”成效报道。全年，公司组织召开各重大议题集中新闻发布28次，接待媒体采访265次，年增长32%。《人民日报》、新华社等权威媒体报道310篇次，《北京日报》等市属媒体报道1420篇次。中央电视台播出新闻总时长60分36秒，北京电视台播出新闻总时长210分10秒。特高压、城市副中心、“煤改电”形成鲜明公众记忆，增进了公司与社会公众的情感共鸣、利益认同和价值认同。

（李艳娜　朱雪敏）

■ 2月7日，中央电视台《新闻联播》除夕夜播出“特高压春节不停工”。（杜敏　摄）

【新媒体传播】 依托“国网故事汇”“电网头条”两个国家电网公司重点新媒体平台，讲好公司故事、传递公司声音。播发原创优秀作品46部，获得月度优秀作品11部，《高人老高》获得国家电网公司年度十佳作品第一名，在国家电网公司系统内处于领先地位。加强公司“两微一端”公司官方微博、公司官方微信公众号，新闻客户端新媒体运营平台建设，全年共发布各类作品近5000条。利用公司官方微博体系全年共反馈客户各类信息977件。公司微信公众号传播以用户为核心，围绕服务业务、用电知识等内容，累计发布信息129条，总点击量218万，粉丝数达82.5万，比2015年增长33.4万。公司微信公众号荣获“能源企业百强微信公众号”称号。建设完成公司新闻客户端，发布新闻2587篇，13 925名员工下载登录，总点击量58 473人次，得到职工广泛参与和认可。

公司作品在全国电力系统新闻评选中屡获佳绩。中电传媒新媒体好新闻评选中，《北京电网最大负荷突破2000万千瓦刷新纪录》获网络新闻一等奖，《电器总动员》获新媒体技术应用一等奖。15部影视作品在全国电力行业优秀影视作品评比中获奖，其中在英大传媒电视作品展评中，《电充足了，民俗村富了》获新闻类金奖，《我的中国梦——全球能源互联》获国网故事类金奖，《孟想的梦想》获微电影类金奖，《高人老高》获纪录片类金奖。《一分钟“玩转”电采暖——补助有方法》获“能源行业微信好文TOP10”。

（王莹彬　宣丽娜　朱雪敏）

【品牌维护】 信息监测分析，注重引导增进理解认同，围绕“煤改电”工程建设等重点工作，开展新闻应急演练，形成舆情防控与专业管理提升互为促进的良性互动。完成《国家电网舆情风险分析及应对策略研究》课题研究工作，管理创新项目《基于新媒体的品牌传播和维护工作实践》获得北京市管理创新成果一等奖。在“7·20”特大暴雨期间，首次依托新华社新闻客户端直播公司供电保障和电网抢修举措，第一时间发布权威信息，主动呈现公司应对恶劣天气的工作效果，赢得了市民的理解和赞誉。全年未发生重大影响的舆情风险事件，公司舆情形势保持平稳。

（张　画　朱雪敏）

【品牌塑造】面向社会发布《电靓京城　服务国际一流和谐宜居之都2015》白皮书。在社会责任推广月期间，创新开展公司和基层单位两级“公众开放周”活动。继海淀区少年宫“电力爱心教室”捐建后，运用公益基金在西城区青少年科技馆建设完成第2家实体化“电力爱心教室”，首次开展挂牌服务，在10个区共计12个学校（社区）开展爱心讲堂，初步形成由北京电力展示厅、地区少年宫实体化教室以及学校（社区）挂牌教室构成的公益项目三级体系。“电力爱心教室”公益项目入选北京大学光华管理学院“跨界公益行”专业课堂。

■ 1月22日，首都核心区首家“电力爱心教室”揭牌启用。

（程伟　摄）

■ 1月22日，首都电力共产党员服务队向小学生们讲解全球能源互联网知识。

（程伟　摄）

（李春华　朱雪敏）

【企业内宣】利用网站、杂志、展板等载体，发挥思想宣传的平台作用，开展“两学一做”教育实践、党的十八届六中全会精神等专题宣传。开展专题宣传策划，对年度重点任务突出深度报道，进行剖析解读。全年在《国家电网报》《亮报》《中国电力报》三大行业媒体刊发稿件530篇，其中头版报道56篇，完成《为了那一抹“北京蓝”》、党委七一大会等各类专题片16部，组织“微传动”“电靓匠心·寻找京城最美电力人”活动，凝聚传播企业正能量。

（赵　一　朱雪敏）

工　会　工　作

【综述】围绕公司年度中心工作，把重点工程、重要任务、重大课题作为竞赛重点，开展“煤改电”工程、“五新”服务、智能配电网等7项竞赛活动。规范培养选树机制，落实民主推荐程序，在公司重要工作岗位、重点工作任务和劳动竞赛活动中选树具有时代性和先进性的集体和个人，多层面、深层次宣传劳模精神。推动巾帼建功，围绕公司年度中心任务，引导女职工投身公司重点工作。加强智能化班组建设，运用全球能源互联网理念和移动互联网技术，优化班组机构设置，建设融合型班组，推行一体化作业，培养复合型员工，推动班组减负提效出人才。加强对33家职工创新工作室的分类指导，加强对重点创新工作室建设的资金投入，引领职工创新方向，打造高水平职工创新平台。创新服务模式，在加强“职工之家”实体化建设的基础上，注重提升服务软实力。

（范晓辉）

【民主管理】以《国家电网公司“十三五”民主管理行动计划》为指导，完善“双路径三保障”民主管理体系。严格执行职代会制度，完成职工代表换届工作。履行民主程序，规范执行提案办理工作，公司三届一次职代会职工代表提案征集75件，提案办结率、满意度 100%。拓展职代会闭会期间民主管理新途径，开展职工代表巡视检查，畅通职工诉求渠道，推动职代会各项决议与公司重点任务的落实。开展“我为企业献一策”合理化建议征集工作，公司采纳优秀建议 109 条，5 条建议被国家电网公司评为优秀合理化建议。

深化厂务公开工作，总结试点单位经验，明确领导责任、实施主体、监督机构，规范申报、审批、实施等 7 个管理环节，建设三级公开体系，实现厂务公开工作常态化、规范化管理。

在用好传统载体的基础上，合理使用公司内网、公众号、微信群等新媒介。加强班组民主管理，创新管理形式，推进班务公开，切实维护职工知情权、参与权、表达权。

（王　婧）

【劳动保护与劳动竞赛】 围绕公司年度中心工作，把重点工程、重要任务、重大课题作为竞赛重点，全面开展“煤改电”工程、“五新”服务、智能配电网等 7 项竞赛活动。注重通过劳动竞赛发现、培养和选树先进典型，激发广大职工岗位建功热情，劳动竞赛影响力和辐射力不断增强。

承办北京市电力电缆工技能比赛，138 名职工获得职业资格晋升，工程公司张重仁获得冠军，被授予“北京市技术能手”称号。举办“周末学校”，参培职工超过 600 人次，促进职工技术技能水平的提升。落实职工职业发展助推计划，266 名职工获得北京市总工会助推补贴 44.2 万元，251 名职工获得公司助推补贴 29.6 万元。公司 30 项电力行业特有工种被市总工会列入助推工种名录。

开展职工劳动安全卫生宣传教育系列活动，与安监部门共同开展安全情景剧、安全知识竞赛，营造良好的安全工作氛围。加强劳动保护、监督、检查三级网络建设，开展劳动保护监督检查，举办劳动保护知识培训班，84 名基层劳动保护监督员获得《安全生产督导师》证书。公司连续九年被评为全国“安康杯”竞赛优胜单位，获得全国“安康杯”竞赛安全文化宣传先进单位。检修公司、朝阳公司、怀柔公司变电二次运检班等单位和班组获得全国总工会和市总工会表彰。

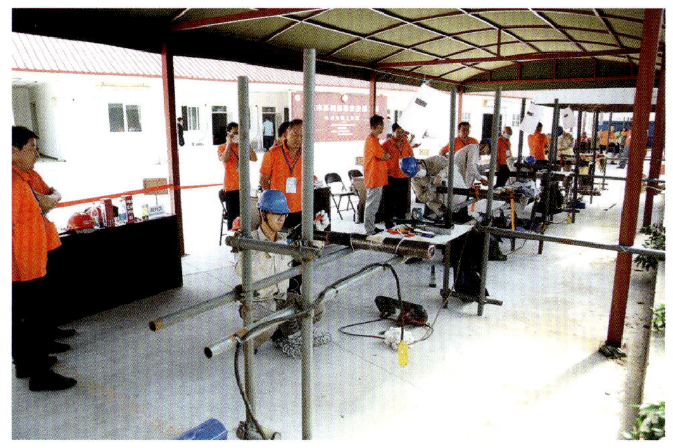

■ 8 月 30 日，电力电工决赛实操比赛现场。（孙钢荣　摄）

（高春雷）

【先进、劳模评选工作】 规范培养选树机制，落实民主推荐程序，在公司重要工作岗位、重点工作任务和劳动竞赛活动中选树具有时代性和先进性的集体和个人，唱响“评选孕育伟大、劳动奉献光荣”的主旋律。史景坚、李建、方文军等 3 名同志被评为国家电网公司劳动模范；徐向东获得首都劳动奖章；通州公司、亦庄公司、经研院荣获国家电网公司先进集体，照明中心荣获首都劳动奖章；城区供电公司崇文供电服务中心荣获国家电网公司工人先锋号；张文新荣获首批“国网工匠”。大力弘扬劳模精神、劳动精神和工匠精神，推荐王月鹏参加北京工匠的评选工作。多层面、深层次宣传劳模精神，引领职工敬业爱岗、助推企业稳步前行。开展劳模体检、休养、慰问等活动，将公司对劳模的关怀落在实处。

■ 4 月 27 日，公司开展劳模慰问活动。（肖飞　摄）

（高春雷）

【女工工作】 推动巾帼建功，围绕公司年度中心任务，引导女职工投身公司重点工作，参与“煤改电”工程、“五新”服务等 7 项劳动竞赛，产生女性竞赛之星 27 位。打造以女劳模带队的职工创新工作室 3 家；陈牧云创新工作室被评为北京市级职工创新工作室。城区公司营销部大客户三班荣获“全国三八红旗集体”称号。3 名女职工获得北京公司劳动模范荣誉称号。

依托“四中心四基地十支撑”文体工作服务体系及国家电网公司数字阅读子平台，推进女职工文化生活再上新台阶。承办国家电网工会“书香国网·智慧人生”第四届女职工主题读书活动启动仪式暨悦读分享会，举办北京公司“书香三八”艺术品评会、悦读分享会、好家规好家训征集等活动，覆盖女职工4000余人，展示女职工美丽知性艺术气质和爱岗敬业精神风貌。修订《集体合同女职工专项合同》，签署覆盖率达到100%。

（王 茜）

【文体活动】打造“四中心四基地十支撑”文体工作服务体系，成立文协体协联合会，创建文学创作协会等十大协会，举办公司职工文化成果展示。参加全国“书香三八”征文，向上级工会推荐作品297篇，公司获全国第四届“书香三八”读书活动优秀组织奖，2名女职工征文获得表彰。组织参加“国网好声音”主持人大赛及各项体育赛事，李芸菲荣获“国网好声音”职工主持人大赛银话筒奖。创建宣传教育新路径，开发“北京电力家园”公众微信号，围绕大局、丰富内容、广泛覆盖，为职工提供工作热点宣传和生活服务推介，营造和谐企业氛围。推广应用国家电网公司内网数字阅读子平台，检修公司建成全国职工书屋示范点。

（于 磊）

【班组标准化建设】加强智能化班组建设，运用全球能源互联网理念和移动互联网技术，优化班组机构设置，建设融合型班组，推行一体化作业，培养复合型员工，推动班组减负提效出人才。编制班组标准化配置指导手册，加强班组资金投入，规范基层班组标准化建设。

深化班组小家建设，加强班组文化建设和自主管理，完成国家电网公司班组建设子课题研究任务和班组建设成果展示活动，公司智能化班组建设成效和职工良好精神风貌受到国家电网公司肯定，班组建设“北京模式”基本实现。班组管理水平持续推升，7个班组分获北京市和国家电网公司工人先锋号，47个班组被评为国家电网公司先进班组。

（高春雷）

【职工创新工作室建设】加强对33家职工创新工作室的分类指导和对重点创新工作室建设的资金投入。张文新创新工作室代表北京市总工会参加海峡两岸职工创新交流活动。

与公司运营监控中心、科信部共同举办大数据创意应用大赛。深化职工创新成果孵化基地建设，规范成果孵化立项、审批、设计、加工、验收体系，投入资金60余万元，全年累计完成成果转化49项。除传统工器具加工和制造外，完成3项软件系统开发应用。公司两项成果分获北京市职工发明成果金奖、铜奖；8项成果获得全国电力职工创新成果一等奖、三等奖；3项成果获得北京市职工自主创新成果二等奖、三等奖；《智能表模块专用钳》获得国家电网公司青创赛最具推广价值工器具奖。

■ 5月20日，公司组织开展职工创新推进及交流活动。（张金金 摄）

（高春雷）

【职工之家】创新服务模式，在加强“职工之家”实体化建设的基础上，注重提升服务软实力。从职工所需出发，不断丰富服务内容，引入社会专业机构，开展职工健康管理、法律咨询、职工子女暑期托管、职工心理健康维护等服务项目，提升职工满意度与幸福感。海淀公司母婴关爱室获得北京市“我最喜爱的母婴关爱室”荣誉称号。在公司机关、经研院、昌平公司开展子女暑期托管班试点工作，多层次营造“家长放心、孩子开心”的假期学习与生活环境。

（王 婧）

共青团工作

【主题教育活动】以“高举团旗跟党走”为一贯主题开展形式多样的主题教育活动，结合建党95周年、建团94周年及“两学一做”学习教育活动，组织各级团组织自主开展形式多样的特色团日和实践活动，带领青年团员学习研读习近平总书记系列重要讲话，潜移默化地影响青年人价值取向；搭建并维护“网上共青团·青年之声 国家电网公司团委”门户网站，构建联系青年、服务青年的互动社交平台和团青信息化管理平台。举办纪念建团94周年暨“奋战的青春”五四表彰会，以舞台剧的形式总结公司近十年来取得的工作成绩，表彰获得各级荣誉称号的先进集体和个人。

（崔　征）

【“五四青年月”活动】开展第十届“五四青年月”活动，五四期间采用菜单式、片区式活动，通过主题演讲、公开论坛、外出参观、体育竞技、联谊交流等方式，吸引超过2000名青年员工参与其中。

（崔　征）

【青年志愿者管理和服务活动】结合“首都学雷锋推动月”活动，组织开展“青春光明行”志愿服务系列活动。承办团中央“青年志愿者项目大赛优秀项目公开路演赛前培训班”。参加第三届中国青年志愿服务项目大赛暨2016年志愿服务交流会，公司两个参赛项目从38个省级赛会单位推荐的4000余个项目中脱颖而出，双双斩获金奖，其中城区公司“心心点灯”用电关爱与成长公益项目作为中央企业唯一路演项目，通过现场发布、展示路演、专业答辩等方式，荣获最佳团队奖。公司4支志愿者服务队获“首都学雷锋志愿服务示范站（岗）”，3个志愿服务项目荣获第十一届中国青年志愿者优秀项目奖。

（崔　征）

【青年创新创效】参加主题为“创新让电力营销服务更优质、更智能、更增值”的国家电网第二届青年创新创意大赛（青创赛），200多个创新团队，1000余名青年参与其中，斩获2金、4银、5铜及1项营销工器具革新奖，被评为最佳组织单位；参加2016年首届国际创新创业博览会，将12个贴近百姓生活、有代表性的创新项目进行集中展示。承办团中央“青创先锋·北京站”活动。

（崔　征）

离退休工作

【落实老干部政治待遇】落实好离退休老同志的政治待遇，加强离退休党支部建设和思想政治建设，离退休工作部党支部协助机关离退休党支部制定计划、开展活动，公司所属相关单位组织开展落实离休干部工作。

组织离退休职工代表分别参加国家电网公司和公司职代会暨工作会。春节、重阳节等节日期间，公司各级领导和离退休工作部负责人分别以慰问和座谈会等形式看望离退休老干部和退休职工，并通报近一年来公司的发展建设情况，听取老同志的意见建议。公司离退休工作部荣获“全国老干部工作先进集体”荣誉称号。

■ 全国老干部工作先进集体奖牌。（张文旭　摄）

（张文旭）

【落实离退休职工生活待遇】落实离退休职工生活待

遇工作，按照合法合规、操作规范、切实保障离退休人员利益的原则，落实离退休职工生活待遇。坚持把落实离退休职工生活待遇作为维护公司改革发展稳定大局的重点工作。“五一”劳动节和“八一”建军节期间，公司各级领导和离退休工作部负责人慰问离退休老劳模和老军人。重阳节前夕，公司举办金婚主题文艺演出活动。全年，公司先后为离退休职工发放春节、“五一”、“十一”、“重阳”节日补贴、高龄补贴和月度生活补贴。

■ 1月27日，机关退休职工迎新春联欢会在模式口培训中心举办。（韩广毅　摄）

连续两年，为全公司退休职工办理英大保险公司慢性病补充医疗保险，并根据年龄段每人一次性补助7000～7500元。全年，公司各单位（包括机关本部）分别举办离退休职工新春联欢会，重阳节秋游以及慰问病困离退休职工等活动；组织开展离退休职工年度体检工作，并根据离退休职工的身体状况，有针对性地组织举办老年健康养生讲座。全年，公司先后组织老年台球队、乒乓球队定期训练和外出比赛活动，通过有重点地组织老年歌舞、健身太极、手工制作、书画摄影、时装模特等特色活动，达到促进公司离退休职工老有所为、老有所乐、保持身心健康的目的。

（张文旭）

【离退休管理和服务】 公司退休职工增加388人、减少63人。截至年底，公司在册离休干部为36人，退休职工为5926人，离退休职工共计5962人。

公司各级单位坚持为老职工服务的原则，做好为公司离退休职工办理医药费报销、重病、住院离退休职工慰问工作，做好老职工来信来访的接待处理工作，做好去世老职工办理丧事处理等帮扶送温暖工作，保障离退休职工队伍的稳定。同时公司各级单位定期组织离退休工作研讨会和离退休职工座谈会，了解老同志、老职工的所思、所想和所需，努力把问题解决在个体和基层。

（张文旭）

学、协会工作

北京电力行业协会

截至年底，北京电力行业协会（简称电力行协）有正式员工4人，其中有各类高级专业职称3人。协会坚持服务的宗旨，主动适应新形势和需求，开拓服务渠道，尽力为会员单位提供优质服务。

行协会员工作。对原有的会员单位进行重新梳理和审核，已确认的会员单位为55家。

行业信息工作。坚持《电力行业信息》（双月刊）定期编辑出版，全年共出版6期。

专业技术资格申报工作。受国网人才评价中心委托，在会员单位中开展专业技术资格申报工作和评审工作。目前，在全国电力系统范围内，北京电力行业协会是唯一有资格在会员单位中开展专业技术资格申报与评审工作的省级电力行业协会。当年完成了457人的技术资格申报资料审核、认定、制证发放工作，制证达到2369册。

经过精心准备和申报工作，通过了北京市民政部门的年度审核。

（李嫚莉）

中国电机工程学会农村电气化分会

中国电机工程学会农村电气化分会成立于1978年，下设电网专委会、自动化专委会、科技与教育专委会、电气设备专委会及科普工作委员会、编辑工作委员会。

11月，分会在江苏南京组织召开“分布式能源接入占高比例时配电网消纳能力”论坛。作为中国电机工程学会年会专业论坛之一，本次论坛以“分布式能源：配电网变革的推手”为主题，聚焦全球和国家能源发展政策与战略、分布式能源领域的前沿技术和关键成果以及最佳实践，邀请8位知名专家做主题报告，来自电网企业、设计院、科研机构、高等院校及电力设备企业共计300余名代表参加论坛。科技与教育专委会在云南昆明举行以“农村可再生能源高效利用”为主题的学术年会。

（李嫚莉）

中国电力企业联合会供电分会

中国电力企业联合会供电分会（以下简称供电分会）是中国电力企业联合会（以下简称中电联）的分支机构，在中电联的领导下开展工作，接受中电联有关部门和北京市电力公司的业务指导。现有会员单位企业236家。

分会设会员代表大会、理事会、会长办公会、秘书处及八个专业委员会等组织机构。在京日常工作人员10人，其中，在职4人、聘用6人。业务范围包括行业管理、信息交流、业务培训、专业展览、书刊编辑、国际合作、调研咨询、反映诉求。

围绕大局，把握定位，坚持依靠上级组织，与中电联、北京市电力公司相关部门加强沟通，按照上级领导要求力所能及做好分支机构的相关工作。按时完成供电分会月、季、年度的工作情况汇报、意见反馈、有关财务报表和相关材料的报送工作，完成供电分会秘书长的调整，参加中电联组织的各类相关会议。配合挂靠单位完成了供电分会和农电分会的整合方案，车辆管理办法的制定和实施、年鉴的起草等工作。

9月14日根据中电联会员〔2016〕278号文件精神，金江远担任供电分会秘书长职务，免去其副秘书长职务，于银辉不再担任供电分会秘书长职务。

按会员需求，做好基础性服务工作。加强供电信息网建设，提高信息更新速度，强化信息服务功能。召开《供电企业管理》评审小组会议，从2015年刊物上发表的文章中评出获奖作品11篇；召开部分会员代表座谈会。

做好舆论引导和信息宣传工作。完成6期《供电企业管理》杂志的编辑和出版发行工作。

加强自身建设。完善内部管理制度，坚持部门例会制度，采取措施，加强财务管理；增强凝聚力，利用不同途径与会员单位加强沟通，了解企业诉求；加大执行力度，分会各项工作按照程序运作、注重考评，对重要活动、重要事项采取目标分解、责任到人，从而提高分会管理水平和服务效果。

（李嫚莉）

供电公司

城区供电公司

【概况】国网北京城区供电公司（简称城区公司）是国网北京市电力公司直属大型重点供电企业，负责首都核心区东城、西城两个行政地区 93km^{2}范围内的电网规划建设、运行管理、电力销售和93万户客户的供电服务工作，肩负着为政治核心区、国家党政军机关、重大政治活动和城市运行安全供电的光荣使命。

截至年底，共设置11个职能部门、4个业务支撑机构及1个集体企业，下设42个班组、4个供电营业所、1个供电服务中心。城区公司管辖范围内共有110kV变电站31座，变电容量5302MVA；10kV电缆线路13 096条，长度3728.98km；10kV架空线路303条，长度481.44km；10kV双环网46对，10kV电缆化率达91.1%。

全年完成售电量101.41亿kVA，完成线损率5.67%，完成营业收入71.53亿元，实现内部利润8.86亿元，当年电费回收率100%，供电可靠性99.991%，最大负荷240.8万kW，实现连续安全生产2578天。

城区公司荣获中央企业先进基层党组织，首都学雷锋志愿服务示范站、示范岗，北京市质量管理小组活动优秀企业，全国电力行业QC小组活动优秀企业，国家电网公司“五四红旗团委”，公司先进单位，公司安全生产先进单位，公司优质服务先进单位，公司客户服务红旗单位，公司工程转资红旗单位，公司“三集五大”体系建设功勋单位，公司运监大数据应用平台建设工作先进单位等荣誉称号。

地址：北京市西城区西直门南小街174号
邮编：100034
电话：010-63128718

【人力资源】城区公司共有全民职工462人。其中，研究生及以上学历45人，本科学历209人，专科学历117人；高级职称48人，中级职称93人；技师及以上职业资格321人，高级工73人，中级工18人。

巩固深化“三集五大”体系建设成果，压缩管理层级链条，实现“大检修”“大营销”机构扁平化。建成集调控运行、生产指挥、客户服务于一体的配电运营指挥中心。试点打造区域运营、属地协调、营配一体的崇文供电服务中心，创新开展“营配微单元全业务融合”，加强“师带徒”“一帮一”培养模式管理，培养一专多能复合型人才，在国家电网公司大中城市业务集约融合调研座谈会上得到高度评价。推进“五位一体”班组落地，梳理全业务流程145项、作业指导书163项。

提升员工队伍素质，全年调整干部4批次40人次，其中提拔干部12人。制定员工梯队和人才梯队建设方案，明确管理、技术、技能“三支队伍”发展通道和“四级四类”专家人才队伍建设。开展青年员工技能培训和竞赛比武，组织全员自主培训212项、职能管理“大讲堂”12期27项。参与“劳动竞赛”，取得月度红旗7面、年度红旗2面。

【电网规划与建设】完成“网格化”配电网规划滚动修编，形成1个总报告、“8图3表1清册”和6项专题报告成果，取得政府批复意见。重启马连道、西交民巷110kV输变电工程前期流程；取得广安门—宣武门π接线入广内大街变电站项目核准。深化政企合作模式，与西城区政府续签《“国际一流”配电网合作协议》，取得连续6年18亿元专项资金支持。与天街集团签署《珠市口变电站投资划分补充协议》，落实6000万元补偿款。

完成龙潭湖站110kV切改，礼士路110kV变电站竣工投产。统筹安排266项配网提升工程，竣工199项、结决算59项。规范配迁工程管理流程，完成德内大街、阜内北街等7条架空线入地。

推动“国际一流”智能配电网建设，会同中国电科院编制完成《北京城区“国际一流”配电网建设提升方案》，明确政治供电、网架结构、装备水平、运维管理、信息化大数据应用五个维度目标任务，优化确定子方案196个，已实施项目包52项，提前实现城

■ 12月29日，城区公司礼士路110kV变电站发电。（林峰　摄）

区配电自动化线路覆盖率100%目标。2017年项目36项，已取得可研批复及立项核准。剩余改造方案计划于2018年列入投资计划。

【经营管理】争取政策支持，全年落实各项外部渠道支持资金5581.55万元。完成全部318项18.79亿元工程转资任务，资金总量位列16家供电公司首位。推进同期线损管理系统建设，完善采集建设与数据共享，实现“四分线损”月同期管理。完成永丰库房改造，启动城区公司实训基地建设。

规范集体企业运营，完成改革改制主体工作，推进“两个中心”建设，有序承接高低压营配抢修一体化委托业务。开拓内外部市场，营业收入5.45亿元，同比增长18.67%。拓展代维业务远程监控，编制《代维护远程智能监控安装方案》，推进无人化监控系统上线。配合国网安徽省电力公司完成集体企业专项审计，落实反馈问题复核整改。

创新诉讼案件处级干部出庭应诉机制。搭建技术标准查询平台，梳理13个专业235项技术标准。落实4次审计24项问题整改，追退工程款83.84万元，规避企业经营风险。创新“一事一议”协同监督方式，结算长期挂账工程153项5.7亿元，消纳剩余物资6501.27万元，完成历史遗留问题整改进度目标。

对标成绩总体提升，修订对标管理办法、考核细则，细化指标分解与责任落实，形成对标诊断常态机制。在国家电网公司大型供电企业对标中，排名至14名；在公司内部对标中，综合、管理、业绩排名均为第二名，10个专业全部进入前三名；业绩考核位列公司16家直属供电公司第二名。

【安全生产】完成公司下达的重要政治供电保障任务110项259天，完成重要机构供电保障任务1018项365天。公司下达的任务中，特级保电任务1项17天；一级保电任务38项104天；二级保电任务26项39天；三级保电任务45项201天。

统筹推进政治供电常态化建设，明确组织机构、运转模式和职责分工；制订专项规划、运维服务、工程管理等29项实施细则，实现政治供电制度“通用性”和“差异化”有机统一；优化调整98户常态化客户清单，完成全部特级客户“三个一”基础档案维护，实现“全天候、全时段”政治供电保障万无一失，政治供电精益化管理水平显著提升。

强化本质安全理念建设，健全明责、履责、问责的安全管理机制，推进安全规范化移动作业使用APP，严肃查处违章作业110件。开展“三查三强化”“安全大检查暨履职尽责”等专项安全活动，排查整治隐患179项。深化集体企业安全“同质化”管理，发布安全监管重点，落实专项督查6项问题整改。细化完善外协队伍综合评价标准，严格执行安全“双准入”，淘汰排名靠后10家施工单位。夯实安全管理基础，开展电缆基础数据普查，完成19户52条123km特级重要客户直配电缆、全部8253座管井断面排查，试点加装电子标签和路径标识，实现电缆精准化、可视化管理。开展PMS数据专项治理工作，现场核查台区6394个，低压拓扑连通率提升至99.42%。

■ 3月5日，城区公司在全国两会供电保障区域现场值守。（林峰 摄）

不断增强运维管控能力，细化部署度夏防汛和迎峰度冬，成功应对240.8万kW历史最大负荷冲击和“7·20”特大暴雨考验，保障“煤改电”区域电采暖需求。完成6条线路综合检修，开展工地夜查等反外力举措，配网故障率同比下降44.3%。投入配电自动化终端315台，全年平均在线率93%、系统运行准确率95%。

推广应用新技术装备，借助低压宽带载波技术，试点线路全电压等级设备运行状态采集。完成高低压抢修一体化和政治供电两大功能模块APP开发，

■ 7月20日，城区公司员工做好极端恶劣天气下的应急抢修工作。（林峰 摄）

支撑营配业务融合。运用电缆超低频介损试验技术，发现并消除“两会”直供户电缆接头隐患。全年未发生大面积停电事故，未发生七级及以上安全事件，实现3个“百日”安全长周期。

【营销与优质服务】 强化营销基础业务过程管控，编制七项重点工作方案，实现“一工作一方案”管理目标。结合两区政府查处“七小”和非首都功能疏解，专业联动清欠协收，追补电量455.52万kWh，收取违约使用电费998.88万元。加快计量全采集建设，换装智能表3.8万具，采集抄通率99.84%；加装台区表897具，实现台区采集全覆盖。制定“事前预防、事中管控、事后评估”10项措施，客户投诉压降66.67%。

推广“微信电力”“掌上电力”，完成18.8万户低压客户绑定目标的103.30%，完成2885户高压客户“掌上电力（企业版）”安装，居民网络缴费率由28%提升至59%，营业厅日均缴费下降53.69%。推进老旧小区配电设施改造，富瑞园、东中街22号等4项工程投产。

深化“五新”服务专项行动，履行业扩报装“契约”服务承诺，建立三级客户经理制，覆盖报装接电全程，限定完成时限，推进“提质、增效”，全年完成接电容量49.3万kVA，完成率105.09%。

开展电能替代工作，抢占充电设施建设市场，落实“四进”部署，完成中南海、国家大剧院等41处463台充电桩建设，建成天桥演艺中心、北京坊两处具有100台60kW直流充电桩大规模集中场站。推动“以电代气”，完成客服营业厅、崇文中心“全电厨房”建设，示范带动前门地区电炊应用推广。

11月9日，天桥演艺中心停车场充电桩建设工作现场。（林峰　摄）

【科技与信息化】 加大创新管理工作力度，完善创新工作实施方案和奖励机制，建立“四维创新”项目储备库，重点培育孵化项目43项，与北京电科院签署科技共建协议，加快科研项目进展。年内，管理创新首次荣获国家电网公司一等奖，获得各级奖项12项；科技创新获得公司一等奖等6项、专利授权11项；群众性创新获得全国电力行业QC成果一等奖等7项；国家电网公司典型经验库入选1项，公司典型经验库入选2项；《基于先进科技的营业厅智能服务》获国家电网公司第二届青创赛银奖。开展信息安全、信息系统深化应用工作，全年共开展信息安全隐患排查16次，开展城区公司范围的信息安全培训4次，实现全年信息安全、违规外联事件“零发生”工作目标；编制《国网北京城区供电公司信息系统规范工作方案》，以大数据应用和运营监测为手段，全面规范信息系统，提高了各系统数据维护的准确性和及时性，促进了信息和自动化系统的可靠高效应用。

【党的建设与精神文明建设】 落实从严治党要求，推进“两学一做”学习教育，组织知识竞赛、微党课等系列活动。开展“三亮三比三争当”主题实践活动，建立党员责任区、党员示范岗，成立5支党员突击队和1支青年突击队。完成城区公司两委、10个党支部换届选举和党费收缴工作。

坚持“三种理念”，强化“两个责任”，构建重点领域及关键环节风险防控机制，打造清正廉洁工作氛围。完善“三重一大”决策机制，细化41项重大事项及14份配套细则，梳理“四资一工”11个重点领域26项关键环节流程，嵌入5级内控审核审批程序，形成26份“两个责任”权责清单。以监督权力运行为重点，动态调整风险防控流程，采取12种监督方式，形成横向专业全覆盖、纵向流程全贯穿、轴向平台全对接的“立体网格化”监督体系。

强化全员警示教育，深化领导干部“七廉”和廉洁文化“四进”活动。创建《清风》电子廉刊，开辟内网专栏，建设企业文化廉廊廉角，组织开展知识竞答演讲、专题讲座、廉洁文化作品征集、“家属寄廉说”等系列活动。以“预警—问责”联动机制为保障，结合“准则、条例”补充修订6大类51条高压红线，践行“四种形态”，开展中层干部和重点岗位人员履责约谈260余人次，常态促生态确保体系刚性执行。将“大安全”格局拓展到外协施工队伍，分层分级分专业组织签订党风廉政“四书”216份，开展外施工单位贡献度专题评价，实现廉洁责任传递“全员、全面、全覆盖”。

搭建“五统一”企业文化宣贯平台，建设城区公司本部、崇文中心2个企业文化长廊。“职工之家”建成启用，承办公司书法美术、摄影协会成立暨职工书画摄影展；在崇文中心设立“职工小家”，打造职工体育健身、文化创作、身心放松场所。组建3个兴趣活动协会，举办“努力超越，勇攀高峰”健步走，营造健康生活、积极工作氛围。改善生产生活条件，实行班组定置管理、标准化建设，建成7个“健康食堂”，承办国家电网公司班组建设现场会，实现职工工作更有品质、生活更有品位。

突出品牌价值塑造，共产党员服务队建立挂牌服务站52座，实现东、西城区32条街道全覆盖，“心心点灯——用电关爱与成长”公益项目获得中国第三届青年志愿服务大赛金奖，代表中央企业获得最佳团队奖，陈牧云被评为北京企业志愿服务“十佳”优秀志愿者。城区公司在行业内、外媒体上稿722篇，发布微博、微信137条。

■ 10月28日，城区公司党员服务队为戴淑兰老人安装新型智能遥控小夜灯。（林峰　摄）

（李　根　吕　翔）

朝阳供电公司

【概况】 国网北京市电力公司朝阳供电公司（简称朝阳公司）成立于1987年，是国网北京市电力公司直属供电企业，负责朝阳地区470.8km^{2}范围内的电网规划建设、运行管理、电力销售和156.57万客户的供电服务工作，肩负着为约占全市三分之二的星级饭店、外交驻华使馆区、奥运中心区、中央商务区、大型商业区、工业、农业、涉外企业及居民生活和重大政治活动和城市运行安全供电的使命。共设置11个职能部门、3个业务支撑与实施机构，下设33个班组、6个供电营业所、4个农村供电所。共负责10kV开闭站246座，小区配电室1802座，箱式变电站795座，配电变压器4983台；10kV架空线路304条，长度1869.09km；10kV电缆线路3885条，长度6461.40km。实现全年安全生产无事故目标，累计安全生产长周期2865天。

全年完成售电量169.81亿kWh，同比增长6.03%；完成线损率7.77%；完成接电容量136.94万kVA；电费回收率100%；城网供电可靠率99.9810%，农网供电可靠率99.9716%，电压合格率为100%；最大负荷376.8万kW。荣获中国电力安全生产标准化一级电网企业、朝阳区群众性精神文明创建工作规范化建设文明单位、北京市质量管理小组活动优秀企业等荣誉称号。

地址：北京市朝阳区百子湾西里300号
邮编：100124
电话：010-63232270

【人力资源】 截至年底，共有全民职工442人。其中研究生及以上学历61人，本科学历194人；高级职称45人，中级职称99人；技师及以上职业资格298人，高级工86人，中级工17人。

全面深化“三集五大”工作。以“客户”为核心，以“协同”为重点，以末端业务流程、组织机构、人力资源融合为手段，实现横向协同、纵向贯通，组织召开公司层面深化“三集五大”体系建设推进会6次；定期组织召开“周协调例会”13次，发布周报18期；深入生产一线学习调研，推进“三集五大”基层落地。

朝阳公司作为公司首批试点单位，荣获“三集五大”建设劳动竞赛红旗。完善优秀专家人才培养库。组织优秀专家人才培养库入库申报工作，包括国家电网公司“四级四类”优秀专家人才及后备等211人入库。其中，中层正副职干部50人，管理人才43人，一线技能骨干118人（班组长48人）。根据培养对象所在专业，成立优秀专家人才培养综合小组5个，专业小组17个。

修订《全员绩效管理办法》并组织实施，结合朝阳公司实际，补充修订指标体系，增强绩效管理工作实效性。正式启用管理机关绩效管理信息系统。作为唯一一家供电公司承接信息系统管理机关模块试点实施工作，提高考核过程的规范性与公平性。试点开展一线员工工时积分同价计酬推广工作，以用检专业为试点，组织编制《国网北京朝阳供电公司一线员工工时积分同价计酬机制推广实施细则》，建立一线员工绩效分配体系和方法，提高工作计量的科学性与有效性。

【电网规划与建设】规划和前期工作有序开展。围绕“十三五”地区产业结构变化，联合经研院编写《朝阳区产业疏解调整对电网规划的影响分析研究报告》，赋予电网规划新内涵。把握“煤改电”契机，配套5座变电站纳入主网规划并完成全部前期手续，东南部电网供电能力提升工作得到进一步落实。促请政府将相关审批纳入绿色通道，实现变电站建设“零前期”；全年共计完成213项主配网前期手续与立项核准。

■ 5月24日，朝阳公司员工实施“煤改电”工程建设。（翟磊　摄）

■ 11月11日，朝阳公司成立国家电网首都电力共产党员服务队“煤改电”服务站。（翟磊　摄）

深化“七结合”配网诊断分析，强化生产、营销、基建的资源整合与专业协同，形成51项新的工程改造方案，累计227项结合点，为建设坚强配网提供了有力支撑。全年开工、续建基建工程16项，居公司首位。金石110kV、高安屯送出等输变电工程竣工投产；完成西咸药支迁改、阳福线下环境治理等重点任务；郎辛庄、大羊坊、东郊农场等8项110kV输变电工程按期开工。方家村110kV变电站荣获国家电网公司创优示范工程；金盏110kV变电站代表公司迎接国家电网公司创优检查。统筹施工力量与停电计划，完成95条10kV线路标准化改造，462条电缆线路改造，安装各类自动化终端1238套。配网自动化覆盖率62%，四环内实现100%覆盖，且全部接入主站。81个“煤改电”涉及的社区、农村配电网得到升级，低压配网健康水平进一步提高。

【经营管理】常态化推进各项管理工作，做到日常工作动态纠偏。“周调研”累计119次，搜集问题400个，班子成员一一研究并予以解决或答复。“每周一查”工作累计157次，将“经常抓、长期抓”的要求落到实处。坚持信息畅通与工作协同，推行线下“面对面”沟通交流与线上微信群信息直达，“协同讲堂”累计开展45期，中层干部开展“面对面”协同544次，建立重点工作微信群30余个。强化依法治企，完成3项自主审计，涉及工程项目291项。深化“三集五大”体系建设，率先成立配电运营指挥中心，启动分析评价师评价工作，集约统筹的指挥中枢初步建成。全年完成固定资产投资项目414项。完成年度转资任务261项，工程项目与金额完成率实现“双100%”。生产调度大楼全面落成，实现入住。

创新成立技术委员会，建立技术管理体系，搭建技术专家人才培养平台和科技成果孵化平台。深化人才培养，李彦龙获得“全国电力行业技术能手”称号；依托“专业小组”和“综合小组”开展培养活动，立项课题30项。完成集体企业改制及直签员工薪酬体系改革工作，完成朝阳地区2万余户居民的电采暖改造任务，实现“营改增”平稳过渡。全年，朝阳公司实现综合、业绩、管理3项标杆，安全管理、人力资源、财力管理、建设管理、运行管理、检修管理6个专业进入专业标杆行列。

【安全生产】完善安全积分和负面清单制度，做好施工企业、人员安全双准入管理。开展“三查三强化”与“百日安全专项行动”等工作，班子、职能、一线班组分层级检查现场539次，安全主体责任进一步落实。开展电网薄弱环节分析，强化电网风险预警，全年完成 82 项高风险检修工作。

完成迎峰度夏和防汛任务，平稳应对 376.8 万 kW 历史最大负荷考验。创新探索 0.4kV 调度管理模式，将方式单、联络票贯穿全部业务流程，实现配网设备调度范围全覆盖。采用状态检测、差异化运维等措施，狠抓故障管控，配网故障率同比下降 54%。开展高压客户隐患综合整治工作，强化内外部协同，全年高压用户引起的永久故障率同比降低 37%。提升地区供电质量，实现台区采集覆盖率 100%；累计整治异常台区 410 台。

开展电网运行环境隐患综合治理，与朝阳区发改委、安监局、相关街乡对接，古塔公园等输电线路线下隐患得到有效管控，逐步建立政府出资、协同联动的隐患治理工作机制。

完成全国两会、全球能源互联网大会等重大活动供电保障任务，全年承接政治保电任务 53 项，累计保障天数达到 260 天，全部实现“零闪动”“零差错”“零投诉”目标。

■ 1月15日，朝阳公司员工北京市“两会”供电保障重要用户线路特巡。（翟磊 摄）

■ 3月31日，朝阳公司员工全球能源互联网大会开展供电保障工作。（翟磊 摄）

【营销与优质服务】坚持“营销服务客户，各专业服务营销”工作理念。推进“五新”服务，建立需求送电项目计划总账，推出“5+2”限时标准，全年完成接电容量 136.94 万 kVA。推动“煤改电”工作，强化“政企联动”，成立联合工作委员会，完成 1.94 万户的改造任务。推进充换电网络建设，累计建成 4 座充电站、625 台公共充电桩。

分级启动“投诉预警”。面向大型写字楼群、媒体、酒店、使馆等高端优质客户，创新开展全流程 3D 立体服务，承接公司“互联网+电力营销”高压客户平台建设工作，大客户 APP 累计绑定客户 5233 户，覆盖率 68.7%。强化欠费用户重点监控，回收率实现 100%。完成 34.51 万户的掌上电力及微信推广工作。开展用电客户信息采集建设工程，累计安装智能电能表 3.8 万具，配电台区光纤对接改造 2606 个，采集抄通率 99.51%。

【科技与信息化】加强科技创新体系建设，发挥劳模先进和科技领军人物的引领示范作用。优化创新工作室管理模式，推广普及先进创新理念、技术和方法，提高专业技术技能水平。结合公司重点工作，解决技术发展瓶颈，全面开展成果征集工作，共申请“电能计量设备运维定位管理系统”等专利 26 项，获得“自照明闸杆”等专利授权 13 项。

完成配电通信网（光纤到台区）建设工程 13 项。敷设光缆 460km，完成工程总量的 100%。安装 830 套台区通信设备、54 台变电站内通信设备，实现网管上线率 100% 的既定目标。完成公司 220kV、35kV 配电通信网建设等 13 项工程的结算审核及决算，新增固定资产 6433 万元。加强信息、通信机房建设，维护电视电话会议系统、信息通信系统运行稳定可靠，信息安全保障全年无事故。完成全国“两会”等重要信息安全保障工作。开展系统、账号弱口令专项治理工作，桌面防护能力稳步提升。

【党的建设与精神文明建设】开展“两学一做”主题教育活动，领导班子带头讲党课、带头查摆问题，树立“四个意识”。组织召开公司全体党员大会，选举产生新一届党委委员会和纪律检查委员会，党组织建设进一步强化。执行“三重一大”决策制度，全年召开党委会 52 次，审议议题 211 个。

跨专业成立“党员应急突击队”，做好大负荷及恶劣天气下的应急工作。加强先进典型选树，张宁获得公司劳动模范。党员服务队持续开展“六进三送”活动，队长王小宁获得年度“国企楷模·北京榜样”优秀人物、北京市十佳企业志愿者等荣誉。

■ 9月23日，朝阳公司跨专业成立“党员应急突击队”。

（翟磊　摄）

■ 3月3日，朝阳公司团委组织团员青年联合共产党员服务队到朝阳区安华（培智）学校开展“大手拉小手·学雷锋志愿者活动”。

（翟磊　摄）

深化“廉政安全日”活动，提升干部员工拒腐防变能力。推动“两个责任”落实制度化、规范化，开展班子、纪委廉政谈话185人次。梳理廉政风险122项，制定防控措施165项；针对工程管理、供电服务等重点岗位深入开展预警防控工作，廉政防线进一步前移。开展党员服务队“六进三送”和“五心服务进万家”活动。共开展各类帮扶活动3200余次，针对爱心卡用户进行帮扶活动260余次，与联建社区共同开展安全用电知识宣传和讲座等活动37次，通过媒体报道、网络微博等多种形式得到支持和肯定110余次。服务分队成立以来，截至年底，朝阳分队联建社区挂牌40个，联建企、事业单位和学校34个，“爱心卡”用户160个，开展活动惠及百姓4.6万人次。

创新新闻传播途径，建立“朝阳好图”微信群传递正能量，累计发图1.1万余张。做好舆情风险防控，全年处置新闻舆情30次。强化班组建设，东区供电所、建设部项目组、营销部客户服务二室荣获国家电网公司先进班组；基层涌现的多项成果列入公司成果孵化基地推广项目，“博古QC”小组获得全国QC成果发布会一等奖。刘畅、王玮岚在国家电网公司、公司两级主持人大赛中均获得“双料冠军”，朱锦标、金鑫、陈己宸、贾懿妮等在竞赛调考中斩获佳绩。团委创新提出“三提两服一创新”的工作思路，先后荣获国家电网公司“青年创新创意大赛”铜奖、团中央“中国青年志愿服务项目大赛”全国金奖。

（欧阳昕倩）

海淀供电公司

【概况】 国网北京海淀供电公司（简称海淀公司）成立于1987年，是国网北京市电力公司直属供电企业，负责海淀地区430.77km^{2}范围内的电网规划建设、运行管理、电力销售和77.12万客户的供电服务工作。

截至年底，共设置11个职能部门、3个业务机构和36个班组。负责10kV架空线路228条，长度1712.8km；10kV电缆线路2202条，长度4099.1km。全年完成供电量141.47亿kWh，同比增长5.32%；完成售电量132.62亿kWh，同比增长5.19%；累计线损率6.25%，优于年度指标0.82个百分点。

在公司业绩考核和同业对标评比中，连续三年取得直属供电公司业绩考核第一名，综合对标连续4年保持第一，连续9年获得标杆，业绩、管理对标连续5年获得标杆。在全部10项专业标杆评比中，安全管理、人力管理、财力管理、物力管理、规划管理、建设管理、运行管理、检修管理和营销管理共9个专业获得专业标杆，获得北京市国资委先进基层党组织、公司先进单位等荣誉称号，经理齐小伟当选为海淀区第十六届人大代表，党委书记宋振秋被推选为海淀区第十届政协委员。

地址：北京市海淀区常青路6号院
邮编：100093
电话：010-63232626

【人力资源】 截至年底，共有全口径用工1024人。其中，长期职工 397 人，集体职工 21 人，产业公司直签员工 402 人，产业公司派遣人员 31 人，华商电灯公司员工 173 人。其中，研究生及以上学历 43 人，本科学历 273 人，专科学历 268 人；高级职称 50 人，中级职称 104 人；技师及以上职业资格 292 人，高级工 267 人，中级工 132 人。

落实国家电网公司优化提升“三集五大”体系工作部署，完成“三集五大”深化试点任务，完成国家电网公司部分大中城市业务集约融合调研迎检工作。加强人才梯队建设，开展岗位培养及竞聘交流，“防触电插座”项目获得国家电网公司青创赛银奖。加强专家人才队伍建设，新增国家电网公司级专家人才 1 人，省公司级专家人才 2 人，专家人才培养评价指标在公司排名第一。落实“竞赛调考提升年”工作方案，竞赛调考指标实现历史性突破，勇夺 A 段。

获得全球能源互联网知识竞赛个人二、三等奖以及团体第三名，物力集约化专业知识竞赛个人一等奖，安规知识竞赛个人二等奖，配网调度专业技能竞赛个人三等奖。

【电网规划与建设】全年累计开展 110kV 及以上电网项目规划前期任务 24 项。配合开展 220kV 输变电工程、调相机工程、电厂并网工程 4 项，推动落实北安河等变电站站址 11 项，签订理工大学变电站等《用地建设协议》3 份，取得果庄子变电站等重大项目绿色审批通道的批复 5 项，地铁 6 号线西延电力隧道穿越工程等规划意见书 6 项，后屯 110kV 输变电工程等立项核准 5 项。争取区政府电力配套专项资金 2.8 亿元，获得公司投资 12.4 亿元，并经海淀区长办公专题会讨论通过了配电网合作框架协议，每年电力配套专项资金提升至 4 亿元。完成昌平至八家 220kV 送电工程前期任务。

年度开工 110kV 变电容量 200MVA，电缆 19.21km；投产 110kV 变电容量 200MVA，电缆 20.1km，重点工程建设任务年度开工、投产完成率 100%。稻香湖送电等 5 项工程（标段）获得公司“争创无违章工地”流动红旗，远大变电站 110kV 切改工程获电缆优秀设计奖，三星庄 110kV 变电站成功创建“国网创优示范工程”，荣获公司“基建重点工程攻坚克难突出贡献红旗单位”称号。全年累计梳理配电线路 734 条，完善配电自动化改造方案 567 个，绘制线路自动化改造“一图一表”1464 张，安装自动化终端 2234 套，地区配电网自动化覆盖率 65.94%，完成四环内自动化覆盖率 100% 的既定目标。

■ 7 月 18 日，海淀公司员工进行苏家坨配电网改造工程。（高博　摄）

【经营管理】针对“煤改电”工程、集体企业物资框架招标、配网改造等重点领域开展跟踪审计 3 项。完成工程决算转资工作，累计决算转资工程 140 项，工程转资率 100%。完成公司财务标准一体化试点工作，基建工程自动竣工决算试点取得阶段性进展。规范集体企业管理，召开集体资产监督委员会会议 6 次，审议通过集体企业重大事项 7 项。

建立劳动竞赛宣传专栏，发布月度竞赛看板，宣传竞赛之星。其中，智能配电网劳动竞赛连续 6 个月夺得流动红旗，智能配电网应用成效在各属地供电公司中综合排名第一。全年累计取得各项劳动竞赛流动红旗 13 面，竞赛之星 11 名，在公司排名第一。

【安全生产】加大安全巡查力度，全年累计巡检作业现场 573 个，实现生产作业现场巡检 100% 覆盖。强化严格执纪，累计查处违章问题 70 项，发出违章通知单 41 张，施工安全风险得到控制。深化巡检成果应用，建立外协施工队伍年度评价标准，选好用好外协施工力量。开展“反外力百日专项行动”，缩短巡视周期，遏制外力破坏风险，输电通道外力故障同比下降 75%。落实安全大检查暨履职尽责专项行动要求，累计排查治理各类问题及隐患 128 项，已完成整改 122 项。推进生产作业安全管控平台及移动作业 APP 上线运行，实现现场安全管理标准化和安全巡检规范化。

提升配网设备精益化运维水平，完善人防、技防、联防管控措施，配网故障率同比下降 50.37%，配网故障管控指数在公司排名第一。加大异常台区治理力度，强化部门协同，实施技防监控，累计治理完成各类异常台区 197 台，治理完成率 100%。落实国家电网公司部分大中城市业务集约融合试点工作要求，高标准建设投运配电运营指挥中心。

■ 9月13日，海淀公司员工进行天宫二号发射保电巡线。

（丁健　摄）

■ 4月16日，海淀公司召开业扩工程“五新”服务专项启动会。

（李英玲　摄）

应对各类异常天气和突发事件，累计启动应急45次。度夏期间，地区电网负荷2次刷新历史纪录，达到315.5万kW，同比增长8.2%。执行保障标准，推动政治供电常态化，完成全国两会、十八届六中全会、中考、高考、天宫二号及神舟十一号载人飞行等政治供电保障任务127项，累计保电314天。全年未发生大面积停电事故，未发生六级及以上安全事件。截至年底，累计实现安全生产3814天。

【营销与优质服务】 推进业扩“五新”服务（业扩报装“互联网+”服务新手段、接电服务新模式、配套建设新制度、流程规范新标准、业务协同新机制）建设，依据“五位一体”（职责、流程、制度、标准、考核协同机制）顶层设计要求，编制6大类业扩报装管理业务流程手册，完成业扩全流程管控试点建设工作。推广“双契约”服务，推动业扩报装线下流程向线上流程转型。主动对接中关村科学城、高新产业园区等重点项目，推动业扩报装提速增效。为国际关系学院、万泉小学、温泉镇人民政府等重点单位74个项目提供契约服务，涉及容量10.56万kVA。全年累计完成高低压客户接电38 070户，接电容量105万kVA，超额完成年度指标2.94个百分点。推进充电设施建设，打造海淀地区5km充电圈，完成3座公交车充电站外电源建设，累计改造居民小区充电设施配套电源780个，新建充电站31座、充电桩488台，已全部接入车联网平台。

贯彻“以电代煤、以电代油”战略，开拓电力市场，实现电能替代3.56亿kWh，超额完成年度指标25个百分点。深化“互联网+电力营销服务”体系建设，推进“掌上电力”企业版、营配末端融合等APP上线运行，提升低压可视化抢修服务水平，移动处理工单率97.14%。加大电费催收管控及违约用电查处力度，收回陈欠电费165万元，追补电量218.36万kWh，追补电费及违约使用电费644.32万元，2016年电费回收率100%。开展“无投诉周”劳动竞赛活动，实现无投诉周16周，最长连续无投诉天数60天，服务类投诉同比下降30.41%，每万户客户投诉率在各属地供电公司中排名第二。

【科技与信息化】 上报专利获得授权6项，新申请专利24项，其中发明专利8项。《基于“两级三维一中心”技能竞赛机制下的人才队伍建设典型经验》等5项典型经验入选公司典型经验库；《地市配电运营指挥中心的构建与实践》获得公司全年度管理创新成果一等奖，《“大建设”体系下的分包安全管理实践》和《海淀电网应急指挥分中心入驻筹备管理创新与实践》获得三等奖；“光伏便携式安全探测报警装置”和“防窃电智能挂锁配件”分别获得公司2016年群创一等奖、三等奖。《基于政企协作的电力投资管理创新与实践》和《“大运行”体系下调度自动化系统数据管理》分别获得第三十一届北京市企业管理现代化创新成果一等奖、三等奖。

【党的建设与精神文明建设】 以“三亮三比三争当”（亮身份、亮职责、亮承诺，比作风、比技能、比业绩，争当攻坚先锋、争当服务标兵、争当敬业楷模）主题活动为载体，通过共产党员履责清单、“党员示范岗”、“共产党员突击队”、“两学一做”（学习共产党党章党规，学习习近平总书记系列重要讲话，做合格党员）责任状等举措，确保“两学一做”学习教育落到实处、取得实效。

强化党支部基础管理，将党支部日常管理明确为“一本七账”和52项具体指标，提升党支部规范化管理水平。落实党建责任，梳理排查党员组织关系，完成党委换届选举工作。按照“一队一特色”，将党员服务队整合成5支队伍，开展爱心服务、公益活动203次，开展电力爱心教室及进校园活动82次，受益学生5600余人，展示责任央企形象。开展“卓越海电，亮丽海淀”主题活动，将“诚信、责任、创新、奉献”的企业核心价值观深度融入中心工作，融入员工行为。开展“卓越海电三十年”历史回顾活动，建设“文化长廊”及西北旺供电所等企业文化示范点。推进“电网头条”“国网故事汇”微信号关注绑定工作，完成率147.75%，在公司排名第一。策划13项主题传播和40余项专题宣传方案，累计在公司及以上媒体上稿1013篇，在各级媒体上播放视频新闻总时长达161min。加强内宣管理，累计发布各类新闻快讯、专题宣传132期。

成立“海电布谷”青年志愿讲解队，加强内在管理软实力宣传力度。加强舆情监测，开展新闻应急处置22次。开展“亮丽海电人物榜”活动，树立先进典范10人。关心关爱职工，完成四季青办公区启用工作，员工生产生活条件得到显著改善。落实职工之家建设，职工之家心灵驿站获得北京市总工会命名挂牌。推进职工健康食堂建设，员工认同感、幸福感、获得感不断增强。开展职工文体活动，足球队荣获全年公司职工足球联赛冠军。

■ 5月27日，海淀公司党员服务队玉泉社区“电力爱心教室”挂牌。（李英玲　摄）

（乔　飞）

丰台供电公司

【概况】 丰台供电公司（简称丰台公司）成立于1987年，是国网北京市电力公司直属供电企业，负责丰台地区305.87万km^2范围内的电网规划建设、运行管理、电力销售和82.84万客户的供电服务工作，肩负着为丰台地区党政军重要机关、重大政治活动和城市运行安全供电的光荣使命。截至年底，共设置11个职能部门、3个业务支撑与实施机构，下设42个班组、6个供电营业所、3个农村供电所。共负责110kV变电站30座，主变压器72台，容量3513MVA；35kV变电站1座，主变压器2台，容量40MVA；110kV线路75条，长度258.3km；35kV线路2条，长度17.9km；10kV架空线路197条，长度1649km；10kV电缆线路7232条，长度3068km。

实现全年安全生产无事故目标，累计安全生产长周期3672天。全年完成售电量79.43亿kWh，同比增长6.67%；完成线损率6.75%；完成业扩报装接电容量129.39万kVA；电费回收率100%。供电可靠率99.9856%，电压合格率99.996%。最大负荷180.2万kW。

荣获北京市政治思想工作先进单位，北京市工人先锋号，公司“煤改电”突出贡献单位，公司“三集五大”突出贡献单位等荣誉称号。

地址：北京市丰台区丰北路117号
邮编：100073
电话：010-63663600

【人力资源】 截至年底，共有全民职工366人，其他职工651人（含农电工和集体企业用工）。其中，研究生及以上学历48人，本科学历282人，专科学历302人，中等教育及以下学历385人；高级职称26人，中级职称104人；技师及以上职业资格246人，高级工201人，中级工115人。

完善公司绩效考核细则，协同各专业部门，编制绩效考核补充细则，细化23类专业工作，形成111条考核细则，突出日常工作责任落实，强化月度考核管控。加强人才培养，按照人员类别举办4次专题培训，举办各类培训项目22班次，培训1360人次，全员培训率100%。搭建人才培养平台，启动“优秀专家人才培养”项目，对34名培养对象开展阶段性培养，组织“优秀论文成果”评选活动，对33篇获奖成果进行表彰。组织年度副高级职称申报22人次、中级职称7人次；全年取得技能鉴定初、中、高级工资格共计32人次、取得技师资格6人次。

【电网规划与建设】 电网发展全面突破。促请公司与丰台区政府签署战略合作协议，明确“十三五”期间政府专项补贴10亿元、公司百亿元投资规模，实现电网建设“零前期”“零土建”。开展“网格化”配电网规划滚动修编工作，完成地区典型供电区域规划等6项专题报告。丽泽220kV变电站及调控指挥中心用地调整方案经市规划委动态维护会审议通过。丰益110kV变电站建设模式改为地上独立选址，为后续工程起到示范性作用。推进区域电网优化布局，“十三五”期间规划变电站“7+19”座，分别增加88%、70%；规划开闭站118座，增加80%。

电网建设提质提速。郭公庄等3座变电站竣工投产。推进“煤改电”配套“2+7”座变电站建设，9座变电站站址全部落实，6座变电站开工建设。加速推进配网自动化项目建设，累计竣工251项，完成492座配电站室和81座分界室自动化改造，接入自动化终端3998台，实现四环内自动化覆盖率100%，全域内达到77.37%。

【经营管理】“三集五大”全面深化。建立集约高效的配电运营指挥中心，推进“大检修”和“大营销”业务末端融合，实现业务纵向贯通、横向协同。创新打造供电所“双主人”体系，实施推广低压营配运维抢修一体化。完善绩效体系，细化23类专业工作，形成111条考核细则。以项目制管理思路推进工程决算转资，累计决算工程373项，转资金额17.88亿，超额完成年度任务2.14亿元。加强物资结算管控，完成物资结算项目330项。推进本部及外围食堂提升改造。参与公司后勤管理创新项目建设，完成小型基建管理典型经验申报。对“煤改电”、配电网建设等重点工程开展跟踪审计，强化过程管控，杜绝审计风险。集体企业有力支撑，完成配网自动化改造等重点工程295项。推进集体企业性质界定、清产核资、职工身份确认，依法合规完成集体企业改革改制。

荣获科学技术进步奖1项、群众性创新成果一等奖1项、三等奖3项。《基层供电企业社会责任视角下“煤改电”项目精益管理创新与实践》获得公司管理创新成果一等奖。“电力滴滴——可视化计量抢修互动服务新体验”和“计量采集运维e加速”分获国家电网公司青创赛金、银奖。

【安全生产】 落实“三查三强化”、安全生产大检查暨履职尽责专项活动要求，健全安全管理机制。加大安全巡检APP使用力度，检查生产作业现场1184个，发现并整改问题560项。严控“双准入”原则，施工安全管理水平持续夯实。保持安全监督“严态势”，年度违章数量同比下降26%。

应对“7·20”特大暴雨和180.2万kW历史最大负荷考验，开展保障工作，采取度夏临时方式11处，确保电网安全稳定运行。针对“煤改电”线路，制订“一线一案”故障处置预案，确保故障定位准确，电力供应快速恢复。延伸调度管理至0.4kV层面，实现低压配电网统一调度“零突破”。

运维水平持续增强。以提升本质安全水平为核心，加强源头治理，全年配网故障率下降41%。落实输电通道“反外力百日专项行动”要求，输电线路外力故障同比降低83%。深化异常台区治理，治理重过载、低电压等异常台区457个。与政府部门联动，开展“三线搭挂”整治工作，治理输电线路线下隐患287处。供电保障坚强有力。落实“一村一案”保障措施，确保“煤改电”用户安全可靠用电。完成全国两会、“抗日战争爆发79周年”等保电任务71项，保电天数226天，实现政治供电“三零”（主网运行安全零闪动、配网供电可靠零差错、服务优质高效零投诉）目标。全年未发生有管理责任的7级及以上安全事件，实现3个100天安全生产长周期，累计安全生产长周期3672天。

【营销与优质服务】 截至年底，共管理营业客户843 819户。其中，抄表收费客户30 951户，卡表客户21 870户，本地费控表客户790 656户；110kV客户8户，35kV客户8户，10kV客户8868户，低压客户834 930户。全区共有重要客户129户，其中一级客户42户，二级客户87户。

推进全计量全采集，智能电能表覆盖率96.89%。完成54 495具智能电表核查工作，实现计量资产账实相符。大范围开展数据核查，累计核查居民阶梯电量等数据3.63万户。建立地区用电市场经营情况分析模型，分析电量分布与走向，把握电力市场发展趋势。落实业扩“五新”服务要求，领导干部责任包干，对506项在施业扩工程倒排工期，签订外部契约19项，服务契约42项，累计接电户数6.5万户，接电容量129.39万kVA，同比提升56.06%。完成保障房项目、排水项目等重点工程送电任务23项，业扩报装服务规范率100%。服务水平显著提高。开展近三年客户投诉分析，抓住重点、源头管控，无投诉累计天数143天，客户投诉率同比下降2.47%。完成128户重要用户的安全评估报告，绘制高、低压系统图纸。智能充电网络建设与服务。完成464个公共充电桩和32座充电站点的建设工作。理顺私人充电桩报装流程，加快接电效率，累计受理私人充电桩报装1271项并全部完成送电。开展2017年270个充电桩站点选址和储备项目工作。开展在运充电设施数据分析，提高充电设施建设水平，提升充电服务市场竞争力。

【科技与信息化】 申请专利52项，同比增加7%。发明专利授权2项，实用新型专利授权12项，外观型专利授权14项。推荐2016年度科技成果奖6项，优秀科技论文19篇。申报2017年度群众性创新项目储备6项，其中"无线低压用电分析研判仪研制"被列入公司2017年度自安排科技项目申报指南。

【党的建设与精神文明建设】 强化党建引领。全面深化从严治企。积极落实党风廉政"两个责任"，领导班子集体学廉14次。开展"两学一做"学习教育，广泛开展"三亮三比三争当"主题活动。召开党员大会，完成两级两委换届选举工作。应用"掌上丰供"手机APP打造"互联网+""两学一做"教育平台，成果被推选为国家电网公司党建创新典型案例，获得中央党媒向全国推介。积极参加公司团委组织的各项活动，参与第二届"青年创新创意大赛""五四青年月""奋战的青春"专项活动，选派骨干力量参加"团干部训练班"和"青年讲解员训练营"，其中两个青创项目分别斩获国家电网公金奖、银奖。

推进队伍建设。以打造"三个优秀集体"为主线，调整干部29人次，打造适应发展形势的干部队伍。利用"煤改电"等重点工作，充分锻炼青年人的办事能力、共事能力和攻坚能力。开展管理岗位人员初步测评，为进一步优化岗位配置打下良好基础。采集运维班荣获"全国质量信得过班组"，用电团支部获国家电网公司五四红旗团支部。丰富企业文化传播手段。打造立体全景式企业文化长廊，参观人数累计600余人。建立完整职工家庭档案，职工集体感、归属感大幅提升。创建"电力爱心实体化教室"和"电力爱心+"菜单式服务新模式，拓宽服务范围，提升服务品质。提供"煤改电"宣传"一站式"服务，宣讲活动累计覆盖1.2万人次。围绕年度重点工作开展专题宣传，发布《电靓京城服务丰台区经济社会发展白皮书》。在《昨日市情》等政府内部媒体累计刊登44篇。

（李　放）

石景山供电公司

【概况】 国网北京石景山供电公司（简称石景山公司）成立于1988年，是国网北京市电力公司直属供电企业，负责石景山地区84.38km² 范围内的电网规划建设、运行管理、电力销售和20.17万客户的供电服务工作，肩负着为辖区内重大政治活动和城市运行安全供电的光荣使命。共设置8个职能部门、2个业务支撑与实施机构，下设17个班组、4个供电营业所。共负责10kV开闭站43座，配电室213座；10kV架混线路34条，长度254.1km；10kV电缆线路155条，长度731.3km；配网容量697MVA。实现全年安全生产无事故目标，累积安全生产长周期4254天。

全年完成售电量18.25亿kWh，比2015年增长8.91%；110kV及以下线损率5.71%；完成接电容量19.10万kVA；当年电费回收率为100%；城市供电可靠率99.9726%；供电电压合格率100%。

获得首都文明单位、北京市交通安全先进单位，国网北京市电力公司"三个建设"功勋单位等荣誉称号。

地址：北京市石景山区鲁谷路59号
邮编：100043
电话：010-63664123

【人力资源】 截至年底，共有职工160人。其中，硕士及以上学历19人，本科学历73人，专科学历36人；副高级职称23人，中级职称34人；技师及以上职业资格51人，高级工63人，中级工12人。

规范和深化岗位薪点工资运行机制，完成人员积分材料申报、审核、公示、上报审批工作和薪档积分调整工作。完成末端业务融合体系组织机构和人员调整。推进中层干部档案电子化建设，完成干部人事档案专项审核工作，规范队伍管理，完善队伍建设机制。

健全专家人才培养体系，构建专家人才发展长期机制，成立专业技术委员会，融合各专业专家人才与骨干人才代表。统筹培训资源，运用网络大学平台，为职工提供线上线下混合式学习服务，完成公司层面推送课程学习任务4项，自行推送课程包学习任务6项。

【电网规划与建设】 助推公司与首钢总公司签订智能电网规划建设合作协议，建立多方承担、整体运营的新模式。石景山首个智能变电站110kV石莲站投运。与石景山区重点建设中心、北京保险产业园、京石科园签署战略合作协议，落实国网北京市电力公司与石景山区政府框架协议，开辟了电网发展、开拓市场的新起点、新路径。首钢园区配套3项输变电工程纳入“一会三函”。取得110kV电网项目核准2项、规划意见书3项。石景山、石龙220kV变电站和苹果园、炼钢110kV变电站站址基本确定，刘娘府110kV输变电工程和鲁谷110kV变电站第三电源工程纳入2017年建设计划。完成“网格化”配电网规划滚动修编，形成配电网规划执行情况及现状分析等6项专题研究报告。

■ 11月24日，石景山公司与石景山区政府举行重点建设中心、北京保险产业园签约仪式。（马炎　摄）

石莲110kV输变电工程、高井电厂退运配套110kV切改工程投产。输变电工程前期手续完成率100%，环保验收率100%，优质工程率100%。石莲110kV变电站工程在标准工艺竞赛过程评价中取得变电土建专业第一名，其他参评工程均位列专业三甲。全年涉及6个街道2537户的农村“煤改电”工程按期送电。26项工程竣工率97%，配电网自动化覆盖率60%。梳理配电网架构，制订配电网结构完善方案，19个项目已纳入2017年实施计划。

【经营管理】 深化“大检修”“大运行”体系建设，完成35kV及以上电网运维检修和110kV及以上电网调度权集约上收工作。完成“五位一体”末端融合，结合实际，搭建分层次、分区域、专业融合的配电网管理体系。将低压报装及检查、低压运维及抢修、表计通信等工作全部下放至供电营业所，优化工作流程，明确职责界面。成立重大项目协调办公室，协调跟进石景山区重大工程项目，强化部门协同“一口对外”，加大服务力度，保障重点工程有序推进。加强经济活动分析和同业对标指标管控，落实奖惩实施方案。深化同期线损管理，提升营配贯通基础数据质量和电源准确性。开展财务预算、成本费用管控，推进“两金”压降相关工作，实现降本增效。加大工程项目转资力度，完成转资工程87项。推进依法治企，领导干部学法活动制度化，法制宣讲走进基层一线。解决集体企业遗留的债权债务等问题，完成改革改制各项工作。完成营业柜台人员转签。

开展营业普查，累计查处违约用电8户，窃电3户，追补电费2.64万元，收取违约使用电费50.21万元。开展“量、价、费”延伸专项整治，完成700户居民自用充电桩、1000户居民“零度户”情况核查。

【安全生产】 结合“两大体系”深化建设，安全生产责任制得到完善。推行现场典型违章判定标准和安全标准化应用APP，强化违章查处力度，共查处违章43项。开展安全管理月度分析评价，落实安全奖惩及考核评价。执行“双准入”管理，企业资质和人员资格进一步完善。吸取相关事故教训，强化有限空间作业安全管控。开展“三查三强化”、集体企业安全专项监督检查等工作，相关问题得到整改。完成春、秋两季安全大检查、输电线路反外力等专项活动，开展隐患排查治理工作，隐患治理完成率100%。开展电网安全风险分析管控工作，发布风险分析1136项。加大故障高发线路和电压异常台区的综合整治力度，配电网故障率同比下降34%。完成迎峰度夏和防汛工作任务，平稳应对32.5万kW历史最大负荷。完成全国两会等26项供电保障任务，实现政治供电“零闪动”目标。

【营销与优质服务】 截至年底，全区共有重要客户34个，其中1个特级重要用户，13个一级重要用户，17个二级重要用户，3个临时重要用户。推动业扩契约服务，以客户为导向，强化内部履责协作，共签订契约40户。获得公司业扩“五新”服务流动红旗。整合跨部门低压抢修业务，成立营配一体化抢修班组，缩短故障报修处理时长。履行社会责任，开展电力延伸服务30余次，帮扶特困客户3户。推进“互联网+电力营销”新型服务模式，推广网上缴费、故障报修、报装服务，新增“掌上电力”“微信电力”客户

3.9万户，累计注册客户突破8万户。完成2015年225个直流充电桩和2016年180个直流充电桩建设任务。全区公共充电桩数量464个，地区智能充电网络初步形成。开展“强管理、降投诉、促服务”提升行动，客户投诉同比下降28.77%。

【科技与信息化】 开展“三个创新”活动，创建6个创新工作室。完成2015年群创项目验收2项，全年组织开展科技群创1项，申报2017年群创储备项目4项。获得公司群创项目二等奖1项、管理创新成果三等奖1项。银光QC小组“低压接护线卡勾的研制”获得国家级QC成果发布二等奖。全年共取得专利申请号13项，专利授权号16项。建设“石景山电力家园”微信公众号，构建具有职工服务、宣传教育等功能的服务平台。加强信息化制度建设，强化学习培训，提升公司职工信息化应用水平。加强弱口令、违规外联的检查力度，全年未发生信息安全类事件。

■ 9月1日，石景山公司举行“三个创新”活动授牌仪式。（马炎　摄）

【党的建设与精神文明建设】 开展“两学一做”学习教育，印发学习教育实施方案，开展中心组学习20次。召开党员大会，完成“两委”换届选举工作。完成党费补缴工作。配合区政府完成区人大代表换届选举工作。落实“两个责任”，开展廉政谈话71人次。落实从严治党工作要求，推进党风廉政建设重点任务，严格执行中央“八项规定”。

加大“三种人才”培养，成立专业技术委员会，制订专家人才培育计划，优化职工队伍知识结构，促进职工与企业共同发展。以“一院三会”为依托，构建青年职工成长成才孵化器。完成企业文化长廊建设，设立临展区，举办职工子女书画展。扩建“职工之家”，建设职工健身房和文娱课堂。组织参加公司足球赛、数创大赛、职工悦读会等文体活动，丰富职工业余生活。创建职工“健康食堂”，获得公司全年下半年度“健康食堂”流动红旗。开展“新风、照明”等职工关爱工程，改善办公环境，营造和谐的企业氛围。

■ 9月8日，石景山公司到京源学校举行赠书仪式。（马炎　摄）

（赵　飞）

亦 庄 供 电 公 司

【概况】 亦庄供电公司（简称亦庄公司）成立于1993年，是国网北京市电力公司直属供电企业，负责北京经济技术开发区地区59.47km²范围内的电网规划建设、运行管理、电力销售和83 801户客户的供电服务工作，肩负着为城市运行安全供电的光荣使命。截至年底，共设置10个职能部门、2个业务支撑与实施机构、下设14个班组。负责10kV电缆馈线274条，长度1332.80km，10kV架空馈线10条，长度89.59km。完成售电量48.82亿kWh，同比增长8.95%，较公司平均增速高2.23个百分点；固定资产原值18.03亿元，除大检修调拨资产外，同比增长3.29亿元；城市供电可靠率99.9962%；地区线损率1.45%，低于指标值0.54个百分点；同业对标获得业绩标杆和规划管理、配套保障两项专业标杆；实现全年安全生产无事故目标，累计安全生产长周期4538天。

荣获国家电网公司先进集体、国家电网公司实现安全生产目标单位、公司优质服务先进单位、公司业绩考核工作功勋单位、公司深化“三集五大”突出贡献单位、公司年度7月“五新”服务劳动竞赛红旗、公司年度7月客户服务劳动竞赛红旗、公司年度8月专项劳动竞赛红旗、公司年度8月工程转资劳动竞赛红旗、公司年度9月工程转资劳动竞赛红旗、公司年度10月工程转资劳动竞赛红旗、公司年度10月客户服务劳动竞赛红旗、公司年度11月智能配电网劳动竞赛红旗等荣誉称号。

【人力资源】 截至年底，共有全民职工95人。其中，研究生及以上学历14人，本科学历65人，专科学历13人；高级职称16人，中级职称30人；技师及以上职业资格19人，高级工41人，中级工16人。

深化“三集五大”体系建设及末端业务融合工作成果显著。作为末端业务融合两家综合试点单位之一，在完成110kV变电站移交、接收输电通道运维等规定动作外，围绕公司深化“三集五大”顶层设计，结合内部人员短缺、设备集中、客户服务要求高的特点，在业务末端打造融合型班组，末端融合机构编制方案率先通过了公司深化“三集五大”体系建设工作领导小组的审核。配网运营指挥、配网运维、低压抢修三个一体化班组步入常态化运行，初步实现了业务过程、组织机构、人力资源的融合。开展“管理下沉”专项工作，将6个部门共计19名管理人员下沉到一线班组，占全部管理人员的38%，调整后管理与生产人员的比例由1∶0.89降至1∶2。完成集体企业改革改制。推进安装处税务清算、注销等工作，完成改革改制。综合考虑产业公司未来发展规划、业务拓展需要、一体化班组建设、合理的人岗匹配等因素，制定薪酬管理、绩效管理等制度，推进集体企业薪酬套改工作。

全年进行岗位调整43人次，占内部长期职工总数的42%，其中，中层干部（含副职）调整10人次，提拔中层干部3人；任命中层助理4人；聘任、调整管理岗位11人次，调整生产岗位15人次。全年组织职工参与各级培训达700余人次，40余名职工积极参与各类竞赛、调考，王立取得公司地市级专家人才称号。组织职工参加劳动竞赛和技能比武，选派队伍在北京经济技术开发区有限空间作业年度大比武中荣获第一名，陶慕翔勇夺“电力好声音主持人大赛”最高奖——金话筒奖。

【电网规划与建设】 促成公司与开发区管委会战略合作协议的签署，为地区电网和公司的发展创造了更加良好的外部环境。深度对接地区“十三五”发展规划，主动争取电网建设优惠政策，将“十三五”期间规划的输变电设施全部纳入地区控规，实现保护性圈地约4万m^2。加快重点项目的储备推进，完成亦庄西南220kV变电站可研编制及审核，完成文化园110kV变电站扩建工程的可研编制、审核及批复，完成瑞新110kV输变电工程的可研编制、启动1座新建110kV变电站及两座110kV变电站扩建工程的可研编制工作。

推进交通导行、掘路、绿化、临时施工占地等事宜，实施康宁—庆羊110kV联络线工程；完成110kV京东方站、科创街站、博兴站、亦庄站智能化改造施工；完成亦庄办公区应急指挥室和配网演示室建设，提升地区电网智能化水平。与开发区管委会领导及各委办局领导协调，启动第四次市政通道移交工作，梳理出已竣工决算待移交通道87km，截至年底，已经完成移交价值确认，进入移交协议签署阶段。

■ 11月24日，亦庄公司验收检查110kV泰河变电站出线电缆隧道实景示范展示区。（孙特 摄）

【经营管理】 夯实工程项目全过程管理，实现工程转资进度与工程结算质量的双提升。转资完成率从8月起一直排名公司第一位，8～10月连续获得公司劳动竞赛流动红旗单位称号。做好同期线损系统首批试点工作。在国家电网公司总结验收的基础上，成立专项小组，累计梳理查找修改问题358项，线损合格线路增加71条，合格台区增加112个。优化线损异常处理流程，提升线损管理水平。

电缆网精益化管理提升工作取得实效。发挥地区电缆化率93.7%的优势，率先完成电缆基础数据普查工作，累计核查通道270km，工作井6122个，电缆段2702段、长度1400km，建成配电电缆网实景展示示范区，对81项配电网建设改造工程逐一开展现场核查验收。共组织周、日调度会32次，累计拍摄站、杆、设备照片1.17万余张，补充完善过程资料，做到决算资料完整、账卡物对应，巩固配电网建设改造工作成果。强化审计监督管理，完成国家电网公司经济责任延伸审计的迎审工作。在内外部审计同题专项整改行动中，在公司范围内完成整改验收，整改完成率100%。

■ 12月13日，亦庄公司召开电缆网精益化管理现场会。
（孙特 摄）

【安全生产】通过应用“四严格”管理及移动作业APP，实现现场安全管理标准化和规范化，全年累计查纠违章53项，实现违章数量同比整体下降2.5倍。加强“安全双准入”管理，组织外包单位作业人员各类培训考试600余人次，落实违章积分和负面清单要求，执行违章“三停”处理，完成38家施工企业准入审核。开展春秋检、安全月、“三查三强化（查责任落实、查基础管理、查风险隐患，强化制度执行、强化反措落实、强化责任追究）”等工作，突出风险防控和治理闭环，消除隐患132项，消除率100%。强化风险预警和应急处置，做好迎峰度夏和防汛准备工作，成功应对876.19MW历史最大负荷考验。编制亦庄开发区大面积停电预案，首次与开发区应急办联合组织，由政府各部门及相关企业共计23家单位参与的大面积停电事件应急演练。

■ 10月20日，亦庄公司承担2016年世界机器人大会保电工作。
（孙特 摄）

全年启动应急响应24次，累计时长278h。强化生产计划全口径管理，实现生产计划全覆盖和全方位管控，严抓停带电计划管理，临时计划率仅为0.4%。重点加强配电网外力和鸟害故障的管控，实现全口径百个千米故障率0.65，较公司平均值低69.48%，在公司排名第二。完成春节、全国两会、世界机器人大会等供电保障任务。全年未发生各类人身事故及电网、设备、交通、火灾、信息安全等责任考核事故。

【营销与优质服务】推进“五新”服务专项行动，对地区重点工程、结存项目进行全面梳理，以客户用电需求为导向，与开发区政府、公司各专业部门、用电客户进行对接，共计完成接电容量60.3万kVA，完成年度接电容量的111.67%，同比增长77.4%。创新服务模式，推进业扩工程“双契约”服务，全年签订10kV用户工程契约31份。推进“互联网+电力营销服务”体系建设，全年“掌上电力”和电力微信注册用户达到1.92万户，指标完成率105.58%；拓展“掌上电力”企业版线上报装服务，受理线上报装112户；低压抢修自9月以来，全部实现APP接单，共计受理1224件，接单成功率超过99%，提供应急送电服务2323次。落实用户电价调整，做好政策解释和执行，协助推进电力体制改革的平稳过渡。排查电费高风险客户，制定“一户一策”电费催缴措施，全年累计收缴欠费金额约552万元。

推进新能源设施建设，完成33个充电点布点和515台充电桩设施建设，完成290户自用充电设施和7户光伏新能源并网点的送电工作。完成计量专业及抢修中心周转柜建设，上线率100%，新领表计及采集装置实现周转柜领用安装，清仓利库工作显成效。地区采集抄通率居公司首位，日均成功率保持在99.75%以上，为营销购电下发、抄表算费、线损管理等业务的开展提供数据支撑。

【科技与信息化】依托创新工作室，打造规范的技术创新、管理创新平台，《基于营配调贯通和配电自动化的“主动抢修”模式构建》荣获第三十一届北京市企业管理现代化创新成果一等奖，《运用排管检通微创 加快报装接电速度》荣获第二届青年创新创意大赛公司铜奖，营配贯通工作小组“制作低压核相仪放置平台，提高工作效率”荣获北京市第六十八次质量管理小组成果发布会三等奖，服务之星QC小组“长距离可伸缩型抄表设备的研究和应用”荣获公司年度QC小组活动一等奖，集思广益QC小组“降低10kV电缆中间头故障率”荣获公司年度QC小组活动三等奖。

【党的建设与精神文明建设】开展“两学一做”专题教育，坚持“基础在学”，组织党委中心组集中学习19次，各党支部组织集中学习并结合“四个专题”开展讨论，内部领导及党支部书记讲党课12次；强化“关键在做”，以问题为导向，解决党员、干部和组织3个层面13个方面的突出问题，组织开展了手抄党章、“两学一做”知识竞赛、道德讲堂等多项活动。完成党委纪委换届及各党支部委员换届选举、党员组织关系排查、收缴党费等工作。落实“两个责任”，深化党风廉政建设约谈和报告机制。打造“贴民心 聚人气”的特色职工之家，助推企业和谐发展。发挥书画、瑜伽、读书和户外活动等十个兴趣小组作用，促使文化建设专业性、竞技性和趣味性于一体。共产党员服务队开展孤儿和敬老院慰问、进社区宣传、政治保电工作督导等活动。

（孙　特　孙立东）

通州供电公司

【概况】通州供电公司（简称通州公司）成立于1958年，2016年1月升格为国网北京市电力公司直属大型重点供电企业，负责通州地区906km^{2}范围内的电网规划建设、运行管理、电力销售和58.18万户客户的供电服务工作，肩负着为北京城市副中心重大政治活动、城市运行、居民生活安全供电的光荣使命。截至年底，共设置9个职能部门，3个业务支撑机构，1个集体企业，11个农村供电所。通州地区的220kV变电站6座，容量252万kVA；110kV变电站25座，容量215.95万kVA；35kV变电站8座，容量20.52万kVA；110kV输电线路25条，共计320.66km，35kV输电线路18条，共计134.45km。自2016年9月，按照公司“大检修”体系深化工作要求，通州公司35kV及以上输变电设备划归公司检修分公司运维管理。年内最大瞬时负荷在8月12日11时24分，为125.8万kW。

全年实现安全生产无事故目标，累计安全生产长周期2269天。全年完成售电量57.03亿kWh，同比增长9.78%；营业收入37.09亿元，同比提高7.52%；线损率6.32%；城网供电可靠率99.9737%，农网供电可靠率99.9296%；当年电费回收率100%。获评国家电网公司先进集体，业绩考核第3名，综合对标第3名，大供企业对标第16名。荣获北京城市副中心电力线路迁改工程突出贡献单位、“煤改电”工程卓越贡献单位、“煤改电”工程功勋单位、北京城市副中心电网建设功勋单位、“三个建设”功勋单位、安全生产先进单位等荣誉称号。

地址：北京市通州区新华东街92号
邮编：101100
电话：010-63666277

【人力资源】截至年底，共有全口径用工1180人。其中，长期职工299人，集体职工33人，产业公司直签员工484人，产业公司派遣人员2人，华商电灯公司员工362人。其中研究生及以上学历56人，本科学历105人，专科学历85人；高级职称20人，中级职称62人；技师及以上职业资格202人，高级工51人，中级工23人。深化三集五大体系建设。扎实“三集五大”体系集约深化和末端业务融合工作，平稳移交“大运行”“大检修”体系集约业务和人员工作，完成大检修体系内设机构和人员调整，推进低压营配抢修一体化进程。加强员工队伍建设。优化人员配置，加强岗位和人员分析，交流调整班组长、一般管理等关键岗位人员29人次，推动人岗相适、人尽其才政策落实。围绕“煤改电”、高端智能配电网建设运营等任务，通过专家讲堂、岗位练兵、竞赛调考等形式，加强专业人才储备和专家梯队建设。以低压营配一体化抢修、优质服务规范、各类APP运用为重点，开展各类专业培训5606人次，同比提升40%，稳步增强一线人员技能水平。

重视专家人才队伍建设，公司新增国家电网公司级专家人才1人，省公司级专家人才2人，地市公司级专家2人。深化干部队伍建设。加强干部交流，丰富干部经历；建立后备干部梯队；搭建干部协同作战平台和机制，强化干部信息共享，组织干部与滨海公司、浦东公司、国网北方客服中心等单位调研交流，开展干部测评，提升干部视野境界和履职能力。加大绩效管理力度，建立重点指标和重点任务专项激励机制，开展劳动竞赛专项奖励，落实“师带徒”培养机制，获物力集约化管理专业知识竞赛个人二、三等奖，会计知识个人竞赛三等奖。深化网络大学应用，在国家电网公司网络大学“双优”评选中获优秀微课二等奖、优秀标课二等奖及优秀项目二等奖。全员综合素养持续提升，62 人获评兼职培训师资格，人才当量密度 1.183 9。

【电网规划与建设】高标准规划北京城市副中心智能电网，编制完成《北京城市副中心智能电网建设方案》《北京城市副中心高端智能配电网建设技术方案》《通州区电动汽车充电服务网络规划建设方案》，系统指导城市副中心“十三五”主网、配网及充电设施建设。将城市副中心 24 项重点配套电网建设项目纳入北京市“一会三函”工作流程，9 项工程纳入北京市重大项目绿色审批通道，行政办公区 4 项配套输变电工程取得市政府保密工作函，有效缩短项目前期时间。推进重点工程建设，110kV 半壁店、永顺扩建工程，望君疃输变电工程竣工投产；乔庄工程完成站内电气一次设备安装，北神树站主体结构竣工，220kV 运河站顺利开工，行政办公区配套辛安屯、东夏园站进场，“煤改电”配套永新、漷县、永乐店、潞城站扩建工程开工。

依托高端智能配电网建设领导小组办公室，对内汇集公司 5 个职能部门、10 家二级单位，对外全方位、高密度对接工程办、设计及施工等 12 家项目参建单位，从配电系统、通信系统、智能监控等 7 个方面完成方案设计，在市行政办公大楼设计施工中同步完成孔洞预留、管线预埋，推动高端智能配电网建设方案有效落地。仅用 86 天完成行政办公区 6 条高压线路临时迁改，为行政办公区全面开工创造条件。完成新凤河桥安荣线升高、潞苑北大街塔基保护、东滨河路铁塔拆除，实现桥梁道路正常通车，营造了良好的外部发展环境。推进长安街及其延长线景观提升，实现城市副中心配电设施空间布局上升至区政府会议研究，推动配电网高标准建设。统筹安排，第一时间启动应急抢修分中心复工，春节期间不停工，提前 20 天完成主体结构封顶，完成精装修及水、暖、气等配套设施。

【经营管理】按照公司统一部署，移交“大检修”“大运行”集约业务和人员，各项业务平稳过渡。深化 PMS2.0 数据治理，整治各类异常数据 6673 条，推动营配数据常态贯通。完成线损模型配置、系统电量接入，实现四分线损月同期计算，完成国家电网公司大供企业同期线损系统建设目标。完善物资（非物资）采购流程，开展非招标采购专项监督，规范采购活动。开展大供对标、内部对标、企业负责人业绩考核体系研究，强化指标诊断分析与预测监控，查找工作短板，制定提升措施，对标管控和业绩考核呈现良好态势。提炼工作亮点，财务管理创新成果获北京市一等奖。开展工程建设领域合同履约过程监管，组织竣工决算项目和营销专项审计，实施“煤改电”、配网建设改造跟踪审计，推动监督工作与重点业务有机融合。

加强工程过程管理和造价控制，累计完成转资 342 项，转资率 100%。开展集体企业预收账款清理，降低经营风险；集体企业全年完成产值 7.59 亿元。坚持以劳动竞赛促管理、比质量、转作风，获得流动红旗 10 面、竞赛之星 10 个，位列公司第二。

■ 2 月 17 日，通州公司与检修公司开展了 35～110kV 输变电设备检修业务的交接。（洪雷　摄）

【安全生产】强化安全巡检，严肃执纪问责，巡检次数同比增加 86%，查纠违章数量同比增加 71%，现场安全有效管控；依托 IOSS 系统，强化风险辨识、预警和差异化措施执行，电网风险防控有力；开展外协施工评价，落实各级安全责任，安全水平显著提升，实现连续安全生产 2290 天。开展“反外力百日专项行动”，制止大型机械作业 176 次，梳理了 16 项典型作业现场危险点及其控制措施，印刷口袋书，发放 290 余册，保障风险管控措施落实到位。实施 164 项配网建设改造，强化配网故障管控和异常台区治理，规范配网故障处置和抢修服务标准，配网故障同比下降 31%。分析迎峰度夏形势，开展防汛隐患排查治理，成功应对 125.84 万 kW 历史最大负荷考验。165 项工程全部竣工投产，决算转资 102 项，更换裸导线 437km、简洁变台 456 台、真空断路器 354 台、用户分界负荷开关 769 台、自动化单元 653 台。深化营配调数据应用。完成 2371 座电缆井数据普查，推进 89 条煤改电线路及 1039 个台区的信息核查整改。移动终端工单接单率实现 100%，台区考核表覆盖率 100%、采集率 95% 以上。治理异常台区 476 台，分换装变压器

105台。建立“三级抢修梯队”，制定“煤改电”线路保障手册，落实运维抢修“一账两案”、发电车接入“一村一案”，确保“煤改电”客户温暖度冬。完善应急体系建设和应急预案，开展应急技能培训，强化信息流转，补充救援装备，提升应急处置能力。压缩管理层级，整合班组设置，实现低压抢修营配合一。规范职责体系和操作流程，推动政治供电常态化，完成春节、全国两会、中央及省部级领导调研等60项供电保障任务。

■ 3月6日，公司总经理李同智，公司党委书记杨新法、副总经理杜小波到北京行政副中心电网应急抢修分中心施工现场调研指导工作。 （洪雷 摄）

【营销与优质服务】 完成138个村，45988户“煤改电”任务，新立电杆15903基、新架高低压线路3195.2km、新装变压器868台（容量27.82万kVA），完成总量位列公司第一，实现每年减排燃煤13.79万t、二氧化碳35.87万t，为副中心防治大气污染做出积极贡献。新建改建10kV线路37条、高压线路711.7km、低压台区868个、低压线路2483.5km、电缆线路55.5km，提升设备健康水平。

固化专项优质服务考核办法等4项工作标准，建立外协队伍综合评价机制，工程管理水平显著提升。推进“五新”服务，坚持客户导向，推行客户经理制，简化流程手续，落实差异化管控，全年累计接电141.9万kVA，同比增长79.71%，完成年度指标的117.27%。实行报装“一证受理”、供电方案备案制、带电作业勘察与竣工验收“串改并”、直接答复客户断面占用，简化流程手续。健全在途项目送电倒排、重点项目差异管控、受限项目销号等机制，提升办电效率。创新行政办公区业扩报装模式，助力高端智能配电建设和公司发展。开展“强管理、降投诉、促服务”专项行动，完善95598工单“日汇报、周调度、月考核”机制，落实签订责任状、逐级约谈、有效申诉等措施，控投诉成效明显，服务客户意识持续增强。实现36座充电站、320台公共充电桩投运；私人充电桩接电876户，同比增长300%；光伏并网客户213户，同比增长914.29%。追缴欠费109万元，实现电费回收100%；完成智能表换装6800具，更换老旧、非互通采集设备3943台，采集覆盖率提升至99.71%。推进农电对标，融合低压营配业务，开展五星供电所创建，农电基础稳步提升。西集供电所获得了年度“国家电网公司五星级乡镇供电所”称号，通过创建五星级乡镇供电所工作，供电所基础管理工作进一步提升。

【科技与信息化】 开展科技进步奖和群众性创新成果奖项目及优秀科技论文征集工作，共征集群众性创新成果2项、科技论文18篇。“基于智能安警仪的防外力破坏监控”项目获得公司二等奖；发明专利申请3项，实用新型专利申请4项，发明专利授权3项。开拓员工创新思路，开展一批结合北京城市副中心建设和重点工作的管理创新项目。

管理创新获北京市奖1项，获公司奖4项。参加公司数控大赛，获最具人气奖1项；组织QC培训4期，获全国QC比赛二等奖1项，获市级优秀奖1项，成果入选公司QC大赛4项；青年创新团队成果获公司青创赛银奖。

【党的建设与精神文明建设】 开展“两学一做”学习教育活动；开展分层问卷调查200余人次，征集意见建议45条；开展两级讲党课24次，举办“如何做合格党员”征文，累计上报作品80余篇；开展“爱心传递助学行动”“奉献星期天　党员展风采”主题活动，组织“重温入党誓词”，参观孝道馆、城市副中心规划展览、环渤海高端总部基地等。

发挥党员先锋模范作用。开展“同心唱响主旋律，合力建设副中心”主题活动，成立三支共产党员突击队，建立党员责任区13个、党员示范岗10个。完成两委换届和党代表选举准备工作。落实“两个责任”，逐级签订责任书39份，开展重点岗位人员廉政谈话126人次，组织廉政风险排查。深化“卫蓝暖心”煤改电专项行动，发动全体党员走进基层开展服务，实行“领导班子、党支部包镇、党小组包片、党员包村”的三级分片包干制度，形成闭环工作流程。深化企业文化建设。开办“先进事迹宣讲”主题道德讲堂；创建并深化西集供电所国家电网公司企业文化示范点，筹划“企业文化长廊”建设工作。官方微博、团委微信公众号发布图文60余篇；加强对外宣传，在中央级、省市级媒体发布新闻20余项，行业媒体发布稿件及新媒体作品16篇；建设并完成公司第四家“电力爱心教室”实体化建设。被公司授予流动红旗8面，承办市级职工职业技能大赛电力电缆工比赛，承办公司职工悦读会；组织多项文体活动，获公司足球比赛最佳组织奖、足球友谊赛最佳风采奖；参加“北京电力好声音”比赛，获金话筒奖。

团组织活力进一步增强。建立“城市副中心青年突击队”，开展“建设副中心 青年在行动”青年志愿服务活动六次，组织“情圆中秋”青年成长分享会、超龄团员离团仪式、新员工入职典礼、师带徒拜师仪式等，组建“青年创新小组”，创新项目荣获公司二等奖，申报推荐北京市青年文明号创建。完成机关办公楼、会议室、食堂装修改造，开展配电专业办公环境优化，改善员工生产生活条件。创建健康食堂，提升就餐环境和菜品质量，组织心理、法律、健康咨询服务，开展理疗、插花等活动。

（赵美佳）

昌平供电公司

【概况】国网北京昌平供电公司（简称昌平公司）成立于1958年，是国网北京市电力公司直属供电企业，负责昌平地区1343km^{2}范围内的电网规划建设、运行管理、电力销售和53.50万户客户的供电服务工作，肩负着为辖区内党政军机关、重大政治活动和城市运行安全供电的光荣使命。截至年底，共设置9个职能部门、3个业务支撑与实施机构，下设26个班组、14个农村供电所。共有110kV变电站30座，主变压器61台，容量2870.5MVA；35kV变电站7座，主变压器14台，容量232.6MVA；110kV线路40条，长度192.028km；35kV线路29条，长度144.388km；10kV架空线路163条，长度1698.903km；10kV电缆线路2887条，长度1855.44km。

全年完成售电量65.11亿kWh，同比增长10.64%；完成线损率6.22%；完成业扩报装接电容量117.8万kVA；电费回收率100%。供电可靠率99.902%，电压合格率99.998%。最大负荷146.1万kW。荣获“全国文明单位”称号、国家电网公司实现安全生产目标单位、北京市交通安全先进单位、北京市质量管理小组活动优秀企业等先进荣誉。

地址：北京市昌平区永安路33号
邮编：102200
电话：010-69742681

【人力资源】截至年底，共有长期职工329人。其中，研究生及以上学历55人，本科学历148人，专科学历81人；高级职称20人，中级职称86人；技师及以上职业资格203人，高级工80人，中级工25人。

深化“三集五大”体系建设，主动参与“大运行”“大检修”“大营销”末端融合试点，以信息指挥、专业管理、业务执行三个层面为推进方向，完成班组融合，缩减班组9个，减少定员需求约20人，节约12人增补至新岗位。完成供电所区划和职责整合，供电所总数缩减至14个，实现属地供电所全区域、全业务支撑。深化激励保障机制，参考关键绩效得分、贡献度系数等因素，开展全口径同业对标绩效评价，固化绩效薪点工资制度改革成果，推进宽带化薪酬，完成长期职工基本薪档和职业成长薪档调整工作。促进员工成长成才，提供管理、技术、技能的多渠道发展途径，本年度通过岗位竞聘、挂职锻炼、横向委培等途径，4名人员走上管理岗位，遵照干部选拔任用程序，提拔中层干部1人，调整中层干部岗位10人次。实施青年员工成长计划，搭建员工成长平台，推进“师带徒”培养常态化管理，“岗位结对、师徒结对”13对。新增国家电网公司级优秀专家人才2名，地市公司级优秀专家人才2名。

【电网规划与建设】实现规划前期新突破，促成公司和昌平区人民政府签署地区电网规划建设战略合作协议，明确地区“十三五”新建、扩建220kV变电站6座，新建、改造110kV变电站19座的电网发展格局，预计电网建设总投资127亿元，建设规模为“十二五”期间的2.8倍。取得“煤改电”3+3配套主网工程全部规划前期手续。实施技改、大修及扩展性改造项目343项，霍东白送电工程、马池口升压工程、七家庄配套切改工程如期竣工投产。霍东白送电工程获得公司质量管理流动红旗，虎峪变电站工程荣获国家电网公司优质工程称号。推动中滩变电站开工建设，实现昌八线区内全线贯通。

■ 12月21日，公司和昌平区人民政府签署电网规划建设战略合作协议。（闵政君 摄）

【经营管理】参与公司“劳动竞赛”，夺得月度竞赛红旗10面，位列红旗榜第2位，10名员工被评为竞赛之星。优化对标管理与考核机制，健全同业对标过程管理的绩效考评体系，加大部门负责人奖金调配力度，实现公司年度对标成绩“稳中有进”，年度同业对标综合排名第6位，较2015年前进1名，业绩对标排名第7位，管理对标排名第6位，荣获综合进步标杆、业绩进步标杆，荣获财力管理、物力管理、检修管理、配套保障专业管理标杆。深化基础数据治理，完成163条架空线路图形、台账、台区挂接与表计对应关系数据整治，架空线路数据可用率100%。

开展台区“四率”提升专项行动，实现“煤改电”台区全采集。开展ERP资产数据专项治理，落实清查、复核、抽查各环节工作要求，整体资产合格率100%。全力推进结算转资工作，强化部门协同配合与节点计划管控，完成年度243项、10.59亿元转资目标，荣获年度“工程转资红旗单位”称号。提升线损管控水平，推进一体化电量与同期线损管理系统应用，深化基础数据核查治理，35kV及以上输电线路模型配置率100%、合格率100%，线损率同比降低1.52个百分点。强化集体企业经营管理，深化改革改制，完成薪酬分配体系建设工作。

【安全生产】完善安全管理责任体系，健全“双准入”管理制度，明确施工单位评价规则和准入规定，强化安全管理源头把关。建立安全事件“说清楚”与“约谈”机制，确保安全管理发挥激励与约束实效。加大作业现场安全监督检查力度，通过合理安排班组、施工人员参与巡检，实现巡检力量与安全培训双提升。拓展巡检范围，覆盖有限空间与业扩作业现场，深化管控平台及移动作业终端应用，年度完成安全巡检341次，发放违章通知24张（红色2张、黄色2张、蓝色20张），同比降低25%，全年接受公司下发蓝色违章通知4张，全年安全形势保持稳定。综合应用人防、技防手段，推进反外力百日专项行动、异常台区治理等工作，促进电网运维质量持续提升，主网故障率同比降低57%，配网故障率同比降低41%，荣获年度“智能配电网建设红旗单位”称号。基本完成配电运营指挥中心实体化建设，电网成功经受146.1万kW历史最高负荷考验，完成了全国两会、国家电网公司职代会等保电任务58项，累计实现安全生产926天。

■ 7月20日，昌平公司配电运营指挥中心完成实体化建设。（闵政君 摄）

【营销与优质服务】截至年底，共管理营业客户53.50万户。其中，本地费控客户48.9783万户，抄表收费客户2.3167万户，卡表客户2.1793万户。220kV客户1户，110kV客户5户，35kV客户20户，10kV客户5094户。全区共有重要客户29户，其中一级客户20户，二级客户9户。落实业扩报装“五新”服务要求，开展“促接电、保增长”专项行动，履行重要客户、重点工程对外承诺和内部协同“双契约”机制，推广手机APP受理报装业务885户，全年累计完成接电容量117.8kVA，同比增加27.58%，超额完成年度指标。加强优质服务基础管理，健全投诉分析机制，深化问题考核整改，在常规经济处罚的基础上，增加行政处理与纪律处分两项考核手段，年度累计投诉120件，同比降低46.7%，9月、10月、11月连续保持“零投诉”，荣获2面客户服务劳动竞赛流动红旗。

大力推进“互联网+”营销服务手段，完成微信电力、掌上电力绑定10.24万户，超额达成任务目标。强化电费基础管理，加强核算员专业知识的培训。规范预付费智能表抄表作业过程管控，加强电费资金账务管理，降低电费资金风险。完善采集系统建设，开展计量采集专项治理，促请移动运营商协调解决信号薄弱问题，采集覆盖率、抄通率分别提升到97%和99%。开展为民办实事工程，推进北亚花园等6项老旧小区改造工程竣工投运。配合国网节能公司实施路灯节能改造2.36万具。组织开展"煤改电"宣传服务周活动，设立村级服务点，实现"煤改电"服务新举措进村入户。公共充电设施建设运营加速推进，完成充电站建设25座，充电桩352台，实现京藏高速、十三陵景区、未来科技城站点布局。

■ 11月14日，公司"煤改电"宣传服务周活动昌平分会场。
（闵政君　摄）

【农电工作】推进"煤改电"工程建设，在完成18村8675户改造任务的基础上超额完成6村2352户，累计新建和改造10kV线路188.633km，新装配电变压器154台，新增容量40 245kVA，新建和改造低压线路796.930km，改造计量装置8675具。加强农电基础管理，建立农电系统同业对标月度分析机制，形成对标与绩效挂钩的考核体系。提升农电队伍建设水平，完成乡镇供电所27名员工专业技术资格职称申报以及人员岗位调整。开展班组健康食堂标准化建设，完成供电所食堂现状情况梳理。推进自办企业清理处置，完成6家供电所债权债务清理工作，完成车辆过户及报废处置。参与星级乡镇供电所创建，推进全部供电所达到三星级建设标准，完成十三陵所5星级申报工作。开展辖区内施工车辆、单位电力线路保护区宣传，发放大型机械施工宣传册800余册，有效减少线路外力破坏事故。服务地方发展，配合属地政府完成拆违打非停电9起。

■ 7月20日，昌平公司兴寿镇东新城村"煤改电"工程现场。
（闵政君　摄）

【科技与信息化】管理创新成果丰硕，《全面"营改增"政策下"十字型"增值税管理实践》获公司管理创新二等奖，《配电通信网运维管理体系构建与实施》《配网工程设计标准化建设》获公司管理创新三等奖，《基于乡镇供电所的企业文化建设探索与实践》入选北京市企业联合会参与管理创新优秀成果评选。依托王朴创新工作室，开展技术创新，2支队伍入围公司"青创赛"前20名，继保QC小组荣获第十五届"海洋王"杯全国QC小组一等奖，"分布式电源孤岛分界开关的研制"项目获得公司科技进步三等奖，"基于视频时间轴分析的手机软件快速窃电检查方法"获群众性创新一等奖，"开关柜内CT试验辅助测试杆""10kV直线杆中相导线绝缘支架"获群众性创新二等奖。

年度申请专利16项，制订配网自动化提升方案，成立配网自动化运维室，专项进行攻关，强化既有设备以及新接入设备自动化调通管理，城市电网配网自动化覆盖率62%。开发应用检修移动作业APP，探索应用"大云物移"技术辅助开展电网运维工作。

【党的建设与精神文明建设】推进"两学一做"学习教育活动，推出"六上"学习举措，组织党员深入学习《准则》《条例》等党规党纪。开展"三亮三比三争当"主题活动，组建党员突击队、攻关组4支，设立党员责任区、示范岗各30个。开展党员组织关系集中排查，按时完成党费收缴，完成"两委"换届选举。在中心组学习、党日活动、党课等方面，开展"五个一"党组织生活创新。制定政工绩效考核管理办法。党员服务队获得公司"煤改电"工程金牌党员服务队荣誉称号。实施"电力雷锋光明行"志愿服务项目，获得北京市金奖。加强党风廉政建设，落实"两个责任"，开展领导干部"七廉"活动，分层次、分专业组织专题廉课教育7次，完成中层干部和重点岗位人员约谈76人次。

开展企业文化建设，承接国家电网公司文化落地项目，参与完善公司企业文化"十三五"规划编制，打造“三级”企业文化长廊。举办“道德讲堂”3次。开展先进典型选树，8人被授予“最美昌电人标兵”称号，8人被授予“最美昌电人”称号。全年累计在社会媒体发稿98篇次，行业媒体发稿70篇次，制作并发布“国网故事汇”9篇，荣获新闻宣传先进单位。

关心关爱员工，开展多样性主题活动，推进领导干部慰问一线常态化。开展为困难职工献爱心捐款活动。举办瑜伽、茶道、厨艺等培训班，提高职工生活品位与情趣。开展职工趣味运动会、春季健康长走、徒步穿越等各类文体活动，丰富职工业余文化生活。深化职工之家建设，完善健身设备及相关设施。组织策划重阳节茶话会活动。改善办公与生活环境，完成办公楼中庭、员工浴室、院落环境改造，推进停车楼、运维应急中心、一号站装修工程，实施“健康食堂”建设，连续荣获上、下半年“健康食堂”流动红旗。

■ 6月7日，昌平公司举行“三亮三比三争当”活动共产党员突击队、攻关组誓师大会。 （张亮　摄）

（党　剑）

门头沟供电公司

【概况】 国网北京门头沟供电公司（简称门头沟公司）是国网北京市电力公司直属供电企业，负责北京市门头沟地区1455km² 范围内电网规划建设、运行管理、电力销售和16.42万客户的供电服务工作，肩负着为门头沟地区经济社会发展和地区生产、生活安全供电的光荣使命。共设置10个职能部门、2个业务机构，下设14个班组、7个乡镇供电所，1个集体企业。共负责110kV变电站6座，主变压器12台，容量563MVA；35kV变电站5座，主变压器10台，容量125.2MVA；110kV线路5条，长度30.935km；35kV线路27条，长度159.245km；10kV架空线路83条，长度722.877km；10kV电缆线路161条，长度377.3km。

全年完成售电量10.01亿kWh，同比增长7.62%；完成线损率6.58%，同比降低0.2%；完成业扩报装接电容量28.26万kVA，同比增长26.15%；电费回收率100%；城市综合电压合格率99.997%，农网综合电压合格率99.861%；最大负荷22.25万kW。荣获全国文明单位、首都文明单位标兵、国家电网公司实现安全生产目标单位等荣誉称号。

地址：北京市门头沟区滨河路66号
邮编：102300
电话：010-69844354

【人力资源】 截至年底，共有全民职工151人。其中，研究生及以上学历20人，本科学历82人，专科学历43人；高级职称16人，中级职称28人；技师及以上职业资格85人，高级工28人，中级工5人。

统筹一线班组的业务数量、作业效率、工作质量等因素，组织相关专业部门制订了门头沟公司末端业务融合实施方案，完成深化“三集五大”体系建设机构设置和人员编制方案并通过公司批复。推进末端业务融合，完成机构人员调整，实现机构人员到位，职责明晰、流程优化，各项业务正常运转。

组织开展公司试点“五位一体”应用平台全要素比对工作，全要素比对情况率先在公司实现100%。建立专家人才后备库，加快专家人才培养，新增省级优秀专家人才1名，优秀专家人才后备1名，地市级优秀专家人才5名，人才当量密度同比提升3个百分点。组织参加竞赛调考，张孝晨在全球能源互联网知识竞赛中获公司二等奖，袁天宇、仇江峰在10kV配网不停电作业技能竞赛中分获公司二、三等奖，刘琳在会计知识竞赛中获公司三等奖。

【电网规划与建设】 制订电网发展规划。跟踪地区发展热点，完成“网格化”配电网规划滚动修编，调整电网规划项目建设时序，编制“长安街西延”和“煤改电”两项专项规划，指导地区电网建设。完成蔚县—门头沟500kV送电工程前期工作。灰峪110kV输变电工程及配套切改工程按计划投产送电，上岸

110kV输变电工程和“煤改电”配套王平110kV输变电工程按计划完成前期手续办理，现均已开工。全年新增变电容量12.74万kVA，新增配变容量6.29万kVA、10kV线路（电缆）91.2km。

超额完成全年“煤改电”任务。利用库存物资，抢在青苗培育前架立杆塔和导线，提前完成年初确定的19个村、6116户“煤改电”任务，并在此基础上主动申请2017年3个村、633户“煤改电”改造任务，于采暖季前全部完成，为“以电代煤”和首都清洁空气战略做出贡献。电网改造任务顺利实施。采暖季前完成35kV韭园站主变增容改造工程，解决妙峰山地区供电能力不足的问题，为妙峰山全镇实施农村“煤改电”奠定基础。加快配网自动化改造任务，完成22条线路、51个配电室改造，新装DTU、FTU设备153台，城市区域配电自动化覆盖率63%。完成6座变电站自动化智能改造，解决老旧变电站设备运行年限长、缺陷多、遥信丢失及上送延迟等问题，提升无人值守变电站监控能力。

【经营管理】“三集五大”体系进一步集约。梳理业务流程，优化部门、机构与人员配置，实现山区变电站的无人值守。配合市调完成110kV变电站集中调度监控上收工作，科学布点，减短运维抢修时间。完成供电所营、配、抢业务融合，逐步形成“一张工单、一支队伍、一次现场”的故障处置机制。加强工程项目管理，针对薄弱环节，开展两期项目管理培训，推进工程决算转资，完成工程转资99项，转资金额4.39亿元。深化合同全流程管控，加大“违规操作”的监督检查和责任追究力度，推进“学案例防风险”活动。以同期线损系统建设为抓手，加强线损协同管理，110kV、35kV线路合格率100%。

加强保密及网络信息安全管理，全年无失泄密或信息安全事件。推进集体企业改革改制，完成精益公司债权债务清理、工商注销等工作，完成5个供电所自办企业注销，清除了长期存在的审计风险。以安全审计和安全大检查发现问题整改为契机，梳理集体企业安全管理漏洞，新建制度文件20个，聘请法律顾问对企业安全生产管理进行法律风险评估，加强工程项目前期勘察，加强施工人员准入管理，从安全制度建设、工程安全管理和现场安全管理三个方面提升集体企业安全管理水平。

【安全生产】落实安全大检查暨履职尽责专项行动要求，开展各层级检查29次，梳理各类问题124项。加强过程管控，开展班组安全生产全过程评价，达标率86%。开展春秋两季安全大检查，结合“三查三强化”等专项行动要求，加大反违章力度，全年检查现场362次，实现作业现场全覆盖，及时纠正不规范行为30次，下发蓝色违章通知单4张，现场作业规范度明显提高。全年未发生六级及以上安全事件，未发生人身伤亡事故，实现安全生产长周期4244天。

■ 7月6日，门头沟公司在韭园35kV变电站开展“三查三强化”安全专项行动。（张文静 摄）

加强电网运行方式分析，梳理各类电网薄弱环节23项，完成35kV付轴—轴王—轴王大支线路改造，解决了困扰公司多年的用户供电卡脖子问题。严控现场作业风险，全年审核停电计划525条、施工方案127项，通过审核，驳回停电计划23条，完善停电计划、施工方案共计51项。加强电源管理，完成纸质电源图绘制，开展低压设备调度管理。加强基础数据整治，完成3288座电缆井断面排查及数据采录，PMS2.0系统总拓扑联通率99.77%。

加大隐患排查力度，全年发现隐患676条，治理树线矛盾2300余处。加强设备运维管理，开展“反外力百日专项行动”，采取加装柱上断路器等技术措施，压降设备故障，全年未发生变电设备故障，输、配电设备故障同比分别降低20%和19%。加大异常台区治理力度，分换装变压器62台，基本消除低电压台区和重过载台区。开展均负荷33次，试点加装2套均负荷装置，减少用户电压异常问题。

制订或补充完善应急预案27项，加强应急装备配置，统一配发130套应急单兵装备，购置20kW发电机7台、水泵14台，在保障抢修人员现场作业安全的同时提升公司应急处置能力。平稳应对夏冬两季大负荷及“7·20”特大暴雨考验。建立输电线路覆冰观测点，针对“煤改电”用户保障等关键环节，逐村、逐线落实差异化管控措施。

■ 7月22日，门头沟公司抢修人员紧急抢修因“7·20”特大暴雨受损的线路。（张文静 摄）

【营销与优质服务】 开展业扩报装“五新服务”。以客户需求为导向，梳理业扩报装流程，推进业扩报装提速提效，全年签订内外部契约书41项、完成接电容量28.26万kVA，同比增长26.15%。创新结存管理方法，梳理156项业扩工程，撤除无效业扩报装项目，结存容量同比下降31.89%。

充电网络发展迅速。优化电动汽车公共充电设施布局，全年建成302台充电桩，贡献电量54.43万kWh，门城地区充电网络初步建成。试点开展“多表合一”，拓宽缴费业务领域，在23个村拓展第三方缴费渠道。深化推进“互联网+电力营销服务”模式，推广掌上电力和电力抢修APP，掌上电力绑定用户数量突破6.4万，居民网络自助缴费率超过30%，自电力抢修APP使用以来共接派单1823件，接单率80.3%。优化窗口服务模式，提升客户满意度。推行约时受理、约时回访服务，每月组织召开优质服务分析会，剖析投诉原因，制定整改措施，避免同类投诉事件的重复发生，全年收到投诉37件，每万客户投诉2.59件，客户回访满意率98.97%，并获得公司优质服务流动红旗。

■ 7月12日，门头沟公司在妙峰山镇丁家源村实施“煤改电”工程。（张文静 摄）

【农电工作】 实现对供电所人、财、物全面管控，加强专业协同配合，完善农电工作协调机制，落实专业管理职责，调整优化供电所绩效考核体系，完善供电所民主测评实施细则与青年员工供电所挂职（培养）锻炼实施方案，强化农电业务委托管理，将绩效管理延伸到供电所，制定具体考评标准和依据，按月考核兑现，实现绩效管理全覆盖，强化农电委托业务过程管控力度。规范农电人员从业行为，强化“五位一体”在供电所末端业务融合中的应用，实现供电所员工“一专多能、一人多岗、一岗多用”的人才培养目标。加强供电所所长培训和锻炼，促进各项工作顺利开展。加大农电人员教育培训力度，针对各类岗位分别举办了安全规程培训考核、消防演练等各6期，培训覆盖率100%。

【科技与信息化】 自主开发的实用小程序解决了工作中的实际问题和困难，如“工单分析软件”通过自动梳理重复工单有效降低投诉风险，“结存容量分析软件”通过梳理无效业扩报装信息，压降历史沉淀结存10万kVA《工程转资管理方式创新与应用》获得管理创新成果二等奖，“一种方便试验的高空接线钳装置”获得群众性创新成果三等奖，两篇成果入选公司典型经验，“营配贯通信息核查现场手持终端研制”项目获公司青创赛三等奖。共收集各类专利14项，推荐科技成果2项，参评公司群创成果4项，推荐公司科技论文评选5篇，职工创新能力明显提升。

【党的建设与精神文明建设】 落实党中央和公司党委有关党建要求，开展“两学一做”学习教育，开展各层级专题学习48次，党员干部主动宣讲党课37次，完成公司两委换届选举工作，开展党费补缴工作。组织开展“北京电力红马甲在行动”“卫蓝暖心”等专项行动，共产党员服务队活动与中心工作高度契合。深化“电靓京城”品牌传播塑造，围绕“煤改电”开展专题宣传策划，实现了在《人民日报》、北京电视台等媒体传播的新突破。组织开展“煤改电”公众开放日活动，宣传推广清洁能源，展现央企公司的良好形象。

（王进朔）

房山供电公司

【概况】房山供电公司（简称房山公司）成立于1962年，是国网北京市电力公司直属供电企业，负责房山地区2019km²范围内的电网规划建设、运行管理、电力销售和47.38万户客户的供电服务工作，肩负着为国家党政军机关、重大整治活动和城市运行安全供电的光荣使命。共设置11个职能部门、3个业务支撑与实施机构，下设18个班组，14个供电所，共21个营业网点。共负责110kV变电站22座，主变压器44台，容量2143MVA；35kV变电站11座，主变压器20台，容量167.25MVA；10kV变电站1座，主变压器2台，容量4MVA；110kV线路35条，长度167km；35kV线路52条，总长度约340km；10kV配网线路共428条，其中电缆线路234条，架空或混网线路194条，总长度约2845km。10kV开闭站22座，配电室158座，箱式变电器219座，柱上变电器4578台。

全年完成220kV及以下售电量57.43亿kWh，线损率7.29%，城农网供电可靠性分别达到99.962%和99.8944%，完成接电容量95万kVA，连续34年电费回收率100%，最大负荷82.54万kW。实现全年安全生产无事故目标，累计安全生产长周期累计2415天。荣获首都文明单位标兵、“煤改电”工程、同业对标功勋单位、电网建设工作先进单位称号。

地址：北京市房山区良乡镇广阳西路11号
邮编：102401
电话：63669123

【人力资源】截至年底，共有职工836人。其中，全民员工268人，集体企业员工189人（集体工12人，集体企业直签工158人，劳务派遣19人），农电用工379人。全民员工中，博士生1人，研究生28人，大学本科153人，大学专科74人；高级职称24人，中级职称51人，初级职称154人；高级技师137人，技师71人，高级工29人，中级工13人。加大人才队伍培养力度，“生产岗位师带徒”结成13对、“管理岗位AB角”结成31对、“生产—管理上下互挂锻炼”17人次，103人次后续学历、专业技术资格及职业技能水平得到提升，3名员工进入省、地市公司级专家人才后备。年内5名后备干部被提拔到中层岗位，1名由中层副职选拔为中层正职。强化干部驾驭复杂矛盾、解决实际问题能力，坚持在“煤改电”、配网建设、党员服务队等重要任务中锤炼干部，5名后备干部挂职党员服务队队长。

【电网规划与建设】规划“十三五”电网，开展电网诊断分析，确立电网集中攻坚“三三”计划，完成项目储备25亿元。签署五项重点基建工程及一项电厂并网线工程投资划分协议，得到外部资金支持约10亿元，占投资总额的52%。500kV南蔡—房山、220kV涿州电厂—房山两条外受电通道前期工作进展顺利，区政府成立了两个前期建场指挥部，形成“政府统筹协调、乡镇主导拆迁”的前期建场工作模式。推进重点工程建设，110kV昊天站进出线隧道贯通，110kV水碾屯扩建工程投产，110kV普安屯变电站本体工程总体完工，35kV张坊、元庄、窦店等主变压器增容工程使电网平稳度夏。推进配电网改造建设，完成改造的线路故障率同比大幅下降。

【经营管理】分专业建立对标指标的预警、分析管控机制，确保指标可控在控。成立同期线损管理专项机构，完成年度建设目标。规范物资管理，建立物资计划和履约“双控”机制，保障了“煤改电”及各级电网建设的物资供应。发挥协同监督机制作用，推进内外部审计监察问题整改落实。开展“煤改电”、配网改造等重点工作专项跟踪审计，发现并治理风险隐患74项。开展“学案例防风险”“领导干部讲法”等活动，员工法律风险防范意识不断增强。落实公司末端融合工作要求，按照“备调系统实用化、变电运维区域化、营配抢修一体化”原则，完善结构体系，满足末端人才支撑。开展供电所全岗位能力综合测评，实现人力资源最优配置。推进健康食堂创建，规范落实办公用房。完成集体企业改革改制工作。

【安全生产】整合安全巡检资源，依托社会资源加大巡检力度，全年检查工作现场657个，下发违章通知单32张，实现巡检覆盖率100%。落实隐患排查治理，开展“输电反外力百日”“配网集中消缺”等专项行动12次，促请政府协助消除电网重大环境隐患，全年去除线下树木11.6万棵，签署隐患治理协议165份。健全施工单位准入和退出机制，清退三家施工单位。

建立“应急中心为主要力量、供电所为常备力量、外协队伍为支援力量”的三层应急综合保障管理体系，实现电网故障快速响应、快速恢复、缩短停电时间，平稳应对“7·20”自然灾害突发事件。做好“煤改电”应急保障工作，争取政府专项保障资金1600万元，用于发电车购置和人员保障，按照“一所（乡）一队，一队多组”原则，重新优化抢修布点，组织26支抢修队伍400余人驻点值守，开展配电台区精益化管控，加强台区负荷监测，成功应对82.54万kW历史最大负荷考验，确保“煤改电”用户温暖度冬。45天时间内高效建成配电运营指挥中心并投入使用，为具备实现信息汇集、分析决策和处置指挥“三个平台”功能奠定基础。实现三个“百日”安全生产长周期，完成全国两会、十八届六中全会等政治保电任务78项221天。

■ 8月17日，房山公司员工使用可视化安全帽进行施工。（李铮　摄）

【营销与优质服务】 发挥“五新”服务平台作用，完成接电容量95万kVA。完成100个村4万户“煤改电”任务，实现政府提出六环内及外延1km采暖“无煤化”的目标。开展优质服务百日提升行动，实现24个无投诉周，客户投诉同比下降26.79%。推进充电设施建设，完成16座充电站、160台直流快充桩建设任务。加强重要客户供电服务，核与辐射安全监管技术研发基地、轨道交通燕房线等20余项迁改工程提前完成，特级客户564电台供电可靠性提升工程如期完工。强化计量基础管理，试点应用中压载波技术，成功解决山区无信号台区采集问题。加强用电安全检查，客户原因配网故障同比降低39%。拓展电子化服务渠道，推进“互联网+电力营销服务”模式，实现低压抢修可视化、互动化，报修工单使用手机APP接单，累计推广掌上电力、电力微信客户23.4万户。

【农电工作】 推进供电所同业对标管理，实行“百分制”绩效考核，管理工作得到进一步夯实。推进供电所业务末端融合运转模式，共计382人次通过全岗位能力综合测评，打造复合型人才，实现低压营配抢修一体化管理。

■ 7月21日，房山区青龙湖镇“煤改电”线路施工现场。（李铮　摄）

■ 11月8日，房山公司供电所全岗位能力综合测评实操现场。（任以杰　摄）

【科技与信息化】《基于微信的基建专业辅助管理平台建设与应用》《基于依法治企的电网企业内审监督模式创新与实践》等6项成果分获市公司群创成果一等奖和管理创新一、二、三等奖。“降低电费通知单打印折纸率”“提升春节期间台区变负载预测的准确率”等3项QC成果分获第14届海洋王杯全国QC小组成果发表赛优胜奖和市公司二、三等奖。

【党的建设与精神文明建设】 开展“两学一做”学习教育，做好党员干部讲党课、专题学习研讨、民主生活会和组织生活会等关键动作。完成公司党委、纪委换届任务，积极参与地方换届，公司党政主要负责人分别当选区人大代表、区政协委员。落实从严治党要求，学习贯彻《廉洁自律准则》等党内法规。落实“两个责任”，推出干部约谈、作风监督员等6项工作举措，促进责任落实，深化服务队“一所一队”建设，完成全年志愿服务百件实事。在全员中开展“讲纪律、讲责任、讲效率，做贡献”主题教育实践活动，全年未出现精神文明考核事件。强化员工季度思想动态分析工作，举行“我与企业共发展”大讨论活动，累计收回调研问卷556份。推广企业文化示范点创建经验，在供电所建设标准化文化长廊。加强与地方媒体沟通力度，与区宣传部、电视台共同策划电力系列专题栏目。职工通勤班车正式开通，组建12个职工文化体育兴趣协会，完成14个供电所职工小家建设。

■ 7月1日，房山公司党员服务队新队员入队仪式。

（任以杰　摄）

（邓　洁）

大兴供电公司

【概况】国网北京大兴供电公司（简称大兴公司）成立于1956年，是国网北京市电力公司直属供电企业，负责大兴地区1024km^{2}范围内的电网规划建设、运行管理、电力销售和50.9万客户的供电服务工作，肩负着为地方政府机关、重大政治活动、城乡居民安全供电的光荣使命。共设置12个职能部门、3个业务支撑与实施机构，下设22个班组、1个供电营业所、14个农村供电所。共负责110kV变电站28座，主变压器57台，容量2645MVA；35kV变电站3座，主变压器6台，容量56.3MVA；110kV线路52条，长度311.437km；35kV线路8条，长度60.948km；10kV架空线路252条，长度2976.16km；10kV电缆线路626条，长度1457.91km。

实现全年安全生产无事故目标，累计安全生产长周期3433天。全年完成售电量55.2亿kWh，同比增长7.49%；完成线损率6.54%；完成业扩报装接电容量89.6万kVA；电费回收率100%。供电可靠率99.9152%，电压合格率99.98%。最大负荷124.3万kW。荣获公司先进基层党委、公司“煤改电”工程功勋单位、北京市五四红旗团委等荣誉称号。

地址：北京市大兴区兴政街1号
邮编：102600
电话：010-63670205

【人力资源】截至年底，共有长期职工282人，农电业务外包332人，集体企业333人。其中，研究生及以上学历56人，本科学历242人，专科学历319人；高级职称19人，中级职称59人；技师及以上职业资格153人，高级工299人，中级工85人。

深化“三集五大”体系建设，完成大运行、大检修、大营销建设及末端业务融合工作，12月底前机构人员到位，明晰职责、优化流程，实现业务正常运转。开展“众筹式”人才培养，针对重点问题，成立8个课题小组，组织开展乙方课题组辅导共16次。制订2016年度四项举措培养方案，40人参加管理岗位互为AB角色的工作；19名生产一线青年员工参加生产管理岗位上下联动、互为支撑工作；开展新入企大学毕业生入职教育和岗位轮训，组织33对师徒签订新一年度“师徒协议”。突出培养青年员工的专业技能水平和一线工作经验，增强员工岗位胜任能力，优化培养跟踪评价考核机制，强化培养质量的过程管控。推荐张影参加并获得大兴区第一批“新创工程”领军人才和“新创工程”高技能人才工作室，并推荐刘兵参加大兴区第二批“亦麒麟”新创工程领军人才的评比。开展西藏当雄县供电公司的对口帮扶工作。

【电网规划与建设】围绕区政府“两年实现城乡居民取暖无煤化”工作目标，和区委区政府形成良性互动，争取政府专项资金8.79亿元；建立6个专业工作组和共产党员突击队，建立涵盖118项评价指标的安全质量综合评价体系，提前完成全年“煤改电”任务，两次获得公司劳动竞赛流动红旗，并荣获公司“煤改电”建设卓越贡献单位的最高荣誉。完成“十三五”电网规划，通过区政府常务会审议，电网发展纳入地区整体发展计划。与首都机场建设集团签订战略合作协议，创新新机场配套电网“多方共同投资建设、电力公司整体运营”新模式，争取外部资金8.3亿元。结合“五纵两横”交通网，专项编制《北京新机场配套电力设施建设及迁改推进手册》。新机场“1+2+3”配套（新机场红线外建设1座500kV、2座220kV、3座110kV变电站）输变电工程争取到市政府“一会三函”简化审批绿色通道，缩短了工程前期手续办理周期。取得各电压等级变电站规划意见书9项，规划批复面积10.4万m^2；取得立项核准9项，核准金额28.6亿元；签订投资划分协议4项，输变电工程政府配套资金到位2.5亿元。

推进主网建设。南宫电厂并网、后大营土建、求贤更换主变工程按期竣工；张华、会战村增容工程实现开工；天堂河、观音寺、五福堂工程有序实施；新航城、房山—南蔡等500kV工程稳步推进，罗奇营、宝善庄等220kV变电站完成四通一平。京台高速、新媒体产业基地等线路迁改工作，按期完成停电施工、重大跨越等关键节点。开展配网建设改造，统筹前期难点、施工承载力、物资到货日期等因素，制订里程碑计划，确保计划刚性执行，全年完成169项配网改造项目，完成上级下达的指标任务。推进光纤到台区工程建设，累计敷设光纤1580km，安装调试变电站通信设备32台、终端通信设备1560台。

■ 2月22日，大兴公司经理等率队调研煤改电现场。（姚华　摄）

【经营管理】 深化“五位一体”末端融合。以提升工作效率、避免流程不畅为出发点，从信息指挥、专业管理、业务执行三个层面提出符合公司实际的末端融合方案，通过公司审核。结合配电运营指挥中心建设，梳理工作流程32个，确保各项业务流程、各个工作节点落实到位。贯彻“无业务计划不编制现金流预算”“无现金流预算不安排资金支付”的管理要求，增强预算执行刚性，梳理全年竣工决算工程，严格按照时间节点开展工程转资工作，累计完成261个项目的结算决算，转资完成率100%。

依法从严治企工作不断深入。按时完成依法治企综合检查自查工作，开展配网建设改造跟踪审计，组织实施“煤改电”跟踪审计。通过开展依法治企常态自查自纠，抓好隐患排查与治理，强化整改力度，建立健全依法治企长效机制。开展物资内控管理审计，重点对项目管理、资金管理、物资采购管理等开展过程监督检查，督促落实整改。完成集体企业改革改制任务。完成集体企业经营机制转换，优化组织机构和人员配置，调整成立迁改、配网改造、充电桩3个项目管理部，完成部分管理岗位竞聘工作。规范权力运行和业务处置流程，初步建立适应企业多元化业务、用工的薪酬管理体系和全员绩效管理体系。

农电综合管理水平不断提升。完成“星级供电所”创建，采育供电所代表公司高质量通过国家电网公司“五星级供电所”专家组考评组验收。

【安全生产】 开展安全大检查和“三查三强化”活动，发现隐患79项，完成整治34项，健全明责、履责、问责安全管理机制。对“煤改电”、配网改造等工程开展现场安全检查，全年累计巡检作业现场1123个，发现并纠正各类违章22起，下发违章通知单13张，有效防控现场作业安全风险。深化政企联合反外力工作机制，在区政府常务会上进行专题普法，与区政府、各委办局定期召开联席会议，与各属地镇街全力配合开展线下隐患治理，并实施销账机制。“反外力百日专项行动”期间，共治理隐患160处，其中危急隐患17处、严重隐患41处，一般隐患102处，有效降低外力带来的输电线路故障风险。

配网故障管控效果显著。建立故障管控常态机制，注重责任考核，故障数量同比减少120次、下降35.6%，其中永久故障减少52次、下降37.7%，瞬时故障减少68次、下降34.17%。停电计划刚性管理，优化停电时间、范围，从源头防控重复停电发生。深化输变电精益化管理，西红门等11座变电站通过精益化验收，完成标准化线路建设42km，输电线路标准化率100%。以整治重过载和低电压异常台区为重点，完成106个台区分换装及466个台区低压治理，地区供电质量稳步提升。政治保电和应急能力显著提升。完成全国两会、世界月季洲际大会、中央领导人植树活动等重大保电任务68项，保电天数175天。平稳应对124.3万kW历史最大负荷及“7·20”特大暴雨考验，防汛度夏应对能力获得公司高度认可。

■ 12月1日，大兴公司与市发改委领导共同检查输电线下隐患。（姚华 摄）

【营销与优质服务】落实业扩“五新”服务，坚持以客户为导向，以提升客户体验为目标，创新业扩“双契约”服务，实施全流程业务线上管控，推进业扩报装提速提效。举办“经理接待日”8次，及时了解和解决客户用电报装问题。面向重要客户、重点工程，开通绿色通道，缩短建设周期，累计完成接电容量94.18万kVA，同比增长27.2%，完成年度指标的120.74%。

开展“强管理、降投诉、促服务”优质服务提升专项行动，实现投诉管控关口前移，客户投诉同比下降52.8%。响应“互联网+电力营销服务”新模式，抓住“煤改电”、新发小区等关键用户，完成掌上电力APP推广10.6万户，实现高压APP线上受理报装

■ 4月1日，大兴公司开展经理接待日与客户面对面沟通。（姚华 摄）

215户，抢修APP接单率96.04%。全方位做好“煤改电”用户服务保障，实施“日常购电不出村、应急服务全天候、多方协同保供暖”等举措，在各村设立服务点，实现供电服务全覆盖。积极开拓新型业务，受理分布式能源320户，完成并网发电79户，完成私人电动车充电设施报装业务1349户。加快充电网络工程建设，建成充电站点33个，投运充电桩318台，数量位居公司前列。

【农电工作】开展星级供电所创建工作，提高供电所供电服务能力、业务工作质量和人员队伍素质。组织各专业部门进行2次现场检查，迎接公司星级供电所预验收1次，最终确定1个所创建五星级供电所、3个所命名为四星级供电所、9个所命名为三星级供电所，2个所命名为二星级供电所，其中采育供电所作为公司五星级供电所迎检单位代表通过了国家电网公司专家组考评组验收。创建供电所“健康食堂”，投入31万元对供电所食堂进行房屋粉刷及维修，大兴公司、华商电灯公司两家单位共计投入93万元为供电所食堂购置新设备，进一步提高员工食堂经费补贴，保证员工用餐质量。制定供电所双向绩效考核措施，监督供电所认真开展受托业务，完成相应的指标任务。对接华商电灯公司本部相关业务，落实相关工作，探索和调整自主经营模式，确保各项运营管理不断不乱。加大供电所生产用车、营业用房、办公用计算机、工器具等硬件设施投入，全年分两批次共计投入226万元开展供电所房屋修缮工程，改善基层一线的生产办公基础条件。

【科技与信息化】鼓励部门、员工积极参与各类劳动竞赛，提升专业、技能水平。荣获公司“煤改电”、工程转资、党群技能等劳动竞赛红旗共4次；基于社会责任理念的“煤改电”标准化管控管理创新获得公司一等奖；“煤改电”负荷建模研究课题获得公司创意大赛一等奖。变电运维一班荣获“全国质量信得过班组”称号；兴光QC小组获得“海洋王”杯全国QC成果发表赛一等奖。

【党的建设与精神文明建设】开展“两学一做”学习教育。开展“三亮三比三争当”活动，结合重点工作成立4支党员突击队，“煤改电”党员突击队在《人民日报》进行宣传。完成党委换届选举，按时完成党费收缴工作。《党员教育管理“1233”工作法》入选国家电网公司党建创新实践100经典案例集。落实从严治党要求，制定“两个责任”清单。加强党风廉政

专题学习，加大正反两方面教育力度，运用好“四种形态”开展监督执纪，推进各级干部履行“一岗双责”。开展“党章接力颂”、支部书记讲党史等主题活动，推动全面从严治党在基层组织、全体党员中落到实处。改善职工用餐环境，提高食堂菜品质量，实现公司22个职工食堂全覆盖，获得公司“健康食堂流动红旗标兵单位”称号。完成国家电网公司“书香国网·智慧人生”第四届女职工主题读书活动和公司“星耀京电·求知善读”职工悦读会等七项重大活动。建设采育供电所企业文化示范点。开展志愿服务，党员服务队为国家电网公司及公司多项活动提供服务保障，荣获北京市最佳志愿组织提名奖。

品牌传播塑造责任央企形象。围绕年度重点工作任务制定7个主题，开展贯穿全年的系列宣传。配套开展“煤改电”宣传周等专题宣传，在《人民日报》、新华社、《国家电网报》等媒体发稿35篇。在福上村建设“煤改电”社会责任示范基地，对内打造标准化可复制的样板工程，对外扩大社会影响和宣传效应。

公司羽毛球比赛实现6连冠，团委荣获北京市五四红旗团委称号。青年员工入选国网北京市电力公司代表队，参加国家电网公司依法治企和党群等技能竞赛，荣获团体第四名和第六名的佳绩。

■ 12月1日，“电力爱心教室”在海东社区揭牌。（张波 摄）

（曹 靓）

平谷供电公司

【概况】 国网北京平谷供电公司（简称平谷公司）成立于1963年（原为平谷供电局，2004年建制调整后为平谷供电公司），是国网北京市电力公司直属供电企业，负责平谷地区950.13km^{2}范围内的电网规划建设、运行管理、电力销售和19.28万户客户的供电服务工作，肩负着为地区党政军机关、重大节日活动和城市运行安全供电的光荣使命。共设置10个职能部门，2个业务支撑与实施机构，下设15个班组、10个供电所、1个产业公司。共负责110kV变电站10座，主变压器20台，容量758MVA；35kV变电站5座，主变压器10台，容量120MVA；110kV线路16条，长度127.192km；35kV线路13条，长度75.247km；10kV架空线路67条，长度1310.12km；10kV电缆线路103条，长度186.41km。

实现全年安全生产无事故目标，累计安全生产长周期2032天。完成售电量14.79亿kWh，同比增加11.48%；完成线损率6.33%；完成业扩报装接电容量26.37万kVA；电费回收率100%。供电可靠率99.968%，电压合格率99.943%，最大负荷30.7万kW。荣获“一流供电企业”、北京市“首都文明单位”标兵、国家电网公司文明单位、平谷区公共服务行业“五好单位”、“全国五一劳动奖状”、“首都劳动奖状”、“全国文明单位”、“首都绿化美化式花园单位”等荣誉称号。

地址：北京市平谷区新平南路239号
邮编：101200
电话：010-63671123

【人力资源】 截至年底，平谷公司共有全民工202人，集体工17人，华商人员206人，产业直签人员107人。全民工职工中，研究生及以上学历19人，本科学历110人，专科学历43人；高级职称12人，中级职称57人，初级职称63人；高级技师81人，技师66人，高级工20人，中级工13人，初级工3人。

优化人才培养方式，落实岗位职级双通道。开展“领航计划”“精英计划”培训。开展“师带徒”培养，22位大学生和生产一线老师傅建立师徒关系，遴选6位优秀青年职工挂职锻炼。修订完善《平谷供电公司绩效考核方案》，将同业对标指标完成情况、企业负责人绩效考核、公司重点工作任务完成情况和部门奖金绩效挂钩，固化争先进位业绩考核管理模式。建立供电所同业对标绩效考核管理模式，将安全、营销、运行、综合等指标融入日常管理，全年指标完成情况和员工绩效收入直接关联。试点开展一线班组同价计酬工作，在运检部变电专业班组每天根据具体业务情况记录工时，形成同价计酬，实现按劳取酬。全年共有26人参加公司级竞赛调考，其中有9人代表公司到国家电网公司参加比赛。

【电网规划与建设】 创新前期工作新模式，以区政府为主导，处理各类前期问题，利用当前良好的外部环境，推进北京东特高压配套500kV线路工程的前期拆迁补偿工作和电网建设“2561”工程的项目管理工作，确保了北京东特高压配套500kV输变电工程按期投产，兴谷110kV变电站增容工程和滨盘110kV线路入地工程顺利竣工发电。荣获“基建重点工程攻坚克难突出贡献红旗单位”荣誉称号。

■ 平谷公司北埝头“煤改电”施工现场。（安晓静 摄）

结合农村“煤改电”建设时序，办理工程立项核准手续21项，完成了3个输变电工程的规划意见办理。确定了马坊、通航、平和、城南、镇罗营等变电站站址，完成了3条110kV切改工程可研编制。鱼子山220kV变电站、陆港110kV变电站顺利开工；东高村110kV变电站已完成立项核准，具备开工条件。成立重点工程（煤改电）项目部。落实公司年度配电网建设目标，抓工程关键节点，落实现场安全、质量要求，制定物资管控流程，出台负面清单管理办法，总结出“1+2+N”[1]工程管理模式，成立“青年党员”突击队，提前一个月完成全年配电网工程建设任务。

【经营管理】 深化“三集五大”体系建设与“五位一体”应用及末端业务融合，建立集约高效的配电运营指挥中心，统筹开展配网调度、监控和抢修指挥“一体化”建设，打破专业界限，实现纵向集约、横向协同、末端融合。实施供电所同质化管理，将配电业务统一属地化管理。完成集体企业改革改制工作，原北京平谷光明电力工程公司由集体所有制改制为有限责任公司，获得集体企业先进单位、集体企业改制（管理）功勋单位等荣誉称号。

加强合同承办培训及审核管理，全年签订经济合同1020份，同比增长32.29%。提升工程项目转资效率，完成既定的转资目标，实现工程转资率100%。开展“走进法庭”“讲案例学法律”等系列法制宣传教育活动，巩固法制思维，增强法律意识。领导班子成员亲自代理案件出庭应诉，掌握案情进展的第一手材料，提升公司案件管理水平。组织主动起诉案件1起，运用法律手段解决树线矛盾等疑难问题。

【安全生产】 截至年底，平谷公司未发生人身重伤、死亡事故，未发生五级及以上电网、设备事件，未发生火灾事故，未发生六级信息系统事件，未发生本企业负主要及同等责任的重大交通事故，未发生突发事件、安全事件迟报、漏报、瞒报情况。发挥巡检组的督导作用，严抓严控安全事件和违章行为，实现各类现场巡检率100%。协同开展安保、交通、消防等方面监督，筑牢大安全防线。成功应对30.7万kW历史最大负荷和7.20特大暴雨考验，确保电网运行平稳，全年安全事件发生率同比降低50%。

■ 平谷公司计量专业技术比武实操现场。（张强 摄）

加大考核力度，严抓业务委托，强化外协队伍管

[1] “1+2+N”工程管理模式：“1”是组织公司领导与产业公司及各供电所签订一张责任状，要求各单位全力以赴配合做好煤改电工程。“2”是促成区政府成立煤改电建设领导小组和平谷供电公司的重点工程项目部，为工程提供高效的联系机制和组织实施。“N”是多个部门，各个环节密切配合，高效协同，抢抓机遇，攻坚克难。

理，促进运维质量持续提升。细化供电所指标分解，注重责任考核，结合“煤改电”、配电网建设改造、业扩工程，同步处理树线矛盾，开展运维巡视工作，查找线路缺陷及隐患，配网故障率管控良好，配网故障率降低46%。开展配电台区重过载、电压异常和三相不平衡分析治理，供电质量显著提升。强化电网运行管控，提升调度应急处置能力，结合停电计划制订相关反事故措施、电网风险分析预案、计划检修风险预案48项，组织反事故演习及迎峰度夏、度冬演习77次，制订执行停电检修计划717次，执行新设备启动批准书341份，处理电网事故72路次。结合煤改电新增负荷，合理预测分析电网薄弱环节，提出电网建设需求，深度编制、审核煤改电工程相关可研与实施方案。

【营销与优质服务】落实“五新”服务行动要求，创新服务手段，完善服务模式，开拓用电市场，解决客户难题，完成了各项重点工程，全年累计接电户数1.74万户，同比增长48.5%，接电增长率位列公司前列，荣获“五新”服务劳动竞赛红旗单位。

截至年底，完成21个村“煤改电”工作任务，惠及百姓7736户，其中超额完成7个村，986户。获得公司“煤改电”劳动竞赛流动红旗，得到区政府相关领导的赞许。针对已实施“煤改电”的地区，逐村制订冬季安全供电方案，部署9支抢修队伍、20台发电机，全方位做好应急供电保障。

平谷公司职工在体育馆充电桩施工现场。　（张强　摄）

全区共建成电动汽车充电站36座、充电桩467个，初步形成覆盖全区的充电服务网络体系。开展降低客户投诉率专项行动，针对投诉工单加大考核力度，降低客户投诉率。落实整改客户投诉反映问题，树立以客户为中心的服务理念，全年累计处理95598投诉意见工单120件，12345非紧急救助工单150件，工单办结率100%。

【科技与信息化】组织开展群众性技术创新项目、专利产权、科技论文成果上报与应用。全年新申请专利13项，获得专利授权11项。群众性创新项目《首都远郊区县供电应急体系构建》获得北京市企业管理现代化创新成果二等奖。“带电紧固输电杆塔导线侧悬垂线夹螺母工具”获得公司群众性技术创新成果三等奖。开展信息安全保障工作和信息安全全员培训和宣贯工作，建立健全信息安全工作机制。完善信息安全管理体系，加快信息安全管控手段，制订信息安全应急演练方案等。在技术上通过加强网络监控，采取有力措施对各个终端进行病毒防护，切断病毒在局域网内部传播，严格管理接入终端VRV注册率，在服务器上设置安全策略，保证每台接入公司办公终端都在管控之内。对外来终端做好审查备份工作，防止信息泄密事件发生；对外来人员和外聘维护人员做好审查工作，最大限度地控制外来人员造成的泄密事件。开展公司组织的各项安全督察工作，对在督察工程中发现的问题及时进行整改，杜绝事故隐患。

【党的建设与精神文明建设】开展“两学一做”学习教育，开展公司领导和党支部两级讲党课和专题学习研讨。

平谷公司共产党员服务队队员向村民宣传电力APP。

（张强　摄）

完成公司党委、纪委以及各党支部的换届选举工作。规范党员组织关系管理，健全党员信息库和党员档案，19名退休党员的组织关系转入居住地党组织，彻底消除了口袋党员。开展“电力爱心教室”进校园活动。服务农村“煤改电”，开展“卫蓝暖心”党员服务队专项行动，设立“煤改电”服务站15个，服务公示牌42个。认真开展党风廉政建设，落实约谈机制，深化监督责任。细化完善公司年度约谈工作方案，确保随时掌握廉政风险的防控情况，发现苗头倾向性问题，及时提醒、警示、纠正，约谈覆盖率100%。对岗位调整及新提职人员进行了集体廉政教育谈话，对供电所所长及重点岗位人员进行了廉政提醒谈话。开展“清流杯”廉洁文化作品征集活动和“为人如莲，一生廉洁”主题宣教活动。

（张　强）

怀柔供电公司

【概况】怀柔供电公司（简称怀柔公司）是国网北京市电力公司的直属供电企业，负责怀柔地区电网规划与建设、电力调度控制与运行监测、电网维护及抢修，承担着为怀柔地区经济、社会发展和城乡广大电力客户提供安全可靠电力供应的重要职责，供电区域为2128.7km^2。

截至年底，怀柔公司共管辖220kV变电站2座，110kV变电站14座，35kV变电站8座；10kV开闭站13座；35kV及以上线路共12条，合计219.977km；10kV配电线路292条，合计2138.69km。地区共有用电客户15.88万户。

售电量累计完成17.50亿kWh，同比增长5.12%；完成线损率6.57%，最大负荷36.26万kW。

加强电网运行和监控分析，成功应对地区历史最大负荷及“6·20”“7·20”恶劣天气，完成度夏和防汛任务，确保电网稳定运行。打通电网外部联络，实施怀柔地区两条10kV线路与丰宁电网的联络工程，率先试点在西北部山区投入4台套400kW固定式应急发电机组，实现了末端电网的灵活运行。推动“电能替代”，全年完成28个村11 484户“煤改电”改造任务，建成并投运充电站点50座、交直流充电桩681台，实现平原地区服务半径3km，累计提供充电服务13万次，充电量428万kWh。完成了G20科技创新部长会议、华表奖颁奖等重要供电保障任务40项，累计保电天数190天。

地址：北京市怀柔区湖光小区36号
邮编：101400
电话：010-69653415

【人力资源】截至年底，怀柔公司共有职工567人，其中，全民员工216人，主业劳务派遣4人，集体企业员工128人（集体工29人，集体企业直签工87人，劳务派遣12人），农电用工219人。全民员工中，博士生2人，研究生24人，大学本科122人，大学专科40人；高级职称13人，中级职称57人，初级职称97人；高级技师41人，技师93人，高级工55人，中级工16人。

■ 4月19日，怀柔公司组织青年员工开展第二届世界图书日读书沙龙活动。（钟玉娟　摄）

完善“五位一体”协同机制，组织调控、运检、营销3个专业完成末端业务融合工作；加强“三定”管理，规范各类岗位用工，完成定员测算工作，结合末端业务融合工作完成机构重新设置和人员岗位重新编制；优化人力资源配置，加强内部人力资源市场平台应用，实现单位内部软流动配置98人，达到主业用工总数的27%；开展全员培训，在国家电网公司组织的技能大赛中，1人参加了国家电网公司的不停电作业技术技能考试，3人参加了国家电网公司的法治企业建设知识竞赛并取得国家电网公司第四名，1人获得北京市第四届职业技能大赛调度员技能竞赛第八名；搭建员工成长平台，新增管理专家3人，各级各类专家人数达到16人；强化青年员工队伍培养，组织新入企职工签订“师徒合同”；发挥绩效导向作用，营造干事创业氛围，开展中层干部季度述职测评，督促干部履责，促进部门间强化协同配合；推广一线员工工时积分同价计酬机制的试点工作；规范各类保险管理，完成全年各类保险基金的上缴，保险汇缴准确率和及时率均100%。

■ 8月8日，怀柔公司对西台下村进行“煤改电”线路改造。
（钟玉娟　摄）

【电网规划与建设】完成“网格化”配电网规划滚动修编工作，形成规划总报告、“4图3表1清册”❶和6项专题研究报告的成果体系，实现区域负荷需求与专业发展紧密结合；规划库入库项目104项，涉及投资约26.4亿元，全口径储备项目96项，涉及投资10.25亿元；协同推进200亿元配网及调控、营销项目立项核准，完成新开工立项核准项目35个；与区规划部门对接，规范地块开发与电力系统接入管理，推进北京电影学院、新城04街区、庙城棚户区改造等项目电力接入系统方案的编制；重点建设项目快速推进，辛营110kV输变电工程已进场施工，汤河口、喇叭沟门、黄坎输变电工程前期手续取得重大突破；“煤改电”配套周各庄输变电工程已取得“一会三函”所有要件，具备开工条件；桥梓变电站增容工程提前半年开工建设，完成北房变电站增容工程满足区域新增“煤改电”负荷需求。

【经营管理】贯彻党风廉政建设责任制考核办法和落实“两个责任”的实施意见，与所属10个部门和集体企业签订责任书，结合“三转”要求，完成书面报告12份，提升监督执纪问责水平；组织实施了工程建设、集体企业管理、八项规定执行情况专项协同监督和“煤改电”专项协同监督，开展了配电网建设、“煤改电”工程、汤河口小型基建项目的跟踪审计，完成了2015年竣工结算和原经理离任经济责任审计的迎审项目，落实整改检查审计问题69项，审计和风险排查共涉及100余个项目、3.5亿余元资金，提出整改建议18条，促进经营管理风险的有效化解。

围绕强化重点岗位人员思想道德教育开展廉政教育活动，以中心组学习扩大会、“四进”、廉政警示教育等形式，开展廉洁课堂专业、进部室9次，纪委对17名新提职干部和重点岗位交流人员进行了廉政谈话，宣教共计1800余人次；召开3次协同监督会议，共发出协同监督整改意见书12份，发现并整改问题25项，完成协同监督报告16份，整治遏制涉及行风廉政的“习惯性违章”和“潜规则”；制订约谈工作计划，细化谈话纲要，确保了约谈部门负责人、党支部书记、供电所所长的覆盖率100%。

【安全生产】开展“三查三强化”、安全大检查暨履职尽责及集体企业安全审计等专项行动，实现安全管理和巡检标准化APP应用100%全覆盖，累计下发各类违章通知单27张；完成集体企业安全同质化管理34项年度任务；健全安全双准入管理机制，实施外协队伍准入前评价及签字制度；累计完成254名公司生产员工和87名外包单位关键岗位人员的安全技能等级评价考试。

开展“互联网+安全标准化及巡检工作”并建立制度，明确了各部门以及部门管理专责和工作负责人、安监管理专责和巡检人员在管理体系中各自的职责、流程、考核标准，共完成202个现场的标准化作业及巡检工作；组织主业、集体企业150名和外协施工单位87名关键岗位人员进行安规普考；完善隐患排查治理机制，全年共发现各类隐患154条，已全部落实整改；开展应急处置工作，建立完善“1+2”应急管理

■ 12月22日，怀柔公司运维检修人员对地区输电线路进行巡检。
（钟玉娟　摄）

❶ 4图：1套网格划分图，1套2015、2017、2020年35kV及以上电网地理接线示意图，1套基于空间布局的隧道规划示意图，1套各小区目标网架规划示意图；3表：1套2017年、2020年规划指标对比表，1套2016～2020年建设改造任务表，1套2016～2020年建设改造成效表；1清册：1本2016～2020年110kV及以下项目清册。

模式；全年共启动应急响应41次，有效应对恶劣天气、重要节日等情况下预警响应和突发事件；组织开展治安、消防等工作检查，累计检查工作现场68处，发现并整改问题11项。截至年底，实现安全生产12 357天。

【营销与优质服务】落实“五新”服务活动工作，完成全年业扩接电指标，全年接电容量为296 592kVA，完成率123.58%，荣获公司9月“五新”服务“红旗单位”称号。22项重点项目按期接电投运，容量为109 761kVA，结存压降在途项目的结存容量为5.7万kVA；实现月末电费回收、月末在途资金双结“零目标”；推进同期线损管理系统建设，制订《怀柔公司同期线损管理系统推广实施工作方案》，组织开展“站—线—变—表”关系核对工作；完成对电量采集系统的升级维护；完成区域关口、分压关口、35kV及以上输电线路关口配置，35kV及以上分线线损已基本实现月同期管理；制订《怀柔供电公司2016年线损管理工作方案》，并执行相应考核制度，提升了分线线损管理水平。

开展电影节、华表奖、中考、高考、公司年中工作会议等各级保电任务的客户侧保障工作，共计30余项。规范地区用电环境，追补违约电费54.63万元，完成全年指标的89.55%。提升用电检查客户服务水平，建立高压客户“一户一档”，共完成1987户，推进“互联网+掌上电力营销服务功能”相关工作，完成高、低压用电申请1834户，1970个高压用户APP手机客户端绑定工作；结合“六位一体”智能互动服务平台，推广“互联网+电力营销服务”新模式，全年累计绑定客户6.88万户，完成年度指标的101.92%，深化重要客户差异化服务，走访大客户21个，加强共产党员服务队建设，深化“五新服务进万家”活动精神，开展各类活动11次；加强投诉风险分析与管控工作，累计受理投诉111件。通过“无投诉”劳动竞赛，对各部门、各供电所无投诉周数、连续无投诉天数进行评比考核；开展智能表清仓利库工作，累计完成4076具智能表实物与数据返库工作，工程直配点和供电所计量器具智能周转柜建设已投入运行，对所有计量装置进行全年两轮次现场巡抄巡视工作，完成159 047块的巡抄巡视任务。年内共计开展42项工程建设，投资计划合计35 067万元，完成农村“煤改电”等12项新建工程建设，完成河防口“煤改电”等17项续建项目建设，完成上述29项工程财务决算转资，分散快充1号站等12项充电桩本体及外电源工程于年底完成工程结算。

■ 4月23日，怀柔公司开展第六届北京国际电影节活动保电工作。
（钟玉娟　摄）

【农电工作】在完善农电管理体系的同时，完成了年度重点工作任务，实现了农电业务规范化管理的年度目标，保持了平稳发展的态势。年度营销、运检委托业务费回收率100%，供电所运营成本预算执行率100%，居公司排名首位，各项成本预算资金保障了供电所运转。组织完成供电所房屋大修工程3项，房屋小修工程12项，组织完成供电所安技防设施维修工程3项。

【科技与信息化】探索管理创新工作新方法，管理创新项目《电网企业重大活动供电保障体系建设》荣获第二十三届全国企业管理现代化创新成果二等奖，《基于卓越运营的APEC供电保障模式实践》荣获第五届全国电力行业设备管理创新成果特等奖、第三十一届北京市企业管理现代化创新成果一等奖，并成为公司基层单位第一篇推荐申报国家级企业管理创新成果的项目；建立科技创新管理的固定模式，通过项目小组等形式，搭建科技创新的平台，形成专利15项，完成科技专利项目储备17项。

开展信息安全管理，对营业厅和14个供电所开展信息安全检查，关闭营业厅及14个供电所内不使用的网络端口，完成在用网络端口与MAC地址、IP地址与MAC地址的绑定，对信息通信机房配线间开展综合布线整治工作，完成本部大楼、产业配线间、客服中心配线间以及各供电所机房布线的整治工作，落实好信息通信系统的建设、运维，深化信息系统运用，加强信息通信专业指标管理，开展全员信息安全培训教育，落实信息安全责任制，杜绝违规外联、“弱口令”和敏感信息发送等不安全行为的发生。

【党的建设与精神文明建设】开展“两学一做”学习教育，共组织中心组扩大学习31次，领导班子成员讲党课14次，党支部书记讲党课12次。与全国优秀基层党组织北沟村支部共同开展主题党课、党日活动，组织党员、积极分子和青年团员近110人参观抗日战争纪念馆并重温入党誓词。开展“亮身份、亮业绩”党员争先活动，开辟“党员示范岗”和“党员责任区”。完成公司党委、纪委换届和党员党费收缴工作；新发展党员5名、入党积极分子13名，实行党支部工作积分制，出台实施细则，细化责任清单70条。成立调控运行、煤改电、智能配电网等4支党员突击队，推进年度各项劳动竞赛。

建立与区相关单位、学校协同合作机制，开展“电力爱心教室”进学校活动，与渤海镇北沟村、光明小学怀柔分校建立战略合作关系；服务农村“煤改电”，开展“卫蓝暖心”党员服务队“煤改电”服务专项行动，设立“煤改电”服务站15个、服务公示牌35个、一线服务经理29个。开展调整智能表设置、安装“掌上电力”APP、“煤改电”政策宣传等活动；组织“孝老爱亲”“责任奉献”等主题讲堂活动，建设“企业文化长廊”，组织怀柔区供电公司“放歌新怀柔”夏日文化广场专场演出；全员开展“电靓怀柔　奉献有我”主题教育实践活动；以纪念建党95周年为契机，开展“我身边的楷模”主题宣传活动。开展爱心捐助，广大党员干部带动职工为困难职工爱心捐款近12万元。两项QC项目获得全国“海洋王”杯QC成果发表赛一等奖；两个项目代表公司参加国家电网公司年度第二届“青创赛”，分别获得铜奖和“最具推广价值工器具创新奖”。

■ 11月11日，公司开展“煤改电”宣传服务周活动。

（钟玉娟　摄）

（钟玉娟）

密云供电公司

【概况】 密云供电公司（简称密云公司）是国网北京市电力公司直属供电企业，负责密云地区2229.45km^{2}范围内的电网规划建设、运行管理、电力销售和25.66万客户的供电服务工作，肩负着为密云地区党政机关、重大政治活动和城市运行安全供电的光荣使命。共设置10个职能部门、2个业务支撑与实施机构，下设16个班组、1个供电营业所、17个农村供电所。共负责110kV变电站11座，主变压器22台，容量843.5MVA；35kV变电站13座，主变压器25台，容量246.7MVA；110kV线路8条，长度119.575km；35kV线路29条，长度254.454km；10kV架空线路136条，长度1835km；10kV电缆线路135条，长度309km。

全年完成售电量16.79亿kWh，同比增长9.24%；新增接电容量38.51万kVA，同比增长117.82%，完成年度指标的175.04%；完成线损率6.93%；电费回收率100%；供电可靠率99.94%；电压合格率99.98%；最大负荷37.12万kW。荣获公司度夏防汛突出贡献单位、“煤改电”贡献单位、“五新”服务红旗单位，获公司劳动竞赛4面流动红旗，首次获得公司同业对标业绩进步标杆单位。

地址：北京市密云区新中街3号
邮编：101500
电话：010-69042580

【人力资源】 截至年底，共有职工867人，其中，全民员工207人，集体企业员工398人（集体工8人，集体企业直签工372人，劳务派遣14人，非全日制4人），农电用工262人。全民员工中，研究生14人，大学本科89人，大学专科76人；高级职称18人，中级职称38人，初级职称108人；高级技师11人，技师127人，高级工48人，中级工6人。

深化“三集五大”体系建设。开展“大运行”“大检修”“大营销”业务再集约，开展基于末端业务融合的组织、岗位、业务、人员调整工作，开展低压营配抢修一体化管理，成立配电运营指挥中心等融合后业务班组。以基于职责、流程、制度、标准、考核的协同机制为保障，打造集约型班组，培养复合型员工。在业务末端融合的基础上，推进现代化班组运行模式，提升现场作业效率和班组管理水平。提高“跨部门、跨专业、跨层级”业务运行质量与效率，促进“三集五大”体系高效运转。

建立月度绩效考评机制，促进各项工作规范管理，考核事项121项。组织“管理能力提升脱产培训班”2期，培训内容包括党政建设、经营管理、电网改革、人力资源、科技信息、优质服务以及能源发展等，参加培训人员90余人。开展培训项目实施，开展线上培训课程8项，组织员工完成网络大学考试，完成55班次线下培训，推荐各部门优秀人才开展岗位技能授课。

【电网规划与建设】完成密云区“十三五”电网规划报告、配电网“网格化”规划滚动修编，以及“煤改电”、充电桩等电网专题规划编制工作，力促规划落地。加快工程项目前期手续办理速度，共取得“煤改电”、充电桩、配网改造等工程可研批复36项、项目核准及备案12项，为公司77项工程的顺利开工提供了保障。推进电网建设前期办理，商务区北110kV输变电工程和石城35kV输变电工程实现年底前开工建设。檀营110kV输变电工程被评为国网北京市电力“公司输变电优质工程”。以密云区全面建设和谐宜居首善之区的“十三五”规划为契机，加强同政府的沟通衔接，与政府签订石城35kV输变电工程和大城子35kV输变电工程投资划分协议，签订王各庄棚户区电力规划建设合作协议。与生态商务区开发中心签订生态商务区电力规划建设合作协议。石城35kV输变电工程纳入北京市“煤改电”配套工程，完成“一会三函”（“一会”指市政府召开会议集体审议决策；“三函”指前期工作函、设计方案审查意见、施工意见登记书）审批流程，大城子35kV输变电工程完成选址选线工作。

【经营管理】强化同业对标过程管理，以对标工作促管理提升，落实指标管控责任，加大考核力度，1篇典型经验入选公司典型经验库。以工程转资为抓手，提升财务工程管理水平，完成转资工程149项，转资金额7.3亿元，完成率100%。加强集体企业管理。强化对主业的支撑服务保障，完成村镇“煤改电”、教委“煤改电”、充电桩、中庄站增容改造等多项重点工程。开拓市场，提升经营能力。规范企业管理，推进集体企业改革改制工作，取得阶段性成果。

强化后勤资源集约管控。梳理存量房产、土地资源，推进房屋、土地确权工作，完成6个供电所异地新建。规范车辆管理，实现车辆在线监控，严格执行路单审核签发制度，杜绝违规用车。争取车辆更新指标，更新一线班组车辆16辆，缓解生产用车老旧、限行问题。

■ 6月8日，密云区首个完成年度“煤改电”改造工程的不老屯镇陈家峪村。（孙佩佳　摄）

坚持依法从严治企。按照法治企业建设要求，加大法制宣传力度。深化合同全流程管控，加强法律风险源头防范。运用诉讼法律途径维护企业权益。强化风险管控，加强内部审计监督，完成供电所任中及离任审计和工程跟踪审计。

【安全生产】完成5982天安全生产长周期，全年未发生误操作事件，未发生输、变电事故，未发生人身伤害事件。深化“大安全”理念，开展安全审计、“以一万保万一、做习惯性遵章人”、“安全月”等活动，提升全员安全意识。注重安全教育培训，建立安全月度抽考制，完成安全技能等级评价考试及国网安规调考，提升员工安全技能水平。落实“双准入”要求，强化外包单位安全管理，对外包单位实行全方位评价。强化安全管控，严肃现场巡检，加大现场违章考核力度，全年巡检工作现场335个，巡检覆盖率100%，发现并纠正违章27项，下发违章通知单16张。以双人监控系统、召开指标负责人交流会等方式，推进“风险管控”工作，审核风险管控流程1317条。开展隐患排查，发现并治理隐患151项。全年启动应急40次，累计447h。开展年度资产全寿命周期管理体系“领先型”评价工作，组织“煤改电”及配网改造工程联合巡检。组织开展“消防月”“冬春季火灾防控”专项活动，完善安保防恐工作。

以输电线路外力故障和用户内部故障为重点，完善人防、技防、联防管控措施，配网故障率同比下降56.72%，降幅在公司排名第二。输电线路故障率下降78.57%，创造有记载以来半年未发生故障掉闸纪录。

变电设备连续4年未发生故障。完成35kV中庄站增容改造工程。完成大北线等9条线路防雷整治工作，安装避雷器1707支。消除电力设施隐患876处，综合检修29条故障高发线路。完成42项技改工程及40项大修工程的结、决算。开展PMS2.0馈线和变电站的拓扑连通率，调整线路和各个站室的连通性以及设备台账的完整性，完成203条大馈线、10 896条问题数据的整治工作，低压线路和低压站室的连通率99.97%。

■ 12月2日，密云公司员工正在进行高压线路巡视工作。（林一轩　摄）

加强重要节点供电保障，编制"煤改电"村"一村一案"应急预案，完成全国两会、中考、高考等各类供电保障43次。度夏期间，密云电网经受住了37.12万kW高峰负荷冲击和"7·20""8·12"强降雨等恶劣天气影响。

■ 8月12日，强降雨故障线路抢修现场。（相英杰　摄）

【营销与优质服务】深化"五新"服务专项行动。落实拓展业扩"双契约"服务，对外坚持客户导向，对内强化履责协作，签订契约项目33项，容量5.6万kVA，客户平均接电时间缩短18天。承接15个乡镇、49所学校的电能替代任务，年均压减燃煤7018t。新投运308个公共充电桩。拓展"掌上电力"手机APP线上报装服务，受理线上报装343件，容量1万kVA。

推进营销基础工作，开展"找漏洞、明措施、见实效"专项活动，建立营销专业内部稽查机制，疏通业务流程中的不畅环节，发现并处理营销内部稽查问题67项。新装表计7127具，换装表计9864具，智能表库存压缩比例204.08%。规范地区用电秩序，走访客户268户，发出隐患通知单16张，发放违约通知单9张，收取违约金23.1万元。借助政府和法律之力，破解临时带永久小区难题，3个临时代永久小区改造完成，其余7个小区已拟订改造方案。完成密云地区42个村14 577户"煤改电"外电源建设工程，新装、更换变压器238台，改造线路207km。推进配电网建设改造工程，改造线路645km，敷设光缆496km。深化"互联网+电力营销服务"模式，绑定企业版"掌上电力"客户端1808户，个人版"掌上电力"客户端67 088户，网络自助交费率78.02%，实现营销服务由线下向线上的转变。

■ 3月10日，密云区东邵渠镇葫芦峪村充电桩工程施工现场。（孙佩佳　摄）

开展"强管理、降投诉、促服务"提升行动，提升服务理念和业务技能，掌握投诉判定规则，及时提示投诉风险，预警规避投诉32件，加大证据搜集和申诉工作，成功申诉80件，申诉率61.07%。开展共产党员服务队活动，组织"卫蓝暖心"共产党员服务队"煤改电"专项行动13次，发放服务联系卡760份，其他延伸服务、志愿帮扶143次。

【农电工作】强化供电所规章制度落实，完成各供电所职责界定划分。开展供电所对标工作，细化各专业考核方案，提升供电所管理水平。对重要岗位进行廉政安全教育，完成7个供电所离任经济责任审计。实施供电所副所长、配电班班长、营业班班长、综合班班长和安全计划员岗位竞聘，52人竞聘上岗。规范农电用工管理，完成特种作业人员、安全员业务知识培训，提升基层供电所人员业务素质。推进星级供电所建设工作，将星级供电所建设与专业管理工作结合，解决供电所管理难点和薄弱环节。加强供电所运维管理，强化供电所安保管理，规范厨师、保洁、绿化维护三类辅助性业务劳动用工管理。

■ 5月13日，密云公司党员服务队开展“掌上电力”手机客户端入村宣传活动。（孙佩佳 摄）

【科技与信息化】 申请专利10项，获得国家知识产权局专利授权5项，获得公司群众性创新成果1项。完成中庄变电站、云溪开闭站自动化新建改造，开展电力系统二次安全防护，完成公安部网络实战攻防保障演习。治理信息通信安全隐患17处。全年未发生地区主网、配网通信系统停运事件，未发生信息安全考核事件。完成地区11座110kV变电站接入市调监控，制作“煤改电”重点线路监视系统，配合完成地区电量采集系统升级改造，完成供电所新址配套网络建设调研。1人在国家电网公司信息通信调考比赛中获得公司三等奖。

【党的建设与精神文明建设】 开展“两学一做”学习教育。结合学党章党规、学系列讲话，开展共产党员“亮身份、亮职责、亮承诺，比作风、比技能、比业绩，争当攻坚先锋、争当服务标兵、争当敬业楷模”主题活动。统一购置学习书籍，编发月度学习提示卡，搭建“两学一做”学习教育周报平台，编发专报24期。创新中心组学习形式，开展“煤改电”工程现场学习、中心组大讲堂等活动17次。落实“两个责任”，加强党员干部教育、监督和管理，履责约谈36人次。围绕重点领域开展集中专项协同监督。加强党建基础管理。召开党员大会，选举产生新一届党委委员和纪委委员。规范支部管理，实施“4+X”关键指标（“4”指4项基础指标，即党支部的“三会一课”、民主评议和组织生活会、发展党员、特色工作；“X”指党支部的成果推广、主体责任落实等加分项和扣分项指标）考核。预算党费补缴基数，完成党费补交工作。依据就近原则调整农电所属四个党支部的供电所组成。组织党支部委员脱产培训，编制党建制度汇编。

开展“树立干部员工主动意识、创新意识、协同意识、争先意识、规矩意识，求实创新我争先”主题教育，组织红歌比赛、“创先争优”先进人物事迹宣讲、道德讲堂等活动，完成“共产党员示范岗”先进选树。利用办公楼楼道空间，张贴员工工作照片，展示员工“最美”瞬间，营造奋发向上、团结拼搏的良好企业文化氛围。深化党建带团建，开展青年创新活动，获得公司“青创赛”三等奖。加强青年员工思想调研，开展以“奋战的青春”为主题的拓展训练，开展纪念红军长征胜利80周年主题日活动，开展技能讲堂、读书分享会、青年员工座谈会等活动8次，成立“重点工程指挥部青年突击队”，引导青年岗位建功。

开展办公环境安全隐患治理，为办公场所配备空气净化器、血压仪等设备，完成职工宿舍改造。创建“健康食堂”，严控采购渠道，提升职工食堂品质。建设健身综合场馆，争取资金，改造篮球场地，增加体育设施。推进QC小组活动，金石QC小组“缩短电气指示灯更换时间”成果荣获第十四届“海洋王”杯全国QC小组成果发表赛大赛一等奖。

组织开展“迎新春系列文体活动”“百日健身文化活动”等文体活动23项，参加活动1900余人次。组织员工积极参加公司各项活动，获得“北京电力好声音”主持人大赛“优秀主持人”和“最佳原创奖”，第七届职工羽毛球比赛“运动风尚奖”，足球联赛“优秀组织奖”，乒乓球比赛男单第五名，“脉动北京·能源互联”健步走活动团体亚军。开展健康讲座和义诊，筹备搭建员工“私人医生”平台。关爱离退休老职工，坚持开展节日慰问。

（杜静伊）

顺义供电公司

【概况】顺义供电公司（简称顺义公司）成立于1957年，是国网北京市电力公司直属供电企业，负责顺义地区1020 km^2范围内的电网规划建设、运行管理、电力销售和供电服务工作，肩负着为顺义区域内党政军机关、高科技园区及首都机场和全区90余万常住人口安全供电的光荣使命。共设置11个职能部门、3个业务支撑与实施机构，下设36个班组、19个乡镇供电所。共负责110kV变电站24座，主变压器51台，容量2286.5MVA；35kV变电站10座，主变压器21台，容量238.9MVA；110kV线路53条，长度399.435km；35kV线路29条，长度203.959km；10kV架空线路225条，长度2738.256km；10kV电缆线路258条，长度1652km。实现全年安全生产无事故目标，累计安全生产长周期7292天。

完成售电量65.78亿kWh，同比增长9.61%；线损完成3.33%，同比降低1.55个百分点；城网供电可靠率99.9909%，农网供电可靠率99.9851%；当年电费回收率100%。最大负荷133.2万kW。企业负责人业绩考核和同业对标保持年度第一位置，企业负责人业绩考核排名第四，同业对标综合、管理均获得标杆单位荣誉称号，安全管理、人力管理、规划管理、建设管理、营销管理、配套保障管理6个专业获得专业管理标杆单位荣誉称号。荣获全国文明单位、首都文明单位标兵、北京市交通安全先进单位、国家电网公司实现安全生产目标单位、公司先进单位、北京企业志愿服务“十佳”优秀组织等荣誉称号。

地址：北京市顺义区顺达路6号
邮编：101300
电话：010-81483347

【人力资源】截至年底，共有职工922人。其中，全民员工306人，集体企业员工312人（集体工16人，集体企业直签工289人，劳务派遣7人），农电用工304人。全民员工中，研究生及以上学历53人，本科学历146人，专科学历67人；高级职称17人，中级职称74人；技师及以上职业资格196人，高级工57人，中级工24人。编制完成《顺义供电公司后备干部管理实施细则》和《顺义供电公司挂职（岗）培养锻炼管理办法》，规范选拔任用程序，不断优化干部队伍结构。完成“三大专业”业务再集约及末端融合试点工作阶段性任务，围绕公司业务集约融合，深化岗位管理，优化用工配置，搭建培养锻炼平台，提升人力资源保障水平。完成首次薪档晋升调整工作，优化收入分配关系。

组织开展各类培训130余项，实现全员培训率100%，学时、学分达标率100%，年度教育培训计划完成率100%。共有69人通过电力行业特有工种职业技能鉴定考试，另有67人实现职业技能等级提升。在专家人才培养方面，1人当选国家电网公司级优秀专家人才，3人当选省公司级优秀专家人才，1人当选地市公司级优秀专家人才，1人荣获全国电力行业技术能手，1人入选公司基建专业骨干人才储备库。在竞赛调考方面，3人代表公司参与国家电网公司级竞赛并荣获三等奖，1人代表公司参与电力行业级竞赛并获得全国第十六名，4人在公司级竞赛中获奖，共获得8个竞赛项目的优秀单位荣誉称号。

【电网规划与建设】抢抓市级项目行政审批权下放机遇，将“煤改电”配套“1+4”变电站全部列入北京市绿通项目，完成所有项目的立项核准工作。提升配电网规划质量，先后完成地区“十三五”电网规划报告，年度“网格化”配电网规划修编，2015～2016年顺义10 kV配网结构整合规划等。

完成北京东特高压下送工程前期工作，开创了500 kV电网工程层面“零前期”的工作模式。完成历时10年的顺—王220kV工程前期任务，实现了年底完成送电。庄子营110kV输变电工程和东大孙35kV主变压器增容工程投产，同时实现配套切改工程同期竣工的工作目标，庄子营变电站工程获得国家电网公司优质工程称号。推进新城、军营110kV输变电工程建设，确保2017年上半年具备投产条件，新城电力隧道工程获得标准工艺竞赛三等奖，军营110kV输变电工程获得示范业主项目部称号。

智能配电网改造工程初步完成。全年53项配电网改造工程、286km裸导线更换任务竣工，配电网改造使公司配电线路联络率100%，断路器无油化率100%，架空线路绝缘化率91.96%，架空线路以及配电站室自动化覆盖率68.76%，台区标准化率90.31%。彻底消除高损变压器，配电网智能化水平有效提高，设备健康水平明显提升，网架结构更加优化。

■ 3月29日，庄子营110kV变电站正式投入运行。（侯占全　摄）

【经营管理】加强收入、成本、利润、资产等全要素管理，强化价值链和全业务管控。加强工程里程碑计划、资金计划、招标计划的协同衔接，提升项目管控精益化水平，工程转资完成率100%。工程及项目审计管理取得实效，工程项目全部实现全过程跟踪审计，审计问题、审减工程、核减金额均大幅度降低。

规范制度建设体系，组织各专业认真开展季度制度自查工作，部门季度自查均实现100%，确保制度对专业工作的正确指导。组织开展“走进法庭”“学案例、防风险”等主题活动，提升依法治企水平和风险防范能力。

加强集体企业人财物管控，不断提升管理品质，增强市场竞争和长远发展能力。坚持依法合规原则，完成恒亮加油站60%股权竞价转让工作，完成力源、光旺公司改制和债权债务清理，配合上级完成力源、顺力成公司所持股权划转。

【安全生产】安全管理落到实处。树立“大安全”理念，开展春季安全大检查、安全生产月、“三查三强化”等专项活动。落实各级安全生产责任制，加强工作现场安全监督管理，一、二级风险现场安全巡检100%全覆盖。落实联合巡检制，公司领导干部、管理人员现场督导检查687次，发现并整改问题178项，下达安全违章通知单89张，违章同比降低23%。规范施工单位“双准入”管理，注重安全教育培训，提升员工安全防控意识和能力。

电网运行规范可靠。做好“大运行”深化集约，完成辖区内31座110kV变电站调控权移交工作；同时将电网管控范围延伸至低压400V，实现顺义电网35kV至400V全电压等级同质化管理。各专业落实顺义电网2类14项非季节性风险预警差异化管控措施，防范电网运行风险；开展电网运行方式及互倒互带能力分析，互倒互带方案直接应用于电网故障处置措施，将17户重要客户及供电敏感客户外电源纳入实时监控范畴，提高电网运行可靠性。

设备检修不断深化。落实“大检修”深化集约，完成35kV及以上输电、变电设备移交工作。落实输电通道属地化运维责任，组织开展“输电线路反外力百日安全”活动，强化输电线路通道巡视和隐患管控工作，输电线路故障同比降低57.1%；有针对性开展近3年故障高发线路专项整治和防鸟害、防雷等季节性工作，配网故障率同比降低52.5%；建立“系统监视、现场核实、限期治理、定期查验”的配电异常台区治理机制，累计完成600余台异常台区治理工作，实施变压器分换装84台，切改、改造低压线路40余千米，异常台区数同比下降50.5%，低压报修工单同比下降67.4%，供电质量显著提升。

应急和政治供电更加优质。完善应急联动机制，全年启动应急响应24次，应急处置能力得到提升。政治保电在常态化管理基础上，强化输变配电设备差异化运维，规范保障流程，完成全国“两会”、北京车展、燕京国际啤酒节等政治供电任务34次，累计保电天数110天。落实“煤改电”用户供电保障工作，编制55个村“一村一案”及50条“煤改电”线路“一账两案”，确保度冬期间“煤改电”线路应急抢修流程完善，抢修高效。

■ 7月20日，顺义公司工作人员开展暴雨天气应急保障工作。（王磊　摄）

【营销与优质服务】落实业扩“五新”服务专项行动方案。坚持以客户需求为导向，简化办电手续，确保业扩报装提速提效。全年累计接电82万kVA（含“煤改电”），同比增加57.22%。实施计量换装升级工程，全年完成3万余具顺义小系统网络表换装工作，顺义辖区低压计量表计基本实现智能化；完成老旧集中器换装工程及互联互通升级工作，采集抄通率

99.63%，初步实现“全覆盖、全采集、全费控”的总目标。试点开展抄核收一体化工作，优化业务流程和职责分工，推动抄表员向采集运维工作转型，形成电费计量联动考核机制。开展充电桩建设工作，全年共建成充电站44座，充电桩512台，公共充电网络逐步完善。完成国家电网公司关注的首都机场充电站的交流桩换直流桩的改造任务。提升客户服务品质。推广“互联网+”营销服务，加大移动客户端宣传力度，“掌上电力”注册用户达到14.46万户；深化抢修人员抢修APP使用，将故障处理由线下转为线上，抢修APP使用率98.06%，故障抢修时限缩短35.08%；规范服务行为，强化服务质量管控，建立投诉“说清楚”制度，优质服务工作取得显著成效。

【农电工作】做好公司所属19个供电所的日常管理工作，从抓工作标准、抓标准落实、抓落实成效出发，确保19个供电所工作扎实开展。全年各供电所在做好运维、服务工作的基础上，围绕“煤改电”工作任务，加强前期协调、物资到货、建设管控等工作环节，8月底即提前完成全年工程任务。在此基础上，积极与区政府沟通，9月中旬开始，75天完成2017年应施工10个村，区政府追加工程19个村的“煤改电”改造任务。全年共改造完成51个村，21 383户。获得公司“煤改电”工程突出贡献单位荣誉称号。

【科技与信息化】全年光纤到台区完成1774个台区设备的上线，完成率100%。开展配电通信网运维体系建设工作，编制信息与通信专业运行方式报告，编制“十三五”通信网规划报告。开展两次信息安全隐患排查专项治理工作，配合电力科学院完成信息安全专项督查工作。做好信息通信专业运行管理工作，安排专业公司对变电站、供电所信息机房空调机UPS进行巡检。制定标准作业指导书，提高整体处缺水平和质量。加强系统在线监测工作，发现设备告警、流量异常、网络负载过大等异常，及时查找原因并处理。运用桌面终端管控系统对终端进行安全管控，严防违规外联事件发生。加强桌面终端巡检工作，对发现的桌面终端隐患限期整改。

开展年度群创项目，进行项目过程跟踪、季度汇总上报项目完成情况。开展专利申报工作，共递交专利申请材料13份，获得实用新型专利授权6项，发明专利授权1项。开展2017年科技项目储备工作，共征集项目及科研需求9项，其中2项进入储备项目库。开展年度科技进步奖和优秀科技论文申报工作，共征集上报群创成果3项、科技论文4篇。

【党的建设与精神文明建设】开展“两学一做”学习教育，通过“五个一”、“三亮三比三争当”活动，落实党员“双11”活动机制，引导党员发挥先锋模范作用。深化基层党的建设。落实从严治党要求，完成公司党委、纪委换届选举工作；执行“三会一课”、民主评议党员等基本制度，建立援藏临时党支部，推动基层党组织建设；将党员示范岗、党员责任区、党员突击队的创建与管理、生产、服务等专业相融合，开展示范工作评比，强化党建品牌建设。

落实国家电网公司“十三五”企业文化建设规划，完成户外企业文化园一期“静态”建设；推进“学习型企业”建设，承办北京市学习型城市建设成果展示活动，与政府进行双向信息交流，获得“匠心、匠人、匠企”的高度评价。开展党风廉政建设，落实“两个责任”，开展“盯紧关键少数 增强责任担当”反腐倡廉学习教育活动，组织中层以上领导干部走进实景警示教育基地参加案件旁听。发挥工会及团青作用。落实“厂务公开”制度，发挥以职代会为基础的民主制度；开展健康食堂创建工作，累计为23个食堂改善就餐环境；完成新停车场建设、办公楼空调新风系统建设等保障工作。参加国家电网公司“青创赛”，组织“提升服务‘咻’出敬业福”团青主题活动。提升公司品牌形象。深化“电靓京城”品牌传播，围绕公司重点工作，开展主题传播，累计在各类媒体发稿258篇；打造高质量新媒体作品，李孟东事迹入选国网故事汇作品展示；实施“村村通”社会责任根植项目，获得国家电网公司优秀成果奖。

■ 10月12日，顺义公司建成“卓越情怀 电靓潮白”主题企业文化园。（侯占全 摄）

（周宇婷）

延庆供电公司

【概况】国网北京延庆供电公司（简称延庆公司）成立于1962年，是国网北京市电力公司直属供电企业，负责延庆地区1993.75km^{2}范围内的电网规划建设、运行管理、电力销售和供电服务工作，肩负着为延庆地区经济发展、政治供电和人民生活提供安全供电的重要责任。共设置8个职能部门、2个业务支撑与实施机构，下设12个班组、7个农村供电所。共负责110kV变电站6座，主变压器12台，容量452MVA；35kV变电站9座，主变压器18台，容量158.4MVA；110kV线路16条，长度146.981km；35kV线路14条，长度203.768km；10kV架空（混）线路83条，长度1185.93km（含架混线路中的电缆长度）；10kV纯电缆线路36条，长度82.517km。实现全年安全生产无事故目标，累计安全生产长周期5833天。

延庆公司全年完成售电量8.36亿kWh，同比增长6.63%；完成线损率7.39%，同比下降1.12%；完成业扩报装接电容量15.9万kVA；电费回收率100%。城网供电可靠率99.9698%，农网供电可靠率99.8239%。最大负荷22.95万kW。蝉联年度“全国文明单位”称号，连续十年摘得“首都文明单位标兵”称号，首获“煤改电”贡献先进单位、重点工程建设（规划）功勋单位等称号。获得“全球能源互联网知识竞赛”和“会计知识竞赛”优秀单位表彰，“煤改电”工程跟踪审计项目喜获公司优秀审计项目二等奖，取得“海洋王”杯QC成果发布赛优胜奖等多个奖项。

地址：北京市延庆区庆园街53号
邮编：102100
电话：010-69101219

【人力资源】截至年底，共有全民职工164人，集体职工6人，华商职工195人，集体企业职工220人。全民职工中，研究生及以上学历21人，本科学历70人，专科学历68人；高级职称13人，中级职称25人；技师及以上职业资格26人，高级工96人，中级工12人。

实施“生产岗位师带徒”“管理岗位AB角”“生产—管理交叉挂职锻炼”“跨单位人才委托培养”四项具体举措，将公司73名业务骨干纳入培养计划中。推进内部人才队伍建设，提高人才培养效率和质量。开展中层干部年度测评，公平、公正选拔、任用干部，按照组织程序，对6名中层正科级干部岗位进行了调整，提拔中层干部2名，推荐正科级后备干部2名、副科级后备干部3名。

【电网规划与建设】推进“两件绿色发展大事”筹备工作。促成延庆区政府与公司签署了《延庆地区电力建设战略合作协议》和《世园会110kV输变电工程及世园会、冬奥会电力运行保障中心投资划分协议》，争取到“十三五”期间规划建设9座110kV输变电工程“零前期”实施的优惠政策，推进电网与地方经济的协同发展。加强与区政府、世园办和冬奥组委运行中心沟通对接，配合编制完成《延庆冬奥会配套主网规划报告》，取得了《世园会电力专项规划》批复。完成“网格化”配电网规划，形成“一报告六专题四图三表一册”❶的规划成果，指导地区电网建设。

配合公司推进500kV张北柔性直流换流站和220kV西白庙输变电工程选址选线落地工作。优化35kV网架结构。完成5座35kV变电站改造，新增及更换35kV主变压器8台，新增变电容量65MVA，新增及更换开关柜72面。永宁35kV变电站改造工程完成立项核准、物资和施工监理招标，为下一步工程建设创造了条件。配电网建设改造工程共立杆6994基，架设线路409.9km，换装变压器468台，新装及改造断路器352台，共完成36项工程，涉及27条10kV线路。

【经营管理】深化“三集五大”体系建设。结合公司

❶ 即《延庆供电公司“网格化”配电网规划报告》《2013—2015年“网格化”配电网规划执行情况及现状分析》《配电网互倒互带能力分析》《典型供电区域规划》《电动汽车及分布式电源接入研究》《煤改电配套规划方案研究》《配电自动化及通信网规划方案研究》。一套网格划分图，一套35kV及以上电网地理接线示意图，一套基于空间布局的隧道规划示意图，一套各小区目标网架规划示意图。一套2017年、2020年规划指标对比表，一套2016—2020年建设改造任务表，一套2016—2020年建设改造成效表。一本2016—2020年110kV及以下项目清册。

■ 10月27日，公司与延庆区政府签订战略合作协议。
（忻煜　摄）

■ 1月4日，延庆公司领导对大浮坨配网改造现场进行安全巡检。
（史文娟　摄）

实际，编制末端业务融合方案。组建配电运营指挥中心，应用手机APP移动派单，实现低压故障抢修“一张工单、一支队伍、一次现场”，实现配电网运营管理的一体化。强化同业对标管控。形成“领导—中层—专工”对标指标三级管控体系，定期发布重点关注指标看板，公司年度同业对标财务管理排名第六，营销管理排名第十一位，办公室和财务资产部2项管理成果入选公司典型经验库。完成工程项目转资。通过强化流程、管控、支撑三条线并行，创新开展工程转资工作，提高转资及时率与准确性。全年累计完成转资145项，涉及资金4.12亿元，实现2015年续建、2016年新建项目转资100%完成。加强投资计划全过程管理。全年固定资产投资项目190项，投资完成4.12亿元。新开工计划完成率91.67%，投资计划完成率100%。强化后勤服务保障职能。实施大学生公寓改造工程，推进健康食堂建设，改造新老局、部分供电所食堂，获得“健康食堂”流动红旗。完成四海供电所小型基建工程竣工，改善员工工作和生活环境。深化集体企业管控。完成集体企业改革改制，完成龙苑宾馆清算关闭，人员得到妥善安置。完善集体企业内部“三重一大”决策程序，发挥集体资产监督管理委员会监督作用，为集体企业健康发展奠定了基础。

【安全生产】 加强安全生产体系质量监督。编制下发《电网建设改造安全质量监督工作方案》，完成23条八级质量事件、19条七级质量事件的分析工作，累计下发各类违章通知单17张，发现并整改问题177项。领导干部及管理人员下现场274人次。逐级组织签订人身安全责任书、十条禁令承诺书等129份，员工安全意识大幅提升。

开展反违章工作。强化安全巡检，组织外协施工队伍进行安全教育，组织264名生产作业人员参加安全技能等级评价考试，平均成绩在市公司排名第二。加强隐患排查管控。开展“三查三强化”专项隐患排查治理，各专业完成隐患排查治理102项，发现并整改隐患148条，治理率100%。发现并治理问题台区526个，配网故障率压降30%。城网供电可靠性完成99.9698%，优于考核指标0.004个百分点；农网供电可靠性完成99.8239%，优于考核指标0.024个百分点。做好政治保电和应急响应工作。应对“1·22”极寒、“6·13”强降雨等恶劣天气，组织开展应急响应42次，完成申冬奥成功一周年、野鸭湖马拉松、国际越野滑雪等供电保障任务32项。组织各部门修编应急预案26项，为度冬“煤改电”客户供电保障打下了基础。平稳度过冬季用电高峰，历史最大负荷22.95万kW，实现了3个百日安全生产长周期。

【营销与优质服务】 截至年底，共管理营业客户152 991户。其中110kV客户4户，10kV客户1340户，低压客户151 643户。全区共有重要二级客户10户。

推进“五新”服务专项行动。实施全流程业务线上管控，推进业扩报装提速提效，全年累计接电15.9万kVA，同比增长22.3%，超额完成年度指标10.91%。狠抓客户投诉管控，将服务管控关口前移，定期召开服务投诉现场会，保持服务投诉管控的高压态势。95598远程工作站全年共受理业务工单8901件。推动“煤改电”工程，完成24村5938户“煤改电”工程。结合“煤改电”客户需求，对照变电站可开放容量，进行专题承载分析，满足地区

"煤改电"需求。推进充电站建设。地区建成并投运电动车充换电站26座，充电桩346个，实现日服务5536车次，提升了延庆地区电动汽车充电密度，实现了24小时深化"互联网+"电力营销服务模式，"掌上电力"APP和电力微信注册客户达到4.4万户。

■ 8月17日，延庆区长穆鹏视察"煤改电"现场。（忻煜　摄）

■ 11月13日，延庆公司组织开展"卫蓝暖心"共产党员服务队"煤改电"优质服务专项行动。（忻煜　摄）

【农电工作】 深化农电基础管理，开展"星级供电所"评比活动，依托公司"争红旗 树标杆"劳动竞赛开展供电所同业对标工作，实现农电管理工作全面提升。完成四海供电所小型基建工程竣工，改善供电所员工工作和生活环境。狠抓农电安全，深化领导干部进供电所参与安全日等系列活动，各供电所开展安全大检查，保障农电各项工作在安全稳定环境下顺利进行。加强供电所动态考核，组织开展供电所所长、班长工作绩效测评和所长后备干部推荐工作，探索供电所人员考评和人才晋升有效途径。

【科技与信息化】 激发员工创新创效热情，获得1项发明专利授权，17项实用新型授权，超额完成公司科技专利指标的一倍。分别获得公司科技论文二等奖、管理创新三等奖各一项，完成群众性创新项目专家验收。

【党的建设与精神文明建设】 开展"两学一做"学习教育活动，举行"保电网安全，促服务提升"誓师大会，组织中心组学习31次，领导班子成员和党支部书记带头讲党课18次。集中排查党员组织关系，完成党费收缴工作。完成公司两委换届选举。筑牢"两个责任"，细化"两项清单"，开展履责约谈31人次。企业文化建设不断推进。举办道德讲堂活动26期，获得区文明办示范讲堂称号。开展"电靓延庆，身边楷模"主题活动，宣传模范先进事迹，促进先进典型在社会各界得到广泛认可。强化重点工程项目过程管控。突出事前预防、事中监控、事后总结，实施配网工程过程管控31项、农网改造升级工程16项，对24个村"煤改电"现场开展过程跟踪审计，审计发现问题48项，整改完成率92%。

规范工程管理行为，加强品牌建设。结合配电网改造、"煤改电"等重点工程，加大传播报道力度，全年在各级媒体发稿524篇。提升舆情信息监测处置能力，发布舆情预警2次，化解舆情事件4起，维护企业形象。开展"传媒学子走电力"大学暑期实践活动，彰显责任央企形象。

（颜　渊）

业务支撑机构及其他单位

经济技术研究院

【概况】 国网北京市电力公司经济技术研究院（简称经研院）是国网北京市电力公司的业务支撑机构，具有国家送变电工程设计甲级、工程勘察甲级、火电类咨询甲级、通信信息咨询甲级、工程监理甲级和电力行业设计乙级等资质。主要从事±1100kV及以下电压等级的规划设计和咨询、项目评审、建设管理、质量监督、结算监督、定额管理、工程监理等业务，支撑国家电网公司PMS 2.0系统主数据运维和北京公司资产全寿命周期管理体系建设，通过了质量、环境和职业健康安全管理体系认证，是国家高新技术企业、中国电力规划设计协会常务理事单位、中国水利电力质量管理协会电力分会理事单位。2016年获得国家电网公司先进集体称号。

经研院共设办公室、党群工作部（监察审计部）、人力资源部、财务资产部、计划经营部5个职能管理部门和规划评审中心、设计中心（中心设计院）、技术经济中心（定额站办公室、质监中心站办公室）、建设管理中心、数据中心、监理公司6个专业机构。

地址：北京市西城区广安门车站西街15号
邮编：100055
电话：010-63678988

【人力资源】 截至年底，共有全民职工200人。其中，高级职称57人，中级职称102人，中级以上职称占比79.5%；博士19人，硕士102人（含硕士学位），本科63人，硕士及以上占比60.5%；注册执业人员86人次；人才当量密度1.203 5。

全年完成国家电网公司第一批全员绩效管理信息系统试点建设工作，完善职工薪档积分基础管理工作。加强各类人才队伍建设，统筹培训资源，以岗位制度、标准、流程为主要内容，分专业、分层级、有针对性地开展标准化培训。全年共参加和举办各类培训班106期，新增工程师41人、经济师4人、助理工程师28人；新增电力勘测设计行业资深专家1人、基建骨干人才4人，入选公司基建专业专家骨干人才红黄蓝队7人；7人考取咨询工程师，3人考取监理工程师，1人考取土木工程师（岩土）。线路工程设计调考获得国家电网公司团体第二名、熊晓雨获得结构专业个人第一名，物力集约化管理专业调考获得国家电网公司团体第三名、刘丹获得物资计划管理技术能手二等奖，参与的“两学一做”学习教育党群队伍技能竞赛获得国家电网公司团体三等奖。

【电网规划与建设】 完成“国网北京市电力公司‘十三五’发展规划”“北京电网‘十三五’发展规划”等规划任务38项，“‘十三五’期间北京220kV电网分区研究”等专题研究56项。取得220kV及以上输变电工程规划意见书30项、500kV线路工程规划许可证1本。完成“煤改电”、城市副中心、大兴新机场、冬奥会等配套输变电工程可研、初设、施工图及竣工图1245项，同比增长15.06%。承接并完成充电站、新能源发电并网、主网10kV切改和配网工程的可研、初设、施工图及竣工图837项。完成评审任务4328项，其中，发展部项目191项、建设部项目125项、运检部项目2857项、后勤部项目232项、科信部项目132项、营销项目791项。完成43项220kV、39项110kV单项工程结算复核工作，开展5项220kV、19项110kV输变电工程结算监督工作，开展5项220kV、8项110kV输变电工程质量监督检查。开展技经常态化巡检29项、公司“回头看”交叉互查工作58项。负责管理的220kV输变电工程16项，变电总容量360万kVA、线路总长度410.9km、电缆总长度117.38km，其中竣工投产5项；完成结算转资工程42项，涉及资金77.23亿元，占公司基建专业转资金额的23%。开展工程监理242项，已投产129项。

■ 6月21日，国家电网公司副总工程师兼公司总经理李同智到经研院调研指导工作。（杨磊 摄）

“北京市电网中长期发展空间布局规划”获得全国优秀城乡规划设计（城市规划类）二等奖；“菜市口220kV变电站”和“门头沟—昌平π入海淀500kV线路”获得电力行业优秀工程设计一等奖，“运河220kV输变电工程”和“促进源网荷协调发展的配电系统规划运行一体化关键技术及示范应用”获得电力行业优秀工程咨询成果一等奖，“未来城电厂—未来城π入七家庄220kV电缆线路工程”获得北京市优秀工程咨询成果一等奖。“张南—昌平Ⅲ回500kV线路工程”获得国家电网公司输变电工程设计竞赛优胜奖（中标），“龙潭湖220kV变电站”获得国家电网公司输变电工程优秀设计一等奖。“北京未来科技城220kV新一代智能站示范工程”荣获第二届中国电力工程数字化设计（EIM）大赛优胜奖。龙潭湖、酒仙桥220kV变电站和沟道工程被命名为国家电网公司优质工程。

【经营管理】累计签订合同500份，签订金额3.9841亿元，签订金额同比增长6.24%。累计发生可控管理费用98.22万元，完成考核指标的100%；经济增加值（EVA）4748万元；流动资产周转率1.59次，完成考核指标（0.95次）的167.37%，同比增长14.71%。集体企业累计签订合同917份，签订金额1.3799亿元。金电联公司设计资质顺利升乙、获得电力行业工程造价咨询甲级资质，监理公司电力工程监理资质顺利升甲。

组织开展支撑电网发展再审视工作，查找存在的问题，制定解决措施。综合应用“互联网+”技术，创建“智慧工地”管控平台，成立“智慧工地”建设运行中心，实现对工程建设关键节点的精细化管理。建立基建项目协同工作机制，组建110kV设计建设联合项目部，通过项目微信群等方式提高沟通效率。搭建项目一体化管理平台，开展全过程业务调研，完成平台架构搭建和模型建立。全面启动技经专业一体化建设，搭建技经标准信息管理平台和技经业务交流平台。通过工程回访、顾客满意度调查等方法收集信息，发现、分析和解决问题，采取有针对性的措施提升服务水平，2016年度顾客满意度测评综合指数为93.42分。建立全过程预算管控平台，建立清理对账机制，完成公司“两金”（备用金、往来资金）压降任务，全年压降系统外应收款项超过30%，三年以上系统外应收账款收回率100%。实施“健康食堂”建设工作，获得公司“健康食堂”流动红旗。持续推进屋顶光伏综合利用改造和车库充电桩建设。

■ 10月12日，公司副总经理安建强到经研院“智慧工地”监控指挥中心调研指导工作。（杨磊　摄）

【安全生产】完成PMS 2.0系统存量标准数据校核工作，清理问题数据244条；受理26家公司提报的设备型号和生产厂家数据变更申请425份，新增设备型号数据2964条、生产厂家数据2197条。支撑公司顺利通过国家电网公司资产全寿命周期管理“领先型”体系验收。

加强落实公司安委会要求、安全生产组织协调和统筹推进，研究安全生产重大事项部署工作。编制《经研院各部门、中心及集体企业安全职责》，发布《经研院业务机构安全生产规章制度清单》，明确各专业、各岗位生产工作安全标准。开展基建百日安全、“三查三强化”、安全大检查暨履职尽责专项行动等活动，自查出基建专业问题108项、后勤专业问题3项、集体企业管理专业问题7项、其他专业问题2项，已全部完成整改。编制完成《输变电工程建设创优示范工程安全监督管理清单》等标准16册，按计划完成施工现场安全风险管控专项检查、缺陷隐患整治专项行动等工作，组织4项工程迎接工程创优活动。全年开展安全质量巡检183次，发现问题420项，均按要求完成整改。

设置三级安全管理网络，集中调度，充分发挥各级安全员监督管理作用；更换、购置、检测后勤、消防、生产各专业安全器具及设备，确保安全配置到位并合格。根据节气变化，提前开展防汛、消防等应急演练，提升预防和抵御事故风险能力。组织开展“学安规、考安规”活动。重点加强对一线员工，特别是新员工的安全生产知识和技能培训。根据施工现场特点，开展防汛、消防应急演练。截至年底，实现安全生产无事故5263天。

【科技进步】成立科技创新研究中心，统筹协调推进院科技项目、管理创新、重点课题等研究工作，实现管理类和科技类研究项目的集约化管理。

政策研究。完成公司“北京新城市战略定位及功能调整对公司用电量影响的研究”等重点政研课题3项、专业政研课题1项，“北京电网本地电源支撑及外受电能力研究”等规划战略类课题12项。牵头完成的《业务与财务收支一体化管控体系构建实践》获得北京市企业管理现代化创新成果二等奖，《北京市主配网规划辅助管理》和《省公司专业机构‘三位一体’法律风险防范体系建设》分获公司管理创新成果二、三等奖。配合完成的《首都电网‘六统一’政企合作模式创新实践》获得北京公司管理创新成果一等奖。

科技创新。国家电网公司批准经研院联合中国电科院、国网陕西省电力公司设立先进配电自动化与配电网优化控制联合实验室，搭建开展创新研究实验平台。国家电网公司批准经研院成立“交直流混合配电网规划技术”科技攻关团队，这是公司和经研体系内首个国家电网公司攻关团队。2项“863”课题顺利通过国家电网公司督导检查，其中，“主动配电网关键技术研究及示范”课题完成“主动配电网规划及运行关键技术”课题的研究和主动配电网规划运行决策支持系统集成工作；“交直流混合配电网关键技术”课题完成交直流混联物理试验平台建设方案的编制。与中国电科院合作完成的“OPGW安全运维关键技术及工程应用”获得国家电网公司科技进步三等奖，配合国网经研院完成的“提升主、配、农网协调发展的规划方法研究”获得国家能源局能源软科学研究优秀成果三等奖。牵头完成的“基于‘互联网+’的电网建设工程智能管控技术研究与实践”“配电网规划辅助平台统一数据模型研究”等5项成果获得公司科技进步二等奖。

标准化建设。完成“质量、环境和职业健康安全”管理体系内审、管理评审和外审工作，有序推进体系文件修编工作。全年共承担国家、行业、国家电网公司等各级标准编制任务17项，其中，参编的行业标准《城市电力电缆线路设计技术规定》《配电网规划设计技术导则》和国家电网公司企业标准《配电网规划标准化图纸绘制规范》发布实施。主编的行业标准《35kV～220kV城市地下变电站设计规定》完成报批稿，主编的团体标准《电动汽车充换电设施网络规划导则》和参编的国家标准《电动汽车分散充电设施技术规范》完成征求意见稿编制工作。

知识产权储备。获得专利授权10项，包括“高压紧凑型变电站”“架空进线结构”等发明专利授权6项，“共直流源逆变电源系统及供电系统”“带检修平台的电缆终端杆”等实用新型及外观设计类授权4项。获得“负荷特性分析软件”等3项软件著作权。职工撰写论文50篇，被核心期刊收录35篇。

【优质服务】配合公司全面实施电能替代战略，在电动汽车充电设施建设、新能源业务开展方面提供技术支撑。完成城市副中心、公交车、高速公路等配套充电站工程可研编制144项、初步设计113项、施工图设计296项、竣工图编制241项。承担“经研院交直流混合微电网”“北京通州新城互联网+智慧能源综合示范工程”等项目设计工作，梳理北京市分布式光伏市场存在的问题34条；与节能环保中心共同立项研究“北京市分布式光伏评估体系”，从源头上解决了分布式光伏合理接入的问题。

【党的建设与精神文明建设】推进“两学一做”学习教育活动，开展“讲党课、强信念，讲管理、强素质，讲重点、强协同”特色活动，将学习体会和成果转化为谋划工作的思路和解决问题的本领。针对城市副中心、“煤改电”、工程转资等重点任务，成立了6支共产党员突击队。采用座谈会、谈心谈话等方式征求意见，梳理意见建议8条。召开院领导班子民主生活会，完成院党委、纪委换届选举工作。推进“八项规定”落实情况抽查工作，防止“四风”问题反弹。深化“两书两报告”活动，组织签订党风廉政建设责任书和廉洁从业承诺书。完成院长任期审计、专项审计和整改工作。获得西城区2016年度党建先进单位。

■ 9月18日，经研院邀请纪东将军做《弘扬周总理精神风范 争做新时期合格党员》专题党课。（杨磊 摄）

开展“道德讲堂”活动，举办“我身边的共产党员”主题演讲。深化“企业文化长廊”建设，“以‘两越’情怀践行核心价值观，打造‘企业文化长廊’概览”荣获中国电力规划设计协会2016年度企业文化课题研究成果二等奖。在广安门社区开展“双提升”活动，走进延庆新合营村开展企地共建活动，长期关怀北京榜样“渐冻人”王甲，荣获“2016年北京市十佳企业志愿服务组织”提名奖，志愿者服务队获评“首都学雷锋志愿服务站”。深化职工创新工作室建设，规范课题立项、课题研究和总结评比等工作。组织经研院2016年运动会，举办“心手相牵，家企共建”第二届家庭日、暑期托管班、职工健康管理和音乐欣赏等活动。落实离退休老同志待遇。

（张　健）

电力科学研究院

【概况】国网北京市电力公司电力科学研究院（简称电科院）是国网北京市电力公司的直属单位。针对公司主要业务领域的关键技术问题，开展技术监督，提供试验分析、仿真计算、情报咨询等技术服务；开展输变配设备评价、安全评价、事故调查和反措制定工作；承担公司技术专家业务管理，组织课题攻关、知识传授，开展技术研发和技术推广，锻炼培养专业领军人物；开展计量器具检定配送等省级集中业务执行。截至年底，共设置7个职能部门，分别为办公室、人力资源部、财务资产部、科技部（技术服务中心）、发展安监部、党群工作部、监察审计部。设置5个专业机构，分别为电网技术中心（信息通信技术中心）、设备状态评价中心（物资质量检测中心）、电源技术中心（照明技术研究中心）、计量中心、节能服务公司。

电科院人、财、物资集约化管理年度任务完成率均达到100%。检测配网物资51 720件，同比增长127%。检定配送智能表62.5万只，“四线一库”建成并投入试运行。互感器检定获得北京市授权。获得省部级科技奖励2项。申请专利172项，同比增长19%。获得专利授权24项，其中，发明专利权10项、软件著作权10项。安全生产保持良好局面，安全生产长周期4253天。省公司电科院间同业对标由第17名提升至第10名。获得公司先进单位、“三个建设”功勋单位等荣誉称号。

地址：北京市丰台区南三环中路30号
邮编：100075
电话：010-63677101

【人力资源】截至年底，共有全民职工223人，其中，博士学历19人、硕士学历95人；高级工程师53人、工程师82人。新增各级各类专家人才21名，其中，国家电网公司级优秀专家2人，省公司级优秀专家7人，地市公司级优秀专家12人，初次入选专家人才15人。开展“五位一体”要素比对。落实公司“三定”（定编、定岗、定员）管理要求，开展职能部门业务流程、岗位职责的再梳理工作，动态完善修编管理岗位名录。完成组织、制度、指标、评价体系建设。遵循量化指标，优化岗位绩效指标体系，完成岗位绩效工资制度改革任务。规范中层干部管理，明确后备干部选拔标准、数量、方法和程序，开展干部培训、培养和锻炼。开展人资专业内训大讲堂，以现行有效人资专业制度为重点，邀请集体企业从事人资工作岗位人员参加。

【经营管理】深化“三集五大”体系建设，推进“五位一体”应用落地。完成薪档晋升调整工作。加强内控体系建设，编制业务全流程内部控制工作规范，推动风险管理融入经营管理各层级。实现工程转资完成率100%。细化财力集约化管理，集约化成绩以满分列居基层单位之首，3篇财务管理论文列为公司创新成果一等奖。严格物资到货验收管理，规范评标专家管理；完成物资及服务招标216项，节省资金1377万元。推进基础设施改造设备迁移及报废，推进大杜社、燕郊仓库库存物资核查。承担的公司3项重大政策研究课题和1项重大管理创新项目通过验收。开展业务委托项目专项审计和科技项目结项审计，推进省级计量中心建设项目跟踪审计。完成集体企业改革改制及年度经营考核指标。

【安全生产】推行安全生产“六抓”（抓意识、抓责任、抓培训、抓投入、抓现场、抓奖惩）工作要求，成立安全管理工作组，加大内部安全管控力度。实现固定资产投资2.1亿元，完成全年综合计划。检测安全工器具17 837件，封存不合格工器具316件。协助组织12 600余人次参加安全准入考试，完成900个现场安全稽查，发布违章通知单35张，完成公司安全审计、集体企业安全性评价及信通安全评价。

【技术支撑】 完成全国两会、G20 杭州峰会、敦煌“丝绸之路文博会”等供电保障任务。完成重点支撑任务 1593 项。在电网技术支撑方面，开展特高压接入、张北柔性直流输电工程建设、火电机组发电压减对北京电网影响的仿真分析。完成 72 座变电站 110kV 站区图绘制，开展 16 个属地公司 110kV 变电站接入市调 D5000 集中监控。升级电能质量监测系统，开展重要用户电压跌落仿真 346 次、梳理外电源风险 447 户。完成城市副中心应急供电系统设计。开展二次专业现场安全检查 250 次及 8 座智能站投产前监督检查。搭建智能站二次系统在线监测及事故反演系统并试点应用。完成自动化终端检测 748 台，发现不合格终端 199 台；编制“十三五”配电自动化建设方案，支撑配电自动化建设。梳理分析并安排整改异常台区 7271 台·次。配合编制 15 项配网标准，梳理 2895 个配网建设改造储备项目，编制“一线一图一表”提升方案。

■ 3 月 30 日，电科院组织开展全球能源互联网大会保电工作。（陈旭　摄）

在设备评价方面，发布配网建设改造施工质量整改通知单 262 张、告警单 154 张，发现电网设备家族性缺陷 4 项。开展金属技术监督，发现不合格金属设备 29 件。开展生产维修项目实效评价，发现问题约 900 项。完成电网故障调查分析 170 起，发现批次质量事件 6 起，编写故障分析案例书籍 2 本。实时监测主网覆冰情况，完善雷电监测系统运维。完成 185 条配网线路会诊巡视，发现隐患 3365 处。完成政治供电、迎峰度夏、“煤改电”、故障高发等专项设备评估 20 余项，现场检查重点站线 800 余个，累计发现问题 9000 余条。参加国家电网公司带电检测促进提升活动，发现 500kV 设备重大缺陷 1 例、异常 131 处。拓展带电检测仪器校验种类，完成国家电网公司委托的仪器性能校验。迎接新加坡、俄罗斯电力公司访问及国内兄弟单位调研交流。

■ 6 月 10 日，电科院参加国家电网公司带电检测促进提升活动。（陈旭　摄）

在营销服务方面，完成省级计量中心第一阶段建设任务，建成“四线一库”，实现“整体式授权、自动化检定、智能化仓储、物流化配送”建设目标。推进计量设备直配，首创全品规计量周转柜，将 255 台周转柜部署到公司全部 160 个供电所和 16 个直配点，实现“一级仓储、一级配送”。开展业扩、轮换、抢修三类业务计量设备直配；完成订单 513 单，配送电能表 17.5 万只。开展清仓利库，基层单位表计库存由 52.87 万只压降至 13.61 万只，节约公司库存成本 6000 余万元。检测供应电能表、互感器、采集设备等 6 类 244 万台件计量设备。对现场故障智能电能表进行统一回收、逐具检测、综合分析。推进多表集抄标准化建设，形成北京地方标准。

■ 6 月 27 日，电科院开展智能电能表宣传走进社区活动。（陈旭　摄）

在电能替代方面，检测“煤改电”配网物资 14 595 件，发现不合格物资 314 件。检定配送智能表 9.4 万只，配送计量物资 92.78 万件。26 天建成“煤改电”实景示范展示区，迎接政府、公司领导及媒体参观 11 批次。启动 7 项“煤改电”课题研究。开展 3000 余台“煤改电”台区运行数据专项分析。开展空气源热泵启动异常测试研究。完成充电桩到货检测 295 台、现场验收检测 2473 台、在运充电桩例行检测 1318 台。完成电动汽车运营管理系统及采集系统分时费率功能升级、新旧国标车桩兼容性测试及充电桩接入车联网改造。协助公司编制“十三五”电能替代规划和节能业务规划。

采取物资统一入库、住勤检测模式，完成全年配网物资检测任务。实现北京电网调度电厂电源建模入库覆盖率达到 100%。关口电能表周期校验和电压互感器二次回路导线压降测试完成率均超过 100%。完成厂站工程计量验收 19 站次。处理计量装置故障 23 起，追补损失电量 1400 万 kWh。完成 367 套计量装置现场校验和 90 余路二次导线压降测试，服务京能电力等 14 家发电企业。完成电网运营监控平台建设及分析、核心资源与业财类监测设计分析等重要成果。开展工控系统、营销终端、运检机器人、互联网 APP 等方面监督，发现首发漏洞 19 项、隐患 2389 个。

【科技进步】 全年在研科技项目 58 项，资金 8620 万元。新获批国家重点专项研发课题牵头 1 项、参与 2 项。牵头负责的国家重大专项计划课题“交直流混合配电网关键技术”通过国家科技部中期检查。牵头的 3 项国家电网公司科技项目完成示范应用并通过验收。17 个北京市和公司安排项目通过验收。“兼顾电网安全与智能服务的电动汽车有序充电关键技术及应用”成果获国家电网公司科技进步三等奖。“多功能局部放电检测装置及关键技术研究与工程应用”成果获全国电力职工技术成果奖一等奖，3 项成果获三等奖。5 项成果获电力行业信息化成果奖励，“基于‘互联网+’的电动汽车充电网络商业化运营模式研究及应用”成果入围世界互联网领先科技成果 100 强，在第三届世界互联网大会展示。获公司科技进步奖一等奖 4 项、二等奖 4 项、三等奖 3 项。获公司大数据分析应用创意大赛三等奖 1 项、最富创意奖 1 项。研制成套设备，实现 SF_6 气体在突发泄漏情况下回收处理和零排放。开发智能用电互动平台并试点应用，移峰填谷效果明显。研究交直流混合主动配电网运行生产管控技术，实现区域能源优化配置，支撑延庆区智能电网创新示范区建设。研究微功率无线通信互联互通技术，覆盖电力用户近 400 万户。完成状态评价实验楼改造并投入使用。完成国家电网公司先进配电自动化与配电网优化控制联合实验室年度任务。“煤改电”实验室得到北京市发改委立项批复。建成电波暗室、计量设备环境可靠性、计量通信仿真等实验室，增加检测项目 99 项。

【党的建设与精神文明建设】 落实从严治党要求，完成电科院“两委”换届。开展“两学一做”学习教育，面向全体党员开展“不忘初心　做合格共产党员”主题实践活动。强化党风廉政“两个责任”落实，开展“学准则条例　明纪律规矩　葆清廉本色”特色廉政教育月活动。瞄准“四资一工”（资金、资本、资产、投资，工程项目）、集体企业等重点领域和关键环节进行监督。健全监督工作体系，建立协同监督问题整改销项制度，推进集体企业建立内部监督工作机制。开展中层干部集体述职及年度工作测评，组织民主推荐中层正、副职后备干部。组织跨单位人才培养需求调研，甄选优秀人才，制订培训计划。开展新媒体传播，制作发布 2 期“国网故事汇”评选项目，点击量过 6 万人次。协助公司制作多期微信公众号文章推送。开展“煤改电”工作专题宣传，加强重要事件自主传播。加强利益相关方沟通管理，实施国家电网公司社会责任项目创新实践。服务职工文化生活，建成本部职工之家。青年创新项目在国家电网公司第二届“青创赛”总决赛获得一金一银，创新成果在国际舞台进行展示。持续推进“科技靓青春”品牌建设。

■ 10 月 12 日，电科院团委参加国家电网公司第二届“青创赛”总决赛并摘得一金一银。（陈旭　摄）

创建“健康食堂”，提升食堂服务水平。实施主办公楼房间改造、空调管道维修及院区绿化改造等工程，优化计量新址配套设施建设方案，改善职工工作、生活环境。

（张祎果）

北京电力工程公司

【概况】 北京电力工程公司（简称工程公司）成立于1953年，是国网北京市电力公司全资子公司，下设9个职能处室，以及输电（管理型）、输电（作业型）、变电、电缆、土建、调试、机具7个专业分公司，设应急抢修、综合服务2个中心和1家集体企业。主要从事电网建设、电网运维检修和应急抢修相关业务。

工程公司注册资金8800万元，具有国家电力工程施工总承包一级资质、市政公用工程施工总承包二级资质、房屋建筑施工总承包三级资质；具备承装（修、试）电力设施许可一级资质，智能变电站调试资格A级。可以承揽各电压等级送变电工程、变电站建筑施工任务和市政工程施工任务。工程公司具备年施工220kV及以上电压等级线路工程500km、年敷设110kV及以上电压等级电缆200km的施工能力，包括架设200km城市复杂环境架空输电线路和年安装、调试28座110kV及以上电压等级变电站的施工能力。

工程公司在城市电网建设及电网改造、多回同塔并架线路架设、长距离张力放线、户内型变电站组合电器安装、高压电力电缆垂直敷设、大截面高压电力电缆施工技术方面处于国内领先水平。

地址：北京市丰台区南四环西路188号8区12号乙

邮编：100070

电话：010-63678123

【人力资源】 截至年底，共有全民职工324人，其中高级职称36人、中级职称52人。取得职业技能高级工及以上专业人员232人，其中高级技师17人、技师16人、高级工199人。现有注册一级建造师43人，注册二级建造师21人，注册安全工程师7人，注册造价工程师2人，5人获得省公司级专家称号，1人获得地市公司级专家称号，36人获得公司评标专家资格。截至12月底完成各项培训班92次，培训4201人次，全员培训率达100%。

依照新入企员工培养方案，组织各届入企大学生开展岗位培养工作。培养期间，采取多种形式反馈培养情况，调整培养内容和计划，完善新入企员工培养工作。

落实专业人才队伍梯队化建设工作，针对各级专家及中高级职称和技能等级的评审条件，以及科技创新、论文著作等业绩指标进行筛选，建立“专家—高级—中级”专业人才储备库：省公司及以上级别专家（含后备）储备库，共26人，同时结合基建专家储备工作要求，确定其中16人为基建专家储备人才；高级人才储备库，共38人；中级人才储备库，共62人。

【经营管理】 全年累计投标288项，投标金额99.32亿元，实际中标89项，中标金额17.63亿元。其中，昌吉（准东）—古泉（华东）±1100kV特高压直流工程，是工程公司截至年底中标电压等级最高的施工项目，也是全国电压等级最高的电网项目。利用周经营例会解决疑难问题，加强工程结算力度，累计完成工程结算151项，其中基建62项，配网工程89项，累计完成单项工程成本核算108项。开展“营改增”教育培训，实现平稳过渡。累计清理遗留工程107项，回收遗留资金0.99亿元。加大成本和费用管控力度，材料采购较成本控制价下降4.47%，节约成本5262万元。

【安全生产】 围绕“安全效益年”的宗旨，开展“隐患排查”“春季安全大检查”“安全生产月、安全生产万里行”“安全技能等级评价”“三查三强化”“安全管理双准入”等安全活动，落实各项安全管理专项活动及安全生产责任制，开展反违章和安全生产专项整治活动。实现安全生产365天、3个安全100天，安全纪录累计3653天。未发生上级考核的安全事件。依据北京市安全生产监督管理局《关于开展2016年北京市安全文化建设示范企业有关工作的通知》的要求，创建安全文化建设示范企业，编制发布“安全文化建设手册”。获得“北京市安全文化建设示范企业”荣誉称号。

树立“大安全”管理理念，宣贯“新安全生产法”和“四本安规”。开展“安全生产月”“三查三强化”等活动。执行“安全双准入”工作要求，巡检组巡检生产作业现场623次，巡检覆盖率100%；开展安全日常工作监督；执行“到岗到位”管理规定，安排和监督风险作业现场领导干部到岗到位，确保风险作业现场安全措施落实有效；控制安全工器具采购流程，采用集中询价方式，控制采购成本，保证安全工器具质量；全年共接到公司隐患派工作任务单 61 张，及时将施工隐患整改治理完毕，与市发改委、地方政府沟通，落实管控治理方案，确保隐患可控在控。

■ 4 月，北京城市副中心输电线路迁改工程施工现场。

（李燕楠　摄）

【工程建设】全年中标 89 项，签订施工合同 136 份。灵绍、淮上、锡盟—山东、蒙西—天津南、北京东下送等 47 项工程竣工投产，完成架空线路 778km，敷设电缆 128km，变电安装容量 194.3 万 kVA。其中北京城市副中心电力线路迁改工程和“煤改电”工程建设，获公司特别嘉奖。

■ 5 月，首条入京特高压输电通道——锡盟—北京东—山东 1000kV 特高压工程的配套超高压输电工程建设进入尾声。

（李燕楠　摄）

严格落实标准工艺应用，坚持三级质量检验，开展项目部能力提升和优秀施工项目部评比活动，提升项目部综合管理水平。组织学习《国家电网公司输变电工程施工分包管理办法》，对分包单位资质重新审核，同时完善分包管理评价体系，加强施工分包现场管控。

严控采购程序，规范采购流程，完成 44 项工程近 103 项材料采购，年平均降低率为 6.7%，节约成本 1216.6 万元。输电、变电、电缆、土建专业推广质量控制标准化作业卡，开展关键环节、隐蔽点全过程质量监督和工程质量绩效评价。开展创优示范工程建设，21 项输变电工程获得国网优质工程称号，2 项工程获得国网流动红旗，1 项工程获得国家电网公司创优示范工程称号。“北京东—顺义、太平 500kV 线路工程”获国家电网公司 2016 年度第一次输变电工程流动红旗竞赛优胜项目常规线路工程（500～750kV）安全质量管理流动红旗。“浙北—福州特高压交流输变电工程”获 2016～2017 年度国家优质工程金质奖；“锡盟—泰州±800kV 特高压直流输电线路工程（冀北段）”获国家电网公司 2016 年度第二次输变电工程流动红旗竞赛优胜项目特高压线路工程安全质量管理流动红旗。

【科技进步】发挥创新工作室技术优势，提高施工质量、保障施工安全，利用 GPS 定位和 Google 全景成像技术，以 3D 动态模型展示输电线路工程塔型、走向及跨越情况，开展施工方案演示和施工技术交底；GIS 设备安装采用气垫运输、对接小环境净化、数码照片自动采集软件等技术落实关键环节控制要求；推广应用旋挖钻机、重型起重机、无人机放线等新设备、新技术。

《用于电缆隧道工作井的拼装式钢梯制作》获公司群众性创新一等奖；《输电线路压接管校正工具的研制》《压力式温度表校验支架的研制》《变电站母排冲孔定位器的研制》获公司群众性创新三等奖；《分包安全管理评价在工程实施过程中的实践应用》获管理创新成果三等奖；《500kV 电抗器均压罩的研制》获公司 QC 小组活动成果二等奖；《电缆敷设冬季加热装置研制》获公司 QC 小组活动成果三等奖。《特高压交流线路施工技术实施控制体系》《500kV 交联电缆竣工试验关键技术研究及应用》和《3D 建模在电网建设管理中的应用》获中国电力建设企业协会颁布的 2016 年度电力建设科学技术进步三等奖。

【技术装备】送电专业拥有进口 24 台套、国产 38 台套大型张力机、牵引机，拥有轻型落地式回转式双平臂钢抱杆 1 套、动力伞放线设备 1 套，八旋翼无人机放线设备 2 套；变电专业拥有 6 套真空滤油机、6 台真空机组和 6 台大型 SF_6 回收装置等变电安装装备，能够满足各种室内变电站的安装需要；电缆专业拥有专业电缆运输车 6 辆、电缆输送机 365 台，可满足各种电压等级大截面电缆的放缆施工任务；试验专业拥有德国海沃变频谐振升压设备、交联电缆变频谐振试验系统及油务试验系统等装备，能独立完成500kV及以下电力系统常规电气试验。应急抢修专业拥有水陆两栖车、空气动力船、雪地摩托、履带车等装备，并针对北京城市地形复杂的特点，开展应急装备的配备和研发，实现应急抢险救援装备的现代化、信息化。

【应急运维】完善预警应急响应体系，在现有综合应急救援队伍的基础上，组建应急预备队，充实专业力量；加强应急培训，开展野外拉练和实战演练，参加国家电网公司、北京市电力公司及工程公司组织的培训6次，参加各级组织的演练9次；全年启动四级及以上应急17次，完成除夕夜莱市口变电站漏水抢险、“2·1”中芯国际变电站抢修、“7·20”太福庄变电站防汛抢险、“11·20”延庆区应急驻守等任务。加强运维管控，开展500kV通朝、安朝及220kV三北一、二线路巡视工作，开展反外力活动，加大宣传力度，签订《电力设施保护安全协议书》；开展百日安全专项行动，加强线路巡视，实施风险隐患24小时监守，确保线路平稳运行；全年消除树线矛盾2.8万棵，消除线路缺陷327件，消缺率100%；完成春节、全国两会及全年供电运维保障工作，确保代维线路安全可靠运行。

【党的建设与精神文明建设】落实全面从严治党要求，扎实开展“两学一做”学习教育，通过个人自学、集中研学、基层送学、媒体促学等形式确保学习全覆盖。围绕特高压工程建设、北京城市副中心建设等重点任务，成立1支党员突击队和3支青年突击队。制定印发

■ 7月20日，北京全市普降暴雨、局部地区出现大暴雨天气，工程公司迅速启动预警Ⅲ级应急响应。（肖轩　摄）

《党员示范岗评选管理办法》，开展“党员示范岗”评选活动。深化党员服务队“三化”建设，开办“农民工夜校”、安全宣教等活动，服务工程建设任务。依托职工之家和文体协会，建立文体活动常态化管理机制。坚持把落实主体责任、发挥领导核心作用放在突出位置，细化任务清单、量化考核标准，深化“两个责任”落实落地。多次策划北京东特高压入京工程、北京城市副中心建设现场新闻发布会，邀请中央、行业媒体记者走进施工现场，开展重点工程建设的宣传报道。全年在《北京电视台》《人民日报》等社会媒体报道40余次，在公司媒介平台发稿256篇。

（秀景琪）

检修分公司

【概况】国网北京市电力公司检修分公司（简称检修公司）成立于2012年5月24日，由原变电公司、输电公司、电缆公司和带电作业中心4个单位整合而成，业务范围广、人员数量多，所辖设备覆盖首都全部16个区县，是公司规模最大的二级单位。检修公司下设7个职能部室、11个专业生产中心、2家集体企业。共管辖变电站274座，架空输电线路630条6232.09km、电缆线路783条1978.367km，固定资产总额551亿元。2016年，检修公司在国家电网公司新发布的同业对标评比中获得网省级标杆及华北区第一，获得公司先进单位、安全生产先进单位、“三集五大”体系建设功勋单位、集体企业先进单位等荣誉称号。

地址：丰台区万泉寺（菜户营南路）石门甲1号
邮编：100069
电话：010-63120400

【人力资源】截至年底，共有职工2549人。其中，全民职工1194人，主业劳务派遣职工109人，集体工130人，集体企业社会化用工1116人。全民职工中本科及以上学历592人；高级职称97人，中级职称231人；技师及以上职业资格776人，高级工281人。

深化干部管理，调整中层干部50余人次，提拔任用4名科级、6名副科级干部。推动各类人才培养，加大专家人才培养力度，17名优秀人才当选地市级公

司及以上专家及后备人才，同时内部选拔了30名技术技能专家。完成23人后续学历认证，51人通过了职称认定；42人通过技师考评，73人通过高级技师考评，人才当量密度提升至1.1477。建立青年人才培养阶段性考核及定期座谈制度。首次开展“职能管理之星”评选，树立先进典型。加强绩效考核管理，试点开展“工时积分同价计酬”机制建设。

【经营管理】根据“大检修”机构调整和业务变动，调整职能、工区、班组三级对标体系和奖惩机制。强化京电集团安全和工程质量管理，优化内部业绩指标体系和各分公司经营承包制，提升企业盈利能力。全年京电集团完成合同签署756项，涉及金额7.35亿元；管道公司项目竣工率达89.6%，工程结算率达92.2%。建立管理、科技、文化统筹管理的创新机制，共有80余项科技项目和学术成果获得荣誉，合计奖励26.57万元，涉及人员160余人次。编制工程审计规范手册，完成225项工程专项审计问题的整改和验收工作。完成工程转资任务，完成本年结算转资工程，将历史遗留的基建、迁改等53项工程进行据实结算转资，获得公司流动红旗。

成立运检指挥中心，建成集“信息交互、生产指挥、分析决策”于一体的生产指挥中枢。成立状态监测中心，合并变电、电缆监测人员和设备，研究制定继电保护、主变压器有载开关等7类深化状态检修的策略，并将状态监测专业由班组级管理提升至中心级管理。实行业务区域化管理，变电运维专业东北、东南、西南和西北4个分区，变电运维半径由74km缩减至40km，基本实现“一小时运维抢修圈”。在清河、太阳宫班试点推行“运行班+行政班”的工作模式，提升人员承载力。

■ 7月31日，检修公司员工在运检指挥中心工作。（刘洁星　摄）

【安全生产】全年未发生人身伤亡事故、信息系统事件，五级及以上电网、设备、火灾事故，有管理责任的五级安全（质量）事件，恶性误操作事件，以及本企业有责任的特大交通事故。35kV及以上电网发生六级及以下安全事件62次，其中六级安全事件4次、七级安全事件4次、八级安全事件54次。实现政治供电“零闪动”、安全生产“零死亡”目标，累计实现3个百日安全长周期。

落实各级安全责任，结合业务和机构变动，修订安全生产职责，完善安全管控体系，细化安全生产奖惩实施方案，发放安全生产综合奖励288.77万元，考核9.9万元。开展安全大检查，落实“三查三强化”工作要求，深入排查安全隐患，落实治理和差异化管控措施。两级巡检组现场安全检查2098次，发现整治问题74项。强化前期计划管理和方案分析审核，特别对于智能站改造、外施工单位承接的工程，严格关键环节把关，确保934项风险任务、150项大修技改项目的高效推进。修编公司内部典型事故案例62个，防控安全风险。编制应急响应工作卡，修订专项应急预案23个，现场处置方案844个，首次组织全要素直流融冰应急演练。开展“树典型、保安全”安全竞赛，评选30名“无违章工作负责人”，奖励额度高达2万元/人。获得公司“检修杯”安全知识竞赛一等奖、北京市安全生产月活动“最佳实践活动奖”等荣誉称号。

■ 11月21日，检修公司首次应用直流融冰车开展应急演练。（尹星　摄）

完成迎峰度夏和防汛任务，平稳应对2082.8万kW历史最大负荷及“7·20”特大暴雨考验。提升政治供电水平，完成全国两会、十八届六中全会等168项重要政治供电任务。

完成82座220kV及以上变电站专用规程的修编审核，实现专用规程标准化落地。修订检修质量控制卡，做好保护自动化“三误”预控，完成通州区域变电站

■ 8月13日，检修公司组织迎峰度夏重点路线特巡排查。
（李东学 摄）

■ 12月29日，国家电网公司总经理寇伟到检修公司调研“大检修”建设情况。
（尹星 摄）

继电保护定值、压板、反措执行情况的核查，发现整改问题149项。修订反外力奖惩管理办法，加大生命线和保电线路外力考核力度，提升外力防控水平。增强设备管控，完成82座220kV及以上变电站、3713km线路的精益化建设，以及电缆隧道基础数据核查工作，变电、输电（含电缆）精益化率分别达到100%、75%。推广绝缘杆作业法带电接引流线和恢复绝缘技术，带电作业化率提升至96.14%。加强工程及物资管理，完成通州变电站主变压器扩建、西北旺站扩建等11项工程建设任务，220kV西大望站扩建工程以总分第一的成绩荣获“优质输变电工程”。清理和拍卖变电站废旧物资500余万元、处理积压7年的临时塔材2500t。

开展反外力百日专项活动、“做合格党员，降低设备故障率”等活动，首次应用雷达探测摄像头、直流融冰车等新技术、新手段，加装反外力视频监控设施500套，基本达到生命线通道隐患全覆盖。输电（含电缆）、变电设备故障率同比分别下降30.4%、44.4%。

【体制改革】作为大中型城市“三集五大”再集约的试点单位，检修公司完成北京电网城近郊和通州区35kV及以上，远郊110kV及以上输变电设备运维检修业务的集约工作，维护设备量同比增长190%，总体设备故障率同比下降31.8%，初步建成符合大型城市电网运维检修管理体系。集约后，主网资源进一步集中，运检变电容量由112.88MVA/人提升至149.81MVA/人；运检输电线路由39.54km/人提升至57.88km/人；检修业务成本费用率由90.94元/万元降低至65.08元/万元；初步达到集约化管控、精益化建设的目标。

【技术支撑】引入“互联网+”和大数据概念，实现电网设备和作业人员的透明管控。建成智能管控平台，将PMS、OMS等多个信息系统数据集成；将终端分布情况纳入监视范畴，提高信息监视的深度；设置分析决策模块，建立专家会商机制，开展现场管理、缺陷管理、计划管理、应急管理、政治供电5大类运检综合业务的协同指挥，提升信息监视、现场管理、生产指挥、分析决策和应急抢修水平。开发移动作业终端，组织80多名一线骨干众创众筹，开发移动作业终端，覆盖7大专业218个流程。年底，终端通过中国电科院安全测试，正式部署于内网，338部终端投入一线使用。

■ 11月1日，检修公司被授予全国模范职工书屋称号。
（尹星 摄）

【党的建设与精神文明建设】组织“两学一做”学习教育，加强党员思想建设。落实“两个责任”，开展领导干部批评和自我批评以及“七廉”活动，履行“一岗双责”。启动卓越文化落地工程，开展“做合格党员，降低设备故障率”专项活动。打造企业文化阵地建设，通过纯电子、动态文化长廊多层面提升员工“大检修”意识和团队执行力。开展“大检修”深化集约、“树典型　保安全”、春秋检等专题系列宣传，打造“两微一端”新媒体阵地。开展健康食堂创建，改造食堂结构，增加菜品种类，在公司健康食堂创建中获得流动红旗。关心关爱员工，检修公司多媒体阅览室被评为全国模范职工书屋。开设健美、舞蹈等系列课堂，投入30万元为新成立班组开展小家建设，满足职工需求。制订《关爱青年员工成长行动方案》，开展“青年新星”和“青年之星”评选，并选拔优秀员工进党委中心组“晒成长”。全年，20个单位、216人获得各类先进荣誉，26个集体获得公司及以上荣誉，变电运维西北中心清河运维班荣获国家电网公司一流班组，检修公司团委荣获国家电网公司“五四红旗团委”。

（刘　丛　刘　媛　温春婷　何　璇）

信息通信分公司

【概况】 国网北京市电力公司信息通信分公司（简称信通公司）是国网北京市电力公司信息和通信业务的专业支撑机构，负责公司信息与通信系统的建设、运行、维护工作。设置办公室、党群工作部（监察审计部）、财务资产部、人力资源部、安全监察质量部、技术发展部6个职能部门以及信息通信调度监控中心、信息通信运检中心、信息通信工程中心3个专业机构。

地址：北京市丰台区南四环西路188号
邮编：100070
电话：010-63123865

【人力资源】 截至年底，有全民职工212人。其中，研究生及以上学历35人（博士4人），占比16.5%；本科学历64人，占比30.2%；大专学历26人，占比12.3%；大专以下87人，占比41%。生产一线员工中专科以上占比66%，其中信息通信或电力背景76人（电子信息类42人），占比55.8%（30.9%）。

累计遴选国家电网公司级专家人才2人；省公司级专家人才后备2人；地市公司级专家人才5人、后备2人，初步建成分类分级优秀专家人才梯队。完成培训9704人次，人均学时931.6小时，员工培训率100%。组织员工参加专业技术资格评定以及相关行业的技能培训、鉴定工作，组织84名员工报名参加北京市通信行业职业培训，其中高级技师23人、技师48人、高级工13人，并全部取得相应证书。通过后继学历（学位）认证2人次，其中硕士研究生学位认证1人，学士学位认证1人。人才当量密度达1.155 7。

【经营管理】 完成深化预算管理、依法规范核算、加强资金管理、深化工程财务管控、加强资产管理等共8项财务年度重点工作，其中工程项目转资完成率达100%，荣获公司劳动竞赛流动红旗。完成可控成本、财力集约化两项绩效考核指标。完成财务标准一体化工作，落实财务标准岗位责任。初步建立成本多维度反映体系，参与编写的《输配电成本多维反映研究与应用》获评公司2016年度财务管理创新优秀成果。加强往来款项管理，形成的《降低往来款项挂账金额》荣获公司2016年度QC成果三等奖。完成公司审计部开展的对领导任期经济责任审计、工程专项审计。完成公司工会开展的对基层工会财务收支与预算执行情况的审计。完成公司财务部组织开展的资产账卡物一致专项治理工作、资金安全专项检查工作。

【安全生产】 全年完成3个百日安全长周期。未发生电力生产人身轻伤及以上事故、统计和考核的一类障碍及以上事故及信息安全事件，累计安全生产无事故1713天。

开展信息通信安全性评价工作，完成48类1171项安全资料规范备案，专业安全性评价成绩进入国家电网公司前5名。开展安全大检查暨履职尽责专项行动，健全明责、履责、问责的安全管理机制，全年安全事件、典型违章同比降低45%、21%。创新推广安全巡检移动定位终端，实施工作计划高压管控，实现重点风险现场巡检全覆盖。开展42家施工单位安全廉洁从业约谈，全年检查现场工作532项，领导人员把关339人次。编制隐患排查标准130项，累计排查隐患61项。编制完成21个重要信息系统深度运行方式。梳理业务账号3万个，清除临时账号4千个。完成通信网方式分析及风险评估工作，方式优化调整271项。完成各类通信调度工作8898项，协调处理各类通信缺陷707次，执行通信各类停复役检修工作102项。

完成全国两会、G20杭州峰会、十八届六中全会等特、一级保障任务64项，投入信息通信专业保障人员2万余人次，保障各类会议1973次，保障时长5944小时。推动技术与管理创新，发布重大活动信息通信保障工作实施细则，编印信息通信保障标准化作业书20余套，修编专项预案、现场处置方案62项。

【科技进步】荣获国网信通部颁发的信息通信先进集体。完成专利申请23项，其中发明13项，实用新型10项，获得实用新型专利授权7项。在核心期刊发表或已录用论文30余篇。

“通信管理系统”获中国电力科技进步三等奖；“基于城市配电网的光电综合箱ADSS相间敷设及多场景EPON组网应用”获2016年全国电力职工技术成果三等奖；“考虑专业融合的配网运营指挥平台开发应用”获公司科技进步一等奖；“信息安全数据基线及安全事件预警分析的研究与应用”获公司科技进步三等奖；“信息通信一体化移动运维智能终端”获公司科技进步三等奖；“基于开源技术交互式自动维护系统的研究与应用”获公司科技进步三等奖；“输电巡视管理平台及移动应用”获公司群众性创新二等奖；“电网资源基础数据质量检查工具软件”获公司群众性创新三等奖；“一体化电量与线损管理系统计算模型与典型问题处理方法指导书”获公司群众性创新三等奖。

支撑国网省信通公司内部对标配套保障信息通信专业一级指标4项，细项指标300余项，完成既定目标。参与25家国网下属省级信通公司机构对标评比获得第9名，荣获公司对标功勋单位称号。

■ 信通公司2016年度荣获信息通信集体等荣誉证书。（马鑫　摄）

【优质服务】完成春检、秋检及日常检修工作110余项；完成通信网方式单及工程配合600余次，21186接听来电13万次，处理工单10万余份；完成“信息安全攻防演练”等专项运行工作20余次。在各类保障及日常运行工作中，信息通信运行情况总体平稳，为公司提供优质服务及支撑公司电网发展发挥了巨大作用。

【党的建设与精神文明建设】以“两学一做”学习教育活动为契机，坚持领导带头，领导班子成员及各级党员干部讲党课廉课49场次。结合纪念建党95周年、纪念红军长征胜利80周年，组织党员参观抗日战争纪念馆、军事博物馆，回顾党的发展历程，学习长征精神。开展“重温誓言、做合格党员”入党誓词抄写活动。强化“关键在做”，制定落实问题整改措施8项，召开民主生活会。完成党委、纪委换届选举工作。开展194人次党员组织关系排查，实现失联党员、组织关系应转未转“双零”目标。完成党费收缴工作。共产党员服务队发挥专业优势，开展“安全在我心中”网络安全知识宣传和爱心助学活动。关注员工心理健康，组织压力管理专家讲座、心理健康咨询等活动。坚持“党建带团建”，组织系列主题实践与青年志愿者服务活动。荣获国家电网公司第二届青年创新创意大赛铜牌，荣获国家电网公司党群队伍技能竞赛突出贡献单位称号。

■ 7月1日，信通公司召开纪念建党95周年创先争优表彰暨“两学一做”学习教育推进大会。（马鑫　摄）

（朱　颖　王　磊　李秀芳　郝　颖　王　辉）

培　训　中　心

【概况】 国网北京市电力公司培训中心（简称培训中心）是国网北京市电力公司职工教育、人才培养的基地，担负着公司党政领导干部、管理人员和技术技能人员培训、职业技能鉴定工作，承担各类会议的服务保障工作。培训中心现分为模式口、大雁楼、亦庄3个校区，总部设在石景山模式口校区。共设置8个部门，职工总数129人。

被评为公司“三个建设”功勋单位、北京市交通安全先进单位、中国电力行业职业技能鉴定先进鉴定站、国家电网公司党群队伍技能竞赛通报表扬单位、公司2016年全球能源互联网知识竞赛优秀单位。两项QC成果获得公司一等奖，一项管理创新成果获得公司三等奖。

地址：北京市石景山区模式口三号院
邮编：100041
电话：010-63679500

【经营管理】 培训中心积极探索改进员工绩效评价机制，制定并实施《国网北京市电力公司培训中心员工绩效工资核定实施细则》和《国网北京市电力公司培训中心“绩效积分制”实施方案》，初步建立评价员工绩效贡献的激励机制。按照公司要求，梳理大雁楼宾馆物资评审用房项目，核算工程退款，推动竣工决算，完成转资工作。强化资产管理，严谨开展账卡物一致专项治理工作，梳理各类固定资产情况，推进账实不符资产的整改工作。加强合同管理，落实通用制度，在公司季度合同管理考核中取得良好成绩。推进并落实ISO 9001质量管理标准和ISO 10015培训管理标准，通过年度审核。

加强培训师队伍建设，举办专职培训师技能培训和竞赛，强化专职培训师理论知识、授课技能的培养。通过竞赛进行专职培训师认证，制定《培训中心专职培训师管理细则》。配合公司完成第一批兼职培训师的选拔和认证。

落实公司统一部署，按时完成改革改制方案的编制上报工作。完成翠微山矿泉水厂清算关闭、大雁楼宾馆移交等工作，启动进网作业培训中心、供电培训学校的注销工作。

【培训工作】 完成公司领导干部、公司本部人员、专业管理及技术人员岗位轮训、技师强化培训、优秀专家人才和兼职教师培训等重点培训任务。完成依法治企、党群专业、全球能源互联网、配电网调度等14个竞赛调考集训班组织实施工作。线路工程设计、依法治企、党群专业等项竞赛在国网系统取得良好成绩，公司同业对标相关指标从E段跃升到B段。完成各类培训、会议、考试、鉴定、竞赛共480期，培训量达到80 431人次，同比增长45.03%。培训任务完成率100%。举办进网作业及特种作业培训班45期，培训量为15 254人天次。

■ 5月10日，培训中心举办公司处级领导干部培训班。
（马建飞　摄）

落实技能鉴定年度计划，完成1930人次的初、中、高级职业技能鉴定工作，790人通过理论和实操的考核，获得相应等级的职业资格。完成505人次的技师级别的技能鉴定工作，329人获得技师职业资格。组织开展《电能表错接线排查课程》《党支部书记课程体系搭建》等精品课程开发。完全自主研制开发便携式错接线排查相量图表、开展《管理人员知识技能测评题库》成果应用及微课程开发、课程试讲等工作。《缩短管理人员培训需求调研时间》等两项成果获得公司QC发布一等奖。

完成并上报《国网北京市电力公司实训基地建设方案》。入驻亦庄实训基地，完成培训班的组织实施。推进实训设备购置及验收、调试，为下一步开展培训做好准备。

推进网络大学建设，编制培训项目228项，推送课程60门，考试计划168项。全年网络考试人数达5.1万人次；网络登录达到123.6万人次。完成123门课程制作上线，国家电网公司网络大学优秀课件及优秀项目评选活动中共计17个项目获奖。

【服务保障】 培训中心以精心准备、热情服务为标准，完成公司"两会"、年中会、公司专业会议、离退休金婚庆典等重要会议和活动服务保障工作。获得2016年"健康食堂"流动红旗。争取资金实施培训设施改善工作，完成培训场所内部线路改造、加装直饮水设备及外保温，实施校园雨污水及供暖管线改造，启动配电室及低压电缆改造等工作，恢复公寓客房20间、改造单身宿舍、为会议室配备空气净化器、更换会议室地毯，为承担培训任务奠定基础。

落实公司"三查三强化"隐患排查工作要求，按照安全隐患程度，分类编制设施设备安全隐患改造项目清单，加强安全隐患治理工作。定期组织召开安全生产委员会月度例会。加强定期检查和日常安全巡查，及时发现问题和隐患，并督促整改。

【党的建设与精神文明建设】 开展"两学一做"。组织开展专题党课活动，党政主要负责人带头讲党课，各支部广泛开展党课和主题党日活动。组织全体党员开展"手抄党章一百天"活动，赴冀东抗日根据地纪念馆参观学习，组织纪念建党95周年知识竞赛。共产党员服务队持续开展"电力爱心教室"活动。各党支部结合自身实际，开展党课和专题研讨活动。召开党员大会，完成党委、纪委换届选举工作。

制定《培训中心党风廉政建设重点任务清单和考核负面清单》，梳理细化党风廉政建设重点工作任务，推动"两个责任"落实制度化、规范化、具体化。落实八项规定要求，将八项规定落实情况纳入党风廉政建设责任制考核和协同监督重点事项。制定《培训中心党风廉政约谈规则》。强化重点岗位人员"干事、干净"理念，开展专题培训，落实廉洁从业要求，开展"七廉"活动，落实廉洁从业教育"五必须"要求。

■ 11月8日，培训中心召开党员大会。 （马建飞 摄）

发挥青年员工作用，组织开展素质拓展、第一届青年创新创意大赛、"读书会"、"网上青年角"等活动。工会落实民主管理要求，拓宽职工反映诉求渠道，丰富职工文化活动。开展"送温暖"活动，关心关爱困难职工，做好离退休管理工作。

（卢 焰 娄 强）

物资分公司

【概况】 国网北京市电力公司物资分公司（简称物资公司）作为国网北京市电力公司直属二级单位，经历了60多年的发展历程，有着优良的传统和企业文化，承担着公司大宗物资招标、采购和仓储配送以及非电力物资供应重任。主要负责公司各单位物资供应和物资仓库管理，物资计划收集、汇总和结算审核，招标和非招标物资采购、合同签订和结算，履约协调，产品质量，供应商关系管理，仓储配送，废旧物资处置及应急物资管理等工作，是公司的物资保障机构。下设综合管理部、党群工作部、财务部、物资计划部、物资采购部、合同管理部、质量监督部、招标部、物资供应部（含物资调配中心）及仓储配送部。集体企业有北京市华德工程中心1个经营实体。

地址：北京市西城区樱桃二条七号
邮编：100054
电话：010-63679119

【人力资源】 截至年底，共有全民职工128人，多经直签职工60人。其中，研究生及以上学历17人，本科学历70人，专科学历18人；高级职称11人，中级职称30人；技师及以上执业资格59人，高级工21人。制定新员工入职培养工作方案，分阶段开展新员工岗前培训和轮岗实习，初步构建了青年员工跟踪培养机制；与专业机构签订培训合同，建立“引进来”培训制度，组织“物资达人”新媒体应用、物资全流程业务等培训 25 期，参培人数达 750 人次；组织职称申报、学历认证工作，18 名职工取得中级或初级职称，消除了“三无”（无学历、无职称、无技能等级）人员，解决了长期困扰人力资源业绩考核指标提升的历史难题。人才当量密度 1.142 9，同比提升 2.9 个百分点；狠抓竞赛调考组织业务骨干逐层开展集训备考。

【经营管理】风险防控能力持续增强。作为公司财务首批试点单位，实现业务凭据电子化系统上线运行；加大物资应付暂估款和长期挂账款项清理力度，完成 8 项工程的转资工作，转资完成率 100%；应对合同纠纷诉讼、协助执行案件，完成 21 家违约供应商案件起诉，结案 19 起；迎接国家电网公司经济责任审计及集体企业专项审计，组织开展 2016 年竣工决算项目和“煤改电”物资跟踪审计；定期召开协同监督会，将效能监察融入企业内控体系，开展廉政约谈，召开 2016 年“双向互保”大会，举办“走进西城检察院”“大家学宪法”等廉政教育活动。

后勤资源实现统筹管控。启动账卡物一致专项治理工作；梳理闲置土地和房屋，完成办公用房改造调整，对安全隐患设施进行整治维修；开展档案库房搬迁，制定档案管理细则，推动招标采购、合同履约资料的收集归档。集体企业管理逐步规范。完成北京今佳物业管理中心、北京市科创新业物流有限公司和北京市供电物资电气工程公司三家企业的清算关闭，华德公司完成改制，集体企业改革改制任务完成率业绩考核指标在公司排名第一档。

【安全生产】强化安全风险预控管理。落实党政同责、一岗双责、失职追责，组织签订安全生产责任状，实现安全责任到岗到人；启动安全月度例会制度，定期通报分析安全生产情况，加大现场安全监督力度；开展“三查三强化”安全专项行动，排查整治各类安全和物资度夏防汛隐患 25 项，保障了仓库和物资安全。健全物资应急保障体系。修订物资应急保障预案，扩建物资应急救援队伍，配备应急抢险车辆，组织开展应急防汛、消防演练；落实电网风险预警响应机制，发布Ⅲ级及以上预警 15 次，应急人员 90 人次；编制应急工作卡，完善应急物资领用流程，提升物资应急响应速度。加大安全教育培训力度。开展“安全月”主题活动，组织全员安全规程考试，举办消防安全、交通安全、新《安全生产法》学习等安全培训，发放致员工家属的公开信，组织观看安全教育警示片，提升员工安全技能水平，增强安全意识。

【科技进步】创新创效取得突破。2 项管理创新成果荣获公司一等奖和三等奖；2 项 QC 成果荣获公司三等奖和优秀奖；2 项课题研究成果荣获公司科学技术进步二等奖和三等奖；公开发表科技论文 4 篇，取得实用新型专利两项；物资配送班荣获国家电网公司“工人先锋号”。

【优质服务】物资服务质效改善。编制《物资业务工作月报》，向职能部门及时沟通汇报工作进展，主动响应和落实专业工作要求；编制《物资业务服务指南》，面向各建设单位公开服务标准和业务联系人，先后到城区、大兴、亦庄等项目单位进行走访，畅通物资信息收集和反馈渠道，提升履约服务效率；组织开展物资计划、合同履约等全流程业务培训，对物资管理薄弱的项目单位开展“一对一”业务指导，促进业务支撑和服务责任的落实。

■ 7 月 6 日，物资公司共产党员服务队来到北京科锐配电自动化股份有限公司协调物资配送中存在的问题。（王聪超 摄）

【党的建设与精神文明建设】加强基层党组织建设，推进“两学一做”学习教育，组织中心组学习 18 次，扩大会议 13 次，举办“两学一做”学习教育知识竞赛，召开庆祝建党 95 周年创先争优暨“两学一做”学习教育表彰大会，推动学习教育落地；深化共产党员服务队建设，物资配送共产党员服务队荣获公司金牌服务队称号；党委被授予西城区“区域党建先进单位”称号，开创内质外形建设新局面。

成立舞蹈队、合唱团、书法摄影等多个专业协会，丰富员工业余文化生活；完成健康食堂改造，改善员工饮食条件；组织开展全民健身趣味运动会、“金秋健步走”等主题系列活动。

（武　鹏）

综合服务中心

【概况】国网北京市电力公司综合服务中心（简称中心）成立于2012年4月，是国网北京市电力公司的直属二级单位。负责人事、科技、基建、会计、文书、声像等档案管理工作；公司续志、年鉴资料搜集和编撰工作；公司报刊杂志出版发行、内外网站新闻宣传及影像新闻制作；公司各类学协会等社团的归口管理，受托承担农村电气化期刊社和中国农村电气化信息网的日常工作；公司层面临时机构专职人员、外借人员、本部司机等员工的人事关系管理。下设综合管理部、人力资源服务部、财务资产部、媒体业务部（报社）4个部门，代管学协会管理部。综合管理部内设档案馆、史志办公室；媒体业务部（报社）内设编辑处、影像处、网络宣传处、新闻采访处。

地址：北京市西城区前门西大街41号
邮编：100031
电话：010-63121421

【人力资源】按照公司人力资源管理相关文件要求，开展各项常态工作，完成本年度薪酬、保险、福利、外部劳务费、劳动保护费的核定、发放及人力资源组织结构、劳动统计、福利保障、教育培训报表月报、年报工作。按照公司整体安排，完成薪点工资积分认定工作，确保岗位绩效工资制度在第一年稳定运行。完成国家电网公司ERP集中部署系统薪酬模块、福利模块同步试运行。

【财务管理】定期开展线上稽核，编报月度、年度财务决算报表，完成年度会计核算及决算工作。成立以主任任组长的工作机构，完成账卡物清理核对工作。开展资金安全专项自查及其他成本单位间的互查工作，加强资金安全管理工作。开展税收自查工作，对中心所涉税种进行自查，依法、依规完成税务相关工作。迎接国家电网公司经济责任审计延伸审计。

【档案管理】推进档案工作标准化、规范化，共计接收、审核公司收发文件8218余件、授权委托经济合同300件、组卷592卷；人事档案提供利用1720卷，归档材料17 518份，公证材料及查档证明238份，复印档案材料157份，整理干部档案837卷，转递人事档案54卷；工程档案完成整理立卷、上机上架1688卷，使用国家电网公司档案管理系统客户离线端归档的项目83项；会计档案接收1224册；声像档案照片入册1969张。

配合建设单位完成基建项目争创国家电网公司优质工程，对近40个参建单位的档案进行检查，培训指导，对不合格档案进行整改为“煤改电”工程竣工资料管理指导手册提供支撑，多次与营销部讨论“煤改电”工程竣工资料管理指导手册内容，为“煤改电”工程档案的收集整理奠定基础。

参加北京市档案局召开的年度京津冀协同发展建设项目档案工作会议，针对市重点工程与基建部项目经理沟通，交底会议精神及今后要配合档案局完成的任务。按要求向北京市档案局上报年度京津冀协同发展建设项目档案开工情况。

按照国家电网公司要求，开展锡盟—山东1000kV输变电工程档案移交工作，为参建单位编写培训课件，进行现场培训，配置档案离线客户信息，与参建单位加强沟通，指导参建单位编制合格的档案资料。

接收新入企职工档案共计519卷，完成人员核对，档案筛选、整理、鉴定、分类、编号、编目、归档等工作，并按干部人事档案专项审核工作要求，对入企职工档案进行材料鉴定，整理，对缺失不全材料进行追要补充。截至年底，2016年新入企职工档案立卷工作已全部完成，公司新入企职工档案已完成178卷。

【志鉴管理】按照公司年度志鉴编制工作计划，组织完成《国网北京市电力公司年鉴（2016）》编撰出版工作，并向《国家电网公司年鉴》《中国电力年鉴》《北京工业年鉴》《北京市西城区年鉴》等编辑部提供年鉴稿件。参加北京市经信委主办的2016年《北京工业志鉴》工作会议，国家电网公司年鉴编辑部召开的国网电力年鉴工作审核会，以及中国电力发展促进会主办的《中国电力年鉴》工作培训会。组织专家组对文稿内容、照片进行修改、编辑，完成4次清样审核。同时，组织完成《北京供电十年（1999～2010）》的出版发行工作。吴国健获得北京市系统地方志工作先进个人称号表彰及北京工业志编纂工作突出贡献证书。

【学、协会管理】完成中电联等社团的会费交纳工作。

■ 6月，公司组织编撰的《北京供电十年（1999—2010）》出版发行。（吴国健　摄）

完成北京电力行业协会47家会员单位的注册工作；完成2015年度职称认定，完成457人的资料审核、认定、制证发放工作。完成2012～2015年度初级职称认定，制证2369册。完成2015年度北京电力行业优秀QC成果评审工作，对入围的45个QC成果进行审核，评选出QC小组活动优秀组织者6名、优秀推进者6名、质量信得过班组9个。上报中国水电质协4个QC成果，获一等奖1个、二等奖1个、三等奖2个。

组织召开农村电气化专委会“分布式能源接入占高比例时配电网消纳能力”论坛，邀请8位知名专家作了主题报告，来自电网企业、设计院、科研机构、高等院校及电力设备企业共计300余名代表参加了论坛。组织召开主题为“农村可再生能源高效利用”的科技与教育分委会2016年学术会议，来自分委会的70余名代表参加了会议。

【党的建设与精神文明建设】 落实公司党委要求，开展“两学一做”主题教育，领导班子带头讲党课、带头查问题，树立“四个意识”。加强党风廉政建设，落实“两个责任”，开展领导干部“七廉”活动，组织集中学习研讨，举办专题党课。加强与兄弟单位的学习沟通。组织员工开展文体活动以及读书、摄影等活动，参加公司组织的体育比赛，倡导健康生活理念，营造良好工作氛围。

（居　然）

客户服务中心

【概况】 国网北京市电力公司客户服务中心（简称客户服务中心）是国网北京市电力公司直属二级单位，作为公司“大营销”体系业务支撑和实施机构，承担着重要客户差异化服务、业扩报装集约办理、95598服务、电费账务和交费渠道管理、营销稽查监控等专业管理职责，并代管北京电力展示厅。

设置办公室、财务资产部、人力资源部、党群工作部（监察审计部）4个职能部门和重要客户服务部、大客户服务部、95598客户服务部（95598远程工作站）、95598运营管理部、电费管理部、营销技术支持部6个业务机构，代管北京电力展示厅。受托管理北京惟明力通工程监理有限责任公司。

先后获得公司“优质服务先进单位”“三集五大体系建设突出贡献单位”“业扩‘五新’服务红旗单位”等荣誉称号，共计收到中央军委机关事务管理总局营房局、中芯国际、联通公司等客户送来的锦旗7面。

地址：北京市东城区东打磨厂街1号
邮编：100062
电话：010-63122088

【人力资源】 截至年底，共有全民职工134人，集体企业用工228人。全民职工中，博士学历1人，研究生学历35人，本科学历87人，专科学历11人；高级职称26人、中级职称57人、初级职称46人；技师及以上职业资格21人，高级工53人，中级工11人。现有国家电网公司级专业领军人才2人、地市公司级优秀专家人才2人、国家电网公司级优秀专家人才后备1人，省公司级专家人才后备4人、地市公司级优秀专家人才后备1人；1人被中组部、团中央选派参加援藏建设。

建立两级绩效考核体系，突出责任落实，将公司关键业绩指标和客户服务中心年度重点工作任务细化分解，以责任书形式落实到各个部门；在部门内部建立多维度考核体系，实现绩效考核全员覆盖；优化指标权重，建立考核结果月度反馈机制，确保考核结果公平公正；将考核结果与薪酬分配、绩效等级、先进评选联动，建立一级抓一级、层层抓落实的工作格局。以大客户服务部为试点，开展“五位一体”应用，梳理固化业扩报装业务流程、制度标准、岗位职责。利用网络大学竞赛调考等方式，加强人才培训，荣获公司会计知识竞赛优秀单位。推行岗位流动机制。主业员工补充8人，进人渠道得到拓宽。

【经营管理】开展“三查三强化”、履职尽责专项安全大检查，建立安全巡检机制，加强值班和应急值守工作。建立经法及体改工作月度例会机制，编制《客户服务中心合同管理全要素问题清单》，完成深化“三集五大”体系重点任务23项。加强预算源头和过程管控，完善月度滚动预算执行机制，年度可控费用完成99.94%。配合公司完成财务管控资金支付系统试点工作。开展资金安全专项检查，完成账卡物一致专项治理工作，推广财务标准一体化应用。落实“营改增”工作要求，完成税费业务适应性调整。完成自建信息系统安全隐患专项排查。祈年大街办公新址投入使用，左安门办公区完成修缮改造；开展“健康食堂”创建，通过公司验收。完成集体企业改革改制任务。

【重要客户服务】在国家电网公司层面参加青创赛、管理创新推广、社会责任根植项目评选，为G20杭州峰会提供保障咨询服务。配合公司编制《2016年度重要客户差异化服务工作方案》《重要客户服务管理办法》。加大新型差异化服务产品推广力度，在新华社、协和医院、国管局取得示范推广效果。依托重要客户服务管理平台实现客户档案信息化、标准化。以军委改革为契机，促成军委机关事务管理总局与公司达成战略合作意向。举办两期客户培训参观，全年共开展重要客户差异化服务1258项，重要客户支撑完成率100%。协助公司完成58个重要客户安全评估报告审核，开展重要活动驻会保障7次，助力公司政治供电万无一失。

【业扩报装】落实线上办电要求，推广“掌上电力”APP（企业版）应用，配合开展业扩报装全流程线上管控。面向重要客户提供业扩报装“契约式”服务，与北京行政副中心办公区等23个项目签订“内部契约书”。动态维护接电项目储备库，实现项目接电精准管理。以“一口对外”为原则，推行三级客户经理制，强化责任落实、规范服务标准，提升主动服务能力。深化与公司职能部门、单位的协同机制建设，断面审批流程烦琐、供电方案编制标准不统一等问题初步得到解决。加强与承发包公司协同配合，开展设计单位评价和设计交底工作，提高审图一次通过率。融入公司和政府工作大局，主动服务副中心办公区、首都新机场建设，轨道交通16号线、排水集团再生水厂等102项重点工程如期接电，荣获住房保障工作先进单位。配合公司开展“多表合一”采集建设和节能市场拓展。开展业扩“五新”服务专项行动，累计受理客户报装489项，其中“掌上电力”APP受理97项；编制完成供电方案1640个；图纸审核1040次；接电313项，接电容量167.39万kVA，完成公司下达指标的145%。

■ 6月21日，客服中心参加首家业扩报装“契约式”项目签约仪式。（杨永铃 摄）

【95598服务】在公司层面建立常态业务通报分析、专项业务分析跟踪和特殊业务即时反馈机制；在属地公司层面打造特色化、定制化业务分析支撑体系，为各单位提升服务水平提供指导。推动95598指标管控关口前移，试点开展工单处理质量核查，化解退单与“诉求升级”风险。支撑公司开展“强管理、降投诉、促服务”专项行动，定期开展投诉、意见类业务专题分析，对投诉工单实施100%质检，指导各单位申诉成功2887件，活动开展以来公司投诉同比下降75.29%。优化应急送电处理流程，在重点时段动态调整值班力量，缩短电量下发时间。与国网客服中心开展交流，实现信息共享和互助互利。加强与12345等公共服务平台联动，提升业务办理效率。与各属地公司建立知识库信息动态维护机制。配合公司开展“可视化”报修上线推广。累计受理国网客服中心转派工单88万件、12345等公共服务平台转派工单2.97万件，工单派发及回单及时率100%；自处理业务26.29万件，其中应急送电15.85万件。

【电费管理】完成“电e宝”上线推广、开通“掌上电力”、支付宝、微信购电、建行后付费等交费渠道。对第一批5个区“煤改电”村缴费渠道布局进行优化，实现“日常购电不出村”。开展交费渠道服务质量纵深管理，提升试点单位测评排名。加强客户交费情况分析，为公司深化渠道“三化”管理提供决策支撑。规范充值卡线上全流程管理，防范电费资金风险。与联通公司开展集团户交费合作，9家集团客户实现电费全额回收。全部代收机构到账通知实现系统自动处理，优化系统功能应用20余项，进账单扫码功能得到应用，电费对账成功率达到99.9%。配合完成北京地区市场化售电业务应用系统上线筹备工作。完善《电费集约业务标准化作业指导书》，优化系统管理功能。

【营销稽查】累计发起稽查主题12项，实现稽查主题动态调整。促成部分稽查问题纳入公司营销同业对标考核，定期通报整改情况，问题总量较年初下降47.2%。结合公司业扩“五新”服务增加业扩文件执行情况稽查，完成业扩方案备案稽查978项、服务时限稽查480项。加强派单超时问题分析通报力度，建立属地业务处理超时预警机制，人工筛查故障停送电信息，对回访不满意工单实行全流程质检，开展服务隐患督办，全年95598业务工单按时完成率99.93%，停电信息报送及时率、合格率均为99.99%，回访不满意申诉成功29件，发现服务隐患15件。深挖电费资金风险，解决电费差异账996笔，回收电费资金3.5亿元，清理主动付款资金1258.83万元，收费更正问题率下降37%，实收入账率100%，实现年末电费“零在途”目标。

【科技进步】以“钟宏伟创新工作室”为平台，举办“创新增效金点子”活动，累计培育创新成果25项。其中“基于大数据的精准应急服务”项目获得国家电网公司青创赛铜奖。《首都电网企业重点客户工程差异化管控》获得第三十一届北京市企业管理现代化创新成果二等奖；《“五新”服务体系下的业扩报装集约业务的创新实践》和《营销业务质量管控体系创新实践》分别获得公司管理创新成果二等奖和三等奖。“基于95598热线大数据分析的服务品质提升研究”项目获得公司大数据分析应用创意大赛优秀奖；“供电系统仿真技术在重要客户培训中的应用”项目获得公司科技进步三等奖；“电动汽车服务展示平台”项目获得公司群众创新二等奖；1篇论文入选中国精品科技期刊顶尖学术论文；全年申报7项专利，获得授权2项。“提高95598工单回访满意率”项目获得国家电网公司QC成果评审推荐三等奖、全国电力行业QC小组成果发表赛三等奖；“提高外网故障对重要客户影响实时告警效率”获得北京市第六十八次QC小组成果发表会优秀奖；“提高公司95598业务处理按时完成率”和“缩短集团户电费缴费时长”分别获得公司QC小组活动成果二等奖和三等奖。

■ 12月1日，客服中心召开“钟宏伟创新工作室”金点子成果发布会。（杨永铃　摄）

【党的建设与精神文明建设】开展“两学一做”学习教育，落实“基础在学、关键在做”，对查找出的13项问题，制定整改措施24项，完成全部问题整改。规范党费收缴和管理使用。召开客户服务中心第一次党员代表大会，完成首次党委、纪委换届选举工作。压实“两个责任”，深化惩防体系建设，分析廉政风险并制定管控措施，开展“四个一”廉政主题教育活动。举办“三亮三比三争当”“共创优质服务，精诚奉献客服”等主题活动，开展系列道德讲堂暨党课教育、95598劳动竞赛，选树“劳动之星”“最美客服人”，获得公司劳动竞赛红旗3面，位列专业单位红旗榜第一。电力展示厅内质外形升级，对外展现公司最新优质服务举措，先后承办“首都国企开放日”、团市委“圆梦少年营”等大型活动，共计接待来宾77批次、4930人，获得全国科普日北京主场优秀活动单位称号。发挥党员先锋模范作用，履行社会责任，共产党员服务队共计开展活动33次，惠及困难家庭、重要单位、普遍客户等共计4075人。举办各类文体活动营造和谐企业氛围，组建瑜伽、书法等8个兴趣小组，开展健康心理咨询、趣味插花知识讲座、读书分享会等活动，添置数字阅读一体机，足球队在公司联赛中取得历史最好成绩。

（魏妍萍　胡晨同）

北京电动汽车服务有限公司

【概况】 国网北京电动汽车服务有限公司（简称电动车公司）是国网北京市电力公司的全资子公司。主要负责按照公司统一规划、统一标准，统筹开展充换电设施建设运维；承担公司充换电服务网络运营，包括充电站运营、电池租赁与配送、充换电设备租赁及电动汽车相关的其他服务工作；参与公司充换电设施发展规划编制、关键技术研究、技术标准修订。下设4个职能部门和2个业务机构。

年内，电动车公司已接收运营充电站点762处、充电桩10 215台，服务电动汽车2693辆。完成电动汽车充电电量3603.63万kWh，行驶里程12 303.15万km；充换电次数187.92万次；完成314站3748台充电桩的验收。运营各站整体安全生产情况良好，未发生人员安全事故和重大设备异常及故障、各类人员责任事故、重大社会负面影响事件。

地址：北京市大兴区亦庄经济技术开发区地盛北街2号院13号楼

邮编：100176

电话：010-63230828

【人力资源】 截至年底，共有全民职工22人，其中：硕士研究生及以上12人，本科9人，专科1人；中级及以上专业技术资格14人；通过职业技能鉴定人员6人；省部行业级专家人才1人。

推进员工队伍建设。围绕公司业务需求，开展政策、安全等培训，组织员工进行网络大学在线学习；开展劳动组织定员编制、公司典型岗位与实际岗位匹配工作，开展员工作业全要素对比，明确工作流程，细化员工职责，强化队伍结构管理；完成员工岗位薪档调整，发挥薪酬激励作用；开展全员健康体检、职工慢性疾病补助申报等工作；完成ERP集中部署上线各项数据更新，开展全员集成信息核对确认，强化人力资源基础管理。

【经营管理】 与客户、政府部门等协商沟通，推进电池租赁和充换电服务合同续签工作；采用客户洽商、政府助力、催款单、律师催费函等多种方式催收费用，实收电池租赁费用13 655.4万元，换电服务费用1831.1万元。

开展经营分析工作，助力经营决策；落实“两金”压降工作要求，加强应收账款管理，提高资金使用效益。开展资金收支计划，及时排查和发现经营风险点，进一步落实八项规定，做好业务审核和财务审核，保障经济业务合法有效开展。

完成搬迁新址工作。加强车辆管理，探索引进网约车方式，提高职工工作出行效率。

【安全生产】 完善安全管理制度，加强巡视检查，确保安全生产责任制逐级落实。严格把控标准化操作流程，开展安全大检查和隐患大排查，组织协调相关单位召开分析会，制定整改措施，及时处理隐患问题。完成年度“安措”项目6项；全面梳理应急工作体系，强化运行数据监测，开展防火、防汛应急演练，保证充电站安全、可靠运营。加强电池的运行分析和现场管理，探索电池到期后回收及再利用的处理方式。

■ 11月，电动车公司运行管理人员监管充电桩调试工作。（瞿传贺 摄）

在确保稳定运行的前提下，严控关键节点，整改升级项目中出现的设备缺陷问题，完成车联网TCU2.1、分时电价、新老国标兼容、交改直等6次充电桩升级改造和2次充电价格调整工作。制定公司验收管理规定和作业标准，开展新建充电站现场巡查工作，推进充电站的验收进度。

【科技进步】 开展科技创新工作。申报科技进步奖1项、群众性创新成果2项、科技论文1篇，并参加公司科技成果评审会。组织做好年度专利项目工作，完成5项专利申报。

组织做好“大数据分析”应用创意的开发，与兄弟单位联合申报的“基于大数据的充电设施运营效率提升及优化布局研究”，荣获公司第一届“大数据分析应用创意”大赛决赛“最富创意奖”。

四惠站创新先锋QC小组“换电通系统的设计与开发”成果获得北京市第六十八次质量管理小组成果三等奖；运行管理中心QC小组“电动汽车交流充电桩现场检验装置”获得公司2016年度群众性创新成果奖一等奖；检修配送中心QC小组“电动汽车动力电池锁止装置研制”获得公司2016年度群众性创新成果奖二等奖。

【优质服务】结合业务外委，明晰工作流程和岗位职责，修订充电站管理规范，严格把控标准化运行操作流程。完善充电设施运维移动作业平台，实现对95598、车联网等客户服务业务工单处理进度的实时跟踪。强化工单处置过程管控，实现工单处置工作的规范管理，降低设备故障率，提升服务质量。强化运行数据及离线点监测，加快信息传输速度，增强信息化应用，提升运行工作效率和质量。

【党的建设与精神文明建设】开展“两学一做”学习教育活动；组织集中学习研讨10次、举办专题党课2次，参加人员400余人次；创新学习形式，在网站开辟专栏，上传学习材料和体会，实现“好书共读”；建立“两学一做”学习微信群，加强沟通交流；加强与兄弟单位的学习沟通；征求职工意见，收集意见建议12条并完成整改；加强党组织建设，严把入党关，发展党员1人；建立借用人员入党积极分子的培养考察反馈机制。

9月，电动车公司党员示范岗人员在处理充电桩故障。

（瞿传贺　摄）

在报、刊、网站发表文章229篇。坚持舆情风险源头防控，强化多专业协同联动的舆情处置机制，制定舆情日报制度、专项舆情监测制度和舆情防控应急预案，做好调价、低温、高温、设备改造等状况下的舆情预控、引导、监测。规范基层站点标识标牌，完成标识标牌整改6项。接待各级政府部门、企业和媒体参观调研18批次、243人次。组织员工开展文体活动以及读书、摄影比赛等活动，参加公司各项体育比赛，倡导健康生活理念。完成“职工之家”和“创新工作室”建设，实现“会家合一”，加强人文关怀，增强企业凝聚力。

（姚　莉　瞿传贺）

北京市供用电建设承发包公司

【概况】北京市供用电建设承发包公司（简称承发包公司）成立于1985年11月，是国网北京市电力公司的全资子公司，致力服务于北京地区配电网建设。围绕配电网建设这一中心任务，夯实项目管理基础，提高客户服务水平，加强企业自身建设。下设办公室、财务资产部、监察审计部、投资经营部、客户服务部、安全质量部、工程管理部、合同预算部、规划设计部9个部门，北京京供民科技开发有限公司为承发包公司下属集体企业。

地址：北京市东城区祈年大街8号

邮编：100062

电话：010-63123330

【人力资源】截至年底，共有职工204人，其中全民职工77人，集体职工4人，直签职工123人。具有大学本科学历及以上人员154人，占总人数的75%。

结合发展定位与管理实际，以项目管理信息平台建设为抓手，理顺职责划分，优化管理模式，提升组织运营效率。在公司部署与指导下，完成岗位薪点积分的动态调整，实现分配机制的优化转型。以支撑业务发展为前提，开展专项取证考试培训，结合资质需求，成立建造师、经济师、造价师等4个专业学习小组，组织80人参与16个专业学习考试，解决员工队伍瓶颈与资质认证缺口。

【经营管理】完成年度经营指标的128%；经济增加值（EVA）完成年度指标的210%；完成其他各项经营考核指标均。组织5次对设计单位的培训，聘请系统内专家分别对配电网自动化建设标准、初设概算编制标准及常见问题进行讲解，参与培训的设计单位共36家，参培人数共250余人次。同时整合内部资源，为“煤改电”、轨道交通等重点项目开辟绿色通道，为项目的快速用电提供服务支撑。

组织完成2016年度物资框选招标工作，涉及16类设备、设备供应商177家；编制设备框选清单389项，涉及供电方案551个。完善计划管理，建立分管领导、部门负责人两级挂牌督办机制，加大对契约客户、政府项目、民生项目等重点工程的推进力度；提高现场协调和管控力度，明确三级现场检查频次要求，借助“微信群”等互联网通信技术，提高人员对现场的把控能力。完成硬件设备调试并投入使用，对各部门业务功能进行再完善，对计划管理、地图展示等特色功能进行重点开发。全年系统用户数126人，累计登录用户2911人次，系统已记录方案数据2874条，项目数据1501条，各模块累计业务应用数已超过2万余条。建立客户工程全过程造价管理工作机制，首次具备从设计概算、招标控制价到结算价的全过程造价管控能力。

■ 11月23日，承发包公司在房山区燕房线地铁项目现场开展外电源项目组织工作。（金建　摄）

【电网建设】共签订项目管理服务合同301项，签约容量257万kVA。完成施工招标容量322万kVA。实现工程竣工送电238项，送电容量181万kVA。共签订“契约式”服务合同65项，涉及报装容量100.7万kVA，已完成送电17项，送电容量12.8万kVA，推进“五新”服务各项工作。

【安全生产】制定安全培训计划，组织5批次500余人参加安全生产知识集中培训。完成公司规定动作，开展春秋季安全检查、隐患排查、“三查三强化”等活动，开展安全主题征文活动。结合季节性施工特点，提出防汛、防火、冬季施工、反外力等安全要求。定期组织召开安委会、安全生产分析会以及参建单位参加的月度例会，传达公司安全管理要求，通报安全质量巡检情况。扩充安全巡检组人员配备，由一个巡检组增加至五个，增强巡检力度；严格执行“红黄蓝票”制度，全年下发违章通知单50张（红色14张、黄色8张、蓝色28张），监督施工单位限期整改违章行为，约谈严重违章的施工单位22次。建立工程现场安全标准化管控平台，成立安全监控中心，通过管控平台和移动端APP，构建信息化互联通道，利用前后台实时双向通信手段，实现对客户工程的安全监管。研发智能巡检及应急指挥系统，采用视频监控方式，将现场作业实时视频传输至安全监控中心，实现对多个施工作业现场的实时监控。结合“9·23”事件以及公司明确的承发包安全管理职责，梳理客户电源工程的安全管理内容，对安全交底、有限空间作业、工程分包等重点环节进行了逐一分析，查找管理漏洞，通过修订完善现有制度、强化“双准入”执行、加大现场监管力度等手段，提升客户工程的安全管理能力。

■ 11月23日，承发包公司职工在地铁16号线项目现场对管井建设情况进行安全生产检查。（金建　摄）

【优质服务】按照公司“五新”服务专项行动部署，优化业务流程。对有限空间计划管理及断面批复等制约性问题提出改进措施。精简项目资料收取，避免客户重复提交，减少客户往来；通过电话、短信等方式逐一联系报装客户，对于半年以上未签约客户重点服务，掌握客户真实需求，促进签约。同时结合“营改增”调整客户收款比例和时序，提升客户签约积极性。加快客户工程招标频次，压减招标阶段用时。

“五新”服务实施过程中，推广应用设计框架采购模式，加快项目启动速度。已有113个方案采用并完成设计框选工作，目前设计框架招标参评单位42家，同比增长40%；评审合格40家，同比增长67%。开展客户工程物资前置采购工作，依据配网物资技术标准和业扩报装情况，用一部分滚动资金提前购置部分物资，实现缩短物资采购时间、加快工程进度的目标。开展固定总价、军博、中石化等7个批次的前置采购，部分工程已经竣工送电，达到提高采购速度的目的。运用项目月度调度会、契约项目双周调度等机制，对重点工程、“契约式”项目实行定期协调调度，跟踪项目进度，及时发现、解决制约问题，确保工程顺利推进。对外协同方面，与客服中心建立联络机制，随时沟通项目签约、设计审图、招标、工程组织、验收送电等环节问题；与属地供电公司做好沟通对接，编制《承发包公司项目管理工作月报》，为属地做好服务支撑。

■ 12月1日，承发包公司职工在怀柔区雁栖开发区现场检查“五新”服务项目开展情况。（金建　摄）

【党的建设与精神文明建设】 完成“两委”换届选举工作。组织举办“学党章、感党恩、跟党走”庆祝建党95周年纪念专项活动，开展党委书记讲党课、党员重温入党誓词、制作《承发包公司共产党员口袋书》及党员公示牌、党工团联合汇报演出等活动。梳理年度党风廉政建设重点工作任务7大类39项，明确责任内容、履责节点和落实要求。组织190人次签订两级责任状，对各部门和党支部党风廉政建设工作完成情况累计考核12次，约谈处长及以上干部、重点岗位人员108人次。开展廉政教育“四个一”等专题教育活动5次，组织领导班子、重点岗位人员到西城区反腐倡廉教育基地、北京市检察院第二分院等开展现场警示教育6场，直接受教育面达200余人次。发挥工会组织桥梁纽带作用，加大企业民主管理力度，深化“厂务公开”工作，畅通诉求表达渠道。开展“我为配电网建设献一策”主题活动开展合理化建议征集工作。坚持党建带团建，组织团员青年参加公司第二届青创赛，《“双契约”服务模式提升办电效率》获得青创赛铜奖。

（金　建）

物业管理公司

【概况】 国网北京市电力公司物业管理公司（简称物业公司）是国网北京市电力公司直属二级单位，承担着公司办公楼、公寓、职工住宅小区的物业服务、餐饮服务、供暖服务、医疗保障及车辆调度管理等任务，是公司的后勤保障机构。共设置7个职能部门、19个基层单位，旗下拥有北京北电华明物业管理有限公司和北京华光锅炉设备安装有限公司2家集体企业。其中，北京北电华明物业管理有限公司成立于1996年，注册资金1000万元，具备全国物业管理二级资质、建筑装修装饰工程专业承包二级资质企业，通过ISO 9001：2008质量管理体系、ISO 14001：2004环境管理体系、GB/T 28001—2011《职业健康安全管理体系　要求》认证。北京华光锅炉设备安装有限公司成立于1999年，注册资金100万元，具有锅炉安装、改造三级资质企业，通过ISO 9001：2008质量管理体系认证。

截至年底，物业公司服务面积109.8万m^2，其中：管理办公楼13处34万m^2，小区物业93处74.3万m^2，公寓物业3处1.5万m^2，职工食堂4个。锅炉供暖面积33万m^2，下设供暖点29处，其中外供暖2处。共有8台燃气锅炉，12台电锅炉，5座热力交换站。

地址：北京市海淀区复兴路21号海育大厦北门对面

邮编：100036

电话：010-63125900

【人力资源】截至年底，有全民职工40人，集体职工21人，直签职工74人，派遣职工248人，其他300人。全民职工中，高级职称7人，中级职称5人，初级职称8人。技师4人，高级工62人，中级工39人，初级工47人。管理离退休职工515人。

年内，公司按职数相继配强领导班子。6月30日，马殿敏任物业公司党委书记、副经理；8月22日，李淑静任物业公司纪委书记兼工会主席；10月25日，董立刚任物业公司总会计师。

结合实际制定配套制度措施，规范面向社会招聘人员流程，制订《聘用员工劳动关系管理办法》，初步拟定《逐步减少超龄用工实施办法》《华明物业员工奖惩规定》。领导干部交流6人次，更新职工个人基本信息4018条。通过各种途径招聘62人，解决劳动纠纷2人次，劝退职工3人，处理工伤相关事宜6人次，办理退休27人，劳动合同续签67人，为职工查阅档案29人次，为各类职工办理社保业务83人次。

【经营管理】完善工程招投标管理及优化合同审批流程，完成368份合同流转。开展审计问题整改，排查整改重点防控事项，深化审计结果应用。加强用工性质分析，分类制订风险防控措施，降低用工风险。强化职能管理，重新明确职能部室职责分工，突出层级管理。

【安全生产】树立“大安全”理念，以安全管理提升活动为主线，开展安全大检查、“三查三强化”、防汛安全检查及节前安全检查等专项活动。

建立物业公司17大类三级安全隐患库，制定安全生产工作管理控制图，细化安全生产管理层级，建立物业公司50个基层班组安全生产标准化资料库，强化安全责任，逐级签订《物业管理公司安全生产责任书》32份、《物业管理公司2016年度人身安全责任书》580份。

开展165次专项安全检查，66次巡检，通过安全生产信息指令发布微信群下发安全生产学习资料65篇，回馈学习信息26 345条。加强出租房屋安全管理，签订《出租房屋消防安全责任书》192份。排查整治火灾隐患，组织开展防火、防汛应急演练15次，火灾防控能力不断提升。

成立了春节安全工作检查小组，物业公司领导带队对所辖各处物业点进行不间断的巡视，累计出动1667人次，做好公司机关办公楼、宿舍小区燃放烟花爆竹的安全防火工作。

【优质服务】负责机关办公楼物业13处共42栋办公楼的物业管理工作，服务面积34万 m^2，全年机关办公楼设备维修共3508次，空调保养678台，接待会议服务256次，其中重大接待66次。提升办公楼物业服务与管理能力，多次完成领导视察、专业会议、应急保电等重要的服务保障。

负责4个职工食堂的经营管理，为公司机关本部、输电公司等4个单位职工每天2000余人次提供餐饮服务。落实《国家电网公司健康食堂标准》，提升餐饮服务水平。开展“京东时价优惠售卖”活动，以优质低价商品回馈本部职工；满足公司三集五大、政治供电、应急保电等各类用餐需求，组织开展三期“健康食堂　厨艺培训”活动，加强厨师与员工沟通交流，引导职工健康饮食。

所辖小区物业93处，服务面积74.3万 m^2，处理报修故障1000余起。筹措128万元自有资金投入到西八里庄、右安门、安宁庄等小区开展绿植养护、藤萝架修缮、墙面地面整修、安全隐患整治等便民工程；配合公司完成双榆树小区外墙保温改造工程；为业主解决实际问题，推动小区充电桩规划建设，在有条件的社区安装引入充电桩；开展资源核查工作，在2015年的统计基础上，对各小区房屋资产、租赁信息、设备设施基本情况进行完善，同时对各小区各锅炉设备、供暖面积、供暖户数进行摸底核查；协调配合西城区拆迁办逐步完成右安门棚户区改造工作。

机关车辆调度管理中心为公司前门办公区提供办公用车管理调度服务，负责对41辆机关公务车辆进行日常管理、登记、维修、保养，全年共派发车辆3730台次，行驶里程214 838km，为机关职工提供办公用车服务。

【重点工作】按照公司关爱员工、更好地服务员工的要求，春节前物业公司组织前门本部食堂装修改造，在确保工作餐正常供应的前提下，统筹安排，创新施工流程，加班加点，采取“5+2”“白加黑”模式，边改造边开餐，仅用22天完成食堂环境改造、厨具设备及餐具更新等任务。就餐区装修改造面积达700m^2，操作区改造面积300m^2，更换改造餐厨设备设施195台。春节后正式推出自助餐，早餐提供3大类29种食品，中餐提供7大类31种食品。前门餐饮服务班组获得国家电网公司先进班组称号。

完成2016年度冬季供暖任务。检查维修供暖设备及管线，为业主提供优质达标的供暖服务；推进锅炉安全生产管理，锅炉公司安全生产标准化在社会外部考核中获得976高分（满分1000分）；实施麦子店平房区“煤改电”工程，解决困扰居民多年的供暖问题，每年节约供暖费用40余万元。

“7·20”强降雨，物业公司共计出动抢险队伍11支，抢险人员575人次，所辖各办公楼、宿舍小区均实现“三零”（零人伤、零物损、零事故）。加强职工素质培养，开展岗位练兵活动，参加2016年北京市西城区有限空间作业比武竞赛，在35支参赛队伍中，荣获理论、实操、综合第一名。

■ 8月4日，物业公司代表白纸坊街道取得西城区2016年有限空间作业大比武冠军。（戚雷鸣　摄）

新成立海淀物业部、朝阳物业部、通州物业部，聘请高级物业管理专家，实施专业化管理。

亦庄物业部完成公司亦庄办公区开荒保洁、设备设施养护、绿化等工作，迎接各单位进驻并提供公共设备设施养护维修、消防安保、停车场管理、传达室接待、保洁、绿化、智能化物业系统运营维护等物业服务。截至年底，亦庄供电公司、培训中心、吉北咨询公司、电动车公司、华商能源公司、华商三优公司、检修分公司等7家业主单位入驻园区。

8月1日，海淀物业部提前入驻海淀供电公司四季青新办公楼，开展设备设施查验、开荒保洁、外墙清洗、电梯井道开荒等工作，排查隐患254项，监督消项验收，维护业主合法权益，确保了9月2日业主顺利入驻，海淀物业部由此进入正常运营服务。截至年底共完成国家电网公司班组标准化建设现场会等26次大小会议服务保障工作。

8月15日，朝阳物业部按照业主单位要求，在施工后期不具备入驻的条件下，克服无水、无电、无电

■ 8月3日，海淀供电公司、物业公司领导联合检查海淀物业部工作。（丁铎　摄）

梯等困难，完成十三层新大楼边施工边保洁的工作任务。10月31日，朝阳物业部正式提前入驻朝阳供电公司大郊亭新办公楼，组建物业机构、落实人员、建立制度流程，开展工程查验、开荒保洁等工作，排查隐患762项，监督消项验收，维护业主合法权益，确保12月6日业主顺利入驻。

10月8日，通州物业部前期介入通州办公楼物业服务工程现场查勘，将日常反馈和阶段反馈相结合，协调处理重大问题47项，为未来物业接收运营管理奠定基础。

【党的建设与精神文明建设】 11月4日，召开党员大会，按照规定程序完成党委、纪委换届及党代表选举工作。11月中旬，物业公司所属三个党支部分别召开支部党员大会，按照选举工作要求完成党支部换届选举工作。深化“两学一做”学习教育，开展全体党员“两学”考试，参考率、优秀率100%；围绕中心工作，组织策划“三上讲台”“学习模范　弘扬先进”

■ 10月20日，物业公司党委组织参观纪念中国工农红军长征胜利80周年主题展览。（王勇　摄）

"五心社区"创建、"星级窗口"评比4个专题活动；开展精神文明建设系列活动，与延庆区珍珠泉乡结成城乡共建单位，为乡里儿童赠送书籍、文具，走访慰问敬老院高龄老人；完成17名离退休党员组织排查工作，完成西城区人大代表投票选举工作，完成2008年4月至2016年12月党费补交收缴工作。

落实党委主体责任和纪委监督责任。落实党风廉政建设党委主体责任和纪委监督责任及"一岗双责"要求，制定"两个责任"任务清单，细化约谈内容提纲，约谈重点岗位人员76人次，确保责任落实到位。同时，推进协同监督工作，及时发现、处置廉政风险，未发生严重违法违纪事件。

弘扬国家电网公司"五统一"企业文化，逐步形成物业企业文化。组织优质服务评比劳动竞赛，通过制订劳动竞赛方案、评比标准、开展交叉互查汇报等形式，评选8个先进单位，促进服务水平提升。成立摄影、足球、羽毛球俱乐部，组织开展"三八"妇女节女工活动、职工趣味运动会等文娱活动；组织开展职工健康长走、"乐动力"健步走、职工体检等关心职工身体健康的专题活动。关注新老职工动态，为退休职工举办欢送会，注重青年职工素质培养，坚持开展书友会活动，组织4对金婚老人参加公司金婚庆典。

（王卫东）

北京市城市照明管理中心

【概况】 北京市城市照明管理中心（简称照明中心）由国网北京市电力公司举办，同时隶属于北京市城市管理委员会（简称市城管委）管理的城市公用财政全额拨款事业单位。照明中心作为公司长期派驻在北京市基础设施运维一线的服务队伍，负责北京市城六区市政道路照明设施的运行维护管理工作，为郊区县道路照明提供技术指导和业务支持，参加本市道路照明规划、工程设计和施工，参加市属景观照明项目的组织、运行维护以及重点地区景观照明设施运行监督管理工作。

截至年底，照明中心管辖路灯30.06万盏，路灯变压器2841台、配电室80座，管辖供电线路8402km、远程监控终端2647台，共有车辆89台，有运行、抢修队伍8支，直接服务人口2172.9万人，服务面积1385km^2。全年中心缴纳路灯和景观电费共计1.381 4亿元。

荣获公司先进单位、为老服务先进单位、北京市总工会授予的"首都劳动奖状"、北京市"安全生产月"活动优秀组织奖、"基于照明设施的智慧城市运行平台及终端设备的研发与示范应用"荣获公司科技进步一等奖、"适用于城区背街小巷的路灯抢修高空作业车研制"荣获全国电力职工技术成果三等奖、"首都城市照明监控及运维关键技术的研究及应用"荣获第十届北京发明创新大赛金奖，并斩获创新"智造"专项奖等多项荣誉称号。

地址：北京市丰台区方庄路2号
邮编：100078
电话：010-67618030

【人力资源】 截至年底，共有全民职工130人，其中，研究生学历20人，本科学历56人，专科学历18人；高级职称16人，中级职称22人。人才当量密度1.004 7。规范干部选拔任用，干部岗位调整7人次，完成4名新提任中层正职干部人事档案专项审核工作。组织开展中层后备干部推荐工作，开展后备干部培养。加强人事管理，深化"三集五大"建设，结合中心业务管理模式、员工队伍现状，研究探讨新的运维模式调整，推进"五位一体"建设及深化应用，编制《中心"五位一体"深化应用暨管理创新工作方案》。加强业绩考核，完成公司下达的73项关键业绩指标和减分指标，编制《2016年业绩考核关键业绩指标和减项指标责任分解表》。强化薪酬福利管控，完成全民职工的岗位绩效工资中薪档积分调整工作，落实公司关于新入企大学生薪酬制度管理办法，核定2名大学生转正定级前和定级后的薪酬。完成北京市财政下达照明中心308名员工编制的借用协议、工资划转等实证材料整理工作。

【经营管理】 建设内控体系并投入运行，对42项主要业务流程进行设计和再造，查找和判断6大业务板块的84个风险点，设计相应的风险管控措施。全年共接受内外部专项审计6次，接受财政国库集中支付系统不定期抽查3次，接受市城管委对"三公"经费等7项公务类支出的月度例行检查和公司廉政督导组检查。完成集体企业改革改制，将照明中心原集体所有制企业变更为有限公司制企业，改制工作已按规定时间节点完成。整合房屋土地资源，开展职工生活环境改造，规范办公区、生活区管理。

■ 8月4日，公司总经理李同智到照明中心慰问一线员工。（张超　摄）

【设备管理】完成全年运行巡视工作，组织各片区巡视处理缺陷2448处，处理各类工单4850件。定期开展夜景道路照明大检查工作，对设施状态进行检测及故障分析。完善GIS系统数据，加强测绘力度，提高GIS系统数据台账准确性。完成全市156家业主单位285块夜景照明电表核实工作，完成变压器清扫检修2404台，安装夜景照明终端374台、照明监控终端288台。完成重大政治活动保障任务15项，累计保障天数108天，全年平均亮灯率98.73%，设备完好率96.35%。

【安全生产】落实照明中心各级人员安全生产责任，分层次签订安全双向互保责任书和人身安全责任书。严格执行现场安全监督和风险管理，照明中心领导干部、管理人员全年下现场检查共计1226人次。对69座配电室和15台地埋式变压器进行消防安全检查及汛期隐患排查。加强各类安全考试与培训，组织共计253人参加“三种人”培训和考试，实现关键岗位全覆盖。加强应急支援队伍建设和日常管理工作，全年共启动各类预警和突发事件应急响应14次。

【工程组织】围绕照明中心总体发展战略，编制并完善《财政项目管理体系建设方案》（2016），完成2015年19个财政项目的绩效跟踪评价工作，建立2016年35个财政项目信息数据库，组织2017年财政项目立项申报，申报项目41项。推进长安街路树照明提升项目实施，完成三环内长安街步道灯、箱变、井盖提升共计6个项目的立项申报工作。全年编制方案109项，协调电源发电59台，完成171条道路的路灯设计，组织做好40项工程的物资供应工作。

【科技进步】基于城市照明运维模式探索，构建大运维体系，根据人员情况和职责范围，重新划分维护区域和业务内容。本年度申报各类专利5项，上报科技成果2项、群众性创新成果2项，其中，“基于照明设施的智慧城市运行平台及终端设备的研发与应用示范”和“基于普通路灯升降车研发的便捷型应急照明车”项目分别获得公司科技进步一等奖、三等奖。

【优质服务】践行“五新”服务理念，主动对接首都功能调整。参与北京城市副中心建设，组织专业团队融入前期工作，编制《北京城市副中心道路照明设计导则》和《规划建设方案》，对接架空线入地、“煤改电”工作任务，完成丰台区“煤改电”财政评审。成立华灯班，传承华灯守护精神，完成253基华灯及32基球灯的清扫检修工作。开发“互联网+”服务新手段，拓展优质服务新渠道，完成北京市科委立项的“复合型路灯杆关键技术研究及示范”课题，利用自有灯杆及电源，提供汽车充电、监控摄像、无线WiFi、城市信息获取等多种服务。增加智慧城市“感知”节点，针对雨雪雾霾等恶劣天气提供人性化路灯启闭服务，共计提前开灯88次，延迟关灯160次，累计延长路灯运行时间2777min。全年，总话务量25 230个，共计受理故障报修10 485个，同比下降16.07%，其中紧急故障4067个，处理人大建议、政协提案和市民来信225件，均在承诺时限内处理完毕。

【党的建设与精神文明建设】推进“两学一做”学习教育，坚持“基础在学”，照明中心领导干部讲党课廉课15场次；强化“关键在做”，组织开展“比党性”提升境界做“四讲四有合格党员”主题活动，制定问题整改措施4项，并按时限进行整改。转正6名预备党员，发展5名预备党员。召开第一次党员大会，时隔18年完成党委换届选举工作。开展117人次党员组织关系排查，实现失联党员、组织关系应转未转“双零”目标。完成党费补交收缴工作。压实“两个责任”，坚持“三严三实”，落实“八项规定”，转变工作作风。落实《中国共产党廉洁自律准则》和《中国共产党纪律处分条例》，开展履责约谈39人次，加强对重点岗位的廉洁风险分析，签订廉洁从业承诺书38份。深化共产党员服务队建设，履行社会责任，全年累计为城六区的22个老旧社区（胡同）安装路灯33盏。

开展企业文化落地传播，以“历史传承、履责奉献、创新发展”为主题，建成企业文化长廊。编制《首都掌灯人》核心价值观微故事手册。深化“首都掌灯人”品牌传播塑造，制作国网故事汇微电影剧本《老泡儿》、动漫《华灯“洗刷刷”》及图文《京城第一女灯官》，制作2016年国家电网公司重点社会责任根植项目《让城市路灯杆美丽又能干》，制作社会责任宣传片《用爱照亮回家的路》，并获得国家电网公司“优秀项目”。围绕华灯清扫检修、复合型路灯杆等重点项目开展专题宣传策划。实现在《人民日报》、新华社、中央电视台、北京电视台等媒体传播的新突破。

作为公司首家单位，试点开展职工健康管理，连续两年开展定制健身，结合健步走活动，职工体质得到改善，荣获公司“最佳组织单位”称号。作为公司乒乓球协会发起单位，承办公司第四届职工乒乓球比赛。组织女职工编演的舞蹈“一带一路电力梦”在国家电网公司“书香国网　智慧人生”活动中压轴展演。编演小品《四世同堂　电力情》参加公司“电力情缘京采夕阳”金婚庆典。LED舞蹈秀《首都掌灯人》在2017年公司职代会表彰会上首演。完成“生命无价　平安是福”北京市安全文艺基层巡演。足球队获公司足球联赛超越组冠军。

（肖东良）

■ 4月27日，照明中心举办“首都劳动奖状”授牌仪式。

（张超　摄）

产 业 管 理

【综述】完成年度经营管理目标任务，得到国家电网公司的认可。公司集体企业53户，其中公司层面集体企业19户，地市层面集体企业34户。全口径资产总额235亿元，权益总额63亿元，实现营业收入114亿元、利润总额6.9亿元，集体企业用工人员总量10 449人。

公司集体企业在实现自身健康发展的基础上，服务支撑公司发展。发挥资金优势，近5年累计为主业提供委托贷款33.6亿元，降低公司融资成本。投资“煤改电”应急保障装备，建设输电走廊监控设施；承接公司业务委托，直接从事电网运维和客户服务集体企业职工8千余名，缓解公司缺员压力。服务支撑电网建设，投身城市副中心、首都新机场、轨道交通等重大项目，参与供电保障和优质服务。服务支撑员工发展。各集体企业在健康食堂建设、办公环境改善、生活品质提升等方面创新思路，主动作为，对公司职工营造健康生活工作氛围发挥积极作用。

（辛　颖　杨智慧　胡渝旋　陈上场）

【体制改革】1～6月，完成国家电网公司厂办大集体企业改革改制企业处置任务，清理44户小微、亏损及不符合发展战略企业，实现数量压减45%；争取有利政策，合理合法节约9亿元税费成本；保留900部车辆号牌，实现国家电网公司改革改制工作综合评价排名第一。

■ 1月13日，在模式口培训中心召开公司集体企业改革改制实操工作启动暨培训会议。（周冰　摄）

7～12月，编制《国网北京市电力公司关于上报规范集体企业经营平台法人治理结构实施方案的报告》（京电集体〔2016〕7号），通过股权划转，理顺集体企业股权关系，形成“北京市华商电力开发公司为平台出资人、北京华商伟业资产管理有限公司为平台企业，并与全部企业建立资本纽带”的产权格局，完成集体企业经营平台搭建工作。

撤销公司集体资产监督管理委员会，明确公司党委会或总经理办公会为集体企业管理重大决策机构。通过优化平台企业“三会一层”，配置党委、纪委和工会组织，调整内设机构，建成治理结构健全、机构层级精简、权责界面清晰的经营平台，作为国家电网公司系统首家单位，提前一年完成平台企业法人治理。通过改革改制和平台搭建，优化产权结构和产业布局，清理历史问题，实现企业处置和资产归集，提升企业素质，在国家电网公司系统起到典型示范引领作用。

（梁汝明　刘兆阳）

【经营管理】公司集体企业市场开发新签合同15 556个，合同总金额148亿元，同比增加15亿元，增幅11.52%，占年度营业收入的146%。突出电网辅助类核心业务，退出无优势、关联度低的业务，规范6户企业经营范围，规避安全和经营风险。理顺城六区24个营业窗口的受托方式，强化属地供电公司主体责任，提升管理协同性。

■ 12月23日，在京电大厦召开城六区供电公司营业窗口业务转接工作会。（周冰　摄）

发挥属地优势，拓展设计施工监理等各类市场，承接业务委托管理，拓展客户代维业务，创造新的利润增长点。打响全国新能源市场品牌，创新市场化合作模式，开拓外埠市场。盘活公司宾馆酒店等房屋资产，开展集中运作，确保国有资产保值增值。盘活车辆资产，实施规范运营，提高资产效率。强化集体企业关联交易行为管理，完善工作机制，加强日常管理，强化监督检查。组织施工安装、勘探设计、工程监理专业集体企业，开展主要板块市场数据分析，为集体企业管理工作规划提供支持。试点推行项目部制，落实单项工程核算管理，压降历史挂账。

（周升凤　呼万冬　梁汝明）

【资产管理】 强化集体企业资金集约管理工作，完成集体企业“资金池”管理系统全面上线运行，实现资金在线监控，研究集体企业资金归集方式和归集路径，初步制定集体企业资金运作方案，科学运作沉淀资金，为公司经营发展提供委托贷款13.4亿元，实现收益5592万元。提高存量资金运作效益。

■ 12月23日，集体企业统一资金集中管理业务现场会。（田卫涛　摄）

组织公司集体企业编制2017年度预算及2016年度财务决算，分批次开展年终决算会审工作，严格把控报表数据质量，完成集体企业决算报表上报工作，在国网公司公审工作中成绩突出。开展集体企业“营改增”课题研究工作，完成电力施工业、生活服务业和金融服务业实地调研工作，形成调研报告初稿及“营改增”指导手册初稿。推进改革改制工作，完成集体企业吸收合并、股权上划下拨、剩余资产转让等改革改制后续账务处理工作，确保改革改制各个环节账务处理依法有据、合理合规，避免财务风险和审计风险。开展税务培训工作，根据集体企业实际需求，制定税务培训内容及培训方案，分批次开展税务培训工作，落实税务政策，强化业务能力，化解改革改制过程中各类税务风险。

（马志红　孙丹丹）

【依法治企】 设计实施方案，做好人员安置，开展低效企业在施工程和债权债务清理。健全集体企业运营机制，开源创收，降本增效，实现扭亏为盈。利用改革改制政策，清理12户供电所办企业，处置历史遗留的21户企业，推进部分未建立纽带企业清理处置，解决历史问题。制定上报代管企业处置方案，推进资产及债权债务清理。防范审计风险。3月，迎接并完成国家电网公司集体企业专项审计，完成问题整改52项。

■ 3月22日，在华商远大公司召开迎接国家电网公司集体企业管理专项审计准备工作会。（周冰　摄）

4～11月，组织实施20项集体企业经济责任审计、专项审计调查，完成工程管理、财务管理、关联交易等方面问题整改73项，完成历史遗留问题整改54项，实现债权债务清理处置，职工薪酬规范核算，管理制度修订完善。开展资金专项审计，在账户管理、资金使用、报表核算等方面整改问题17项，修订制度12项。健全纪检监察工作机制。修订完善直属产业纪检监察工作机制5项。开展公司层面集体企业“八项规定”执行情况监督检查738次，组织逐级签订廉政承诺书，开展专题廉政谈话，撰写并下发《关于加强集体企业改革改制资产清查、移交工作纪律要求的通知》，明确工作流程及追责机制。

（程　莉　梁汝明　张　曦）

【制度建设】 开展集体企业制度体系建设工作，平台企业修订制度38项、新增制度5项。建成以国家电网公司通用和非通用制度、公司集体企业补充制度和各级集体企业自建制度组成的三级制度体系，基本实现制度体系上下一致和层级清晰的初步目标；加强制度建设过程性管控，实现制度管理横向协同和纵向贯通、归口管理与专业管理相结合，建立稳步推进、运行有序、高效协同的制度建设组织体系和工作机制；开展公司集体制度对接工作，对各集体企业制度建设情况进行调研，协调各集体企业与公司集体企业制度的对接问题，在实践中不断探索、补充、完善，使各项制度适应各项工作有章可循；编制印发公司集体企业制度清单及制度汇编，在固化制度建设工作成果的同时，狠抓落实、强化监督，确保各项规章制度严格执行。

（辛　颖　杨智慧　陈上场　胡渝旋）

【信息化管理】 在实用化提升方面，完成信息应用平台一期推广应用，固化制度流程，实现业务可控在控。提升数据录入及时性与准确性，系统应用水平在国网产业部信息化评价排名中上升，持续保持在前5名行列。在深入用户现场服务方面，开展信息应用平台一期68次现场服务工作，解决集体企业管理需求，提升集体企业对信息系统及运维服务满意度。在与管控集成方面，实现财务快报、银行账户等信息的集成，减少集体企业管控工作量。在信息应用平台二期推广建设方面，开展预算管理、资金管理、人力资源管理、综合管理4个应用的业务调研、方案设计及系统配置等工作，开发报表统计功能，提高数据支撑水平，为信息应用平台二期上线运行奠定基础。

（杨　扬）

（集体企业名录见“统计资料”篇）

公 司 荣 誉

2016年国网北京市电力公司荣获国家、国网、市级先进荣誉称号

全国安康杯竞赛优胜单位
全国老干部工作先进集体
中央企业五四红旗团委
全国安康杯竞赛安全文化宣传活动优秀组织单位
全国第四届“书香三八”读书活动优秀组织奖
中国能源企业百强微信公众号
中国能源行业最具影响力公众号
中国内部审计协会内部审计信息化优秀成果奖
中国标准创新贡献一等奖
中国电力科学技术进步三等奖
国家能源局能源软科学研究优秀成果三等奖

北京市五四红旗团委
北京市民防系统先进单位
北京市交通安全管理优秀系统
北京市安全生产月活动优秀组织奖
北京市第四届职工职业技能竞赛优胜单位
北京市内部审计协会内部审计理论研讨组织奖
北京市科学技术进步三等奖
第三十一届北京市企业管理现代化创新成果一等奖、二等奖
第三十一届北京市企业管理现代化创新成果优秀组织单位
首都绿化美化先进单位
西城区诚信统计单位

国家电网公司对标综合标杆单位
国家电网公司对标业绩标杆单位
国家电网公司对标管理标杆单位
国家电网公司人力管理专业标杆单位
国家电网公司财力管理专业标杆单位
国家电网公司规划管理专业标杆单位
国家电网公司建设管理专业标杆单位
国家电网公司营销管理专业标杆单位
华北区域规划管理标杆单位
国家电网公司纪检监察工作先进单位
国家电网公司财务工作先进单位
国家电网公司审计工作先进单位
国家电网公司实现安全生产目标单位
国家电网公司会计知识竞赛优秀组织奖
国家电网公司全球能源互联网知识竞赛优秀组织奖
国家电网公司线路工程设计调考优秀单位
国家电网公司配电网调度专业调考优秀组织单位
国家电网公司物力集约化管理专业调考优秀单位
国家电网公司信息通信调度运行专业调考优秀组织单位
国家电网公司第二届青年创新创意大赛优秀组织奖
国家电网公司“国网好声音”职工主持人大赛优秀组织奖
国家电网公司党群队伍技能竞赛三等奖
国家电网公司法治企业建设知识竞赛三等奖
国家电网公司精神文明建设创新奖二等奖
国家电网公司输变电工程优秀设计一等奖、二等奖
国家电网公司管理创新成果三等奖
国家电网公司管理创新推广成果三等奖
国家电网公司科学技术进步三等奖
国家电网公司信通新技术创新发展行动计划优秀成果一等奖、二等奖

全国电力行业思想政治工作课题研究优秀成果奖
全国电网设备状态检修技术年会演讲特等奖、一等奖
中国电力行业信息化成果二等奖、三等奖
中国电力行业职业技能鉴定先进单位
中电联第十届全国电力行业职业技能竞赛优秀组织奖
中国电力报社优秀记者站
中国电力新闻奖（影视）作品二等奖
英大传媒优秀电视作品展评新闻类金奖、国网故事汇类金奖、微电影类金奖、纪录片类金奖
第十一届“中电传媒杯”全国电力行业优秀影视作品一等奖、新闻消息二等奖、综合专题二等奖、纪录片二等奖、新闻消息三等奖、新闻专题三等奖、歌曲 MV 三等奖
全国电力行业职工羽毛球比赛混合团体亚军
首届“红墙杯”乒羽联赛乒乓球团体赛第一名
首届“红墙杯”乒羽联赛羽毛球团体赛第一名
“佛雷斯杯”北京市第七届职工羽毛球比赛季军
第七届“工体杯”首都职工联赛5人制足球联赛亚军
第七届“工体杯”首都职工联赛11人制足球联赛季军

2016年国网北京市电力公司先进单位、先进集体和先进个人

国家电网公司先进集体（3个）

亦庄供电公司　通州供电公司
经济技术研究院

国家电网公司工匠（1名）

工程公司　张文新

国家电网公司劳动模范（3名）

公司本部　史景坚
丰台供电公司　李　建
检修分公司　方文军

国家电网公司工人先锋号（6个）

城区供电公司崇文供电服务中心
海淀供电公司配电运营指挥室
门头沟供电公司龙泉供电所
顺义供电公司配电带电作业班
检修分公司清河运维班
信息通信分公司检修二班

国家电网公司优秀班组长（6名）

城区供电公司　冯四庭
海淀供电公司　李永勋
门头沟供电公司　杜　钢
顺义供电公司　李孟东
检修分公司　国文亮
信息通信分公司　唐玉维

国家电网公司先进班组（47个）

城区供电公司
　崇文供电服务中心
　营销部（客户服务中心）客户服务三室（共产党员服务队）
　政治供电核心区运管中心运维管理三室
朝阳供电公司
　东区供电所
　建设部（项目管理中心）项目组
　营销部（客户服务中心）客户服务二室
海淀供电公司
　电力调度控制中心配电运营指挥室
　营销部（客户服务中心）东升供电营业所
　运维检修部（检修分公司）配电运维五班
丰台供电公司
　营销部（客户服务中心）煤改电办公室
　电力调度控制中心（配电运营指挥中心）配电运营指挥室
　营销部（客户服务中心）用电采集班
石景山供电公司
　营销部（客户服务中心）古城供电营业所
　运维检修部（检修分公司）配电检修一班
亦庄供电公司
　营销部（客户服务中心）大客户经理班
　电力调度控制中心（配电运营指挥中心）配电运营指挥室
通州供电公司
　运维检修部（检修分公司）配电工程班
　营销部（客户服务中心）大客户经理二班
　潞城供电所
昌平供电公司
　运维检修部（检修分公司）配电线缆运维室
　兴寿供电所
门头沟供电公司
　龙泉供电所
　电力调度控制中心地区调度监控班
房山供电公司
　营销部（客户服务中心）客户经理二室
　窦店供电所
大兴供电公司
　运维检修部（检修分公司）变电运维一室
　运维检修部（检修分公司）变配电二次检修室
平谷供电公司
　运维检修部（检修分公司）输电运维班
　营销部（客户服务中心）客户经理室
怀柔供电公司
　电力调度控制中心配电运营指挥室
　雁栖供电所
密云供电公司
　河南寨供电所
　运维检修部（检修分公司）输电运维室
顺义供电公司
　配电带电作业班
　营销部（客户服务中心）计量室
延庆供电公司
　营销部（客户服务中心）大客户经理班
　运维检修部（检修分公司）变电运维班
电力科学研究院
　计量中心现场检验室
工程公司
　锡盟—胜利1000kV特高压交流输变电线路工程项

目部

检修分公司

西北运维中心清河运维班

输电运检南区中心运维三班

输电运检北区中心运维四班

信息通信分公司

信息通信调度监控中心检修二班

物资分公司

仓储配送部物资配送班

客户服务中心

大客户服务部工程班

物业管理公司

前门餐饮服务班

城市照明管理中心

华灯班

公司先进单位（7个）

城区供电公司　海淀供电公司

顺义供电公司　电力科学研究院

工程公司　检修分公司

城市照明管理中心

公司安全生产先进单位（6个）

城区供电公司　朝阳供电公司

海淀供电公司　通州供电公司

顺义供电公司　检修分公司

公司优质服务先进单位（6个）

城区供电公司　朝阳供电公司

海淀供电公司　亦庄供电公司

客户服务中心　供用电建设承发包公司

公司“煤改电”工程功勋单位/部门（5个）

公司营销部（农电工作部）通州供电公司

房山供电公司　大兴供电公司

物资分公司

公司北京城市副中心电网建设功勋单位/部门（5个）

公司建设部　通州供电公司

经济技术研究院　工程公司

物资分公司

公司重点工程建设（规划）功勋单位/部门（5个）

公司发展策划部　丰台供电公司

大兴供电公司　顺义供电公司

延庆供电公司

公司业绩考核工作功勋单位/部门（5个）

公司办公室　公司财务资产部

公司科技信通部（智能电网办公室）

亦庄供电公司　昌平供电公司

公司同业对标工作功勋单位/部门（5个）

公司运维检修部（政治供电办公室）

公司物资部（招投标管理中心）

企协分会　房山供电公司

信息通信分公司

公司“三集五大”体系建设功勋单位/部门（5个）

公司人力资源部（社保中心）

公司电力调度控制中心

城区供电公司　海淀供电公司

检修分公司

公司集体企业改制（管理）功勋单位/部门（5个）

平谷供电公司

北京华商伟业资产管理有限公司

北京华商远大电力建设有限公司

北京华商三优新能源科技有限公司

北京中电联汽车服务有限公司

公司“三个建设”功勋单位/部门（5个）

丰台供电公司　石景山供电公司

通州供电公司　电力科学研究院

培训中心

公司“五新”服务红旗单位（3个）

朝阳供电公司　密云供电公司

客户服务中心

公司客户服务红旗单位（3个）

城区供电公司　海淀供电公司

顺义供电公司

公司工程转资红旗单位（3个）

城区供电公司　昌平供电公司

门头沟供电公司

公司智能配电网建设红旗单位（3个）

海淀供电公司　昌平供电公司

顺义供电公司

公司后勤体系建设红旗单位（3个）

朝阳供电公司　怀柔供电公司

检修分公司

公司先进集体（60个）

公司本部

办公室综合管理（外事）处

人事董事部干部一处

人力资源部（社保中心）劳动组织处

安全监察质量部（保卫部）应急管理处

建设部建设管理处

营销部（农电工作部）农电处

思想政治工作部（党委办公室、机关党委、团

委）青年工作处
城区供电公司
人力资源部
电力调度控制中心（配电运营指挥中心）
朝阳供电公司
建设部（项目管理中心）
营销部（客户服务中心）
海淀供电公司
运维检修部（检修分公司）
营销部（客户服务中心）
丰台供电公司
党群工作部（工会、团委）
运维检修部（检修分公司）
石景山供电公司
监察审计部（纪委办公室）
营销部（客户服务中心）
亦庄供电公司
营销部（客户服务中心）
运维检修部（检修分公司）
通州供电公司
营销部（客户服务中心）
建设部（项目管理中心）
昌平供电公司
财务资产部
运维检修部（检修分公司）
门头沟供电公司
办公室
营销部（客户服务中心）
房山供电公司
营销部（客户服务中心）
建设部（项目管理中心）
大兴供电公司
办公室
运维检修部（检修分公司）
平谷供电公司
运维检修部（检修分公司）
发展建设部（项目管理中心）
怀柔供电公司
营销部（客户服务中心）
运维检修部（检修分公司）
密云供电公司
电力调度控制中心　财务资产部
顺义供电公司
党群工作部（工会、团委）
建设部（项目管理中心）
延庆供电公司
发展建设部（项目管理中心）
营销部（客户服务中心）
经济技术研究院
设计中心　建设管理中心
电力科学研究院
党群工作部
电源技术中心（照明技术研究中心）
工程公司
变电施工分公司　人力资源部
检修分公司
运维检修部　变电检修中心西区
党群工作部（工会、团委）
变电运维东南中心
信息通信分公司
信息通信调度监控中心
办公室
培训中心
综合管理部
物资分公司
综合管理部
综合服务中心
媒体业务部（报社）
客户服务中心
大客户服务部
电动汽车服务有限公司
运行管理中心
供用电建设承发包公司
工程管理部
物业管理公司
亦庄物业部
城市照明管理中心
党群工作部（新闻中心和工会）　运行管理中心

公司工人先锋号（27个）

公司本部
电力调度控制中心调度控制班
城区供电公司
运维检修部（检修分公司）配网继自通信检修综合室
朝阳供电公司
安全监察质量部（保卫部）巡检组
海淀供电公司
建设部（项目管理中心）项目组

丰台供电公司
　　运维检修部（检修分公司）配电线缆运维一室
石景山供电公司
　　电力调度控制中心（配电运营指挥中心）
　　配电运营指挥室
亦庄供电公司
　　配网运维一体化
通州供电公司
　　电力调度控制中心地区调控班
昌平供电公司
　　电力调度控制中心配电运营指挥室
门头沟供电公司
　　发展建设部（项目管理中心）项目组
房山供电公司
　　电力调度控制中心配电运营指挥室
大兴供电公司
　　营销部（客户服务中心）客户经理室
平谷供电公司
　　营销部（客户服务中心）计量室
怀柔供电公司
　　运维检修部变配电二次检修室
密云供电公司
　　营销部（客户服务中心）客户经理室
顺义供电公司
　　南法信供电所
延庆供电公司
　　配电运营指挥室
电力科学研究院
　　计量中心配送室
工程公司
　　机具设备分公司机械一班
检修分公司
　　变电检修中心西区变电二次运检二班
信息通信分公司
　　信息通信调度监控中心中心站
物资分公司
　　仓储配送部燕郊班组
客户服务中心
　　95598 远程工作站
电动汽车服务有限公司
　　检修班
物业管理公司
　　检修中心
城市照明管理中心
　　运行管理中心运行监管一班

根据《评比办法》第四章第十条规定，丰台公司采集运维班直接评为公司工人先锋号。

公司劳动模范（10 名）

公司本部　　汪　剑
朝阳供电公司　张　宁
丰台供电公司　管明宇
通州供电公司　高　杰
房山供电公司　李　靖
大兴供电公司　梁　中
密云供电公司　唐恒海
顺义供电公司　王绍琨
城市照明管理中心　吴颖春
华商伟业公司　杜岩平

公司先进工作者（117 名）

公司本部
　　李　晖　马晓艳　段鹏飞　金　锋　辛　锋
　　张　鹏　张　画　杨　静　周运斌　于　磊
城区供电公司
　　王艳松　杨　霖　赵　宇　张旭洁　尚建生
　　丁继革
朝阳供电公司
　　杨　云　王子骞　祁博彦　陈飞宇
海淀供电公司
　　艾　亮　任　杰　牟　磊　王新欣　高　磊
丰台供电公司
　　黄　佳　王　骁　张瀚文
石景山供电公司
　　杨　景　徐　岩
亦庄供电公司
　　王　立　霍心陶
通州供电公司
　　汪剑波　张　运
昌平供电公司
　　李世婧　许　江　刘东海　高明亮
门头沟供电公司
　　历光亮　李　静
房山供电公司
　　王登政　吴若彬
大兴供电公司
　　邹　晴　王学军
平谷供电公司
　　张德利　刘英顺
怀柔供电公司

陈　虎　王立新

密云供电公司

赵晓军

顺义供电公司

岳国荣　胡继锋　彭　宇

延庆供电公司

刘清华　康久权

经济技术研究院

王友军　张学礼

电力科学研究院

朱　洁　李香龙　李　伟

工程公司

张　锦　马宝河　肖　飞　董　鑫　汪利君

检修分公司

谢连富　刘　宇　王雅斌　赵　然　刘立群

何跃恒　杜　泉　程李川　高彦昌　郑　娜

陈东巍　王　飞　南　洋

信息通信分公司

李金友　王　磊

培训中心

李鸿雁　卢　焰

物资分公司

鲁　敬　任博翰

综合服务中心

耿立宏　刘　舰　刘彦男

客户服务中心

刘海龙　张　皓

电动汽车服务有限公司

马银山

供用电建设承发包公司

邵　阳　赵迎伟

物业管理公司

袁　敬

城市照明管理中心

李晓辉　管丛蓉

集体企业

陈秀梅　冯国春　江庆济　金　玲　李熙钦

李新儒　梁汝明　刘敬微　宁　华　陶　倩

张伍勋　赵　奕

根据《评比办法》第四章第十一条规定，公司本部孙鹤林、苏国杰、付磊、白晓昆、纪欣、魏华跃、通州公司徐向东、平谷公司韩福彬、经研院熊晓雨、工程公司张重仁、检修公司吴建旺直接评为公司先进工作者。

公司“煤改电”工程功勋个人（10名）

陈　平　石　亮　王　诜　李　建　胡增伟

潘新征　马　越　李　军　丁雪松　李　伟

公司北京城市副中心电网建设功勋个人（10名）

王亚峰　王小峰　李　岩　安　明　康　琦

王海超　李志鹏　白　鹭　张洁民　王宝利

公司重点工程建设（规划）功勋个人（10名）

徐　韬　樊　凯　沈　洋　聂杰良　丁　迪

范卫国　侯小健　王登政　汪　洋　丁德义

公司业绩考核工作功勋个人（10名）

杨　湛　纪　斌　李立刚　邓佳翔　楚济祥

刘　明　辛　颖　陈　巍　王海英　赵　磊

公司同业对标工作功勋个人（10名）

杨　成　金　锋　刘守亮　崔　禹　姚海燕

孙　兵　李　宝　龙国标　南　慧　史江凌

公司“三集五大”体系建设功勋个人（10名）

李　蓉　何文涛　李　杰　李　洋　潘玲娇

袁　昕　张卫华　任　杰　于克飞　刘　宇

公司集体企业改制（管理）功勋个人（10名）

梁汝明　马志红　李　梅　曾　梅　马顺发

陈晓燕　仇　斐　李继森　张晓君　刘东海

公司“三个建设”功勋个人（10名）

陈　爽　周　游　宋　鹏　宋振秋　赵化明

史宝钢　马殿敏　寇晨光　何　莹　徐新辕

公司“五新”服务竞赛之星（5名）

张　杰　许　皓　崔　毅　姚志璋　皮晓亮

公司客户服务竞赛之星（5名）

陈春燕　徐绍军　林京楠　李世婧　何　莹

公司工程转资竞赛之星（5名）

周云浩　耿军伟　陈　虎　樊　华　王雅群

公司智能配电网建设竞赛之星（5名）

辛　锋　牟　磊　王绍琨　王　朴　黄　佳

公司互联网+北京电力竞赛之星（5名）

姚保庆　穆克彬　李　冀　闫　山　叶　妍

2016 年公司获省部级以上先进人物介绍

国家电网公司工匠——张文新

张文新，男，汉族，1966 年 7 月出生，河南人，中共党员，硕士研究生，高级工程师，国家电网公司优秀工程技术专家。1988 年参加工作，现任北京电力工程公司副总工程师。

张文新作为电缆专业人才，一直坚持所学知识和生产实践相结合，先后编制《电缆施工技术问答》《电缆工技能培训》，组织编写了《电缆施工作业指导书》等教材，并在国内知名杂志以及国内学术刊物上发表多篇论文。2010 年工程公司成立了以他名字命名的劳模创新工作室，在他的带领下不断开展技术创新活动，可谓硕果累累。自创新室成立以来完成创新项目 29 个，取得专利 16 项，从根本上解决工程建设中遇到的各种难题。2012 年创新室获得“市级职工创新工作室”称号；2013 年创新室被评为“国家电网公司劳模创新示范点”；2014 年评为“全国示范性劳模创新工作室”。

2007 年荣获首都劳动奖章，2008 年荣获国家电网公司劳动模范称号，2012 被全国总工会授予“全国五一劳动奖章”称号，2015 年被评为全国劳动模范，2016 年被评为首批“国网工匠”。

国家电网公司劳动模范——史景坚

史景坚，男，汉族，1972 年 11 月出生，中共党员，硕士，高级工程师，1994 年 7 月参加工作，现任公司营销部（农电工作部）主任。

在 2016 年工作中，史景坚紧紧围绕公司决策部署和营销服务工作重点，带领营销部全体人员攻坚克难、开拓创新，高效高质推进各项营销服务工作，促使北京公司的营销服务水平和市场拓展能力得到显著提升。

一是创新服务举措，进一步提升了优质服务水平。推出“互联网+电力营销服务”新模式，建成“2+2”的“互联网+电力营销服务”智能互动平台，推行线上智能服务和现场智能作业，实现客户服务模式由传统专业线下服务到新型一体化线上服务的全面转变，塑造全新客户体验，二是大力推进以电代煤、以电代油、以电代气，进一步开拓了电力市场。以电代煤方面，完成 647 个村的“煤改电”工程，使村民告别了传统的燃煤取暖方式，享受环保、安全、清洁的新生活；建成“煤改电”实景示范展示区，成为综合展现“煤改电”工程工作成效、集中体现先进技术和装备的示范窗口。

2013 年获公司十八大供电保障功臣，2014 年获公司 APEC 供电保障先进个人，2016 年获国家电网公司劳动模范。

国家电网公司劳动模范——李建

李建，男，汉族，1978 年 6 月出生，北京市人，

中共党员，大学本科学历，工程师，1997 年 5 月参加工作，现任公司丰台供电公司营销部（客户服务中心）主任。

李建同志自参加工作以来，始终把为用户提供优质服务放在首位。工作作风朴实硬朗、敢打敢拼。身先士卒带领国网北京丰台供电公司营销部各专业、各班组取得了优异的成绩。在经营管理方面，为落实国网公司增供扩销的工作要求，在北京公司业扩工程“五新”服务推广期间，该同志组织了专项工作小组，对 506 户有用电需求的用户逐户走访，了解具体情况制定差异化服务措施。对 33 个于工程实施难度较大的项目，带领客户经理积极协调各政府部门，召开专项推进会 92 次，完成了年度接电容量 118 万 kVA，年度指标完成率 114%，丰台公司荣获北京市电力公司业扩工程“五新”服务流动红旗。

2015 年获公司优秀共产党员，2016 年获国家电网公司第二届创新创意大赛金奖、银奖，2016 年获国网北京市电力公司“煤改电”工程先进个人，2016 年获国家电网公司劳动模范。

国家电网公司劳动模范——方文军

方文军，男，汉族，1980 年 9 月出生，北京市人，大学本科，中共党员，助理工程师，2000 年 7 月参加工作，现任公司检修分公司变电运维西南中心吕村运维班副班长。

方文军同志 16 年来一直在一线从事变电运维工作，在平凡的岗位上脚踏实地、默默奉献，扎实的工作态度和过硬的技术使他逐步成为专业技术领头人，为检修分公司变电运维专业安全生产做出了重要贡献。2016 年，他参与变电运维专业五位一体工作。共完成设备巡视、倒闸操作、故障处理等作业指导书 67 项、作业指导卡 67 项、作业流程手册 31 项，使得变电运维专业各项工作的标准化、规范化水平再上一个新台阶。他坚持不断创新，解决了运维工作中一个又一个难题，得到了同行的认可，组织的肯定，赢得了一个又一个荣誉。在自己平凡的工作岗位上为电力事业奉献着自己的光和热。

2013 年获公司先进工作者、北京市职工高级职业技术能手，2014 年获首都劳动奖章，2015 年获公司先进工作者，2016 年获北京市国资委优秀党员、国家电网公司劳动模范。

首都劳动奖章——徐向东

徐向东，男，汉族，1971 年 6 月出生，北京市人，中共党员，大学专科学历，高级技师，1989 年 6 月参加工作，现任公司通州供电公司运检部副主任。

徐向东同志参加工作以来一直从事开关检修专业，埋头苦干十几年，熟练掌握 40 多种断路器、隔离开关检修、安装工艺。1997 年担任开关班班长后，就成为通州公司变电检修专业的领路者，为北京电网和通州电网变电检修工作做出了突出贡献。在奥运保电期间，他带头新建、改建通州 110kV 变电站 10 座，主动学习 PASS 及 GIS 等新设备的使用，圆满完成“0811”工程。在担任奥运场馆群临电设施的总负责人期间，他以严谨的工作态度和过硬的技术，圆满完成场馆临电设施的安装及后期的保电工作，为奥运保电作出了巨大贡献。在担任变电专业负责人期间，负责辖区内 31 座变电站、61 座开闭站运维检修、发电投产以及技术改造，先后圆满完成 APEC 保电等重大保电任务。

2007 年获北京经济技术标兵，2008 年获国家电网公司奥运电力保障先进个人，2011—2015 年获国网北京市电力公司科技成果二、三等奖，2014 年国网北京市电力公司劳动模范、通州区市民学习之星，2016 年获首都劳动奖章。

国家电网公司优秀班组长——唐玉维

唐玉维，男，汉族，1979 年 11 月出生，中共党员，大学本科学历，助理工程师，高级技师，现任国

网北京信通公司信息通信调度监控中心检修二班班长。

2016 年成立检修二班，唐玉维从线路班组转到检修班组。唐玉维处处以一个模范共产党员的标准来要求自己。对工作兢兢业业，脏活累活处处走在前面，从不计较个人得失。在他的带领下，国网北京灾备中心第三路径工程建设，在酷暑中连夜工作，在保证班组人员安全的情况下，提前一周完成验收工作。此项目因管道分布在主路，白天无法验收，整个验收工作全部在夜间完成。井室内空间狭窄有限、空气潮湿闷热、还伴有有害气体，环境复杂、能见度低、伴随着齐腰深水位、缆线杂乱无章，导致进入困难。唐玉维组织班组骨干人员全面分析、讨论，制订出详细的验收方案和可靠的安全措施。在验收现场，唐玉维身先士卒，有危险，班长上，总是第一个下井，走在队伍前面。

2011 年获公司优秀共产党员，2012 年获公司科技技术进步二等奖、国网北京信息通信分公司年度文明员工，2016 年被评为国家电网公司优秀班组长。

国家电网公司优秀班组长——杜钢

杜钢，男，汉族，1973 年 11 月出生，中共党员，大学本科学历，技术员，1993 年参加工作，现任国网北京门头沟供电公司龙泉供电所所长。

杜钢建立健全了供电所营销管理各项规章制度，完善了电费抄、核、收和优质服务工作奖惩考核制度，每周及每月定期召开营销安全和服务工作会议，加强供电所营销部门工作人员思想教育和业务知识方面的学习，按时完成上级部门布置的任务。营销工作的重点之一是电费回收，他每天和分管营销工作的专业工程师沟通，实时清楚每天的电费回收情况，清楚用户欠费原因，力在帮助用户解决困难的同时按质按量完成每月电费回收工作，电费回收率 100%。在 2016 年 7 月中旬的一场大雨前夜，杜钢做好应急预警，这场“雨灾”导致供电所出动抢修车辆 70 多车次，抢修人员 168 人，杜钢连续两天没有合眼，担任总指挥，将事故按轻重缓急分类，协调人员及车辆，随着雨量减小，杜钢带领全所员工在未发生任何安全问题的情况下，逐一处理了 76 起供电故障，用最短时间恢复用户的正常供电。

2016 年杜钢被评为国家电网公司优秀班组长。

国家电网公司优秀班组长——李孟东

李孟东，男，汉族，1967 年出生，北京顺义人，大学本科，中共党员，高级技师，地市级优秀专家人才。1982 年参加工作，现任国家电网北京顺义供电公司运维检修部带电作业班班长。

李孟东始终坚持勤奋好学、刻苦钻研的奋斗精神，不断提高技能水平，作为带电作业方面的技术骨干，带领班组大搞技术革新，先后攻克了一系列技术课题。参与编写了《配电线路带电作业操作规程》《配电线路带电作业标准化作业指导书》《配电线路带电作业操作规程培训教程》《配电线路带电作业工具质量卡》等，并撰写了由中国电力出版社出版的《10kV 配电线路带电作业实操技术》一书。由李孟东牵头研制的“10kV 配电线路带电电动清扫工具”“绝缘斗臂车安全提示器”等创新成果，在工作实践中取得良好的应用效果，为公司带电作业安全生产奠定了基础，提供了保障。

2009 年荣获公司“先进生产者”“国庆 60 周年供电保障功臣”称号，2010 荣获“十大首都电力之星”称号，2011 年荣获“首都学习之星”称号，2013 年荣获“国家电网公司劳动模范”称号，2015 年被北京市人民政府授予“北京市劳动模范”称号，2016 年获国家电网公司优秀班组长。

国家电网公司优秀班组长——冯四庭

冯四庭，男，汉族，中共党员，1961 年 12 月出生，大学本科学历，助理工程师，高级技师，现任国家电网北京城区供电公司崇文供电服务中心班长。

从冯四庭成为班长的那天开始，他所带领的班组从未发生过一起安全事故，一直保持着无违章班组的优良传统，这些都离不开他的言传身教、殷切叮嘱。他利用自己多年的工作经验，讲述所经历过的实例实案，时刻为班组成员敲响安全的警钟。随着“互联网+”信息技术的发展和区域内智能电表的全覆盖，客户服务逐渐向“互联互动、移动智能”的方向转变。他积极顺应潮流，带头学习新技术、新流程，并大力开展面向客户的宣传推广活动。2016 年，崇文供电服务中心率先应用一体化“互联网+电力营销服务”体系，通过手机 APP 为客户提供全流程线上服务，使客户足不出户，服务触手可及。此外，冯四庭还指导青年骨干，创新“营配微单元全业务融合”服务模式，以线路为单元主动开展配电运维、客户服务、用电检查等服务，达到提质增效的目的。作为班长，更作为“大家长”，冯四庭将继续带领崇文供电服务中心昂扬前进，为供电人书写新的传奇篇章。

2016 年被评为国家电网公司优秀班组长。

国家电网公司优秀班组长——国文亮

国文亮，男，汉族，中共党员，1974 年 7 月出生，大学专科学历，工程师，现任国家电网北京检修分公司清河运维班班长。

清河运维班所辖设备情况复杂，特殊情况多，国文亮在专业技术领域一直严格要求，勤奋耕耘，是班组名副其实的技能专家。一线成员遇到的“疑难杂症”，在这位精通技术的班长手里总是能得到满意的解决。为了打造业务水平过硬的“学习型”班组，他带头营造尊重技术、踏实肯干的学习型班组氛围，通过组织专题研讨、“一带一”等多种形式，让技术能手传授经验心得，让年轻员工分享智能电网时代的新技术、新思想，既调动了老员工的积极性，也激发了年轻员工的活力。在国文亮的带领下，清河运维班交出了一份漂亮的成绩单。清河运维班 2016 年圆满完成西北旺站 GIS 扩建验收投产任务，完成城北站直流改造任务，执行倒闸操作 9447 步，执行工作票 170 张，完成应急任务 11 次，累计 52 天。圆满完成政治供电保障任务 42 项，累计 325 天。

2016 年被评为国家电网公司优秀班组长。

国家电网公司优秀班组长——李永勋

李永勋，男，汉族，中共预备党员，1982 年 8 月出生，研究生学历，工程师，现任国网北京海淀供电公司配电运营指挥室班长。

李永勋将大数据分析技术应用于海淀地区电网互倒互带能力分析、度夏、度冬、年度方式分析以及 2～3 年电网安全校核工作。通过截取大负荷断面，并以此为基础，密切跟踪和实时分析业扩负荷接入、配网改造等工程项目对电网负荷的影响，充分利用 Excel 内置函数和 VBA 编程技术，实时动态展示电网负荷异

动对运行方式的影响和电网薄弱环节，为海淀电网方式分析奠定坚实基础。在担任海淀配电运营指挥室主任后，李永勋成为指挥室的“常驻代表”，几乎每天都是早出晚归，每天都要详细查看当天的工作计划和操作票，指导调度员进行倒闸操作，确保各项工作顺利开展。2016 年 8～10 月，正值“煤改电”和“配网改造”高峰期，每天停电计划和新设备启动都有十余份，他带领调度员顶住工作压力，合理安排工作进度，最终圆满完成2016 年“煤改电”任务，实现四环内配电自动化覆盖率 100% 的目标。

2016 年被评为国家电网公司优秀班组长。

大 事 记

1月

1月6日　华北能监局局长郭智一行就2016年春节和全国两会保电工作到公司进行调研。

1月19日　公司管理创新成果首次荣获全国企业管理现代化创新成果一等奖。

1月28日　国家电网公司党组成员、工会主席刘广迎到公司调研班组建设等工作。

1月28日　国家电网公司副总工程师苏胜新一行到通州公司调研指导工作。

1月28日　公司完成G20杭州峰会第一次协调人会议、国家电网公司职代会、亚投行开业仪式系列活动、2016年北京市“两会”等重点保障任务。

2月

2月4日　华北能监局局长郭智、副局长张学先到公司检查春节和全国两会保电准备工作。

2月4日　国家电网公司董事长、党组书记刘振亚来到公司调度控制中心，视察北京电网春节和全国两会供电保障工作，慰问干部员工。国家电网公司董事、总经理、党组成员舒印彪等陪同慰问。

2月19日　公司荣获国家电网公司纪检监察工作先进单位，亦庄供电公司杨秋霞等获得国网公司纪检监察工作先进个人称号。

2月25日　北京市规划委副主任周楠森一行到北京行政副中心行政办公区建设现场及通州供电公司调研。

2月26日　华北能监局局长郭智一行到公司检查全国两会供电保障工作。

2月26日　公司发布《电靓京城、服务国际一流和谐宜居之都建设2015》白皮书，以10年跨度背景总结回顾了北京电力服务首都经济社会发展所付出的努力，以及对未来做出的承诺。

3月

3月3日　公司针对北京行政副中心配电网建设、农村“煤改电”配套建设和配电自动化建设改造，完成相关配电网建设改造技术原则的编制工作。重点建设改造项目技术原则出台，为公司高标准建设首都配电网，实现“国际一流”目标提供了具体指导。

3月4日　中央各部委推选，首都文明办在全市共评选出“首都学雷锋志愿服务示范站”5个、“首都学雷锋志愿服务示范岗”6个，公司获得了2个示范站和2个示范岗的好成绩。

3月17日　国网甘肃省电力公司副总经理毛光辉一行到公司调研重大活动保电工作。

3月23日　公司机关首届五人制足球赛在椿树足球场拉开帷幕。

3月25日　公司《基于卓越运营的APEC供电保障管理创新与实践》项目获得全国电力行业设备管理创新成果特等奖。

3月30日　公司召开深化“三集五大”体系建设末端业务融合工作暨班组建设创新模式研讨会。

3月31日　国家发改委价格司巡视员张满英一行来到公司调研北京电网运行、电价政策执行等工作。

4月

4月15日　公司收到英大传媒投资集团有限公司发来的感谢信，感谢公司为2016全球能源互联网大会的供电服务保障工作。

4月15日　北京市政府副秘书长张维一行代表市委市政府向公司完成北京市副中心输电线路迁改工程及首批施工用电建设项目表示感谢并赠送了锦旗。

4月22日　国家电网公司副总经理、党组成员栾军到公司检查国家电网应急物资储备管理工作。

4月28日　国家电网公司共青团和青年工作会议暨五四表彰大会在山东召开，城区公司运检部李彬被授予国家电网公司“青年五四奖章”荣誉称号，这是公司青年员工首次获此荣誉。

4月29日　公司与广华新城小区建设方正式签署《业扩报装服务契约书》，该小区成为首个享受公司“契约式”送电服务的客户。

5月

5月4日　国家审计署总经济师兼机关服务局局长张力一行向公司赠送了“忠诚电力企业　情系社会责任”的锦旗。

5月5日　公司召开纪念建团94周年暨《奋战的青春》五四表彰会。

5月16日　北京电力展示厅应邀参展全国总工会科技周展览活动。

6月

6月6日　公司配合北京市发改委编制的《北京市“十三五”时期电力发展规划》获得北京市政府正式批复。

6月15日　市发改委王英建副主任一行到门头沟调研煤改电工作。

6月30日　公司召开纪念建党95周年创先争优表彰暨“两学一做”学习教育推进大会。

7月

7月1日　国务院驻国家电网公司监事会主席李东序到公司调研指导工作。

7月5日　北京市发改委副主任王英建一行到丰台公司调研电力迎峰度夏及防汛工作。

7月15日　首都电力交易中心有限公司成立大会暨揭牌仪式在北京举行。

8月

8月18日　公司与西城区续签协议共同推进北京国际一流配电网建设。

8月24日　北京市规划国土委、副中心工程建设指挥到公司调研。

8月25日　公司与首钢总公司签署“关于新首钢高端产业综合服务区智能电网规划建设合作协议”。

9月

9月8日　广州供电局有限公司副总经理刘育权一行到公司，就配网生产运营管理等工作进行调研和经验交流。

9月14日　举行由共青团中央主办、公司承办的“走近青创先锋”（国家电网北京电力公司）主题活动。

9月23日　公司开展输电线路反外力“百日专项行动”。

9月26日　国网甘肃省电力公司总经理李明、党组书记王江亭一行到公司进行交流座谈，并向公司赠送锦旗和感谢信。

10月

10月11日 北京市规划国土委副主任周楠森、副总工程师杨放一行到公司调研北京电网配套重点工作进展情况。

10月17日 广东电网有限责任公司董事、党委委员、纪委书记李欢一行到公司调研。

10月27日 公司与延庆区政府签署电网建设战略合作协议。

11月

11月9日 公司官方微信公众号荣获“能源企业百强微信公众号”等三个奖项。

11月16日 公司建成国内首个“煤改电”实景示范展示区。

11月24日 国家电网公司副总工程师李向荣一行到公司调研信息通信工作。

11月24日 石景山供电公司与区重点建设中心、北京保险产业园签署战略合作协议。

11月25日 北京市委副书记、副市长、代市长蔡奇对公司2016年“煤改电”配套电力工程工作给予了高度肯定。

12月

12月1日 国家电网公司党组成员、工会主席刘广迎一行调研公司班组建设工作。

12月3日 公司荣获第三届“中国青年志愿服务项目大赛”全国赛金奖。

12月4日 国家电网公司法治企业建设知识竞赛决赛在高培中心举行，公司代表队获得团体三等奖。

12月7日 国网山东省电力公司总工程师李荣一行到公司调研交流。

12月7日 国家电网公司董事牛越生、王国樑、陈津恩、黄德林一行到公司调研。

12月8日 北京城市副中心行政办公区配套输变电工程规划前期工作取得重大突破，公司落实配套变电站站址，争取到“最优惠”审批政策，为未来电网建设预留了发展资源。

12月20日 中国能源化学地质工会主席张波一行到公司调研。

12月21日 公司与昌平区政府签署电网规划建设战略合作协议。

12月23日 公司获全国老干部工作先进集体荣誉称号。

12月26日 国家环境保护部核与辐射安全中心党委书记梁士彪、辐射源安全监管司副司长赵永明一行向公司配合完成研发基地高压线塔移改，表示感谢并赠送“创新思路有担当，务实高效当先锋”的锦旗。

重要文献

公司领导重要讲话

突出重点　统筹兼顾
切实担当好首都供电政治责任

——公司总经理李同智在第三届职工代表大会第二次会议暨2017年工作会议上的报告（摘要）
（2017年1月19日）

一、2016年工作回顾

经营指标超额完成。面对全市加快疏解非首都功能、大量产业外迁的严峻形势，千方百计增供扩销，完成售电量918.37亿kWh，同比增长6.72%，较国家电网公司平均增速高2.24个百分点；加速电网发展，全年完成投资216.28亿元，创历史新高，资产总额突破千亿，达到1029亿元；努力开源节流，实现利润17.6亿元，同比增长50.64%，经济增加值（EVA）较目标值高5.13亿元；公司对标进入国家电网公司综合标杆，业绩考核位列A段。

重点工作创新突破。政策争取实现新突破，创新前期工作新模式，积极争取政府资金支持，为电网又好又快发展创造了非常有利的条件。“以电代煤”实现新突破，在圆满完成国家下达的400个村“煤改电”任务基础上，超额完成247个村配套电网改造，得到市委、市政府和社会各界高度赞扬。安全管控实现新突破，全年输电、变电、配电设备故障同比分别下降36%、48%和43%。市场开拓实现新突破，全年新增接电容量1283.31万kVA，同比增长42.24%，拉动售电量增长3.16个百分点。与首钢和新机场签署战略协议，建立了“投资由多方共同承担，资产由电力公司整体运营”的新模式，有效服务新增配电市场。改革成效实现新突破，提前一年高质量完成“三集五大”深化试点任务，千方百计实现北京地区输配电价上调目标，在国网系统起到示范引领作用。精神风貌焕然一新：面对繁重艰巨任务和严峻复杂形势，公司全体干部员工以只争朝夕的精神、干事创业的激情和顽强硬朗的作风，齐心协力，你追我赶，创造优秀业绩，交出满意答卷，彰显了首都电力人勇于担当、奋发向上、创新超越的精神风貌。

严抓严管，电力供应保障有力。安全管理水平不断提升。充分发挥两级安委会统筹指导作用，健全明责、履责、问责的闭环管理机制，有效开展“三查三强化”、履职尽责专项安全大检查。加大对安全事件和违章单位的问责力度，全年安全事件、违章行为同比分别下降43%、26%。创新开发安全生产规范化管控平台及移动作业终端，实现安全管理标准化和安全巡检规范化。运维管控能力持续增强。以防范外力和降低用户内部故障为重点，综合运用人防、技防措施，设备运维水平显著提升，“反外力百日专项行动”期间外力故障同比下降65%。强化输电线路防覆冰、“煤改电”用户保障等关键环节管控，逐村、逐线落实差异化措施。持续开展台区供电质量治理，基本消除低电压台区和重过载台区。公司资产全寿命周期管理升至国家电网公司“领先型”水平。全面完成迎峰度夏和防汛任务，平稳应对2082.8万kW历史最大负荷及“7·20”特大暴雨考验。智能配电网全面升级。启动智能配电网建设三年（2016—2018）行动计划，配电自动化实现四环内全覆盖。坚持高标准，高质量编制城市副中心高端智能配电网建设实施方案。全年完成十八届六中全会、天宫二号发射等重大政治保电任务219项，累计政治保电天数324天，任务数量和累计天数均创历史新高。

抢抓机遇，规划建设实现突破。电网发展环境日益优化。促成国家电网公司和北京市政府签署面向“十三五”战略合作协议，先后与西城、丰台、延庆、亦庄、石景山、昌平、首钢、新机场等8家政府和企业集团签署战略合作协议。促请市政府率先发布了“十三五”能源和电力发展规划，并将7项外受电通道、266项输变电工程全部纳入城市规划。规划前期取得实效。促成市区两级政府首次提出承担110kV输变电工程前期费用和征地等工作。促请政府将“煤改电”、冬奥会等65项配套输变电工程纳入“一会三函”，并对“煤改电”10kV及以下配套电网工程给予30%补助。创新配套变电站与轨道交通同步规划、同步拆迁、同步建设、同步投运的“一体化”新模式，并促成政府承担65%近20亿的共建站建设费用。全年共取得110kV及以上电网项目核准71项、规划意见书132项，完成数量均创历史新高。重点工程加速推进。策划启动首都电网“135”提升工程，明确“十三五”电网发展目标和建设重点。提前两个月完成城市副中心电力线路迁改工程，为北京市落实中央要求、按时入驻城市副中心赢得宝贵时间。首条特高压入京通道北京东—顺义、太平500kV送电工程按期投产，外受电通道蔚县—门头沟500kV工程顺利开工。建成国内首家集多种“煤改电”技术装备的实景示范展示区，开展运行数据监测分析，为“煤改电”技术选择提供决策参考。创新“智慧工地”技术，对施工现场实施全天候、全方位视频监控，保障工程安全质量。全年投产110kV及以上变电容量427万kVA、线路488.62km，优质工程率实现100%。

创新举措，优质服务持续提升。“五新”服务专项行动成效显著。创新业扩“双契约”服务，对外坚持客户导向，对内强化履责协作，客户平均接电时间缩短15天，全年签订契约项目569项，容量247.3万kVA；拓展“掌上电力”手机APP线上报装服务，受理线上报装2.09万件、容量180.2万kVA。服务措施不断创新。深化“互联网+电力营销服务”模式，完善网络交费平台，拓展线上应急送电、可视化报修服务，实现营销服务由线下向线上的全面转变，居民网络自助交费率达到60%。开展“强管理、降投诉、促服务”提升行动，活动期间投诉数量同比下降75%。全方位做好“煤改电”用户服务保障，针对性推出“日常购电不出村、应急服务全天候、多方协同保供暖”等新举措，组建127支首都电力共产党员服务队，在各村设立服务点，实现供电服务全覆盖。充电设施加速建设。推进充电桩进入中南海、公安部等85个党政机关。与市公交集团合作建设电动公交车充电设施。目前累计建成762座充电站、10 215台充电桩，实现北京地区高速公路充电设施全覆盖。

聚力攻坚，改革创新卓有成效。“三集五大”深化试点任务提前完成。坚持效率效益，结合公司实际，按照“顶层专业集约、管理内部协同、一线业务融合、对外服务一体”思路，应用“互联网+北京电力”建设理念，高质量完成试点工作，建成国网系统首家主网运检指挥中心和配电运营指挥中心，构建“移动终端+互联网+大数据”的智能管理体系，为国家电网公司优化提升“三集五大”体系探索了新路径。输配电价改革取得实效。扎实推进输配电定价成本监审和测算核定工作，将政治供电成本高、充电设施投资大等情况纳入成本监审专题说明，争取到薪酬、运维费率等重要参数采用公司上报数据，确保输配电价稳中有升。加大工程项目转资力度，全年完成转资工程3655项、完成率98%，转资金额251亿元、完成率96%，建立起工程转资常态化管控机制。

市场交易全面推进。挂牌成立首都电力交易中心有限公司。依托两级电力交易平台，从京外引入风电、光伏等清洁电力，满足电能替代需求；成功代理25万户非居民用户，完成24亿kWh直接交易，降低用户电费成本1.69亿元。

提质增效，经营管理有效增强。资金管控能力不断提升。强化财务实时管控，提升资金运作效益，在投资规模持续放大情况下，实现资金存量和贷款成本“双下降”。持续开展“两金”压降工作，全年存量应收账款和存货分别压降62.6%、99.2%。积极争取政策支持，全年落实各项外部渠道支持资金超过20亿元。经营管理基础不断夯实。实行“统一入库、集中检测、按需领用”履约模式，保障物资及时供应。开展审计问题整改专项行动，实施重点工程跟踪审计。以“明细数据和实时监测”为重点，初步建成涵盖7个监测域的大数据分析应用平台。严格入口标准，毕业生招聘实现数量和质量双提升。强化法律风险管控，西北热电配套工程群体性诉讼等重大案件取得胜诉，公证维权迈出实质步伐。后勤资源整合成效显著。梳理整合闲置房屋、土地和办公用房，腾退房屋1.1万m^2，节约租金1125万元。优化调整部分单位办公场所，实现海淀、朝阳生产综合楼、亦庄办公区全面入驻。集体企业规范经营持续深化。圆满完成集体企业改革改制，清理处置企业44户，减免税费9亿元。集中开展突出问题审计整改，理顺资本纽带关系，优化平台组织架构，率先在国家电网公司实现平台法人治理，为集体企业提质增效奠定基础。

创先争优，“三个建设”示范引领。高标准推进“两学一做”学习教育，坚持“基础在学”，组织各级干部讲党课廉课779场次；强化“关键在做”，制定落实问题整改措施255项，高质量召开两级领导班子民主生活会。将党建工作纳入公司章程，制定《公司党委议事规则》。隆重召开公司第一次党员代表大会，圆满完成公司两级党组织换届选举工作。开展2496人次党员组织关系排查，实现失联党员、组织关系应转未转“双零”目标。按时完成党费收缴工作。压实“两个责任”，细化“两项清单”，开展履责约谈3254人次，重点岗位交流219人次。狠抓专项协同监督和“八项规定”交叉互查，人员从业更加安全。发挥审计监督作用，圆满完成领导干部离任审计和集体企业专项审计。开展“北京电力红马甲在行动”“卫蓝暖心”等专项行动，公司共产党员服务队被全国总工会推荐为“中国最佳志愿服务组织”。深化“电靓京城”品牌传播，围绕重点任务开展专题宣传策划，加大在中央电视台、新华社等中央媒体的传播力度。高标准承办国家电网公司班组建设经验交流活动，充分展示公司班组智能化建设成效。组织开展全员劳动竞赛，设置竞赛看板、颁发流动红旗，营造干到最好、做到最优的良好氛围。关心关爱职工，全面创建职工健康食堂，组建10个文体协会，举办多种文体活动，丰富职工文化生活。团青工作成果丰硕，公司团委获中央企业和北京市五四红旗团委称号，在国家电网公司第二届“青创赛”中荣获2金4银5铜，在中国第三届青年志愿服务大赛中荣获2金，城区供电公司代表中央企业荣获最佳团队奖。离退休工作部作为国家电网公司唯一代表，荣获“全国老干部工作先进集体”荣誉称号。

二、把握重点，凝聚共识，主动承担肩负的重大使命

2017年是公司落实“十三五”规划的关键一年。中央对引领经济发展新常态、加快供给侧结构性改革做出重要部署。北京市和国家电网公司落实中央决策，牢牢把握稳中求进总基调，以新的发展理念，推进改革发展迈向更高水平，对公司各项工作提出了更高的要求。我们要把握好工作重点、统筹兼顾好各方关系，团结一心，凝聚共识，不断开创发展新局面。

（一）义不容辞担当起首都供电政治责任

2017年，党的十九大、“一带一路”国际高峰论坛等重大政治、外交活动将在北京举行，政治供电工作贯穿全年，公司在确保安全稳定上承担着重要的政治责任；北京市“四套班子”将入驻城市副中心，冬奥会、世园会、新机场、轨道交通等重点项目全面提速，每一项配套电网工程都事关国家和全市的重要形象和根本利益，公司在加快电网发展上承担着重要的政治责任；大气环境治理备受中央和百姓关注，已经成为重要的政治工程、民生工程、民心工程，公司在实施电能替代上承担着重要的政治责任；党政军首脑机关等重要客户服务标准高，广大市民对电力服务的多元化、差异化、信息化诉求越来越多，做好新时期的服务工作关系国家电网公司在首都的窗口形象，公司在提升服务水平上承担着重要的政治责任。

切实担当好公司重要的政治责任，要把加强党的建设作为根本保证。充分发挥党组织的领导核心和政治核心作用，把党的领导融入公司治理各环节，把企业党组织内嵌到公司治理结构中，使党组织发挥作用组织化、制度化、具体化，增强各级党组织“把方向、管大局、保落实”的能力，将公司的政治优势转化为强大的发展优势。充分发挥各级干部的带头引领作用，广大干部要切实增强“四个意识”，严明政治纪律和政治规矩，进一步加强思想、作风、能力建设，做“忠诚、干净、担当”的表率。要增强事业心和责任感，勇挑重担、率先垂范，带领广大职工践行更高标准、创造更大业绩。充分发挥广大党员的先锋模范作用，围绕安全生产、电网发展、优质服务、电能替代等重点任务，搭建党员岗位建功平台，教育引导广大党员在各项急难险重工作中做表率、当先锋。

切实担当好公司重要的政治责任，要有高起点、高标准、高定位的目标追求。发挥国有企业“六个力量”作用，在服务党和国家工作大局中争当先锋；履行首都电力特殊使命，在国家电网公司“一强三优”现代公司建设中争当标兵。这既是国家电网公司和北京市委、市政府的殷切期望，也是广大人民群众和公司干部职工的共同期待。

（二）电能替代战略是利国惠民强企的大战略

实施电能替代是利国惠民的重大战略。中央高度重视大气环境治理，习近平总书记对北方地区清洁取暖做出重要指示，指出清洁取暖是能源生产和消费革命、农村生活方式革命的重要内容。国务院专题部署京津冀地区大气环境治理工作，张高丽副总理亲自指挥工作推进。北京市将实施“煤改电”、推广电动汽车、压减燃气发电量作为治理首都大气污染、提升农村居民生活品质的战略举措。公司作为服务首都的能源支柱企业，全面落实国家和北京市电能替代要求，是我们责无旁贷的政治责任和光荣使命。

实施电能替代是加快电网建设的大好契机。公司2016年抢抓机遇，积极争取政府支持，获得了规划项目落地、审批流程简化等多方面有利政策，促进了电网建设的高效推进。我们要抓住有利契机，全面推进46项“煤改电”配套输变电工程建设，大力提升主干电网供电能力，按居民户均9kW的标准加快农村配电网改造，补齐农村电网发展短板，为加快推进北京能源消费变革奠定基础。

实施电能替代是赢得企业效益的宝贵机遇。2016年“煤改电”和电动汽车等电能替代贡献电量达到22.39亿kWh，拉动售电量增长2.44个百分点，压减燃气发电产生效益超过8000万元。今年，电能替代力度将进一步加大，全市电采暖用户将超过100万户，电动汽车将达到15万辆，预计可贡献电量超过50亿kWh，售电量拉动效应将进一步凸显。同时，北京市迫切希望大幅压减本地燃气发电出力，为引入更多京外清洁经济电力提供了更好契机，对提升公司经营效益将产生重要的促进作用。

（三）建设国际一流坚强智能电网时不我待

以重点项目为依托，加快建设互联互通坚强主网。建设国际一流坚强智能电网是支撑首都新的城市战略定位的必然要求。北京市新一轮大发展多点布局，重点项目全面提速，配套电网项目起点高、体量大、辐射能力强，公司迎来电网建设的黄金期。我们要乘势而上，高质量推进外受电通道建设，加快形成“500kV 双环网、220kV 分区优化、110kV 链式供电”主网结构，着力提升电网互倒互带和抵御风险能力。

以重点区域为引领，加快打造国际一流城市配电网。首都核心区、城市副中心是落实北京新的城市战略定位的两个重点区域。我们要坚持最先进的理念、最高的标准、最好的质量，把两个重点区域打造成“安全可靠、灵活互动、绿色低碳、环境友好”的国际高端智能配电网示范区，达到国际领先水平。当前，首都核心区要以二环内架空线入地为契机，突出网架结构、电缆化率、配电自动化等重点，支撑核心区常态化供电保障。城市副中心要以行政办公区为重点，高标准落实建设方案和技术标准，抓好结构优化、设备标准、智能化等重点环节，为北京市“四套班子”入驻提供高可靠供电保障。同时通过两个示范区的辐射引领，推进配电网实现“六个百分百”目标。

以先进技术为突破，加快实现电网与用户终端的智能友好互动。“十三五”期间，北京市将构建智慧能源系统作为建设智慧城市的重要内容，加快推进能源全领域、全环节智能化发展。电动汽车、分布式能源的广泛接入，对电网适应性、可靠性和灵活性提出更高要求。我们要大力推动先进技术在电网中的应用，全面实施输电、变电、配电、用电等各环节智能升级，提升电网自动运行、智能控制和互动服务水平。

（四）打造“首都电力”服务品牌是企业和社会的共同期待

打造“首都电力”品牌是履行好政治供电责任的必然要求。确保重大活动和党政军首脑机关供电万无一失是我们的天职。今年重大活动更密集、持续时间长、保障级别高；同时上级对我们做好全市 36 户特级用户和 421 户一级用户服务工作提出更高要求。与之相比，政治供电还存在常态化机制不健全、技术支撑措施不到位等问题。我们要把服务上升到政治高度，全力提升政治供电常态化保障水平，打造一个服务标准更高、保障能力更强的“首都电力”品牌。

打造“首都电力”品牌是适应“互联网+”时代客户多元化服务需求的必然要求。随着移动互联、大数据等技术飞速发展，客户对在线服务、可视互动等诉求不断提升，服务需求从单一购电向定制式、差异化、增值化方向发展。从去年客户投诉来看，线上线下业务不顺畅、客户服务体验不高等问题依然存在。我们要把服务作为立身之本，进一步升级服务理念、提升服务标准、丰富服务手段，打造一个服务手段更先进、服务能力更强的“首都电力”品牌。

打造“首都电力”品牌是公司提升市场竞争力的必然要求。市场竞争归根结底是产品质量和服务品质的竞争。目前全市售电公司已超过 100 家，多元化的市场主体竞争态势已经形成，公司面临着巩固存量市场和开拓增量市场的双重压力。我们要把服务作为提升核心竞争力的根本途径，真正做到“以客户为中心”，完善市场导向型营销服务机制，打造一个更具市场竞争力和影响力的“首都电力”品牌。

（五）加强变革创新是实现超越的最佳途径

加强管理创新，实现体制机制超越。创新是引领发展的第一动力。公司 2016 年深化“三集五大”体系建设，在专业集约、末端融合等方面进行了积极探索，取得了减轻班组负担、提高工作效率等方面的初步成效，证明了管理创新是解决公司现实难题的有效途径。我们要继续坚持效率效益导向，优化提升“三集五大”体系。在经营管理上，把握好集约化和扁平化的关系，对具有规模效益的人财物等资源在更高水平上深度集约，对分散的客户、设备实施扁平化管理。在规划建设上，把握好标准化和差异化的关系，在实施标准化提高效率的同时，对首都核心区、城市副中心等重点区域践行更高设计标准，差异化运用优质设备。在设备运维上，把握好专业化和属地化的关系，主网坚持专业化管理，发挥技术优势；配网坚持属地化运维，加强业务融合和服务一体。

加强技术创新，实现管理水平超越。公司运用“大云物移”等先进技术，有力支撑了业务管控和作业模式的转变，在促进信息融合、提升作业效率等方面发挥了重要作用。输电线路视频监控、智能机器人等应用，推动了运维水平提升和故障率下降。我们要进一步加大先进技术和新型材料的应用力度，完善“互联网+北京电力”智能体系，实现电网更坚强、运维更智能、管理更精益的提升目标。

加强理念创新，实现队伍素质超越。实现创新发展，理念是先导，人才是关键。要增强创新意识，不断开阔视野，用创新的思路和办法增强发展动力。创新人才培养、使用、激励等机制，激发全员创造活力和潜力。关注青年员工成长，畅通员工职业发展通道，让想干事、能干事、干成事的员工有地位、获尊重；弘扬全员创新精神，倡导“工匠”精神，尊重员工首创成果，为员工立足岗位、创新创造搭平台、建机制，不断提升公司队伍素质。

（六）积极主动参与改革才能赢得更大发展空间

积极主动参与改革，争取更多有利政策。2017年是电力体制改革、国资国企改革全面落地的关键一年，呈现出全面发力、多点突破、纵深推进的态势。北京市电改综合方案已经发布，进入配套政策制定的关键时期，增量配电放开、售电企业监管等政策关系到公司的长远发展。我们要主动研究政策、吃透精神实质，精准把握改革方向、精确制定应对举措。加强与政府的沟通汇报，深度参与、主动作为，对政策制定等重点问题加强与利益主体协商，了解诉求、传递观点、回应关切，赢得更多有利政策。

积极主动参与改革，积极抢占优质市场。随着配售电市场放开，各类资本加快进入，优质市场面临流失风险。公司在新机场、新首钢等地区，通过主动应对、积极作为，实现了建设模式创新和电力市场开拓。在越发激烈的竞争态势下，我们要以更加主动的态度，充分发挥专业优势、技术优势和服务优势，密切跟踪、快速响应开发区、工业园区用电需求，积极抢占优质资源。

积极主动参与改革，努力提升企业效益。经过艰苦努力、细致工作，公司实现输配电价的上涨，为效益提升赢得了宝贵空间，为"十三五"电网发展提供了坚强保障。我们要积极巩固改革成效，抓住售电量增长和购售价差提升两个关键，紧扣精准电网投资和精益成本管控两个重点，将输配电价提高赢得的效益增长空间落实到位，为电网投资提供保障，为公司盈利提供支撑。

（七）把握大局、统筹兼顾，才能全面实现又好又快发展

面对复杂环境和更高要求，实现公司和电网新突破，既要突出重点，又要统筹兼顾，特别是要把握好各方关系。把握好全局和重点的关系。统揽全局是科学发展的前提，把握重点是确保工作成效的关键。既要站在公司整体的高度，确保各项工作统筹兼顾、协调推进，又要准确把握加快发展的着力点，精准攻坚、以点带面，推动公司全面发展。把握好安全和发展的关系。安全是基础，发展是目标。2017年是发展年、更是安全年，要将安全作为底线，在确保安全的前提下推进发展，任何时候两者出现矛盾时，必须以安全为先；同时也要通过加速发展夯实电网和设备基础，实现更高层次的安全。把握好建设和运维的关系。打造国际一流坚强智能电网，建设是基础，运维是保障。既要坚持高标准、把好质量关，打造精品工程，为后期运维奠定基础；又要管理跟得上，优化运维模式、应用先进技术，提升电网安全管控水平。把握好开源和节流的关系。开源和节流是实现提质增效的根本途径。既要在开源上发力，坚持"度电必争"，提高办电效率，提升市场竞争力，积极巩固存量市场、开拓增量市场。又要在节流上着眼，坚持苦练内功，把降本增效的要求落实到规划建设、生产运行、营销服务等全过程，严控"人耗""物耗"。把握好主业和产业的关系。主业和集体企业是相互支持、相互促进的整体。主业要加大对集体企业人才、业务等方面的支持力度，促进集体企业健康发展。集体企业更要落实支撑主业的战略定位，按照更安全、更集约、更高效的发展方向，持续提升核心竞争力，在安全生产、电网建设、后勤保障等工作中发挥更大作用。把握好对内和对外的关系。员工是企业发展的根本，良好的外部环境是加快发展的基础。对内，要贯彻以人为本理念，让公司发展成果惠及全体职工，增强职工归属感和获得感。对外，要通过积极作为赢得政府认可，通过优质服务赢得客户信任，通过品牌传播赢得社会理解，借助外部优质资源助力企业发展，最大程度凝聚发展合力。

三、2017年重点工作

2017年公司工作总的要求是：以党的十八大和十八届历次全会精神为指引，全面贯彻国家电网公司和北京市委、市政府各项决策部署，时刻牢记政治使命，全员担当政治责任，以安全稳定为基础，突出重点、聚力攻坚、统筹兼顾，全面实现安全、质量、服务、效率、效益新提升，以优异成绩迎接党的十九大胜利召开。

2017年公司主要工作目标：不发生五级及以上安全事件，不发生大面积停电事件，实现安全生产"零死亡"、政治供电"零闪动"。不发生损害公司形象和稳定的重大事件。完成售电量943亿kWh。实现利润总额13.61亿元。净资产收益率2.05%。资产负债率63.27%。经济增加值（EVA）-6.36亿元。线损率6.87%。完成固定资产投资（全口径）203.88亿元。投产35kV及以上变电容量1614.95万kVA、线路1147.57km。完成全口径劳动生产率154.2万元/（人·年）。力争进入对标综合标杆和业绩考核A段行列。

（一）全面打赢安全稳定攻坚战

紧密围绕公司承担的重大政治供电任务和重要职责使命，要将安全稳定作为一切工作的基础，强化责任、严抓严管，全力确保公司安全稳定局面。

确保电网安全运行。深入贯彻国家电网公司强化本质安全30条要求，制定实施细则，以加强源头治理和专业协同为重点，构建电网设备质量全过程管控体系。度夏前确保平谷变电站主变压器扩建、110kV聂章线换线等重点工程建成投产。开展不同负荷水平下度夏方式分析，发布电网风险预警，制定预控措施，确保平稳度夏、度汛。落实国家《网络安全法》要求，建立信息专业风险预警管控制度，建设网络安全自动监测分析预警平台，实现信息安全漏洞实时智能检测。加快推进应急防恐基地建设，与政府部门联合开展北京市大面积停电应急演练。加强设备精益化运维。综合运用人防、技防、联防等管控手段，实现输电、变电、配电故障同比分别下降30%、30%、40%。成立配电运维管控中心，开展对各单位配电运营指挥中心业务指导、过程管控和结果评价。成立配电质量检测中心，实现配电网建设改造质量全过程管控。10月底前，建成公司带电作业中心和2个分中心，年底前实现城市副中心和亦庄地区配电线路不停电作业率100%。强化现场安全管控。加强电网建设、“煤改电”、大修技改等现场安全管理，严控现场作业风险。严格分包商资质审查，将分包单位和人员纳入施工单位统一管理。加强安全双准入及技术监督管理，建立安全质量信用评价体系，对违章严重、事故频发的分包单位一律纳入“黑名单”。强化设备隐患管控。开展老旧砖混隧道、1-N隧道标准化整治和电缆防火治理，完成83km电缆隧道综合整治。安装4000套智能视频监控告警装置，及时发现、处置通道施工隐患。开展“三跨”线路隐患专项整治，完成69处单挂点、假双挂点等隐患治理。确保政治供电万无一失。把党的十九大和“一带一路”国际高峰论坛供电保障作为重中之重，健全组织体系，明确职责分工，落实保障方案。全面实施设备隐患排查治理，主动开展重要客户用电安全评估。强化政警企合作，加大保电场所安防投入力度，提升安保防恐能力。推行政治供电重要用户“VIP”经理模式，加强从电源侧到用户侧全方位专人管理，提升常态化保障水平。确保队伍稳定。坚持以德育企，准确把握干部员工思想动态，加强形势任务教育和思想政治工作，通过宣传引导和释疑解惑，夯实企业安全稳定基础。严格落实各级维稳责任，深入开展不稳定因素排查，确保把问题解决在萌芽状态。

（二）全面打赢电网建设攻坚战

2017年电网建设任务极其繁重，城市副中心、冬奥会、新机场等配套电网工程加快推进，35kV及以上输变电工程新开工、投产和在建的数量分别达79项、88项、150项，均创历史新高。要抓住重点、全面突破，加快建设国际一流坚强智能电网。

高标准建成城市副中心电网。加快500kV通州北输变电工程规划前期进度，力争3月底取得核准批复。推进行政办公区“1+3”输变电工程及电力运行保障中心建设，确保辛安屯输变电工程10月底前建成投产，其余3项工程年内具备投产条件。全力配合开展行政办公区内电力设施迁改移工作，10月底前完成6回架空输电线路迁改及110kV胡各庄变电站退运搬迁。推进国际一流智能配电网建设。以首都核心区、城市副中心为重点，高质量实施1639项配电网建设改造工程，年底前首都核心区完成11.5km架空线入地，城市副中心初步建成具备合环运行条件的高可靠性配电网。加强配电自动化系统建设，3月完成“一体双核”主站建设，6月实现全部终端接入，年底前城市区域配电自动化覆盖率达到100%。提前启动冬奥会筹备工作。坚持早谋划、早部署，全面启动组织设置、电网建设和服务保障等工作。下半年开工建设张北柔性直流工程，加快西白庙等配套输变电工程手续办理，为冬奥会供电保障提供坚强电网支撑。主动对接冬奥会场馆、奥组委等重要客户，及时满足用电需求。加强规划前期工作。滚动优化电网发展规划，落实“一会三函”等支持政策，力争将全部重点项目列入绿色审批通道和市政府督办任务，提升首都电网“135”提升工程前期工作效率。年内取得北京东—通州、北京西—新航城等3项工程核准批复，加快新机场、新首钢、轨道交通配套电网工程规划前期工作。优质高效实施重点工程。年底前投产500kV蔚县—门头沟送电工程（北京段），确保500kV房山—南蔡、张南—昌平第三回、调相机等工程具备开工条件。力争新机场4项配套输变电工程年内投产。充分发挥“三个项目部”保障作用，全面运用“智慧工地”先进技术，强化工程现场安全管控。全面推广变电站模块化设计及线路机械化施工技术，提升工程建设实施效率。

（三）全面打赢优质服务攻坚战

2017年电能替代任务更加艰巨，工程数量再创历史新高，提升优质服务水平需要付出巨大努力。要大力推进以电代煤、以电代油、以电代气，全力打造“首都电力”服务品牌。

全面实施电能替代战略。确保“煤改电”工程务期必成。强化统筹组织，加强与政府联动，确保2月底前完成所有招标工作、4月份实现全面开工，10月底全面完成上级下达的700个村“煤改电”任务，同时争取国家电网公司多列入100个村的投资计划、确保完成800个村“煤改电”工程，在此基础上配合各区政府再多完成100个村、力争全年完成900个村“煤改电”工程。同时加快46项配套输变电工程建设，年底前全部按期投产。提升“煤改电”用户服务保障水平。建成“煤改电”实验室，开展采暖设备性能、多能联动等技术分析，为设备选型、建设运维提供决策参考。细化共产党员服务队服务内容和流程，为客户提供贴心、暖心服务。推进充电设施建设。按照“设备定制化、布置多样化、供电独立化”标准，三季度高质量完成行政办公区充电设施建设。与首钢集团合作打造具备充电功能的立体停车库。完成66项电动公交车外电源工程。全年建成公共领域充电桩6155台，全部接入车联网平台。加强充电设施运行监控，严格落实限时抢修、周巡检等制度，实现设备故障率同比降低15%。加大京外清洁电力引入力度。大力推进跨区跨省市场化交易，全年完成交易电量210.7亿kWh。合理安排机组运行方式，利用春秋季窗口期，进一步压减本地燃气发电量。积极推进代理“煤改电”用户直购32亿kWh京外清洁电力，满足“煤改电”用电需求。

全面提升优质服务水平。深化业扩“五新”服务。完善客户工程项目经理制，深化契约式服务，强化业扩全流程线上管控，确保全年完成接电容量1100万kVA。健全协同服务机制，应用移动作业终端，加强关键环节管控，确保协同办电按时完成率100%。深化“互联网+电力营销服务”模式。完善智能互动服务平台功能，加大网络渠道服务推广力度，实现客户服务、业扩报装、抢修作业等业务全覆盖，全年居民网络渠道交费率达到70%。报装受理环节全面推广应用“掌上电力”APP，年底前APP报装受理率达到90%。加强服务基础管理。深化计量装置精益管理，6月底前“四线一库”自动化流水线正式运行；持续提升采集系统运行质量，实现采集装置全互通。深入分析投诉本质问题，逐一制定整改措施，确保投诉同比下降20%。推广使用“现场服务记录仪”等技术手段，强化供电服务质量监督。建立重要客户安全信息库，6月底前完成供用电安全评估，不断提升重要客户用电安全水平。

（四）全面推进改革创新

积极稳妥推进电力体制改革。跟踪首轮监管周期政策执行和变化情况，优化公司经营策略，持续提升输配电价水平。深化工程项目转资工作，确保监管期内平均转资率不低于75%。采取公司绝对控股方式，主动参与5个增量配电投资业务试点项目竞争。优化提升“三集五大”体系。深化主网运检指挥中心和配电运营指挥中心建设，进一步完善系统功能、规范业务流程，提升综合分析和过程管控能力，6月底前实现各单位配电运营指挥平台及远郊公司运检指挥平台全部上线运行，输电、变电、配电等业务移动作业全部应用。推进末端业务融合，实施一体化作业，建设“全能型”供电所，9月底前完成对各供电公司业务融合的评价工作。持续推动“五位一体”落地，完善“移动终端+互联网+大数据”智能体系，10月底前试点实现培训及绩效管理功能上线运行。提升科技创新能力。以电科院和经研院为重点，加强科研和支撑能力建设，提升软硬件水平，打造高素质团队。深化亦庄主动配电网等国家863课题研究，深入开展电能替代、清洁能源等领域研究，形成具有首都特色的科技创新成果。积极研究量子通信适应性技术，在通州、延庆等地示范应用。落实ERP集中部署要求，开展全业务数据中心分析域建设。深入挖掘数据分析价值、优化专业监测展示功能，进一步拓展运营监测大数据平台应用范围。

（五）全面加强经营管理

大力推进提质增效。努力增供扩销，提高售电量和平均销售电价。扩大市场化交易电量，提高外购电比重，降低平均购电价。全力挖潜增效，合理控制线损率，加强成本预算管控，深化标准成本应用。统筹资金项目计划，合理安排投资布局和时序。继续争取并落实外部资金，促进政府支持转化为效益增长。健全激励约束机制。优化争先夺旗、竞赛看板等激励措施，建立专项奖励新机制，实现重点任务完成情况与专项奖励、业绩评价“双挂钩、双激励”。推进管理机关与一线员工量化考核，完善个人收入与组织绩效紧密挂钩的分配制度。加强对标和业绩考核管理。建立重点指标闭环管控模式，确保重点指标段位不下降，开展潜力指标和落后指标专项治理。深入分析指标评价内容和方式，强化责任落实，推动各项考核指标持续提升。加强本部能力建设。强化本部“四个中心”建设，着力提升本部人员专业素质和管理能力。强化政策研究，完善领导决策支持应用功能，实现对重点工作任务的过程管控。创新机关人事服务举措，运用“互联网+”信息化工具，拓展机关管理培训服务模式。提升后勤保障能力。强化对主营业务的支撑，后勤项目要精打细算，早计划、早安排，更加重视顶层规划设计。加快推进专业基地建设，确保计量中心上半年建成投运，检修车间、电科院综合实验室年内投入使用。提升服务保障能力，深化健康食堂建设，5月底前完成从机关到基层一线工区班组100%挂牌。探索实施精准健康管理项目。加快推进八里庄青年公寓项目，确保6月底前具备入驻条件。加强资源集约管控，全面摸清底数，严格管控房产、土地、车辆等资源。优化资源配置，好钢用在刀刃上，让资源发挥最大的效率、效益。

（六）全面强化依法治企

深化法治企业建设。落实“三全五依”法治企业建设要求，建立全方位依法维权体系，有效维护公司合法权益。深化合同全流程管控，运用信息化手段推进项目、合同、财务深度融合。全面开展制度评估，健全符合公司特点和管理要求的制度体系。持续推进“学案例防风险”活动，打造法治电网“互联网+”普法平台，提升全员法治意识和能力。强化重点领域管控。加强全面风险和内部控制管理，完善风险管理委员会运作机制。加强对“三重一大”决策、工程建设、物资招标、资金管理等重点领域监督管控，严防违规决策、工程建设违规转包分包、虚假招标、挪用套取建设资金等问题发生，堵塞经营管理漏洞。提升协同监督效能。整合监督资源，加强监察、审计、财务、法律等业务信息互通和成果共享，构建“大监督”格局。持续开展领导干部离任、任中审计和重点岗位审计，深化“煤改电”跟踪审计和廉政风险防控联合监督行动，促进经营行为规范和人员从业安全。

（七）全面提升集体企业管理水平

实现更安全。推动健全法人治理模式，落实企业法人安全主体责任，强化受托单位与平台企业的管理监督责任。结合国家电网公司强化地市施工企业管理指导意见，公司各单位要在人员、技术、装备等方面加大对集体企业支持，切实提升集体企业安全承载力和市场竞争力。把集体企业纳入公司整体安全体系，实施同质化管理，推进安全设施标准化建设，开展专项安全审计监督，严格执行“一票否决”制度。实现更集约。严控人员入口，压降用工总量，分行业优化用工策略，分企业制定用工方案，推动减员瘦身、降本增效。推进资金集约，6月底前完成资金归集工作，实现统一管理、统一监控、集中运作。规范集体企业工程承分包和物资采购管理，统一制度流程，探索建立集中采购与供应管理模式，健全重大经营活动上报、审批制度，切实降低经营风险。实现更高效。跟踪落实国家电网公司新一轮改革改制政策，深化重组整合，优化产业布局，鼓励设计施工企业联合运作，提升集体企业整体合力。强化受托单位责任，积极抢占市场，鼓励做强做优，确保2017年实现产值135亿元、力争做得更好，全面完成上级下达的各项经营指标。加强业务委托管理，服务公司重点工作和重大工程，发挥集体企业优势，全面提高集体企业对公司的支撑能力。

（八）全面加强党的建设

落实从严治党要求。落实国家电网公司党组一号文件要求，推动管党治党责任在公司落地。严格执行《准则》《条例》，规范党内政治生活，严肃党内监督。健全党委、党支部、党员三级考核评价体系，扎实开展党组织书记抓党建述职评议考核工作。持续开展创先争优，构建争创全国级先进基层党组织的培育机制。深化共产党员服务队建设，丰富党员建功平台。

加强党风廉政建设。强化“两个责任”落实，细化“两项清单”，层层压严压实责任。重点开展专项巡察监督，两年内实现基层单位全覆盖。增强干部履责约谈的针对性和有效性，实现两级约谈“双100%”。开展廉洁宣教专项行动，创新载体渠道，营造干事干净浓厚氛围。

提升干部队伍能力素质。加强干部梯队建设，树立正确的选人用人导向。加强领导班子和领导干部综合考核结果应用，指导各级领导班子弥补短板、改进提升。以岗位胜任能力为重点，加大员工培训力度，推行差异化、定制式培训考核模式。优化青年员工分配、使用和培养机制，畅通职业发展通道，促进岗位成才、建功立业。

打造优秀企业文化。大力弘扬企业精神和核心价值观，推动卓越文化落地生根。立足公司承担的重要政治责任，打造“首都电力”品牌，提升公司各方面工作标准和水平。借助权威媒体，加强重大主题传播，展示公司责任央企形象。开展公司2014～2016年文明单位评比考核。加大文化阵地建设，拓展劳动竞赛范畴，深化“十大文体协会”组织建设，精心策划贴近职工的文体活动，营造干事创业良好氛围。加强团青工作，打造“青创先锋”和“北电青年”团建品牌，促进青年创新成果孵化。关心关爱职工，改善一线班组、基层供电所办公条件；探索通过电动车分时租赁形式，为职工提供绿色便捷的通勤服务。落实离退休人员“两项待遇”，积极推进文化养老，组织丰富多彩的文化娱乐活动，将公司关怀传递到每位老同志。

公司党委书记杨新法在第三届职工代表大会第二次会议暨2017年工作会议上的总结讲话（摘要）

（2017年1月20日）

一、会议基本情况

这次会议是公司深入贯彻国家电网公司三届二次职代会暨2017年工作会议精神，在更高起点上找准工作定位、谋划未来发展的一次重要会议。为筹备好此次会议，会前按照基层单位调研、专业部门务虚，公司领导集中研讨三个阶段，总结2016年工作，剖析新形势下公司承担的职责使命，对2017年重点工作进行全面部署。公司召开党委扩大会议，对工作报告、党委和公司1号文件等各项会议材料进行了充分研讨。会议筹备组织周密、务实高效，汇聚了公司广大干部职工的共同努力和集体智慧。

会上，传达了国家电网公司2017年“两会”精神；李同智总经理做了题为《突出重点　统筹兼顾　切实担当好首都供电政治责任》的工作报告；会议印发了党委和公司2017年1号文件；审议了综合计划和预算安排等书面报告，听取了8个职能部门所作的专题报告；一致通过了关于2017年工作报告、综合计划、预算安排及职工提案处理等4项决议；通州公司、房山公司等4家单位作了大会发言，参会职工代表向全体干部员工发出了倡议。会议期间，与会代表认真学习讨论工作报告和会议文件，主动深入思考，积极建言献策，提出了富有建设性的意见和建议，本部有关部门要全面梳理、加强研究，制定具体措施，尽快落实解决。

代表们认为，这是一次振奋精神、鼓舞士气的大会。会议全面总结了过去一年的工作成绩，回顾了公司上下齐心协力、拼搏进取的发展成就；会议期间组织开展了“年度表彰会”，对公司先进单位、劳动模范、重点工作功勋单位、劳动竞赛红旗单位等单位（部门）、集体和个人进行表彰，展现了广大干部职工积极向上、奋发有为的精神风貌。这是一次重点突出、系统全面的大会。李总的工作报告深刻分析了新时期公司改革发展面临的新形势、新任务，系统部署了2017年八方面重点工作；专题报告对重点工作进行了再细化，任务手册对具体任务进行了层层分解，进一步明确了进度安排和时间节点，三者构成统一整体，确保了各项部署要求具体、便于执行。这是一次创新形式、力求实效的大会。会议通过“数说2016北京电力”“一图看懂2017北京电力”，形象直观、深入浅出地解读会议精神，让与会代表更加准确清晰地把握会议重点；创新会议服务举措，应用微信公众号，为职工代表提供更便捷、更贴心的服务；组织职工文化作品展、现场送福活动，展现了广大干部职工的文化素养，营造了团结和谐的良好氛围。会议开得很成功，取得了预期成效，为做好全年工作打下了坚实基础。

二、深刻领会会议精神，全面做好贯彻落实

（一）准确把握会议实质

此次会议精神重点体现在李同智总经理所做的工作报告中。报告内涵深刻、重点突出、求真务实、令人振奋，对于指导公司当前和今后一个时期各项工作具有非常重要的意义。贯彻落实好会议部署，关键是要学习领会好报告的内涵和实质。

一是坚定争先发展的信心。2016年，公司上下紧紧围绕抢抓机遇、创新突破工作主线，攻坚克难、奋勇争先，“煤改电”、城市副中心等重点工程高效推进，“三集五大”体系深化试点、输配电价改革等重点任务圆满完成，售电量、利润、经济增加值等经营指标创造历史最好成绩，多项工作实现历史性突破，取得示范性成效，干部职工队伍呈现出团结协作、奋勇争先的良好精神风貌。过去一年的实践证明，公司年初制定的思路是正确的、目标是精准的、措施是得力的，为今后的工作积累了宝贵的经验，也更加坚定了我们抢抓首都大发展契机，在国网系统实现示范引领的信心和决心。

二是主动承担肩负的重大使命。2017年是公司落实“十三五”规划的关键一年，国家电网公司和北京市以新的发展理念，推进改革发展迈向更高水平，对公司各项工作提出更高要求。面对复杂的发展环境和艰巨的发展任务，李总报告提出新时期公司要主动承担重要的政治责任，努力实现“两个争当”的发展目标，这充分体现了公司作为首都责任央企和国家电网公司窗口单位的责任担当，为今后一段时期各项工作指明了方向。公司上下要深刻认识到，承担重要的政治责任，既要突出重点、精准攻坚，争取新突破；又要统筹兼顾，把握和处理好各方关系，实现公司全面协调发展。

三是牢牢把握聚力攻坚的重点。2017年，公司改革发展工作异常繁重，李总报告聚焦服务首都发展的重点和深化“两个转变”的关键，提出要全面做好2017年八方面重点工作，每项任务都艰巨且重要，电网建设、“煤改电”工程达到历史峰值，安全生产、优质服务面临多重挑战，改革创新、提质增效需要主动作为，完成每一项任务都需要公司全体干部职工付出艰辛努力。我们要进一步增强使命感、紧迫感和荣誉感，紧紧盯住既定目标，层层分解攻坚责任，将公司合力凝聚成推动工作的强大动力，努力实现新突破、新超越。

（二）全面加强党的建设

面对新时期更为重要的职责使命和更为艰巨的发展任务，我们要把坚持党的领导、加强党的建设作为根本保证，充分发挥好各级党组织战斗堡垒作用和广大党员干部先锋模范作用。

一是发挥国有企业党建工作优势。公司作为国家电网公司在首都的窗口单位，肩负着重要的政治责任、经济责任和社会责任。各级党组织要坚决贯彻执行党中央决策部署，以强烈的政治意识、大局意识、核心意识、看齐意识，把党的建设独特优势转化为公司创新优势、竞争优势、发展优势，确保党的领导、党的建设在公司改革发展中得到充分体现和加强。

二是准确把握全年党建工作重点。2017年党建工作要更加注重问题导向，更加注重发挥引领凝聚作用，聚焦党组织自身建设和队伍建设，完善体制机制、狠抓责任落实。各部门、各单位要加强思想引领和阵地建设，加强党建工作制度体系和责任体系建设，加强领导班子和干部员工队伍建设，进一步发挥好党组织领导核心作用和政治核心作用。

三是确保公司党建工作取得实效。要将党的建设各项工作放在公司改革发展的具体实践中综合考量，坚持加强党的领导与完善公司治理相结合，坚持思想建党与制度治党相结合，公司各级党组织要进一步落实主体责任，加强组织领导，明确责任分工，统筹协调推进，确保全年党的建设各项工作不断取得新成效，为公司圆满完成各项重点工作提供坚强的思想保障、组织保障和队伍保障。

（三）认真做好会议落实

及时传达会议精神。会后，各部门、各单位要通过召开会议、集中学习等多种形式，及时、准确、全面地将本次会议精神传达到每一位员工。各位主要负责同志要亲自组织对会议精神的学习和研究，结合本部门、本单位工作实际，组织开展深入讨论，以会议精神进一步统一思想、提高认识。要充分利用多种载体和形式，做好会议精神的宣传和解读。职工代表要主动宣讲会议精神和公司重大决策部署，及时解答职工关心的热点问题。全面落实会议部署。公司各部门、各单位要对会议确定的任务进行细化分解，以“八方面重点工作”为引领，制订详细的工作计划和落实方案，切实做到责任落实到人、计划细化到周。要重点通过单周总结、双周通报等形式加强重点工作过程管控，强化对安全、质量、进度的督导，确保各项工作优质高效推进。要精心组织、扎实筹备本专业、本单位的工作会，将此次会议明确的主要任务和重要部署，全面系统地贯彻到本专业、本单位2017年的工作思路、发展任务和重点措施中。

三、统筹做好近期重点工作

一要全面做好春节各项工作。确保安全可靠供电。要高度重视春节期间安全供电保障，坚决杜绝一切麻痹思想，严格落实各项责任，全力保障首都供电安全稳定。合理安排运行方式，加强重点站线巡视，确保电网和设备安全。加强值班值守，提前安排应急物资和应急队伍，全面做好应对大雪冰冻等恶劣天气准备。同时要做好消防保卫、交通安全等工作，确保各项安全措施落实到位。切实做好优质服务。推广“互联网+电力营销服务”，及时高效满足客户购电等需求。开展重要客户和人员密集场所安全用电检查，落实“煤改电”用户各项服务保障举措。组织好抢修工作，提高事故抢修速度，全力减少停电时间。统筹安排好节前各项工作。做好节前走访慰问，高度重视和关心职工生活，帮助困难职工和离退休同志解决实际困难，把温暖送到职工心中。认真排查不稳定因素，妥善处置和化解各种矛盾，确保公司和谐稳定局面。抓好节日期间党风廉政建设，严格执行中央“八项规定”，禁止内部互相宴请，确保不发生违规违纪行为。

二要全力做好全国“两会”保电工作。全国“两会”供电保障工作是2017年一系列重大保电任务的开局之战。公司已进行了全面安排，各有关部门和单位要认真落实好各项保障措施。要按照“零闪动”要求，进一步完善保电组织保障体系，明确分工职责和工作标准；提前对电网运行方式、重点供电设施、应急保障队伍和物资进行全面梳理，及时消除各类隐患；强化政警企合作，加大保电场所安防投入力度，提升安保防恐能力；主动为“两会”重要客户提供技术支撑和优质服务，确保全国“两会”保电万无一失，为后续的“一带一路”高峰论坛、党的十九大政治保电工作积累经验，做好准备。

公司总经理李同智在2017年安全生产工作会议上的讲话（摘要）

（2017年2月10日）

一、2016年安全生产工作取得突出成绩

2016年，安全生产工作认真贯彻落实公司决策部署，严抓严管、创新管理，在各方面工作任务异常繁重、作业现场点多面广、极端天气频繁的形势下，充分发扬安全生产“严”、“细”、“实”的工作作风，保证了队伍的安全稳定，保证了电网的平稳运行，安全生产工作取得了突出成绩。

一是坚持严抓严控，安全监督工作成效显著。严抓现场作业人员和施工队伍管理，把控住了人身安全保障的源头。通过严抓作业人员安全资格、严抓队伍准入，把好了人员、队伍安全入口关。创新建立安全监控中心，开发安全标准化管控平台和APP，全年检查作业现场1.5万多个，严管作业违章、严抓安全标准化管理，实现作业违章大幅下降26%，公司作业现场未发生人身伤亡事件，安全监督工作抓得严、抓得细、抓得实，抓出了成效。

二是坚持建管结合，电网本质安全水平显著提升。公司加大主配网建设改造力度，不断改善电网的网架结构与设备质量，提高了电网本质安全水平，增强了抵御风险的能力，在极端恶劣天气、负荷屡创新高的形势下，圆满完成迎峰度夏和度冬任务；公司加大重过载配变整治力度，及时采取分换装措施，实现了除夕重点保障时段“零故障、零过载、零投诉”目标。结合“大运行”、“大检修”体系深化建设创新电网管理，应用“互联网+”等科技信息手段，缩短设备管理半径、抢修半径、服务半径，收到了非常好的成效。

三是坚持问题导向，设备运维管理水平显著提升。以问题为导向管理设备，认真分析设备故障原因，制定输变配电设备故障管控措施和目标，强抓目标分解和责任落实，实现故障率大幅下降。开展“反外力百日安全行动”期间实现故障率下降65%。着力治理用户引起的配电故障，将故障次数从2015年的1000多次控制到500次以内。大力推进配电自动化建设，实现四环内全覆盖，有效控制了故障影响范围。在降低设备故障数量方面抓得准、针对性强，成效非常突出。

四是坚持严细实，安全生产队伍战斗力更加凸显。2016年，安全生产队伍工作扎实，安全监督人员严谨负责，各级党政干部、专业管理人员主动负责、齐抓共管，安全意识显著增强。全年政治保电天数324天，安全生产战线的干部员工坚守在保电一线，脚踏实地、一丝不苟，党员干部冲锋在前、率先垂范，用严细的态度、求实的精神，全力确保了首都电网的安全稳定，展现了能吃苦、能打硬仗的精神风貌，凸显了安全生产队伍的战斗力。

二、树立信心、主动作为，全面打赢安全稳定攻坚战

2017年，公司发展改革任务更加艰巨，安全生产工作面临的挑战更大、压力更大，要打赢安全稳定攻坚战需要付出更多的努力。全国“两会”即将召开，“一带一路”高峰论坛规模空前，党的十九大达到全年政治保电的高峰。公司电网建设项目数量创造了历史新高，“煤改电”工程规模也达到历史峰值。为了应对2017年复杂的安全生产形势，公司三届二次职代会暨2017年工作会提出要将安全稳定作为一切工作的基础，要强化责任、严抓严管，全面打赢安全稳定攻坚战，显示了公司对确保安全稳定工作的决心，各部门、各单位要以高度的政治责任感、以超常规的力度和措施，坚决打赢这场“必须赢”的攻坚战。

一要进一步落实各级责任。各单位党政主要负责人要落实“党政同责、一岗双责”，切实把安全稳定作为关系全局、事关发展的头等大事，树立确保安全的政治意识和责任意识。各级分管领导要具体负责，抓好重点攻坚任务，做到心中有数、检查有力、监督有效。公司职能部门要制定专项攻坚方案，明确攻坚措施、相互协调配合，为攻坚工作提供制度、资金和物质保障。各单位要细化措施、紧抓落实，要层层分解责任、逐级压力传递，各负其责、齐抓共管，确保完成各项安全稳定攻坚任务。

二要严抓人身安全管控。公司上下要处理好安全和进度的关系，合理安排工作任务和计划，大力实施标准化作业，坚决杜绝各类安全事故。坚持源头治理，总结以往安全管控的经验成效，组织开展安全技能等级评价，抓好人员入口；深化安全质量信用综合评价，为公司培养、筛选一批管理规范、作业规矩、施工能力强的外协队伍。各单位要加强集体企业承揽项目的

管理，开展全覆盖检查；施工能力不足的集体企业要退出施工领域。各级工程组织部门、安监部门要加大检查、通报力度，抓人身安全再严格的措施都不过分。

三要严抓电网风险管控。动态开展电网运行方式分析，标本兼治，确保大电网安全。在电网规划方面，要重点解决短期电网卡脖子问题，重点消除大面积停电风险，重点整治重大电网和设备隐患，度夏前要确保各项度夏重点工程建成投产。重点加强主网工程投产阶段的风险管控，优化施工方案，减少重复停电；采取多种技术手段，做好风险管控措施落实的监控、检查，确保电网风险预警管控到位。加快推进应急防恐基地建设，与政府部门联合开展北京市大面积停电应急演练，有效提升应急防恐能力。

四要严抓设备精益化管理。总结提炼设备故障管控的好经验、好做法，加强设备精益化运维，组织落实好人防、技防、联防管控措施，分阶段制定故障管控目标，确保实现公司确定的设备故障下降目标。加快推进配电运维管控中心、配电质量检测中心和带电作业分中心建设，加大配电自动化覆盖范围，争取覆盖区域中心地带和“煤改电”线路。强化电缆专业管理，开展老旧电缆隧道综合整治。明确计划、加大投入，持续推进反措隐患、线路“三跨”隐患治理。

五要确保政治供电万无一失。党的十九大和“一带一路”国际高峰论坛供电保障是公司攻坚任务的重点，政治意义重大，各部门、各单位要站在讲政治的高度，把工作做得更细致，对政治供电保障方案再梳理，对保障措施再审核，提前制定重点站线值守方案。把工作做得更主动，加强重要客户用电安全评估，书面告知检查结果。要强化政警企合作，加大保电场所安防投入力度，提升安保防恐能力。要集中力量，早作安排、早作汇报、早作准备、早作措施，充分做好保障准备工作。

公司总经理李同智在2017年营销工作会上的讲话（摘要）

（2017年2月14日）

一、2016年营销工作实现创新突破

2016年，营销战线全体干部员工认真贯彻落实公司各项部署，工作思路清晰、重点突出、措施得力、成绩显著，为公司发展做出了突出贡献。

一是勇于担当，全面超额完成“煤改电”任务。坚持“早谋划、早启动、早开工、早建设、早竣工”，在圆满完成国家下达的400个村“煤改电”任务基础上，超额完成247个村配套电网改造，工程量相当于以往2003年到2015年十三年总量的三分之二。在通州高标准建成全国首家集多种“煤改电”技术装备的实景示范展示区，为“煤改电”技术选择提供决策参考，进一步积累运行数据和建设经验。公司不仅出色完成上级交办的任务，还有力彰显了责任央企良好形象，得到了市委市政府的高度赞扬，主要领导在多种场合重点表扬公司“煤改电”工作成效，为公司发展创造了极为有利的外部环境，同时，抢抓有利机遇，争取政策支持，加快电网建设，大力提升供电能力，积极拓展电量增长渠道，初步测算每户在采暖季能达到5000kWh的用电量，是之前的四到五倍，为电网发展和电量增长奠定了扎实基础。

二是勇于开拓，增供扩销成效显著。坚持增供扩销、提质增效，在全市加快疏解非首都功能，大量产业外迁的严峻形势下，公司售电量全年增长6.72%，增速近三年最高，超出国家电网公司平均增速2.24个百分点。创新开展业扩“五新”服务，对外坚持客户导向，对内强化履责协作，先后完成110项北京市及公司重点业扩工程送电，全年接电1283.31万kVA，同比增长42.24%，拉动售电量增长3.16个百分点，创历史最高，并得到了国家审计署、环保部等重要客户的高度肯定，“五新”服务不仅促进了电量增长，还赢得了客户对我们服务的认可、赢得了客户的充分理解与大力支持。

三是勇于创新，营销服务体系更加健全。深化“大营销”体系建设，推动营配末端业务融合，在故障抢修、计量装备配送等方面创新举措，试点成果得到国家电网公司的高度评价。创新“互联网+电力营销服务”模式，完善网络交费平台，拓展线上应急送电，可视化报修服务，实现营销服务由线下向线上的全面转变。大力推广“互联网+”营销服务成效显著，越来越多客户接受和依赖“互联网+电力营销服务”，通过加大力度开发越来越多的功能应用，增强客户服务体验，形成了很好的良性互动，有效提升了服务品质。全方位做好“煤改电”用户服务保障，针对性推

出“日常购电不出村”等新举措，为“煤改电”用户提供贴心、便捷、高效的用电服务。开展“强管理、降投诉、促服务”服务提升专项行动，强化投诉分析管控和服务规范管理，客户投诉量同比下降77.7%。

四是勇于争先，人才队伍建设成绩突出。2016年，营销同业对标业绩指标位居国家电网公司首位，管理指标进入标杆行列，公司荣获国家电网公司营销工作先进单位，营销队伍2名同志获得国家电网公司劳动模范。营销专业在国家电网公司第二届“青创赛”中，斩获2金4银5铜的好成绩。

二、2017年全面打赢优质服务攻坚战

2017年是“十三五”发展的关键一年，党的十九大、“一带一路”国际高峰论坛等重大政治、外交活动都将在北京举行，公司“供好电、服好务”的政治责任异常重大。2017年是首都大气治理不平凡的一年，按照习总书记“清洁能源采暖”指示，北京南七区要实现“无煤化”，在电能替代已经成为重要的政治工程、民生工程、民心工程的大背景下，“煤改电”建设规模前所未有，公司实施电能替代的政治责任异常重大，今年要深入总结去年经验和不足，高起点、高标准构建首都电力服务标准体系，打造符合首都特殊位置的电力服务品牌。2017年是电改全面落地的关键一年，电力供需矛盾趋缓，配售电市场放开，要求我们打破传统习惯思维和管理方式，抓好服务管理，全力压降投诉，提升服务质量，抢占市场、留住客户。

2017年，必须以更高的起点、更高的标准，争先锋、争标杆，打造服务品牌，全面提升优质服务水平。为此，公司将“实施电能替代、打造服务品牌，全面打赢优质服务攻坚战”作为全年营销工作的主旋律，重点抓好以下工作。

一是抢抓机遇，加快实施电能替代。面对外部严峻形势，要牢牢抓住电能替代的发展机遇，加大“煤改电”、充电网络设施等工程建设力度，积极抢占优质市场资源。一要精心组织，组织体系要纵向到底、横向到边，最大限度集中人、财、物，全面统筹调度工程建设，确保高效推进。二要精细管理，深化“日管控、周调度、关键节点重点督导”模式，紧扣施工、验收等关键环节，加强安全、质量、进度、服务、舆情管控，确保工程规范高质。三要精准发力，坚持全局一盘棋，各部门、各单位高效协同，保工期、抓重点、攻难点，形成整体合力，全力推进。

二是找准定位，打造首都电力服务品牌。以首都电力共产党员服务队为载体，找准品牌定位，研究制定首都电力共产党员服务队深化建设方案；以“互联网+”技术为手段，创新服务方式、拓展服务内涵，做好服务延伸；以人才队伍为保障，多领域开展争先创优，深挖事迹、选树典型，全力打造服务品牌。

三是增供扩销，着力做好市场开拓。在增量市场方面，深入开展业扩“五新”服务，这是提升公司业扩管理水平的“破题之举”，也是公司主动适应电力体制改革、主动向市场要效益的必经之路。今年的业扩“五新”要把重点放在“提质”上，要出实招、练内功，确保全年接电容量完成1100万kVA。在存量市场方面，要守土有责，突出差异化服务，紧盯客户需求，为客户提供全天候、多样化、个性化服务。

四是强身健体，全面抓好营销基础工作。总结去年“降投诉”的经验做法，进一步强化服务投诉管控，深入分析客户投诉本质问题，加强服务质量监督力度，实现全年压降投诉目标。强化电费风险防控，确保电费颗粒归仓。强化基层营销管理，提高基层单位经营能力、竞争能力和服务能力。加强对供电所专业化管理，深化营销业务系统应用，推动管理措施落地，进一步规范供电所营销管理和优质服务。另外，要深化基层班、站、所的基础建设，指导基层一线开展好客户服务、供电保障等工作，确保各项政策措施能够执行落地。

公司总经理李同智在2017年发展建设物资工作会暨全面打赢电网建设攻坚战动员会上的讲话（摘要）

（2017年2月16日）

一、“十三五”电网发展建设实现“开门红”

2016年，面对电网发展建设的新形势、新挑战、新要求，发展、建设、物资战线认真贯彻落实公司决策部署，砥砺奋发、锐意进取，实现了“十三五”电网发展建设“开门红”。

立足开局，高起点推动“十三五”电网规划。促成国家电网公司与北京市签署战略合作协议，为公司

发展和电网发展赢得重大利好；先后与西城、丰台、延庆、亦庄、昌平区政府及首钢总公司、首都机场集团签署合作协议，显著优化电网发展环境；启动实施首都电网“135”提升工程，清晰描绘“十三五”电网发展建设目标蓝图；促请市政府率先发布“十三五”能源和电力发展规划；力促市政府采用“一会三函”模式加快前期工作进度；创新建立轨道交通配套变电站“一体化”同步规划建设机制；首次实现“煤改电”项目开工前取得补贴 10.74 亿元的新突破；全年取得地方资金及政策支持 37.83 亿元，完成投资 216 亿元，均创历史新高。

彰显价值，高标准完成年度电网建设任务。提前两个月完成副中心电力线路迁改工程，有力彰显公司责任央企形象；首条特高压进京通道北京东—顺义、太平 500kV 送电工程按期投产，标志着首都进入特高压时代；以运河 220kV 输变电工程开工为标志，全面启动副中心配套电网工程建设；外受电通道蔚县—门头沟 500kV 送电工程顺利开工并有序推进；46 项“煤改电”配套工程高效推进并全面开工建设；全年共开工 110kV 及以上变电容量 634 万 kVA、线路 541km，投产变电容量 1300 余万 kVA、线路 1200km（含特高压），完成线路迁改工程 12 项、69km，输变电工程优质工程率实现 100%。

创新突破，高水平推进专业管理与提速增效。实施 35kV 及以上分压、分线同期线损管理，初步实现“技术和管理两个穿透”；压减燃气发电量 9.8 亿 kWh，产生效益超过 8000 万元；创新推广“智慧工地”先进管控手段，基建现场管控力度明显加强；创新配网物资履约新模式，全年中心库收发物资 21.4 亿元；超前开展物资备货，有效保障“煤改电”、特高压下送等重点工程物资供应；全年完成基建工程转资 284 项、125 亿元，金额占公司完成总量的 50%；发展、建设专业再次进入国家电网公司对标标杆行列。

拼搏奉献，高颜值呈现队伍素质和精神风貌。取得国家电网公司基建线路设计调考团体第二名、结构专业个人第一名，以及物资专业调考团体第三名的历史最好成绩；北京东—顺义、太平 500kV 送电工程夺得国家电网公司基建工程安全质量管理流动红旗和示范业主项目部荣誉称号；海淀三星庄 110kV 输变电工程获得国家电网公司创优示范工程称号；工程公司张文新同志获得首批国家电网公司“十大工匠”，张重仁同志夺得北京市第四届职业技能竞赛电力电缆工比赛冠军。

二、全面打赢电网建设攻坚战

从“十三五”电网发展建设的整体来看，2016 年是开局之年、起步之年、蓄势之年。2017 年，“十三五”电网发展建设将从“序盘布局”阶段进入“中盘成型”阶段，首都电网“135”提升工程的各项重点任务已全面进入“实战、攻坚”阶段，电网发展建设的大事多、难事多、标准高、要求严。

从体量上来看，2017 年要开展 110kV 及以上输变电工程项目前期工作 149 项，开工 35kV 及以上输变电工程 79 项、投产 88 项，在建变电容量近 2700 万 kVA、线路长度达 1900 多 km，均创历史最高纪录。2017 年一年的建设任务量，约占“十三五”整体任务量的三分之一，对于实现“十三五”电网发展建设目标具有承上启下、四梁八柱的重要作用。从份量上来看，2017 年要统筹推进外受电通道、副中心、“煤改电”、新机场、冬奥会（世园会）、新首钢、度夏（度冬）解重载等 11 大类电网建设攻坚任务。这些任务要么是关系到各电压等级电网结构完善的关键工程，要么是关系到北京市乃至中央战略的重大工程，其成效直接关系到首都电网的安全运行，关系到国家电网的品牌形象，更关系到公司担当首都供电政治责任的重大使命。

2017 年，电网发展、建设、物资工作要认真落实公司三届二次职代会暨 2017 年工作会部署，确保安全、质量，提升效率、效益，突出重点、统筹兼顾，确保完成各项目标任务，全面打赢电网建设攻坚战。

（一）精准精益推动电网发展

要持续优化“十三五”电网规划，深化“网格化”配电网规划，积极适应首都发展和电力体制改革最新要求，统筹各电压等级，覆盖全部新增及潜在园区，实现充裕外受电通道、坚强主网、智能配电网、互动的用户终端全面发展。要贯彻落实国家电网公司与北京市战略合作协议，加强与各区政府、各委办局、大型企业集团的对接和合作，在已有合作模式的基础上，进一步创新、争取支持政策，拓展投资渠道，营造良好外部环境。要突出城市副中心、新机场、新首钢、冬奥会配套项目等重点，统筹推进首都电网“135”提升工程各项规划前期工作，加快规划项目落地。要积极参与新增配电市场放开，主动参与 5 个增量配电投资业务试点项目竞争。要以规划为龙头，兼顾政治供电、电网薄弱环节及负荷发展需求，全业务链条实施精准投资。要紧密跟踪、动态监控电量、线损、投资、电价等影响公司经营效益的重要指标，防控经营风险。要充分挖掘大电网能力，科学压减燃气发电量，服务政府大气污染环境治理。要推进同期线损管理系统建设，加强同期线损精益化管理，合理控制线损率。

（二）优质高效完成电网建设任务

要将基建管理的重心向施工现场倾斜，强化大规模电网建设形势下施工现场安全风险防控和分包队伍管控，坚决坚守基建施工安全底线。要坚持“首善标准”、弘扬“工匠精神”，打造高标准、高质量、高水平的精品工程，确保实现国家电网公司优质工程100%和工程质量“零缺陷”移交目标。要超前预判难点、科学安排节点、高效解决制约点、刚性管控关键点，确保里程碑计划主线目标务期必成。要积极发挥电网建设“一口对外”协调机制作用，统筹各方面资源，着力提升建设推进效率。要加大“互联网+电网建设”推进力度，以推广应用和深化拓展“智慧工地”为重点，丰富现场管控方式，拓展建设管理模式，创新技防管理手段，有效提升人员管理效能。要加强工程建设全过程风险防控，强化关键环节把控，着力规范项目竣工后各环节管理，规范有序开展建设管理。要全面推行施工图预算管理，以精准的造价控制和精益的技经管理持续提升电网建设效益。要全面推广线路全过程机械化施工技术，试点推进电缆全过程机械化施工工艺，全力培育在国家电网公司系统内具有创新引领地位的技术成果。

（三）及时有力提供物资支撑保障

要突出物资工作支撑保障的总体定位，牢固建立“大供应”管理理念，既要合理合规、又要灵活高效，做到超前谋划、主动对接、贴近服务，确保物资供应精准可靠。供应链上下游、各专业要分解落实各方责任、深化专业协同，加强采购计划与其他专业计划的深度融合，做好物资和服务采购需求预测，提前统筹排定年度供应“大盘子”，部署安排好供应保障各项工作。要与国家电网公司总部建立紧急物资需求采购供应“绿色通道”，确保响应迅速、保障有力。要制定重点工程项目专项物资供应保障方案，强化组织和机制保障，全面提升公司物资供应统筹调度能力。要进一步加强监造、抽检的深度、广度和管控力度，积极利用“保密函”等有利政策，满足副中心高标准建设需求，从严从优进行设备选型，从源头保证设备质量。要统筹谋划公司仓储资源，加快磁各庄中心库及其他周转库的建设与改造，着力夯实基层仓储管理基础。

公司党委书记杨新法在2017年离退休工作会议上的讲话（摘要）

（2017年5月5日）

一、准确把握新形势、新要求，切实增强做好离退休工作的责任感和使命感

2017年是党的十九大召开之年，是决胜全面建成小康社会之年，是全面从严治党的巩固深化之年。在去年的全国“双先”表彰大会上：习近平总书记专门作出重要指示，刘云山同志亲切会见与会代表并作重要讲话，这充分体现了党中央对离退休工作的高度重视，真正把离退休工作摆到了重要位置。国家电网公司提出2017年离退休工作新要求：突出全面从严治党主题，牢牢把握为党的事业和公司改革发展增添正能量的价值取向，围绕中心、服务大局，落实好两项待遇，加强离退休人员思想政治引导，做好离退休人员服务管理教育工作。公司召开的职代会、工作会：部署了公司2017年重点工作，也进一步明确了离退休工作的新任务、新要求。

当前，公司离退休人员总数已经突破6000人，并且还以每年300到400人的数量在增加，其人员结构、思想状况、利益诉求等方面也出现了许多新的情况，服务管理的难度逐年加大，工作量不断增加。所有这些，都对离退休工作提出更高要求。为适应新形势，解决新问题，各部门、各单位要从政治和全局高度认识把握离退休工作，切实增强责任感和使命感，统筹协调各方力量，努力构建齐抓共管工作格局，推动离退休工作再创佳绩、再立新功。

二、用习近平总书记重要指示精神统一思想，切实提高对离退休工作重要性的认识把握

一要转变观念、提高认识。离退休工作是党的工作的重要组成部分，十八大以来，党中央把这项工作摆在重要位置，习近平总书记多次作出重要批示。由此看来，离退休工作不是简简单单搞搞活动、开开会那么简单，而是一项政策性强、涉及面广、纷繁复杂的群众工作。它事关党的政策和国家法律法规能否认真贯彻落实，关系着老同志晚年幸福、家庭和睦、社会稳定，是保障公司和谐健康发展的重要基础。做好离退休工作，不仅是广大离退休老同志的迫切要求，也是公司需要承担的政治责任。各部门、各单位要进一步转变观念，提高认识，切实把离退休工作摆到更为重要的位置。要坚持把让公司党委放心、让老同志

满意作为检验离退休工作的根本标准，坚持问政、问需、问计、问效于离退休老同志，真正把公司的关怀和温暖落到实处。

二要铭记历史、弘扬传统。离退休老同志为公司发展辛勤工作、奉献了几十年。即使离开了工作岗位，许多老同志仍然通过各种方式为公司改革发展尽责奉献。特别是近年来，离退休老同志始终以高度的热情关心支持公司发展，在各个方面充分发挥优势、献计出力，从不同角度、不同侧面展示了他们老骥伏枥、永葆本色、默默奉献的精神风貌，我深受感动，同时也深受教育。老同志们的这种精神、品质和风范，值得我们学习、敬仰和传承。吃水不忘挖井人，我们要始终铭记历史，传承老同志的精神财富，怀着感恩之心、儿女之情，充分保障老同志的权益，使他们的事情有人管、经费有来源、服务有保障。

三要围绕中心、服务大局。“围绕中心、服务大局”是离退休工作彰显自身价值、有作为有地位的根本途径。2017 年是公司落实“十三五”规划的关键一年，国家电网公司和北京市各项决策部署对公司提出更高要求，同时公司还要全面推进八大项重点工作，特别要全面打赢“安全稳定、电网建设、优质服务”三大攻坚战。面对复杂的发展形势和艰巨的发展任务，需要一个和谐稳定的发展环境来支撑，需要团结带领包括离退休老同志在内的广大干部职工，坚定信心、迎接挑战。我们要自觉把离退休工作放在大局中来谋划，围绕公司中心工作和发展目标来推进，进一步落实好政治、生活待遇，引导老同志与公司发展同心协力，助力公司和谐发展。

三、以求实创新精神推进离退休工作，引导广大离退休老同志为党的事业和公司和谐发展增添正能量

一要在谋划工作思路上求创新。当前，离退休工作环境和服务对象都发生了变化，很大一部分老同志的物质生活得到较好保障，而精神关怀方面亟待与时俱进。这需要我们努力推进工作转型，以新思路探索新途径，使各项工作更加契合老同志的期待。要深入学习贯彻习近平总书记等中央领导同志，在全国“双先”表彰大会上的重要指示和讲话精神，深刻把握党的十八届六中全会提出的新要求，联系实际，明确任务，创新思路，创造特色。要进一步加强调查研究，积极探索一条贴近中心、融入大局的有效途径，拓展转化“京采夕阳”品牌建设、网格化服务管理、积分制探索等创新成果，努力在“有作为”中实现“有地位”。

二要在改进服务管理上求创新。社会人口老龄化快速发展的新趋势，养老制度改革新形势和离退休队伍发生变化的新状况，都需要我们下大力气推进服务管理创新，着力解决一些瓶颈问题、难点问题。比如，高龄期、高发病期老同志的服务问题，空巢、独居老人的精神慰藉问题，易地安置服务管理问题，老同志精神文化需求多样性等等问题。这就需要整合多方资源，尝试探索条块结合、区域联合、资源共享、活动共办等方式，为老同志提供多样化、个性化、亲情化的服务。要不断创新服务理念，对高龄、空巢、失独等特殊老同志，充分发挥老年自助、互助作用，建立党委、工会、团委协同服务机制，努力做好精准帮扶工作。要大力推进文化养老，加强活动阵地、学习阵地建设，依托老年活动中心建设、老年大讲堂、“京采夕阳”文化团队，整合各类教育文化资源，为老同志提供更丰富的文化服务和精神慰藉。今年，公司已经加大投入，加快建设阜成门老年活动中心步伐。各单位也要紧跟其后，因地制宜，创造条件，积极推进活动阵地建设，在场所和资金上给予实实在在的支持，努力为老同志建设精神家园、创造物质财富。

三要在发挥作用平台上求创新。离退休老同志是公司的宝贵财富，是推进改革发展的重要资源，是维护企业和谐稳定的重要力量。我们要注重引导和发挥他们的政治优势、经验优势、威望优势，搭好平台，支持他们发挥作用、贡献力量。要将他们所能所愿与党和国家事业所需结合起来，加强思想政治建设和党组织建设。要深入开展以“畅谈十八大以来变化、展望十九大胜利召开”、“建言十九大”为主要内容的增添正能量活动，引导老同志传播好声音、传递正能量。要将服务公司发展大局和发挥老同志作用有效结合起来，鼓励支持老同志在公司发展建设、文化传承等方面，特别是在打赢“三大攻坚战”上凝心聚力、发挥余热。要拓展“京采夕阳”共产党员服务分队工作内涵，创新载体，深化品牌建设。各单位党委要高度重视服务分队的管理，按照公司党委的统一部署要求，切实加强“京采夕阳”服务分队组织管理、物质保障和政策支持。党委书记要经常关心，亲自过问服务分队的工作，做到与在职共产党员服务队工作同研究、同部署、同推进。要积极鼓励服务分队在老年互助、爱心帮扶、文化传播等方面发挥余热，努力营造服务大局、增添正能量的浓厚氛围。

四、以贯彻“双先”表彰大会精神为契机，努力以自身建设水平新提高推动离退休工作再上新台阶

刘云山同志在“双先”表彰大会上强调：做好离退休工作，离不开高素质的工作队伍。各单位要像抓

生产、抓安全、抓管理那样抓好离退休工作，切实加强组织领导，努力在形成工作合力、改进自身建设上下功夫。

一要落实领导责任。人老百事难、老同志的今天就是我们的明天，各部门、各单位要把离退休工作摆到重要位置，认真落实离退休工作领导责任制，绝不能把这一政治性非常强的工作当作一般性事务来处理。离退休工作部门对老同志不仅要做暖人心的事，还要解决处理实际困难和历史遗留问题。和谐稳定是个系统工程、一把手工程，各职能部门、各单位党政领导要给予实实在在的支持，要将维护离退休队伍稳定纳入领导干部考核评价范畴。各单位要坚持信访属地化原则，做到守土有责，主动负责，党政负责同志要靠前指挥，抓大力气解决老同志反映强烈的信访问题，努力将问题消化在基层。党政主要负责同志要经常关心过问，定期听取汇报，研究离退休工作；定期向老同志通报公司和本单位工作情况，定期征求老同志对公司改革发展的意见。离退休工作领导小组要经常听取汇报，加强指导，积极协调成员部门研究解决工作中的新情况、新问题。各有关部门要做到同向发力，主动支持配合，按照各自的职能，切实负起责任。离退休工作部门要充分发挥职能作用，加强与相关部门的沟通协调，形成推进工作的整体合力。

二要抓好自身建设。多年来，各单位高度重视离退休工作，各项服务管理也很到位。尤其是广大离退休工作同志，甘于吃苦、甘于平淡、甘于奉献，这种优良作风和品格，要持续发扬光大。大家要切实转变工作作风，始终保持敬重之心、感恩之心，从思想上、生活上、情感上无微不至地关爱老同志，真正把工作做到老同志的心坎上。要以此次受表彰的先进集体和个人为榜样，努力提升专业自信和队伍自信，突出抓好思想政治建设，深化“两学一做”学习教育，奋发有为、干事创业。各有关部门、各单位要关心爱护这支队伍，支持、理解、关注他们的工作和成长，立足长远，选优配强工作力量。要通过教育培训、岗位练兵、挂职锻炼、交流轮岗等多种形式，引导和帮助他们了解大局大势，精通政策业务，弥补知识短板，不断提高履职尽责的专业素养，努力以队伍建设水平新提高推动离退休工作再上新台阶。

夯实基础　深化管控　突出创新
全面做好 2017 年公司安全生产工作

——公司副总经理刘润生在 2017 年安全生产工作会上的报告（摘要）

（2017 年 2 月 10 日）

一、2016 年安全生产工作回顾

2016 年，公司安全生产工作坚持严抓严管、坚持创新发展，全面实施安全标准化管控，组织开展“三查三强化”“履职尽责”安全大检查，加强设备运维质量及故障管控，持续开展台区异常治理，深化电网风险与预警管理工作机制，加强应急处置和科技创新能力建设，圆满完成“大运行”“大检修”再集约任务，安全生产形势总体保持平稳。

公司全年未发生人身伤亡安全事件，未发生五级及以上电网、设备安全事件，未发生六级及以上信息安全事件。平稳应对迎峰度夏（冬）和汛期考验，圆满完成十八届六中全会、全球能源互联网大会等重大保电任务 219 项，为公司和电网发展提供了有力保障。

（一）安全规范化管理力度持续加强

2016 年，公司严抓现场安全管控及安全责任落实，深化质量、应急、安保工作体系建设，安全标准化、规范化水平显著提升。强化监督问责力度。健全明责、履责、问责的管理机制，加大对违章单位和人员的问责力度，全年安全事件、违章同比分别下降 43%、26%。进一步强化安全双准入管理，以集体企业、外协队伍施工项目为主要对象，重点检查现场施工安全和项目承分包管理安全。深入开展“三查三强化”、履职尽责等安全大检查活动，发现并整改安全隐患 1914 项。标准化管控成效显著。大力推进安全管理规范化，开发并应用安全生产规范化管控平台及 APP，实现安全监督可视化、安全巡检规范化及作业现场安全管理标准化。成立公司安全监控中心，利用平台及移动作业对 3380 个作业现场开展全流程的实时检查，查处整改违章 823 项，7 家单位被列入负面清单。质量监督管理不断深入。健全隐患排查治理工作体系，完善闭环管理流程。推进城、农网中压采集装置自动采集全覆盖，深入开展低压可靠性试点。推进资产全寿命周期管理体系深化应用，达到国家电网公司“领先型”水平。应急安保能力持续提升。编制《大面积停电事件应急预案》《应急防恐发展规划报告》，建设第二综合救援队伍，开展煤改电、迎峰度夏（冬）等应急演练120余次。持续开展常态化安保稽查，首次实施重大活动供电保障安保特勤队伍巡护。

（二）设备精益化管理水平不断提高

2016年，公司不断加强输变配电精益化管理，强化设备隐患排查治理和技术监督，着力推进智能配电网建设，输电、变电、配电设备故障同比实现大幅下降，分别达到36%、48%和43%。输变电管理更加精准。推进设备状态检测，强化新投运变电设备强制检测管理。开展“三跨”线路和电缆沟道隐患排查、反措落实检查等活动，排查治理设备隐患265项。电缆智能化管控平台投入使用，完成公司范围所有隧道、沟管资源普查任务，并建成亦庄精益化隧道标准示范段。开展输电线路反外力百日专项行动，专项行动期间输电线路外力故障同比下降65%。配电管理更加精细。建立故障高发线路预警告警及专家会诊巡视制度，加大故障考核力度，实现配网故障大幅下降。建立异常台区“日会商、周统计”治理机制，全年异常台区数量同比下降46.7%。开展配网常态化技术监督，发布告（预）警通知单154份，14家施工企业和物资供应商列入负面清单，有效保证施工和设备质量。智能配电网建设初见成效。制定配网建设改造、“煤改电”等技术标准、细则14项，编制完成城市副中心高端智能配电网建设方案，有序实施2016～2018年“国际一流”智能配电网建设行动计划，实现配电自动化四环内覆盖率达到100%。

（三）电网运行管控能力进一步提升

2016年，公司以防止发生大面积停电为重点，以确保电网安全稳定运行为主线，加强调控运行同质化管理，不断提升电网风险防控及应急处置能力。电网运行管控更加高效。全年发布各类风险预警442项，并制定预警响应措施，实现闭环管理。开展北京东部特高压、500kV、220kV三级电磁环网运行特性分析，配合调整东部电网方式，降低潮流穿越引发的电网风险。拓展“一键操作”功能应用范围，实现一级及以上风险工作全覆盖，快速处置变压器风冷全停突发事件。开展542条“煤改电”外电源线路负荷预测分析，制定方式调整措施，确保度冬期间电网可靠供电。实现电网平稳度夏度汛。积极推动68项度夏重点工程按期投产，提升电网本质安全水平。针对度夏期间电网薄弱环节制定并实施139项方式调整措施，确保大负荷期间无一设备过载运行。配合国调、华北分调等开展北京电网严重事故联合演练356次，提高调控人员应急处置能力，平稳应对2082.8万kW历史最大负荷和“7·20”特大暴雨天气考验，成功完成电网迎峰度夏和汛期保障任务。专业管理不断深入。将0.4kV电网纳入供电公司调控管理范围，推进0.4～500kV电网调控同质化管理。开展变电站重点信号分析，明确6类设备34类易引起故障跳闸的重要异常信息，制定差异化管控措施。依托专家队伍，检查二次专业现场413个，实现110kV及以上继电保护作业现场安全检查全覆盖。

（四）科技信息管理实现突破

2016年，“互联网+北京电力”建设全面启动，信息通信业务支撑能力不断增强，科技创新取得丰硕成果。信息通信支撑能力显著提升。以“互联网+北京电力”建设为目标，推动“大云物移”技术在公司的全面应用，运检管控平台和配电运营指挥平台建成投运，12个移动作业接入平台使用。高质量编制完成城市副中心高端智能配电网建设通信技术方案。试点建设信息安全预警分析中心支撑平台，开展网络与信息安全攻防演练6次，信息安全红蓝队在第三届首都网络安全日大赛中取得优异成绩，全年信息系统安全事件保持零纪录。科技创新能力不断增强。“主动配电网关键技术研究及示范”及“交直流混合配电网关键技术研究”2项国家863课题有序推进，3项国家电网公司级科技项目顺利通过验收，公司“先进配电自动化与配电网优化控制实验室”被授予国家电网公司联合实验室称号。全年获得中国电力科学技术奖2项、北京市科学技术奖5项、国家电网公司科技进步奖9项，公司科技创新成果硕果累累。

（五）“大运行”“大检修”再集约任务顺利完成

2016年，为适应电网规模持续增长和人员不断减少的发展趋势，提高安全生产管理效率，公司克服困难，积极推动运行、检修资源整合，高效安全完成“大运行”“大检修”再集约任务。“大运行”方面。构建主网集约高效、配网专业融合的城市电网运行管理体系，329座110kV变电站、343条输电线路全部移交市调统一管理，实现110～500kV电网运行信息和设备状态的全面掌控，110kV及以上电网调控综合效率提升64.83%。高效建设配电运营指挥平台，完成故障及台区异常处置、设备巡视等核心业务流程的开发上线。“大检修”方面。将城近郊及通州公司输变电设备及运维业务集约至检修公司，在国家电网公司率先实现110kV及以上输变电设备运检集约管理，变电、输电运维效率分别提升33%和46%。成立运检指挥中心，建设开发运检智能管控平台，推动移动作业在班组应用，实现电网设备及人员状态的实时监视、运维检修问题的精准分析判断及作业过程和质量的全流程管控。

二、深刻认识安全生产面临的形势和要求

2016年，在广大干部员工的不懈努力下，公司安全生产形势整体保持平稳，安全生产工作取得了长足的进步。我们在收获成绩的同时，还要清醒地认识到面临的严峻形势和存在的问题。一方面，国内外接连发生电缆故障引发大面积停电的安全事件，江西丰城电厂“11·24”特别重大安全事故造成74人死亡，上述事件影响恶劣，教训惨痛，给我们敲响了警钟，我们必须引以为戒。另一方面，公司发生的违章和安全事件暴露出公司安全生产管理方面仍存在安全意识不强、安全责任不落实、设备运行隐患多、电网运行风险大等问题。这些问题需要公司各部门、各单位高度重视，充分认识自身肩负的政治责任，下大力气去解决，不能有一丝一毫的松懈和麻痹。

2017年是公司全面发展的一年，公司内外部环境将发生重大变化。从外部看，国家层面，党中央、国务院下发《关于推进安全生产领域改革发展意见》，对落实安全生产责任，实现安全发展提出了更明确的要求。北京市层面，北京市四套领导班子全面入驻城市副中心，首都环境治理、新机场、冬奥会等重点工作加快推进。从内部看，全国两会、“一带一路”国际高峰论坛、“十九大”供电保障工作陆续开展，公司电网建设“135”、“煤改电”工程和智能配电网建设进入全面实施阶段，“大检修”“大运行”再集约模式全面运转，国家电网公司对网络信息安全提出了更高要求，均给安全生产工作带来新的机遇和挑战。

1. 作业现场安全风险加大

受公司“135”、“煤改电”工程及智能配电网建设等全面实施的影响，2017年作业现场的数量、分布区域较往年相比将大幅增加，安全监督全覆盖难度进一步加大。基改建等主网工程涉及大量土建施工，“煤改电”、智能配电网建设等配网项目多为近电、带电作业，现场环境恶劣、安全隐患大。现场施工又多为集体企业和分包队伍承揽，安全管理承载力不够、管理不到位、以包代管问题突出，再加上一线人员流动性大、安全意识薄弱、技能水平不高，现场安全管控措施难以落实到位，作业现场安全管控难度进一步加大，人身安全面临较高风险。

2. 安全管理存在盲区和死角

在集体企业安全管理方面，集体企业改制后，部分集体企业安全管理体系不健全，主办单位和平台企业安全职责不清晰。集体企业作为“煤改电”、业扩等工程的重要承接单位，管理人员严重不足，工程组织不规范，现场安全监督检查和“同进同出”责任落实不到位。在分包安全管理方面，部分单位法律意识淡薄，主观上存在签了分包合同就不承担安全责任的错误思想。对于分包项目，没有全面履行应负的安全管理责任，培训、交底、施工组织、安全监督等工作落实不到位，存在“以包代管”、施工计划、方案编制与执行“两张皮”等问题。在非公司投资项目管理方面，对于集体企业承揽的迁杆移线和用户工程、承发包公司的代管工程，公司及各单位对其存在的安全风险普遍重视程度不够，没有认识到自身安全监管责任，一旦发生人身事故，将给公司带来较大的连带风险。

3. 设备运行风险依然存在

城市电缆网运行风险较高，是引发城市大面积停电事件的主要隐患之一。公司部分隧道的电缆防火措施未落实，一旦发生故障或引发火灾，易造成隧道内其他电缆损坏，甚至导致城市大面积长时间停电。现存老旧砖混隧道一旦坍塌，不但可能造成大面积停电，还会给城市运行带来恶劣影响，后果不堪想象。输电线路外力破坏情况严重，2016年外力破坏故障占故障总数的68%，且多次对重要客户供电质量造成不良影响。此外，地下变电站设备SF_6气体泄漏、充油变压器着火、“三跨”和“三线搭挂”线路倒塔（杆）断线等事故也极易引发重大交通事故和人员伤亡，造成社会财产的巨大损失，继而引发重大负面舆情，公司势必承担严重的后果。

4. 电网度夏形势更加严峻

2016年，北京电网最大负荷首次突破2000万kW大关。主网层面，昌城、通安、安兴等分区存在500kV主变压器不满足$N-1$问题。负荷网层面，220、110kV变电站主变压器重载及不满足$N-1$的数量大幅增加，并且部分变电站方式调整措施实施后，运行裕度已基本用尽，最后不得不以牺牲重要用户供电可靠性的方式来满足设备正常运行需要。2017年，随着负荷持续增长，电网度夏形势将更加严峻。预计度夏负荷高峰期间，220kV 12站21台、110kV 8站9台主变压器将过载或满载运行。采取方式调整措施后，75站主变压器、28回线仍将不满足$N-1$运行。部分设备重载问题有随着地区负荷增长逐年加重的趋势，相关地区规划建设项目如不能按期投产，未来仅通过方式调整措施予以控制将愈发困难，存在需要拉路限电才能满足电网安全运行的风险。

5. 网络与信息安全不容忽视

一方面，《网络安全法》将于6月1日起正式实施。该法案的出台确立了电力等关系国家安全、公共利益等关键信息基础设施的保护制度，明确了运营企

业对于维护网络与信息安全的义务和责任，并在法律层面加大了违法惩处的力度。另一方面，随着物联网、移动互联等新技术在公司各项业务的广泛应用，外网网站、移动应用以及暴露在公众视野中的网络设备更加容易成为被攻击的对象，信息安全风险增大。面对信息安全法律法规不断完善和网络攻击持续性、破坏性显著增强的新形势，公司网络与信息安全体系急需完善，安全责任需进一步明确，风险防范能力建设亟待加快推进。

三、2017年安全生产工作主要思路和重点工作

2017年公司安全生产工作的总体思路是：贯彻落实国家电网公司安全生产电视电话会、安全生产、科技、信息通信工作会和北京公司三届二次职代会暨2017年工作会议部署，抓安全责任落实确保履职尽责；抓现场安全管理确保人员安全；抓隐患排查治理确保设备安全；抓运维责任落实确保故障下降；抓电网风险管控确保电网安全；抓责任体系建设确保信息安全；通过管理机制创新和技术手段创新，巩固成绩，实现主配网故障持续降低和专业管理水平不断提升，圆满完成全国两会、“一带一路”国际高峰论坛、“十九大”供电保障任务，打赢2017年安全稳定攻坚战，为公司安全发展提供坚强保障。

2017年公司安全生产工作的主要目标是：不发生电力生产人身重伤和死亡事故；不发生人员“三误”事故；不发生五级及以上安全事件；不发生本企业负主要及同等责任的重大及以上交通、消防等安全事故；不发生对公司和社会造成重大影响的事故（事件）。

重点做好以下九个方面工作：

（一）强化本质安全建设

推进本质安全措施落地。认真落实国家电网公司本质安全30条要求，编制提升本质安全实施细则，明确各专业实施本质安全工作责任和任务目标，建立职能部门牵头的人身安全、设备安全、电网安全等9个专业攻坚组，统筹协调推进，全面打赢2017年公司安全稳定攻坚战。在电网安全方面，以电网运行方式分析和风险预警发布、管控为手段，抓电网结构风险的预控和治理。在设备安全方面，以加强运维管控、技术监督、反措落实检查和隐患排查治理为手段，抓设备及运维质量提升。在人身安全方面，严抓履职问责，以强化安全监督考核、加强人员安全技能培训和评估为手段，抓作业现场安全。

构建安全质量信用评价管理体系。深化安全双准入、技术监督等措施，建立安全质量信用评价管理体系，对主业单位、集体企业、外包队伍等单位从安全和质量两方面进行综合评价。建设安全质量信用评价管理系统，完善施工企业资质、法人和项目管理人员基本信息，收集施工企业、人员作业违章、管理违章及施工质量、运维质量不合格等不良信息，设立企业、人员信用积分，建立违章违规信用“黑名单”，形成“准入”和“禁入”相结合的安全质量管控长效机制。

进一步强化安全监督管理。清醒认识公司安全管理面临的作业现场多、不安全因素多、作业队伍和人员构成复杂、安全意识差且管理不到位等现实问题，不断强化安全监督力度，拓展安全监督的深度和广度，有效降低安全风险。一是推进安全监督标准化建设，建设安全规范化内网平台和专用终端系统。推进安全监督标准化管控全覆盖，将各类施工现场和安全大检查、安全审计、隐患排查、工程承分包管理等工作纳入标准化管控，实现安全监督的“两个结合、两个并重、五个全覆盖”。二是推进集体企业安全工作体系建设，明晰主办单位、平台企业安全责任，指导集体企业建立安全责任、安全奖惩等规章制度体系，健全全业务安全监督机制。三是规范工程承分包管理，修订公司承分包安全管理规定，落实承分包双方项目管理和安全检查责任，重点强化劳务分包现场“同进同出”管理要求，并加大监督检查力度。四是规范非公司投资项目管理，加强迁杆移线、业扩项目等工程管理安全监督，落实工程建设管理单位及工程代管方安全管理责任，建立健全安全监管工作体系，实现安全监督和安全巡检全覆盖，杜绝以包代管。五是强化隐患排查措施落实，加强隐患排查治理常态化工作推进，将整改措施落实情况纳入违章管理。结合反措落实情况检查、重大活动保电和迎峰度夏防汛、网络信息安全检查，组织开展专项隐患排查，强化措施落实监督检查。

深化安全风险预警管控。进一步深化和改进行之有效的公司“五维度”作业安全风险管理。一是管控流程标准化。利用风险管控平台和移动作业，固化风险管控措施执行的流程，使其标准化、规范化。二是预警对象范围扩大化。风险预警的对象由单纯的停电计划执行风险拓展到上级电网方式变化、隐患未及时治理、设备家族性缺陷、异常灾害性天气引发的电网风险。三是管控手段多样化。运用移动作业手段开展风险管控措施落实检查，强化过程管控；建设作业现场实时视频安全监督系统，实现施工作业现场空间和时间两个维度管控的全覆盖。

加强安全监督队伍建设。规范安全监督网运转机制，健全各单位及集体企业安全监督网络，明确安全网员工作职责，定期组织召开安全网例会，开展安全

网员技能培训，提高安全网员监督管理能力。分区域建立公司级安全巡检队伍，提高公司巡检覆盖率。进一步规范各单位二级巡检组队伍建设，推行可视化巡检，建立人员考核和轮换机制。

（二）优化运检业务机制建设

优化配电运检管理模式。成立公司配电运维管控中心，与供电公司配电运营指挥中心形成有效衔接，充分发挥配电运维管控中心的监督管理能力和配电运营指挥中心的决策分析能力。通过两个中心协同运转，增强对人员、设备管理的穿透力，提升配电业务综合分析和过程管控能力，有效破解人员短缺、技能不足、运维管控不到位等实际问题，提升配网运维效率和管理水平，有效降低由于管理不到位引发的配网故障。

优化电缆专业管理模式。强化检修公司运检指挥中心的电缆运维管控能力，加强电缆各项业务的统一监督管控。完善电缆管理平台功能，将信息监控、路径规划、断面审批、作业计划、隐患管理等业务纳入平台统一管理，增强电缆网运检业务和资源管控能力。以电缆专业的集约化、规范化和专业化管理为目标，创新电缆专业管理方式，加大电缆管理组织体系和标准体系建设力度，加强电缆人才培养，提升公司电缆专业管理水平。

稳妥推进运检业务外委。与知名设备厂商深化战略合作，充分利用其专业优势，扩大业务委托范围，推进变压器、GIS 设备、电缆及直流设备评估和运维检修业务的外委，促进运维检修质量提升，有效解决现状人员承载力不足与运维检修任务增加的矛盾。强化业务委托安全监督机制，按照“谁主管业务、谁负责监管”的要求，将受托企业的安全监管纳入公司统一的安全管理流程，实现同管理、同标准、同评价、同考核的同质化管理。

提升不停电作业能力。加大不停电作业资源集约和专业化管控力度，10 月底前完成公司带电作业中心及 2 个分中心建设，年底前实现亦庄和城市副中心配电线路带电作业 100%，全公司带电作业 95%。推进配电带电作业专业化管理，统筹计划管理，强化指标考核，促进带电作业数量与质量持续提升。加强绝缘杆法作业项目培训，在全公司范围推广应用，实现绝缘杆作业法占比 70%。

（三）深化运检业务管控

加强设备质量管理。成立公司配电质量检测中心，拓展设备强制检测范围，强化检测结果应用和管理，实现配电设备质量源头管控。发挥公司配电运维管控中心作用，建设技术监督信息管理平台，应用移动作业，实现现场监督检查规范化。加强技术监督队伍建设和管理，实现设备安装现场技术监督全覆盖，切实提高设备安装质量。加大配网技术监督巡检力度，扩展技术监督覆盖范围，实现从可研到设备退役等所有阶段的全覆盖。强化技术监督负面清单管理，将其纳入公司安全质量信用评价体系，实现设备和施工质量信用终身制。

加强设备运维管理。以进一步落实运维责任、提高运维检修质量、持续降低故障率为目标，加大运检指挥平台、配电运营指挥平台和移动作业应用力度。6 月底前实现各单位配电运营指挥平台及远郊公司运检指挥平台全部上线运行，输变配运维检修班组移动作业应用覆盖率 100%。依托运检指挥平台、配电运营指挥平台及移动作业应用，规范输变配电生产业务流程，深化设备运行状态和人员作业承载力分析，实现输变配电全业务、全员、全时的透明管控和作业质量的显著提升。

加强设备检修管理。建立设备状态定级评价组织体系和制度标准体系，推进状态检修规范化管理。加强设备状态信息分析，开展设备定级评价工作，实现设备大修技改精准投资，提高检修计划准确性，确保设备“应修必修”。运用运检指挥平台和移动作业，强化设备检修规范化管理和过程管控，确保“修必修好”。加大超声波、暂态低电压、高频、超高频等成熟检测项目应用，发挥检修公司和电科院技术支撑作用，建立状态检测大数据分析管理机制。开展电缆状态检测新技术研究，强化配电设施运维业务红外测温应用，全面推广配电架空线路超声波检测技术，积极开展基于“状态操作”的断路器操作机构特性检测等新技术推广应用，巩固公司状态检修技术的领先地位。

加强设备隐患管理。持续深化故障管控和隐患排查治理，制定落实反措三年计划，推进整改和管控措施落实，实现 2017 年输变电设备故障同比分别降低 30%，输电外力故障降低 45%。强化输电线路反外力常态化管控机制建设，加大反外力移动作业应用力度，推广应用智能视频监控告警装置，加强护线稽查队伍建设，提高看护现场稽查覆盖率，确保运维看护措施有效执行。开展“三跨”线路隐患专项整治，全年完成 69 处单挂点、假双挂点等隐患治理。开展“三线搭挂”隐患排查建档，并通报属地政府部门，推动隐患治理。开展以电缆隧道防坍塌、防火为主的隐患排查和综合治理，年底前完成 83km 砖混和“1-N”隧道标准化治理工作。推进气体变 SF_6 气体回收装置安装和管理工作，建立和完善地下变电站油变和气体变故障应急处置方案，实现“一站一案”并组织开展应急演练。结合重大活动保电和度夏防汛，组织开展电网风险预警专项设备隐患排查，落实隐患整改和差异化管控措施，保证设备安全可靠运行。

加强电缆规范化管理。进一步加大电缆基础数据普查力度。年底前，完成公司范围全部电缆本体数据普查及影像录入，实现断面资源全透明、管道路径全清晰、电缆拓扑全联通。制定两年工作计划，完成电缆隧道防火治理及电缆通道、设备标志标识的电子标签应用，开展电缆通道及本体移动作业智能巡检，实现电缆通道及本体运检标准化。建立以电缆接头施工作业认证管理为手段的人员和施工企业负面清单制度，强化电缆接头质量管理，通过移动作业加强对电缆接头制作的过程管控，使电缆接头实名制真正落地，有效提高电缆施工质量，降低电缆故障。

加强配网精益化管理。建立公司配电专业“一部两中心”管理机制，依托公司“一体双核”配电自动化系统、配网运营指挥平台和移动作业，指导各供电公司运营指挥中心配电设备监控分析和运维抢修业务开展，组建公司两级配电运维质量监督队伍，应用移动作业开展运维质量监督检查，实现运维管理要求在一线真正落实，做到“问题提前发现、故障快速处置”。10月底前完成6500台用户分界断路器安装，实现故障多发用户的有效隔离，全年实现配电故障同比下降40%。加大中低压数据治理力度，9月底前完成所有配电台区信息核查任务，实现台区覆盖率、采集完整率、采集准确率100%，实现PMS2.0系统主配网设备拓扑连通率、图数一致率100%、低压设备连通率达到95%以上。

（四）全力打造国际一流配电网

加快智能配电网建设。以建设国际一流智能配电网为目标，以“一线一图一表”为核心载体，以配网工程设计审查平台为手段，滚动调整配电网建设任务，完成建设项目在线评审工作试点并推广应用。以首都核心区和城市副中心为重点，严格执行智能配电网技术原则和建设标准，高质量实施1639项配网建设改造工程，按要求完成首都核心区架空线入地任务和城市副中心行政办公区高端智能配电网建设任务，全力打造首都核心区和城市副中心两个“国际一流高端智能配电网示范区”。围绕首都核心区和城市副中心供电高可靠性要求，研究建立适合区域特点的配网运维管控体系和政治供电保障体系。

加快配电自动化建设。推进北京电网“一体双核”配电自动化主站建设，3月份完成配电自动化主站建设，6月份实现配电自动化终端全部接入，年底前配电自动化城市区域覆盖率达到100%，终端在线率达到98%以上，实现配网运行信息“云端储存、一键穿透”，全面支撑配电网运行监控、运维检修管理、台区及低压管理、生产计划管理、技术监督、项目管理等业务管控应用。同时，改进增强自动化终端通信适应能力，提高终端在线率；研究简化配电自动化终端电源配置方案，降低终端故障率；加快部署不依赖远程通信的就地判别自动隔离终端，满足网络安全和快速隔离故障的需要。年底前安装完成10 000套配变智能终端，提高对配变和低压设备运行状态的掌控能力，并推动LTE 230M和1.8G无线技术混合组网的无线专网通信技术应用。加快建立适合公司特点的配电自动化运维管控模式和管理体系，确保配电自动化系统“有人建、有人用、有人管”。

（五）实现运检业务创新发展

建立配网管理综合指标。创新配网管理评价体系，建立配网管理综合性指标，将故障管控、台区治理、自动化建设应用、数据治理、技术监督等重点工作纳入指标，并运用大数据分析技术，真实、准确、客观地反映配网管理综合水平，增强指标体系对各单位配网管理提升的引导作用。

提升设备状态监控能力。推广输电线路视频监控装置应用，全年安装视频监控装置4000套，其中带有声光智能报警功能100套，安装变电站智能安防系统112套，实现政治供电常态化重点变电站安防无死角覆盖。加大重要变电站无线信号及变压器油色谱在线监测装置的安装力度，实现地下变电站无线信号全覆盖，五环内及地下变电站主变压器油色谱在线监测装置全覆盖。

提升运维抢修保障能力。加强智能机器人变电、电缆业务巡检管理，提高巡检效率和质量。开展移动变电站接入方案研究分析，并结合度夏重载变电站试点应用。研究隧道坍塌和火灾电缆应急抢修技术及装置，满足现场快速恢复供电需求。研究适合北京电网的融冰技术，定制大功率融冰装置，形成以固定融冰为主、移动融冰为辅的融冰策略，满足北京电网所有易覆冰线路融冰需求。

推广新材料、新技术应用。推进碳纤维输电导线应用工作，提高输电通道使用效率。全面推广隧道、工井三维成像、管井快速检通疏通、无人机巡视、绝缘横担、台区智能监测终端等新技术、新设备应用，降低现场作业风险，降低设备故障，提升工作质量和效率。创新配电通信网无线安全加密技术研发，开展量子通信的适应性技术开发、测试，并在通州、延庆等地区开展示范应用。

（六）提升电网运行管控水平

完善风险预警与管理工作机制。结合公司安委会定期召开电网运行与管理领导小组会议，进一步强化电网风险预警与管理作用，实现电网风险预警的闭环管控。积极推动预警响应措施的有效落地，保证重点工程有序实施，严控电网结构性风险，夯实电网本质安全基础。深入研究特高压工程投运带来的潮流穿越、短路电流超标和电压稳定等问题，积极开展电网风险评估，发布风险预警，制定预控措施，提出规划调整建议。

强化电厂及重要客户安全管理。严格规范新机组并网技术标准和要求，从源头上把控并网机组涉网性能水平。针对北京电网单一能源风险，加强燃气电厂安全评估检查，督导开展设备隐患排查，确保机组并网安全。深入研究华能电厂燃煤机组运行模式，争取机组保留的政策支持，保证本地电源应急支撑能力。严格重要客户外电源异动管理，将重要客户可靠性评估的审核关口提前至可研评审环节，从源头上加强重要客户外电源的安全管理。

提升电网调控应急处置能力。建立常态预案、检修预案和专项预案三级预案管理体系，实现两级调控预案全过程闭环管理和内容质量的全面评价考核。深化一键操作应用，实现严重故障处置、拉路限电方案执行、典型设备异常处置等应用全覆盖。依托 D5000 系统建立故障信息综合展示平台，实现故障下设备参数、故障录波、气象情况及电压跌落等信息集中展示，为调控运行人员精准决策、快速处置奠定基础。

提升配电网运行保障能力。强化 0.4kV 电网停电计划刚性管理，加强 0.4kV 电网调控运行管理监督，依托 OMS 系统标准化流程，实现低压设备倒闸操作、停电计划执行、故障异常处置等核心业务全过程监督管控。严格落实配网设备图形异动管理制度要求，提升配网电子图形准确性，切实解决“盲调”问题。进一步优化配网故障研判功能，提高故障研判准确性和时效性，提升低压故障处置效率。

增强二次专业保障能力。加强智能变电站继自设备的验收管理及在运设备的自评价工作，深化继电保护装置及二次回路隐患排查治理，强化现场作业安全检查。加强工控系统网络信息安全管理，提高系统信息安全监测和预警能力，定期进行电力监控系统等保测评及安全评估，开展电力监控系统攻防实战演练，及时发现并消除系统安全漏洞。加大发电企业涉网网络安全的专项检查力度，督促整改各类涉网系统网络安全隐患。优化调度数据网结构，开展调度数据网接入通信传输网风险分析，完善网络异常应急处置预案，确保调度数据网安全可靠。

确保北京电网平稳度夏。一是定期组织召开公司电网运行与管理领导小组会议，重点推进平谷变电站变压器扩建及 110kV 聂章线压降负荷工程度夏前投产，解决平谷变电站主变压器及聂章线过载问题。二是加强与华北调控分中心沟通协调，确保昌平、安定变电站变压器增容工程按期投产，解决昌城、通安、安兴分区 500kV 主变不满足 $N-1$ 问题。三是开展 2100 万、2250 万、2400 万 kW 三个负荷水平下电网方式分析，发布风险预警，制定预控调整措施，完善电网风险预警及管控体系。四是协同各专业制定度夏整体防控方案，针对局部重、过载问题提前安排需求侧响应方案及差异化运维管控措施。五是针对度夏严重故障，制订拉路限电一键操作方案，完善应急处置预案并开展演练，提高应急处置能力。

（七）提升科技信通业务支撑能力

增强科技创新能力。以推动重点科技项目和实验室建设为抓手，深化亦庄主动配电网及交直流混合配电网规划等国家 863 课题研究，加强公司“煤改电”综合实验室建设管理，促进公司原创科研水平提高。以推动本地电能替代为目标，深入开展煤改电、电动汽车、分布式能源等新技术研究，发展首都特色的创新成果。以职工创新工作室为平台，大力推广群众性技术革新、技术创造和技术发明等活动，营造群众创造创效的良好氛围。

深化信息系统应用。推进“大云物移”技术在安全生产、规划建设、营销服务等业务领域的技术支撑，深化领导辅助决策支持移动应用建设，切实做到提质增效。依托大数据平台应用，完成全业务数据中心分析域数据接入工作，提升平台安全接入能力，确保公司内外网移动终端安全、可靠接入，增强“互联网+北京电力”业务支撑的可扩展性能。全面推进 ERP 集中部署，2017 年底完成财务管控等六个功能模块开发实施。

确保网络与信息安全。落实国家《网络安全法》要求，明确各专业网络与信息安全职责，层层签订责任书，建立以各专业为主体的安全管理责任体系和安全监督责任体系，形成专业协同的信息安全防护机制。结合设备隐患排查治理，建立信息专业风险预警管理机制。针对各类系统、设备隐患，及时发布风险预警，制定响应措施，实现风险管控和隐患治理的闭环管理。创新应用智能主动防御技术，建设网络安全自动监测与分析预警平台，实现信息安全漏洞的实时检测和主动预警。深化信息安全红蓝队建设，定期开展攻防应急演练，确保网络与信息系统安全运行。

加大通信网建设力度。推进公司 IMS 语音交换核心网改造项目实施，构建新型语音交换网络，年底前完成核心网建设。推进骨干传输网A平面改造、骨干传输网B平面建设，提升传输网络带宽至400G。优化数据通信骨干网网络结构及业务承载方式，改造44套核心层和骨干层老旧设备，优化城市副中心网架构。双层配置通州区调及37个变电站传输网络，建设10G光传输网络，打造公司通信传输网第二核心节点。

（八）加强应急防恐体系建设

加强应急工作体系建设。开发建设电网气象精准预报系统，完善应急指挥系统功能，提高应急预警发布准确性。组建应急救援专业队伍，加大应急装备配备力度，推进应急防恐基地建设。组织开展供电公司应急能力评估，并监督问题整改，提高基层单位应急处置能力。修订公司应急总体预案和专项应急预案，联合北京市组织开展大面积停电应急演练，提高应急实战能力。

加强安保防恐体系建设，开展安保防恐标准化建设，完善安保防恐及保安管理制度，建立全员参与的安保防恐工作机制。加大安保监督稽查力度，确保安保措施严格执行。开展安保防恐技术支撑系统建设，应用“互联网+”的信息化手段，对重要变电站进行智能安防系统改造，提高变电站主动防御能力。建设智能视频监控系统，在应用图像自动识别功能的基础上，实现监控系统自动巡视、主动报警、灯光控制，并将已有线路、沟道视频资源逐步接入系统平台。会同政府部门，建立防恐工作沟通机制，深化政企、警企沟通合作，进一步提升公司安保防恐专业水平。

（九）确保重大活动供电保障万无一失

公司上下全体干部员工要将全国两会、“一带一路”国际高峰论坛及“十九大”重大活动供电保障作为全年工作的重中之重，高标准制订保电方案，落实保障措施，确保圆满完成保电任务。提前部署保障任务。建立重大活动保电运行指挥组织体系，制定保障筹备工作方案、工作计划、工作标准，实现“一方案、一计划、一标准”。明确各部门、各单位工作职责，定期召开工作推进会，检查筹备工作完成情况，推动保障工作有序开展。高标准开展筹备工作。梳理重要客户和重点站线范围，开展设备检修消缺、隐患排查治理和客户用电安全评估，制定差异化保障方案和应急预案，实现“一站一案、一线一案、一户一案”，加强与政府、客户沟通联系，及时反馈问题，督促整改。严格落实保障措施。明确保电人员岗位责任，落实保障工作标准，强化人员信息报送和应急处置能力。加强重点站线安保防恐力量，提高重要设备安防技防水平，落实信息安全和维稳保密要求，合理配置应急抢修资源和抢修队伍，确保保障期间重要客户供电万无一失。

聚力攻坚　不辱使命
确保全面打赢电网建设攻坚战

——公司副总经理安建强在2017年发展建设物资工作会暨全面打赢电网建设攻坚战动员会上的报告（摘要）

（2017年2月16日）

一、2016年工作体会

2016年是“十三五”开局之年，公司发展、建设、物资战线在公司党委的坚强领导下，抢抓机遇、创新突破，圆满完成年度各项任务，取得了令人鼓舞的显著成绩，实现了“十三五”电网发展建设良好开局。回顾这些成绩，我们有几点深刻体会。

一是国家电网公司、市委市政府的大力支持和公司的坚强领导是取得成绩的根本前提。国家电网公司对重点项目需求紧迫的客观情况予以充分理解，在投资计划、物资招标、工程前期等方面给予我们大力支持。市委市政府高度肯定公司在助力城市发展、服务保障民生方面的突出贡献，将副中心、“煤改电”、冬奥会配套工程纳入“一会三函”审批范畴，下放110kV电网工程审批职责，提前落实补贴资金，为电网发展建设创造有利条件。公司准确把握发展大势，遵循电网发展规律，将外在机遇与自身优势相结合，为首都电网科学发展提供方向指引和前进动力。

二是“抢抓机遇、创新突破”的争先意识是取得成绩的有力引领。我们始终围绕“抢抓机遇、创新突破”工作总基调，以敢为人先的锐气和永争排头的意识主动抓住发展契机，在重点领域和关键环节实现突破进展，赢得重大利好。我们以国家电网公司与市委市政府深化战略合作为契机，加快推进各区政府协议签署，营造良好发展环境；我们按照国际一流和“千年之都”建设标准，将副中心电网建成体现首都电网发展水平的新标杆；我们落实大气污染防治要求，推动“煤改电”配套工程全面建设；我们主动抢占优质市场，将配网投资范围延伸至首钢园区和机场红线内，打破了历史传统的自供区格局。

三是首都电网“135”提升工程的启动实施是取得成绩的重要支撑。我们启动首都电网“135”提升工程，投入千亿资金、明确三大目标、推进五大重点任务，描绘出“十三五”电网发展建设的宏伟蓝图。为实现发展目标，我们按照远近结合、分步实施原则，分类确定了各地区重点项目配套工程实施计划，科学编制涵盖各专业环节的全流程推进手册，搭建专业间相互衔接、深度融合的管控平台，保障电网建设有序推进，实现规划项目按时落地。

四是员工队伍的无私奉献和顽强拼搏是取得成绩的力量源泉。面对大规模、快节奏的艰巨任务，发展、建设、物资战线的职工队伍始终保持高度的事业心和责任感，主动作为服务大局、群策群力破解难题，熬过无数不眠之夜、放弃无数假日休息，将智慧和汗水铸就在首都电网的一站一线。特别是在副中心电力线路迁改工程中，参建人员不怕疲劳、连续奋战，春节期间依旧坚守在施工一线，充分展现了无私奉献、奋发有为的良好精神风貌。实践表明，我们是一支特别顾大局、特别讲奉献、特别能吃苦、特别能战斗的优秀队伍！

二、聚力攻坚、不辱使命，确保全面打赢电网建设攻坚战

面对电网发展的新形势、新要求，李总在公司年初“两会”上明确提出，要抓住重点、全面突破，围绕全面打赢电网建设攻坚战，加快国际一流坚强智能电网建设，实现电网发展建设的新跨越。在刚才的重要讲话中，李总高屋建瓴地分析指出，2017 年，“十三五”电网发展建设将从“序盘布局”阶段进入“中盘成型”阶段，首都电网“135”提升工程的各项重点任务已全面进入“实战、攻坚”阶段，无论是体量、还是份量，这场电网建设攻坚战都是对我们的一次全方位严峻考验。

（一）奋力推动电网发展实现全面超越

随着京津冀一体化战略深入推进，“十三五”乃至未来十年，北京的城市发展建设将在历史上留下浓墨重彩的一笔。打造一张国际一流的坚强智能城市电网，全面助力京津冀协同发展，全面支撑首都“四个中心”功能定位，将电网发展全面融入城市发展，是实现电网发展“全面超越”千载难逢的历史机遇，也是北京电力人的光荣历史使命。从 2017 年到 2021 年建党一百周年这 5 年时间，正是我们实现电网发展“全面超越”的宝贵机遇期。

一要加快建设互联互通坚强主网。以电从远方来促清洁电力进京为目标，形成东、西、南、北四个方向 14 条通道、30 回路的受电格局，受电能力增至 3700 万 kW，满足安全裕度要求；以优化供电分区实现电网互联互通为支撑，横向联通提高供电可靠性，纵向联通提高接纳下送能力，加快形成“500kV 双环网、220kV 十大分区、110kV 链式供电”主网结构，着力提升电网互倒互带和抵御风险能力。

二要全力打造国际一流城市配网。以推进国际一流智能配电网建设行动计划为抓手，实现“配电自动化 100%覆盖”等“六个百分之百”的建设目标，全市供电可靠率达到 99.999%，超过巴黎等世界城市。提升核心区网架结构及配电自动化水平，结合架空线入地工作，着力提升核心区电缆化率，把首都核心区、城市副中心打造成“安全可靠、灵活互动、绿色低碳、环境友好”的国际高端智能配电网示范区，供电可靠率达到 99.999 9%，超过东京等世界城市，打造特大型城市配电网建设典范。

三要积极实现与用户终端智能友好互动。以电网信息化、自动化、互动化为基本特征，实现输电、变电、配电、用电等各环节的良性互动和高效协同，提升电网安全运行、智能控制和互动服务水平；抢抓电能替代重要机遇，持续推进“以电代煤、以电代油、以电代气”等电能替代工作，积极服务电动汽车、轨道交通、分布式电源和新能源接入，引领电网与用户终端间资源友好互动先进方向，推动城市能源消费革命，电能在终端能源占比提升至 45%，达到国际发达城市水平。

（二）奋力推动专业发展实现引领卓越

公司在年初“两会”上明确提出，要在服务党和国家工作大局中争当先锋，在国家电网公司“一强三优”现代公司建设中争当标兵，我们发展、建设、物资专业能够也必须在“两个争当”中作出表率。一方面，发展、建设、物资专业本身就肩负着引领电网创新发展、夯实电网物质基础、保障公司经营效益的重要使命；另一方面，经过近年来的不懈努力，发展、建设、物资专业对标已经持续提升并逐步稳定在国网系统第一梯队行列，实现专业发展引领卓越、助力公司“两个争当”可谓正当其时。

一要持续推进管理提质。要强化本质安全，把安全和质量要求贯穿规划、设计、招标、监造、建设、运维全过程，不断提高装备质量和电网安全水平。要更加注重统筹电网发展的规模、速度、质量和效益，通过精准的投资管理和精益的造价控制，提升发展质量和投入产出效率。要坚持从严规范管理，严防工程建设、招标采购、资金使用、资产处置等方面的风险隐患。

二要着力突出创新引领。当前，我们正处在抢抓电网发展建设历史机遇的关键时期，要增强创新引领的责任感、紧迫感，敢为人先、当仁不让，积极引进网络互联、高效互动、高度自动化的“创新基因”，全力打造具有行业和系统影响力的领先成果。要注重创新的针对性、实效性，着眼于破解发展难题、提高管理效率、提升产出效益，更多地在优化、精简上下功夫，在实用、高效上做文章。

三要积极树立品牌形象。要与各级政府、社会各界开展积极互动，努力将电网发展建设的成果、成效转化为政府部门的认可、社会各界的口碑，优化发展环境、争取有利政策、营造良好氛围，助力打造“首都电力”品牌。要加强向国网总部的汇报和展示，突出电网发展建设的首都特点和北京特色，广泛传播先进经验，大力推广领先成果，持续巩固标杆地位。

（三）奋力推动队伍发展实现提升跨越

实践告诉我们，公司的发展、电网的发展、事业的发展，归根结底是要靠一支素质高、能力强、作风硬、纪律严的职工队伍。回望首都电网发展建设的历史，“9950”、“0811”、四大热电、APEC配套等历次攻坚战役一再证明，公司发展、建设、物资战线的干部职工正是这样一支能够依靠、能够信任、能够胜利的“铁军”。“十三五”电网发展建设的新征程，2017年这场电网建设攻坚战，是挑战更是机遇，是使命更是荣耀，面对丰富的实践和广阔的空间，发展、建设、物资队伍实现提升跨越大有可为。

一要把党的建设作为根本保证。要自觉把加强党的建设作为全面打赢电网建设攻坚战的根本保证，把建设攻坚的成果作为检验党的建设工作成效的重要标准。各级党员领导干部要勇挑重担、率先垂范，团结广大职工同心协力、攻坚克难。要围绕攻坚任务搭建党员岗位建功平台，激发广大党员干事创业的热情，带动广大员工践行更高标准、创造更大成绩。

二要把廉洁从业作为首要前提。要进一步加强思想作风建设，深入贯彻落实中央八项规定精神，坚持不懈反对“四风”。发展、建设、物资战线的各级干部和从业人员要远离法纪“红线”、不碰道德“底线”，做到“心有所畏、言有所戒、行有所止、干事干净”，始终保持队伍整体积极、健康、向上的良好风貌。

三要把实践锤炼作为关键途径。要积极挖掘专业自身内部人力资源潜力，通过任务下放、业务融合，给员工锤炼“压担子”。要依据工作实绩和实践表现，持续拓宽专业人才培养、选拔、输送、提升的通道，给员工成长“铺路子”。要积极构建专业人才作用发挥、能力提升的有效机制，充分发挥专家骨干在攻坚克难中的关键作用，给人才用武“搭台子”。

要打赢2017年这场电网建设攻坚战，还需要我们在战术上统筹兼顾、全面协同，在行动上敏捷迅速、步伐稳健，在打法上精准精益、实用高效，突出关注以下六个方面的工作。

一是重点与整体。建设攻坚需要重点突破、重点倾斜，这是确保工作成效的关键；也需要全面发力、整体推进，这是实现科学发展的要求。在实际工作中必须做到以点带面、点面结合、统筹兼顾、协调推进，全面完成建设攻坚各项任务。

二是专业与全局。各专业、各单位要牢固树立全局“一盘棋”思想，针对电网建设攻坚战体量巨大、规模集中等客观情况，打破专业界限、主动对接服务、提前统筹联动，实现工程建设上下游、各环节之间的有序衔接、高效推进。要从全局的高度出发，积极统筹内外部、各专业建设资源，全力提升建设推进效率。

三是安全与进度。安全事关每个人、每项工程、每个单位，事关公司工作大局，始终是我们做好各项工作的根本前提。面对艰巨繁重的建设攻坚任务，要务必统筹好安全与进度的关系。只抓安全、不顾进度，是舍本逐末的做法；只抓进度、忽视安全，是违章违规的做法。建设过程中绝不能顾此失彼，要坚持合理工期，科学统筹施策，全力确保基建安全。

四是提速与规范。在电网建设攻坚过程中，快速推进各项建设任务是客观要求，但绝不是我们忽视规范管理的理由。要把规范管理的要求提到位、措施做到位、监督落到位，在充分争取和利用各类支持政策的前提下，统筹做到依法合规建设，不给后续工作遗留隐患，真正做到“又好又快”推进电网建设。

五是质量与效益。要树立质量就是效益的理念，以建设、检修、运行等项目全寿命周期效益最优为出发点，强化规划、设计、施工、物资等全过程精益管理，深化应用“三通一标”，全面应用标准工艺，严把物资设备质量关，不断扩大创优示范范围，高质量建设首都电网，为电网运行安全和效益发挥提供坚强物质保障。

六是标准化和差异化。标准化是提高实施效率的有效手段，差异化是兼顾更高要求的关键措施。在电网规划、建设上，要把握好标准化和差异化的关系，在实施标准化提高效率的同时，对首都核心区、城市副中心等重点区域践行更高设计标准，差异化运用优质设备。

三、突出重点、统筹兼顾，优质高效推进发展建设物资工作

2017年电网发展、建设、物资工作的主要思路是：认真落实公司三届二次职代会暨2017年工作会部署，以全面超越、引领卓越、提升跨越为指引，以规划落地、建设攻坚、保障有力为重点，以打造“平安工程、精品工程、样板工程、廉洁工程”为抓手，锁定“135”、统筹主配网，奋力推进电网发展建设再上新台阶，全面打赢电网建设攻坚战。

为此，我们要重点做好以下六方面工作。

（一）全力推进电网项目规划前期工作

一是推动“十三五”电网规划落实。遵循首都电网发展规律，结合经济发展形势变化，优化调整“十三五”电网规划，依托一体化规划信息平台，深化“网格化”配电网规划修编，做深方案论证、做实项目储备，建立完善“十三五”规划项目库。推进国际一流智能配电网建设行动计划，建成首都核心区和城市副中心高可靠配电网示范区。统筹推动重点区域电网与经济社会协调发展，进一步提高电网规划科学性和适应性。

二是加大项目前期工作力度。加快张北柔性直流工程立项核准，促请国网总部启动北京西—新航城工程前期任务，力争年底前取得立项核准。协调推进北京东—通州工程前期工作，力争年内核准并开工建设。加快新机场配套500kV新航城等6座红线外变电站和2座红线内110kV变电站前期工作，确保年内陆续开工建设。推进冬奥会配套220kV西白庙站、110kV世园会站前期工作，提早筹备供电保障工作。

三是加快有利资源政策落地。落实国家电网公司与北京市战略合作协议要求，一方面加强与国网总部的沟通汇报，全力争取综合计划、招标批次等方面的支持；另一方面深化与两级政府的良好合作关系，主动争取资金和政策支持，努力将电网重点项目列入绿色审批通道和市政府督办任务，依托重点项目加快推进各区政府合作协议签署，提高首都电网“135”提升工程前期工作效率。

（二）全力提升电网发展效率效益

一是坚持投资效益导向。树立“精益发展、精准投资”理念，以投资计划管理和可研管理为抓手，加强项目必要性、可行性、经济性的科学论证。主动服务重点发展区域和建设攻坚任务，全面保障“煤改电”、副中心等配套项目投资力度，提升电网发展质量和投入产出效益，确保公司投资纳入有效资产，与输配电价核定有效衔接。对于抢占市场、增供扩销的项目，建立增量配电网项目绿色通道，超前布局、及时响应，主动抢占优质资产，提高项目投资效率。

二是严格计划过程管控。发展部要全口径分解下达国家电网公司27项综合计划指标，做好与各专业计划的有序衔接。各部门、各单位要严格按照计划要求、细化措施安排，抓好任务落实。要强化项目立项源头管理，提高项目安排科学性，加强计划执行严肃性，严格控制项目调整幅度。要坚持以经济活动分析为抓手，紧密跟踪、动态监控售电量、线损、投资、燃气电量压减和可研编制质量等影响公司经营效益的重要指标，结合公司“精益发展”劳动竞赛，确保各阶段工作取得实效。

三是高度重视线损管理。深刻领会加强线损管理对公司降本增效的重要意义，充分发挥线损灵敏监测作用，及时发现整改生产经营各环节的跑冒滴漏点，落实各项降损措施，千方百计堵漏增收。强化输、变、配、售各环节降损管理，加强专业协同和过程管控，形成线损管理的工作合力。加快启动同期线损管理系统建设，抓紧开展关口表安装、模型配置和数据质量校核工作，确保2017年实现公司10kV分线分台区同期线损管理的目标。

（三）全力完成年度电网建设任务

一是有序推进重点工程建设。年内开工张南—昌平第三回、北京东—通州和房山—南蔡工程；9月份投产蔚县电厂—门头沟工程。副中心配套辛安屯、东夏园、胡各庄3项工程确保年内投产，潞城工程及电力运行保障中心尽快开工建设。46项“煤改电”配套工程力争年内全部投产，同步推进配套切改工程建设。新机场配套张华工程确保年内投产，张家务、杨各庄、广厦3项工程具备投产条件。昌平、安定主变增容和平谷扩建工程要按期投产。年内完成首都核心区11.9km的10kV架空线路入地工程任务。

二是强化关键环节无缝衔接。合理采取“前置服务”“串行改并行”等方式，优化建设管理流程。统筹项目前期与工程前期，建管部门要提前介入项目前期，参与站址确定、路径选择，关注协议进展，预判难点问题，提高征地拆迁、通道清理、环评水保等工作效率，为现场建设预留合理时间。统筹基建与生产专业，建管部门要在可研、初设阶段，听取运行单位意见建议，满足运行需求；在建设阶段协调生产部门提前启动生产准备，深度参与建设过程，确保工程顺利验收调试和“零缺陷”投运。

三是合力确保工作有序推进。积极发挥电网建设“一口对外”协调机制作用，统筹规划、运行、营销等各方面资源，开展调度、部署和决策；就电网建设中的重大项目、共性问题及时开展与政府及外部主体的沟通协调，保障工程依法开工和有序建设。建管单位要强化横向协同，实现建设进度计划与综合、前期、物资等计划的有效衔接；属地公司要提高工程前期协调效率，为工程建设顺利开展营造良好环境。经研院、工程公司、物资公司、监理公司要落实各自在建设管理中的主体责任，积极统筹人力、物力和资金投入力量，为完成电网建设攻坚任务提供坚强保障。

（四）全力推动基建管理优质高效

一是保持安全质量稳定局面。推动基建安全管理责任在各管理层级“落地、到人”。发挥“三个项目部”在现场安全管理中的基础作用，运用“智慧工地”管控手段，加强现场重大风险隐患防控、人员作业行为管控和施工分包队伍管理。强化工程质量管理前期策划，狠抓建设过程监督管控，严格开展质量结果检验评价，积极通过工程创优示范、标准工艺竞赛等方式，促进工程“一次成优、自然成优、过程创优”。

二是全面提升技经管理水平。加强工程建设全过程技经管理风险防控，重点把控初步设计编审、变更签证发生、过程造价控制等关键环节，着力规范项目竣工后工程结算、项目转资、资料归档、环评验收等环节管理。以施工图预算管理为抓手，全面推行施工图工程量清单招标，降低设计变更率，提高设计质量，精准控制造价，提升基建技术技经对工程建设的支撑保障作用。

三是深化电网建设创新实践。拓展设计、施工新技术成果在工程建设中的应用范围，应用110kV户内变电站模块化通用设计，推广线路全过程机械化施工技术，深化应用通用设备，实现全站一次、二次设备和建筑物、构筑物等通用互换。按照国家电网公司要求完成《综合管廊电力舱设计技术导则》等4项技术标准编制，开展“高压电缆接头防火防爆防水装置”等2项新技术研究。

（五）全力保障物资及招标工作规范有序

一是保障物资供应及时可靠。准确预测采购需求，合理安排采购批次，对于特殊情况，及时争取采购“绿色通道”。加强物资调配中心履约协调能力建设，强化供货现场支撑服务，全力保障重点工程物资需求。继续推行配网物资“集中申报、分批到货”模式，缓解库存及检测压力，提高供应效率。充实物资驻厂监造力量，及时响应、快速整改设备质量问题，确保设备健康投运。

二是提升物资风险防控水平。落实国家电网公司“物资供应基础管理年”专项行动要求，严肃合同变更程序，严控“先供货、后变更”违规行为。高度重视资金支付风险，对于前置业务单据不完整的合同，严禁提前办理资金支付。加强物资供应闭环管控，巩固物资结算典型经验，进一步优化结算管理流程。强化供应商合同违约责任追究，对供应商发生的产品质量、履约交付等违约事实，严格按照合同条款进行索赔及质保延期处罚。

三是补齐仓储基础管理短板。持续优化仓储网络布局，构建中心库、周转库、仓储点三级仓储物流体系。大力开展清仓利库工作，梳理在帐物资及退役代保管物资，推进闲置物资调拨利用和置换工作，做到物尽其用、用有所得，提高资产利用效率。加大协同力度，合力推进废旧物资处置，加快盘活有限的仓储资源。

（六）全力促进人才队伍素质提升

一是突出核心骨干人才培养。通过专业调考、技能竞赛等形式，遴选业务领域内的行家里手，依托公司劳动竞赛平台，选树专业骨干和人才榜样。弘扬精益求精的“工匠精神”，从一线员工抓起、从施工班组入手，树立“岗位创优、过程成优”理念，培育工程建设质量工艺人才队伍。推进“三个项目部”达标建设和优秀项目部评比，打造敢担当、懂技术、会管理的优秀建设队伍。

二是增强专业机构支撑能力。经研院要充分发挥人才智力资源相对集中的优势，充分挖掘人员潜力，统筹各类资源力量，有效支撑电网发展建设。工程公司等施工企业要严格规范组织管理，加大施工技术创新，提升应对大规模、高强度建设的施工能力。物资公司要持续提升服务保障能力，从采购、履约、结算等各环节对工程建设提供有效支撑。监理公司要突出项目总监的管理地位和作用，切实发挥工程组织建设中的统筹协调作用。

三是持续加强队伍作风建设。高度重视党的建设在发展、建设、物资工作中的引领作用，通过突击队、示范岗等方式，激发员工保持强烈的事业心和责任感。严格执行规章制度、落实廉洁从业要求，提升发展、建设、物资队伍思想水平和履职能力。统筹策划内外部宣传，通过电网发展建设助力“首都电力”品牌塑造，通过“首都电力”品牌传播营造电网发展建设良好氛围。

把握主动　突破创新
全面提升“首都电力”优质服务水平

——公司副总经理唐屹峰在营销工作会议上的报告（摘要）

（2017 年 2 月 14 日）

一、2016 年工作回顾

2016 年是公司攻坚、奋进、争先的一年，更是营销专业辛勤耕耘、收获丰硕的一年。营销战线全体干部员工认真贯彻落实国家电网公司各项工作部署和公司“两会”精神，主动适应电力体制改革和供电服务新要求，进一步深化“大营销”体系建设，创新“互联网+电力营销服务”新模式，深入落实电能替代战略，大力开拓电力市场，圆满完成了全年各项任务，供电服务能力和市场竞争力得到进一步提升。2016 年新增用电客户 29.81 万户，新增接电容量 1283.31 万 kVA，同比增长 42.24%；完成售电量 918.37 亿 kWh，同比增长 6.72%；当年电费回收率 100%；完成电能替代电量 22.39 亿 kWh，完成总部下达指标的 111.95%。营销同业对标业绩指标位居国家电网公司首位，管理指标进入国家电网公司标杆行列。公司获评国家电网公司营销工作先进单位。在国家电网公司第二届“青创赛”中公司荣获 2 金 4 银 5 铜的好成绩。“基于‘互联网+’的电力报修服务新模式”“智能公共充电设施网络规划建设探索与实践”两方面建设经验入选国家电网公司内部对标典型经验。史景坚、李建 2 名同志荣获国家电网公司劳动模范称号。顺义公司潘祺龙、房山公司吴红林 2 名选手荣获中电联全国装表接电大赛技术能手称号。

（一）创新管理模式，深化“大营销”体系建设取得明显成效

营销业务进一步集约。将 10kV 5000kVA 及以上业扩报装项目集约至市客服中心全流程办理，开展业扩全业务线上管控，供电方案编制平均时长缩短 6 个工作日，业扩报装平均接电时间减少 15 天。基于海淀、大兴公司的成功试点，公司全面建成计量订单式直配体系，在基层供电所部署智能周转柜 239 台，实现计量设备由电科院计量中心“一级库存、一级配送”“新装直配、拆旧直收”，月库存周转率由 5% 提升至 50%，属地公司计量库存由 55 万具下降至 15 万具，集中收回 20 万只超期库存智能表，经计量中心修理复检后重新使用，规避设备质量风险，节约成本 2400 万元。

末端业务融合提质提效。以客户需求为导向，打破原来专业分工过细、工作不够统筹的现状，推动营配末端业务融合，实施台区以下营配抢修运维一体化管理，组建全能型营销班组，将营销专业 15 类班组缩减为 8 类班组，打造一专多能服务岗位，为客户提供“售前”“售后”一体化服务，实现“一张工单、一支队伍、一次现场”解决问题，抢修平均到达现场时间压缩 27%，抢修平均处理时间压缩 31%。城区、丰台、顺义等公司结合本单位实际创新开展研究与试点工作，为公司推进末端业务融合积累了宝贵的经验。

星级供电所建设取得实效。以乡镇供电所的综合管理、安全生产、营销服务等为核心，制定《国网北京市电力公司星级乡镇供电所建设工作实施方案》，构建“分级评定、逐级晋升、动态考核”的评价体系，全面开展星级供电所建设。通州西集、大兴采育供电所荣获国家电网公司“五星级”供电所称号。

（二）夯实营销基础，营销精益化管理水平进一步提升

办电效率明显提高。创新业扩“五新”服务。开展业扩契约式服务 569 项，容量 247.34 万 kVA。拓展线上报装业务，受理报装 2.09 万件。与公司发展、运检、调控等部门联合制定了业扩配套项目投资、电缆通道断面管理等 5 项配套文件，在海淀公司试点建设业扩报装线上管控新机制，实现全流程线上流转、全业务数据量化、全环节时限监控。

量价费损管理更加精益。开展电价专项稽查，电价执行准确率达到 99.999%；周密部署电价调整工作，落实最大需量计收基本电费政策，代理 25 万郊区非居民客户实施区域差别电价。加强电费回收管控，集团客户收费扩展至 9 户，回收资金 21.11 亿元，坚持电费回收约谈机制，实施月调度、日监控，确保应收电费及时足额回收，门头沟、房山、平谷、怀柔、顺义、延庆 6 个公司实现年度、月度电费回收及电费在途双结零。客服中心开展 10 项关键业务质量专项稽查，发现整改问题 1.98 万个，常态化开展营销业务质量系统稽查，异常率下降 40%。有序开展台区同期线损管理，台区月度同期线损可监测率、合格率分别提升 18.22 个百分点、7.90 个百分点，亦庄、房山、平谷等公司

同期线损管理成效明显。全面开通营配系统数据异动接口，完成41类、35.04万条营配贯通系统间数据一致性核查治理，实现“站—线—变—户”系统间数据一致率由84.38%提升到94.08%。开展打击窃电专项行动，实施“反窃电分析预警”大数据应用，全年追补电量1290.07万kWh，追补电费及违约使用电费4370.21万元。

计量体系更加智能高效。推进省级计量中心建设，实现“四线一库”自动化设备上线试运行，取得市质监局的检定授权。加大采集覆盖推进力度，全年换装智能表60万只，更换非互通集中器0.7万台，智能表采集覆盖率达到98.21%，采集数据抄通率提升至99.31%。房山、昌平公司多措并举，提升采集运行质量。深化采集系统闭环运维管理，全年处置故障集中器1361台、采集异常事件73.95万次，追补电费2649万元；推出采集主站柔性下发新机制，应急送电1h下发成功率由年初95.61%提升至98.53%，日常购电12h下发成功率由年初98.81%提升至99.72%。强化计量设备巡视检查，全年检查现场设备1176万次，发现设备缺陷11.7万个，列入2017年营销储备项目5.7万户。

（三）创新服务模式，优质服务水平显著提升

创新“互联网+电力营销服务”模式。建成“2+2”的智能互动平台，推出了面向客户的“掌上电力”居民版、企业版APP，面向电力一线抢修、服务人员的“掌上电力”电网版、营配末端融合APP，实现电力客户使用手机APP随时随地办理业务和查询信息，电力一线抢修、服务人员实时在线办理业务，丰台公司成功开展了可视化电力报修试点，朝阳公司深入开展了大客户APP服务需求调研分析。“掌上电力”居民版、电力微信注册绑定用户294.69万户，“掌上电力”企业版注册绑定用户4.66万户。线上受理应急送电2.12万笔、可视化电力报修1100户次，居民网络自助交费率达到60%，关停所有31个24小时售电窗口，优化撤并自有营业网点22个，实现营销服务从线下业务向线上服务的转变。

持续开展差异化服务。圆满完成全国“两会”、全球能源互联网大会、“天宫”“神舟”航天发射等219项重要政治保电任务，保电天数达324天。严格落实服务、通知、报告、督导“四到位”要求，完成1243户重要客户的用电安全评估工作。推进民生工程建设，完成31个老旧小区改造，惠及居民客户4.3万户；如期完成地铁16号线、6座可再生水厂、65个保障房等工程送电任务。

进一步强化服务质量管控。开展“强管理、降投诉、促服务”优质服务提升专项行动，从5个方面实施10项工作举措压降投诉，重点对煤改电、智能表换装、现场工作人员服务等加强规范管理，对供电质量、故障报修、停电信息服务等做好质量管控，行动开展以来客户投诉量同比下降77.7%，实现了投诉总量和分类投诉双下降的工作目标。城区、丰台等公司投诉管控效果显著。

（四）落实电能替代战略，市场拓展能力进一步增强

全面完成农村“煤改电”工程建设。在完成上级下达的463个村、22个街道、18.7万户“煤改电”任务基础上，超额完成184个村“煤改电”配套电网改造，工程规模达到以往13年总量的2/3，通州、大兴、房山等公司“煤改电”工程建设成效突出。建成“煤改电”实景示范展示区，综合展现“煤改电”技术装备和工作成效。提前启动2017年700个村“煤改电”工程，完成确村确户、立项核准、物资招标等工作。

加快“以电代油”充电设施建设工作。完成充电设施“十三五”规划，建设充电站535座、直流充电桩5908台，累计建成充电站762座、直流充电桩10 215台。开展充电设施“进机关、进部委”，城区、海淀公司建成中南海、公安部等85个党政机关711台充电桩。完成9项电动公交车外电源建设项目，电动车公司、电科院开展了公共领域全部充电桩峰谷电价、TCU（计费控制单元）升级改造，完成车联网平台信息接入。私人充电设施报装接电2.07万户，同比增长5.6倍。

积极开展“以电代气”工作。开展京内燃气电厂发电量与京外“绿电”直接交易实现“以电代气”，累计替代电量1.4亿kWh。建成2个“全电厨房”互动体验区，实施6处职工食堂“全电”示范改造。开展“电网连万家、共享电气化”主题活动，大力推广家庭电器化。

回顾过去的一年，面对机遇与挑战并存的复杂环境和艰巨繁重的发展任务，营销专业牢固树立“使命感、紧迫感、荣誉感”，时刻保持“敏锐、敏感、敏捷”，始终坚持“精准、精细、精益”，以客户需求为导向，以创新为引领，敢想敢拼、真抓实干，超额完成各项指标任务，取得了优异的成绩。回顾一年的工作，我们有几点深刻的体会。

一是抓住市场和客户是成绩取得的关键。这一年我们始终保持强烈的忧患意识，密切关注市场环境变化，积极拓展新型业务，大力推进电能替代工作，有效提升了市场竞争能力。始终坚持以客户为中心，关注客户需求，不断创新服务举措，丰富服务内涵，有效提升了客户服务体验。二是坚持改革发展是成绩取得的源泉。这一年我们紧跟公司改革发展步伐，坚持

改革发展驱动，创新开展营销业务再集约和末端业务融合，创新推出“互联网+电力营销服务”新模式，开展线上线下一体化服务，推动营销管理效益和服务水平的全面提升。三是实施技术创新是成绩取得的保障。这一年我们充分应用移动互联网、大数据等技术，建设“2+2”智能互动平台，创新开展手机APP线上客户服务和手机APP现场移动作业，将流程、制度、标准、岗位、职责“五位一体”机制置入线上流程中，有效减轻了一线人员的工作负担，提升了工作效率和质量。四是坚持以人为本是成绩取得的保证。这一年我们大力倡导“想干事、能干事、干成事”的理念，鼓励众筹创新，充分调动一线员工的积极性、主动性、创造性，结合前端客户需求和岗位实际需要，在业扩“五新”服务、计量直配、移动作业、线上服务等方面大胆创新实践，收效明显。

二、面临的形势与任务

2017年是“十三五”发展关键一年，电改步伐进一步加快，党的十九大、“一带一路”国际高峰论坛等重大政治、外交活动将在北京举行，首都建设国际一流和谐宜居之都步伐不断加快，大气环境治理备受中央和百姓关注，党政军首脑机关等重要客户服务标准高，广大市民对电力服务的个性化诉求越来越多，给我们带来了新的更大机遇和挑战，我们必须深刻认识、准确把握和积极应对。

一是电力改革加速推进，服务转型迫在眉睫。售电侧改革步伐进一步加快，2016年北京市电改综合试点方案已获批，目前全市注册售电公司已超过百家，电网企业统购统销、独家售电的模式将被打破，多元化市场主体竞争态势已经形成，我们面临着严峻的电力市场化改革挑战。要求我们必须增强市场意识和竞争意识，加快现有营销服务模式的市场化转型，进一步优化服务功能，加强一专多能人才培养，提高服务效率，在市场竞争中赢得客户。二是首都大气治理进入攻坚阶段，电能替代任务更加艰巨。近年来，北京长时间、重污染天气不断出现，节能减排、大气环境治理备受中央和百姓关注，已经成为重要的政治工程、民生工程、民心工程。2017年首都大气治理任重道远，为“煤改电”、充电设施建设等电能替代工作带来历史性发展机遇和挑战。要求我们必须增强担当意识和攻坚意识，更加精心组织、精细管控、精准攻坚，确保各项工程建设任务务期必成。三是新技术飞速发展，营销技术创新面临新考验。2016年以来，大数据、云计算、移动互联网等新技术应用日新月异，电力客户对线上智能互动服务需求越来越多，随着售电侧和增量配电市场的放开，各类资本可能应用各种新技术新模式参与电力市场竞争，将对我们形成新的市场挑战和竞争压力。要求我们必须增强忧患意识和创新意识，创新服务方式，深入推进网络化、智能化服务，提升客户体验，提高核心竞争能力。四是面对更高的首都标准，优质服务需进一步提升。首都供电无小事，重要客户多，政治供电责任大，客户服务诉求高，任何一起投诉都可能给公司带来不可估量的负面影响。虽然2016年投诉总量有所下降，但从投诉内容看，我们在服务规范等方面仍存在短板。要求我们必须增强责任意识和品牌意识，坚持问题导向，规范业务管理，提升服务品质。五是首都发展转型，供电服务面临更大挑战。京津冀协同发展战略深入实施，首都建设国际一流和谐宜居之都步伐不断加快。北京市“四套班子”将入驻城市副中心，冬奥会、世园会、新机场、新首钢等区域发展全面提速，对供电服务提出了更高要求。要求我们必须增强协同意识和服务意识，变压力为动力，进一步强化专业协同，提高办电效率和服务响应速度，快速满足客户需求。

新的一年，营销工作机遇更多、挑战更大、任务更重、要求更高，面对新形势新任务，我们必须统筹兼顾处理好三方面关系：一是处理好传统业务与新型业务的关系。传统业务是固本基础，新型业务是强身动力，二者互为支撑，相辅相成。要做牢传统业务，进一步提升业扩报装、电费计收、计量采集、用电安全等传统业务的精益化管理水平，加强闭环管理、风险防控、考核激励，确保营销成果颗粒归仓。要做大新型业务，大力开展电能替代、能源综合服务、“多表合一”信息采集等新型业务，加强市场调研、业务创新、成果转化，进一步开拓新型市场。二是处理好存量市场和增量市场的关系。在售电侧改革的新形势下，巩固存量市场和抢占增量市场同等重要。要巩固存量市场，强化营销大客户服务职能，主动对接政府、发电企业、优质园区及大客户，以代理方式积极引导推动符合准入条件的市场主体直接上平台交易，进一步扩大直接交易规模、降低交易成本、让用电企业直接受益，以创新服务吸引客户、留住客户；要竞争增量市场，积极参与增量配电投资业务竞争，认真配合做好国家批复的混合所有制项目实施工作，主动跟踪、提前准备，积极参与项目竞争，争取公司控股，并委托当地供电企业负责资产、服务运营，扩大市场份额。三是处理好创新驱动和人才培养的关系。创新驱动是营销发展的动力源泉，人才培养是营销发展的根本保证，创新驱动需要坚强的人才队伍支持，同时也为人才培养提供了更为广阔的成长平台。要敢于创新、善于创新，大力推动营销技术、管理和机制创新，不断破解制约发展的各种难题，持续提高市场竞争力、服务软实力和队伍创造力。要着力提高营销员工岗位技能，培养复合型人才，打造一专多能的营销优秀团队，适应激烈的市场竞争需要。

面对新形势新任务，我们还必须持之以恒做到三个坚持：一是坚持客户导向，强化优质服务能力。以客户为中心是营销事业长远发展的根本，要始于客户需求、终于客户满意，全面构建以客户为中心的高效便捷服务体系，变被动服务为主动服务、变粗放服务为精准服务，围绕客户的特质和要求，推行价值营销，更好地为客户创造价值、让渡价值，从而赢得客户、扩大市场。二是坚持问题导向，强化营销基础管理。基础扎实是营销事业长远发展的保障，面对严峻形势和艰巨任务，我们在队伍建设、专业协同、现场服务等方面还存在较多的不适应问题，影响经营效益和服务水平的进一步提升，需要以问题为导向，在强身健体、强基固本上下功夫，坚持本质营销，抓基础、抓基层、抓基本功，夯实管理基础，稳住根基。三是坚持市场导向，强化核心竞争能力。开拓市场是营销事业长远发展的必由之路，面对日趋激烈的市场竞争和不断增大的经营压力，要坚持市场导向，进一步优化营销机制、完善竞争策略、创新商业模式，在开拓市场上出新招，不断扩大市场份额。

三、2017 年重点工作

2017 年公司营销工作整体思路是：贯彻落实国家电网公司和公司两会决策部署，坚持以客户为中心，以市场为导向，适应售电侧改革，深化服务理念，把优质服务作为提升核心竞争力的根本途径，以首都标准建设更加高效的营销服务体系，深化“互联网+电力营销服务”，全面推动营销精益化管理，加强营销队伍建设，全面打赢电能替代攻坚战，全面提升“首都电力”优质服务水平。

2017 年公司营销工作主要目标是：

业扩报装接电完成 1100 万 kVA。

当年和陈欠电费回收率 100%，应收电费余额控制在 9000 万元以内。

投诉量同比下降 20%，力争下降 1/3。

实现替代电量 25 亿 kWh。

“煤改电”工程全面完成上级下达 522 个村、20.5 万户建设任务，争取国家电网公司增加投资，确保完成 807 个村、38.46 万户建设目标；配合各区政府完成 108 个村建设任务。

建成公共充电桩 2930 个、副中心政府办公楼充电桩 3225 个，建设公交充电站外电源工程 66 项，完成 13 个居民小区充电设施改造项目。

完成中央企业、北京市属国有企业职工家属区 80% 用电户“三供一业”供电分离移交改造。

台区月度同期线损可算率达到 95% 以上，合格率达到 85% 以上。

计量采集成功率提升至 99.5%，购电下发平均时长降至 8min 以内。

重要客户安全评估率完成 100%。

不发生造成重大社会影响的服务事件。

营销同业对标争创国家电网公司管理标杆。

重点做好以下五个方面的工作。

（一）以市场为导向，打造客户导向型营销服务体系

按照“做实前端、做强后端”的思路，研究构建新型营销服务体系，实现服务模式的市场化转型。

前端以更加贴近客户、贴近市场、贴近设备为指导，开展岗位融合、专业融合和职责融合，提升服务效率和水平。面向大客户和重要客户，强化一口对外服务。整合电费抄收、用电安全等现场服务，打造一专多能客户经理团队，快速响应客户需求。积极引导大客户参与直接交易，强化节能服务、电能替代等增值服务，降低客户用电成本，有效增强客户黏性。面向园区客户，开展差异化服务。根据园区等级和规模，因地制宜设立营配合一的园区供电服务机构，负责及时响应业扩报装、运维抢修、营销服务等需求；推行“一站式”办电服务，按照客户需求倒排接电时间，确保优质客户不流失。面向低压客户，提高综合服务能力。整合城区低压业扩报装、周期核抄、用电检查以及装表接电、采集运维等现场业务，推行低压网格化综合服务；整合乡镇、城郊区低压配电运维抢修和营销现场服务等业务，强化营配末端业务融合，推行一专多能“台区经理制”，提升现场综合服务效率。建设“全能型”供电所。进一步优化供电所布局，探索中心供电所+供电服务站“1+n”服务模式，有效提高管辖区内的供电可靠性和服务水平。在具备条件的供电所，逐步开展电动汽车充电设施建设与服务、分布式电源运维等新型业务，打造“全能型”供电所。

后端强化业务支撑机构的服务支撑，助力营销提质提效。强化客服中心业务支撑，完善营销全业务稽查功能，增加线上渠道运营管理职责和分布式光伏、充电设施报装、电费计收等专项稽查内容，强化问题核查、分析、处理闭环管控，促进营销业务质量持续提高。强化电科院业务支撑。6 月底前完成计量中心新址整体搬迁，实现“四线一库”自动化流水线正式

运行，强化业务监督管理，逐步向计量核心业务处理、技术创新应用和业务稽查管控角色转变。提升充电设施检测能力和煤改电、反窃电等业务支撑能力，打造国内领先的电动车、煤改电、反窃电等专业实验室。强化承发包公司服务支撑。加强客户外电源工程组织和安全管理，深化重要客户、园区客户、重大项目契约式服务，有序开展业扩储备物资采购工作。强化经研院服务支撑。做好电动汽车、“煤改电”滚动规划，加强煤改电、充电设施、新能源并网、营销专项等项目评审。强化节能公司服务支撑。打造具有市场竞争力的特色业务，增强市场开拓能力。强化电动车公司服务支撑。做好充电设施运维、充电服务等工作，加强安全运行管理，妥善处理电池租赁业务。

（二）以客户为中心，提升“首都电力”优质服务水平

坚持示范引领，高起点、高标准，研究完善符合首都速度和首都高度的服务标准和指标体系，努力提升优质服务水平。

深化业扩报装“五新”服务。建立客户工程项目经理制。统筹服务资源，对城市副中心、大兴新机场等重点区域开展差异化报装服务，主动融入、分层对接，实现客户按期送电。深化契约式服务。健全多部门协同服务机制，加强断面审批、间隔审批、停送电计划等协同环节管控，加快接电速度。深化“互联网+”业扩报装应用。加大线上报装推广力度，线上办理率达到90%。深化供电方案可视化编制，开展移动作业，利用业扩全流程管控平台，对关键业务环节进行稽查管控，规范业扩管理。加快推进国有企业供电设施移交实施工作。加强与市国资委等政府部门沟通，主动与央企、北京市属企业对接，2017年完成全部有移交意愿客户的移交改造协议签订、供电方案编制等工作，按计划完成年度移交改造任务。

深化客户差异化服务。针对重要客户，深入开展安全评估、状态监测、负荷分析等服务，圆满完成全国两会、十九大、“一带一路”国际合作高峰论坛等重大活动用电安全保障任务。针对集团和行业客户，主动与医疗卫生、轨道交通、移动通信等客户建立战略合作伙伴关系，开展集团户交费、电工培训、应急演练等服务，积极营造互利共赢长效服务机制。针对大客户和园区客户，充分应用“互联网+电力营销服务”平台，为客户提供线上报装、电子化账单、能效分析等服务，及时响应客户用电需求。

深化“互联网+电力营销服务”。开发建设方面，开展平台二期建设，拓展服务功能，实现线上业务全覆盖和线上线下一体化服务。优化报修服务，实现报修工单的自动派发、智能接单，电子接单率达到95%，试点开展社会化的社区电力快修服务。深化大数据分析应用，重点为大客户及“煤改电”、电动车等客户提供精准服务。推广应用方面，结合全采集建设，优化卡表售电渠道，加大线上渠道应用推广，居民网络渠道交费率达到70%，实现“掌上电力”企业版高压客户全覆盖。继续优化营业网点布局，推进实体营业厅向自助办理、客户体验、市场宣传推广等综合服务方向转型。

打造“首都电力共产党员服务队”服务品牌。充分利用共产党员服务队服务平台和载体作用，全面做好业扩报装、煤改电、电能替代等优质服务重点工作。应用“互联网+”技术，开展共产党员服务队在线服务，让客户通过手机APP随时随地了解共产党员服务队服务内容，便捷申请服务业务，开展服务质量评价。积极发挥公司全体共产党员的先锋模范作用，在开展“六进三送”活动的基础上，进一步丰富服务手段，拓展服务范围，深入挖掘党员服务队品牌价值，全面彰显“首都电力共产党员服务队”品牌形象。

（三）全力担当，打赢电能替代攻坚战

全面落实国家电网公司和北京市战略部署，全力完成电能替代各项工作任务，助力首都大气污染治理。

“以电代煤”方面，全力完成“煤改电”工程任务。主动对接政府，深化“日管控、周调度、关键节点重点督导”工作机制，强化安全、质量、进度、服务、舆情五个管控重点，严格执行工程里程碑计划，统筹协调公司资源，加强工程组织管理，强化关键环节风险管控，确保工程10月底前全面完工。

“以电代油”方面，全力完成充电设施建设任务。新建充电桩全部接入车联网平台，推进充电设施国标改造，实现互联互通。开展充电设施“进机关、进部委”，加快城市副中心充电设施建设，重点打造市政府办公楼新型示范站。主动对接政府，加强与公交集团合作，9月底完成66项公交充电站外电源工程建设任务。加强充电设施运行监控，严格落实抢修巡检制度，实现设备故障率同比下降15%。加快私人充电桩报装办理，满足电动车快速增长需求。

“以电代气”方面，全力拓展“全电厨房”业务。利用国网电子商城，以“线上下单、线下实施”方式拓展“全电厨房”业务。充分利用“全电厨房”互动体验区，开展精准营销，重点向中心城区商住公寓、饭店以及具有电价优势的“煤改电”地区推广。

（四）真抓实干，进一步夯实营销服务基础管理

加强营销指标管理和服务质量管控，细化后端电费、计量、台区线损、营销安全等基础业务管理，为

前端优质高效的线上线下一体化服务提供可靠的基础保障。

加强营销同业对标管理。结合全年指标任务和重点工作任务，科学制定营销同业对标指标体系，坚持“贯穿全年、分级负责、突出重点、严肃考核”的指标管控原则，开展营销同业对标指标闭环动态管理，争创国网营销同业对标管理标杆。

加强服务质量管理。深入分析客户投诉本质问题，充分利用劳动竞赛、典型投诉、风险预警等多种形式，加强投诉管控。为一线服务人员配置现场服务记录仪，全面维护客户和工作人员合法权益。多种形式开展监督检查，建立客户服务问题闭环管控机制。

加强量价费损精益管理。优化抄表、电费审核规则，开展针对性的电价稽查工作，提升电费抄核效率与质量。深化营配贯通数据同源管理，实施标准化台区线损治理，提升台区线损可算率、合格率。落实电费回收大户“一户一策”、小户“一类一策”措施，开展信用机制建设，确保电费及时足额回收。

加强计量智能管理。更换 1.7 万台非互通集中器及采集模块，分装 1.2 万台集中器，实现全网全互通，同步升级 4G 网络，全面优化采集通信网络。开展采集运维移动作业，全面应用“全网感知”数据，创新推出小时级监控派单，进一步优化采集系统购电下发机制，缩短购电下发时间。研究应用宽带载波等新型技术，提升台区全采集覆盖水平。加强与水、气、热企业战略合作，推进多表合一采集建设。

加强节能业务管理。支持节能公司全面参与电网节能类项目，提升节能公司营收水平。建立市场、业扩等专业协同机制，积极响应客户需求，力争在城市副中心建成节能、电能替代示范项目。

加强营销工程安全管理。针对煤改电、充电设施、计量换装、老旧小区、业扩外电源等建设任务，加强作业现场人员安全培训，进一步提高现场作业人员安全意识和操作技能，加大现场检查监督力度，做到业务工作与安全工作同布置、同落实、同考核。

（五）与时俱进，打造一专多能营销优秀团队

以市场竞争和新业务发展需要为引领，开展系统化营销队伍体系建设。

提升营销队伍整体业务能力。创新建设营销在线学习体系，实现“专家、管理、技能人才”专项培养、一线人员“碎片化”在线学习，全面提升营销队伍业务水平。积极培养选拔优秀人才，参加国家电网公司供电服务技能大赛，力争取得优异成绩。进一步完善奖励考核机制，强化正向激励，充分调动营销员工的创新活力。大力选树先进典型，激励广大员工比学赶超，奋勇争先。

培育适应市场竞争的营销人才队伍。围绕电改新形势，细化客户分级，构建适应不同客户群体的营销服务团队，通过业务培训、课题研究、创新实践等多种方式，大力培养一专多能复合型客户经理、高级客户经理人才队伍。

加强营销队伍作风和廉政建设。围绕营销领域廉洁风险点，深入开展“两学一做”学习教育，进一步提高营销系统广大党员和各级领导干部的四个意识，大力营造“干事、干净”的廉政氛围，杜绝影响公司形象的行风事件，有效防范营销领域违法违纪现象的发生。

公司总会计师李路在 2017 年
财务工作会议上的讲话（摘要）

（2017 年 1 月 22 日）

一、2016 年财务工作回顾

2016 年，面对严峻复杂的经营形势和艰巨繁重的改革发展任务，公司财务工作贯彻落实年初“两会”要求，大力开展提质增效工作，稳步推进输配电价改革，加快工程转资，加强资源精益管控，提升风险防控能力，经营业绩和财务管理均取得了新的成效。2016 年公司完成营业收入 616.30 亿元，同比增长 5.73%；实现利润总额 17.6 亿元，同比增加 5.92 亿元；实现净资产收益率 3.03%，同比提升 1.03 个百分点；资产负债率完成 60.73%，优于年度指标 0.09 个百分点；资产总额达到 1027 亿元，迈上千亿元台阶。

（一）全面推进提质增效，努力实现效益增长

围绕业绩“保增长”目标，主动开展政策研究，积极推进业财融合，与业务部门协同配合，圆满实现公司效益增长。一是公司增供扩销成效显著。实现主营业务利润 13 亿元，占利润总额 74%，优化了公司盈利结构，提升了效益质量。二是政策研究转化效益明

显。积极研究争取国家会计政策，与发展、基建、运检等部门配合，全面梳理拆迁补偿款和“煤改电”等政府补贴项目，提高外部资金转化收入比例，对利润贡献4.6亿元。三是预调预控措施得力。密切跟踪关键经营指标变化，动态开展效益预测，及时采取增收节支措施，严格预算执行，治理亏损企业，多措施保障效益实现。四是深挖资金管理效益。应用融资决策模型，精准投放资金。落实政府补助及各项外部资金24.7亿元，多方筹措低利率资金，降低融资成本，在投资规模持续高位的情况下，实现资金存量和贷款利息“双降”，财务费用比年初预算节约3亿元。五是落实财税政策，组织落实“营改增”和所得税优惠政策，节约流转税3.95亿元、所得税3372万元，有效降低企业税负。

（二）稳步推进输配电价改革，政策争取成效明显

随着输配电价改革提速，北京市在2016年3月纳入国家第二批试点范围。公司提前谋划，积极有效应对，实现输配电价核定结果较2016年提高1.05分/kWh，取得电价上涨重大突破。一是圆满完成输配电定价成本监审。成立迎审工作组，提前全面梳理公司资产、成本费用情况，形成多维度、多口径的监审数据和各类辅助报表，做到提供监审组的各项材料来源准确、数据精准、逻辑清晰，获得了监审组的充分肯定和高度认可，为后续核价奠定了良好的基础。二是合力争取合理输配电价水平。同发展部密切配合，把握基础数据，找准关键点，争取到公司“十三五”投资1030亿元和售电量增速3.19%获得北京市发改委全面认可，并作为核价基础；争取到职工薪酬、转资率、运维费率、权益资本收益率等重要参数，贴合公司实际或好于前三年平均水平，有效提高了输配电价水平。三是促进电力市场竞价机制建设。与交易、营销部门共同推进代理郊区非居民用户跨省直接交易电量23亿kWh，在不影响公司经营效益的前提下，用户电价每度下降2.77分，切实降低实体经济企业用电成本1.55亿元，成功实现电网企业直接作为售电主体参与电力市场，为后续开展电力用户直接交易奠定了重要基础。

（三）积极开展工程转资，有效助力输配电价改革

为加强工程财务管理、应对输配电价改革，各部门、各单位通力协作、攻坚克难，全年完成转资项目3655个、转资金额251亿元，强有力支撑了输配电价核定中转资率参数的争取。一是细化责任落实。公司课题办、财务部会同各职能管理部门，按专业全面梳理各类工程项目。区分历史遗留、新建、续建项目，逐项确定决算转资时间节点，并将所有项目落实到具体建设单位，细化管理责任。二是加强过程督导。将转资作为年度重点工作任务，纳入公司周例会通报和工会劳动竞赛评比。充分发挥各部门的职能管理作用，调动各单位工作积极性，定期召开工作推进会，督促结算工作进度、分析决算工作难点、解决各类转资问题。联合审计部加强工程转资监督检查，规范结算、决算工作流程，把好工程管理“最后一道关口”。三是建立转资长效机制。结合转资课题研究成果，在项目计划安排上，考虑转资率75%要求，做到新建、续建项目比例合理；在过程管理上，对工程项目的五个关键节点进行线上控制，提升工程建设及转资时效；在决算转资上，运用自动竣工决算技术，提高转资效率。

（四）深化实时管控建设，提高风险防控能力

围绕“三个实时”，健全依法理财、防范经营风险的管理基础，实现“信息看得清、过程管得严、风险防得住”。在实时反映方面，试点业务凭据电子化，固化在线签批流程，推动信息集采共享，确保财务信息真实、完整、可追溯。开展业财信息多维反映研究，建立了公司成本多维度反映实施路径，积极参与国家电网公司财务信息化“五棵树”建设，获得国家电网公司高度认可。在实时控制方面，完成营财一体化推广应用，实现电价电费全环节管控。开展账卡物一致性专项治理，清查卡片82万余张，分类完善信息，夯实资产全寿命管理基础。应用资金实时监控平台，实现银行账户、资金收支和融资业务的全方位管控。在实时监督方面，制定公司全面风险管理与内部控制“十三五”规划，明确风控管理目标。部署财务标准一体化和标准流程固化，开展内控专题评价，强化监督整改。组织开展资金安全专项检查，排查问题与风险，完善资金安全保障体系。

2016年，财务战线广大干部职工认真落实公司决策部署，主动融入公司工作大局，锐意进取、奋发有为，各项工作取得新的成绩，实现了“十三五”的良好开局。北京公司被评为2016年国家电网公司财务工作先进单位，荣获财务专业管理标杆。资产、预算和财税专业研究成果在国家电网公司财务典型经验评比中获得入围单位和区域标杆称号，财务专业5项管理创新获得北京市企业管理现代化创新成果一、二等奖，1项管理创新获得国家电网公司管理创新成果三等奖，1项管理案例入选国家电网公司卓越管理案例。财会队伍建设取得一定成效，年度新增优秀专家5人，国家电网财务柔性团队专家6人。

二、准确把握新形势、新挑战

2017年，电力体制改革深入推进，电网建设任务

繁重，经济形势不容乐观，政府监管日趋严格，公司经营发展面临新形势、新任务，需要我们认真研究和把握。

（一）经济形势错综复杂，财务经营面临严峻挑战

在中央深入推进供给侧结构性改革，北京市落实城市新战略定位，调整产业结构等因素影响下，公司经营面临艰巨挑战。一方面，经营业绩持续稳定压力大。受北京市疏解非首都功能、地区用电结构调整影响，居民用电量比重持续增加，公司售电均价面临下降风险。从公司2017年综合计划和预算看，售电量增速预计为2.72%，销售毛利较上年增加3.6亿元，2016年转资超200亿元，2017年计划投资200亿元，直接推动折旧费、财务费增加约17亿元。公司售电收入增长难以弥补投资产生的折旧、财务费用等成本刚性增长，完成目标利润的压力较大，保持公司经营业绩持续稳定的难度越来越大。另一方面，电网投资支撑保障需求高。北京电网发展处于关键期，投资需求不断增加，“十三五”期间公司计划投入1030亿元，年均投资200亿元。公司自有增量资金不足以支撑电网投资需求，需要加大融资规模，公司资产负债率水平将面临持续上升风险。受美联储加息影响，下一步国内资金供应将日益趋紧，资金保障压力不断加大，财务费用上升趋势显现。

（二）电力改革不断深入，仍需积极有效应对

2016年，公司在输配电价改革中取得了重大进展，随着电力体制改革的不断深入，各项改革并行开展，在改革成效落实以及新改革任务应对方面，仍然面临较大挑战。一要充分认识输配电价改革对公司的重要意义。从三个方面理解。一是了解国家改革了什么。国家输配电价改革的目的是要逐步实现“管住中间，放开两头”，也就是在管住输配环节价格的基础上，逐步放开购电和售电市场。二是理解对电网企业产生了什么影响。对电网企业来说，得到了准许收入保障，但也面临政府对投资、成本和输配电价的监管，公司和电网经营与发展模式都将发生深刻变革。三是明白公司需要怎么应对。输配电价上涨赢得的效益空间需要通过公司对电量、电价的管理来实现。在第一个监管周期，公司需要千方百计提高售电量、加大购售价差；同时要做到投资要产出、资产要有效、成本要合理、非监管业务要边界清晰。二要清醒认识改革中面临的各种新矛盾、新挑战。一是发用电计划缓慢放开制约市场化交易，一定程度上影响了公司代理郊区非居民用户直购电、代理“煤改电”用户采购清洁能源入京等交易活动。二是上游煤炭价格上涨，电力市场交易中，火电机组竞价上网价格下降幅度减小，用户用电降价空间缩减，可能将降价矛盾焦点部分转移到输配电价问题上来，带来执行压力和舆情风险。三是国家试点开展增量配电网业务放开，各地已经逐步出现一批配售一体的小区域供电自管区，对电网安全和公司市场份额带来了新挑战。

（三）外部监管日趋严格，依法从严治企任重道远

十八届六中全会审议通过《关于新形势下党内政治生活的若干准则》和《中国共产党党内监督条例》，是党中央坚定推进全面从严治党、开创治国理政新局面的重要举措。在新的形势下，各级国有监管部门也在不断强化监管力度，公司面临的外部监管越来越严。国资委正在推进监督体制机制改革，新设三个监督局，强化对国有资产的监督；新一届监事会采用直面问题和风险的监管方式，要求即知即改、立行立改，切实消除各类风险隐患。国家发改委、能源局、财政部、人社部等围绕电力体制改革，加大政策审批和执行监督力度；税务监管部门在税改后检查频次、范围逐步扩大。公司依法从严治企面临更高的监管要求。

面对新的形势、任务和要求，我们必须通过创新发展破解难题，取得突破。创新发展的根本是坚持集约化道路不动摇。实践已经证明，财务集约化是一条适合公司发展的正确道路，是创造价值、提升业绩的必由之路。我们要始终以价值创造为目标，不断更新思想理念，创新方法手段，提升质量效益，沿着这条财务创新发展之路坚定不移走下去。创新发展的最终目标是实现精益高效。通过创新发展，促进财务管理迈向更高质量、更高效率、更高水平，实现目标科学核定、资源精准配置、业财深度融合、管理灵敏智能，有力支持战略决策和公司发展，实现卓越的财务管理和优秀的经营业绩。创新发展的当务之急是强化财务实时管控能力。内外部监督检查发现的问题，暴露出财务管控还存在着不严不实不细等问题，需要坚持问题导向，从最基础、最基层、最前端抓起，持续强化财务实时反映、实时控制、实时监督能力。创新发展的关键在于加快应用新的信息技术手段。“大云物移”等先进信息技术，为提高管理效率、促进转型升级提供了支撑。要以更加开阔的视野、更加开放的心态，创新运用新技术新方法，提升财务管理的自动化、数字化、智能化水平。

三、2017年财务工作思路和重点工作

公司财务工作的总体思路是：坚持价值、创新、管控、精益、法治“五个基本理念”，继续贯彻落实财务集约化“深化应用、提升功能、实时管控、精益高效”总体要求，围绕提质增效核心任务，创新财务

精益管理，增强风险防控能力，更好地支撑和服务于公司和电网发展再上新台阶。

2017年财务工作重点从五个方面开展。

（一）着力落实电价改革政策，有效支撑公司健康发展

电力改革持续深入推进，适应改革新形势，需要研究调整公司经营策略，按照李同智总经理在“两会”上提出的，“要积极巩固改革成效，抓住售电量增长和购售价差提升两个关键，紧扣精准电网投资和精益成本管控两个重点，将输配电价提高赢得的效益增长空间落实到位”。一是要持续做好电量电价工作。通过增供扩销，量、价齐升，落实争取到的效益空间。在销量上，要努力提高市场份额，争取售电量增长率超过3.19%；在价格上，要提高平均销售电价，降低平均购电价，努力将购售价差提升到217.3元/MWh。二是要开展精准投资管理。对纳入核价范围的投资，2016～2019年共计832亿元（其中政府出资83亿元），要加强管理，合理安排投资布局和时序，着重提高投入产出效益；对未纳入核价范围的投资，要积极争取政府、社会出资，增加资金来源。三是要有序推进工程转资。进一步规范转资工作，完善转资长效机制，将转资完成率纳入业绩考核。做好项目计划安排、工程过程管控、结算决算转资等工作，有序开展转资。与审计部联合审查，控制好工程转资质量。四是要安排好成本结构。成本安排，既要符合国家电网公司加强成本精益管控的要求，又要结合公司实际，满足保障安全生产、营销服务、科技投入、电网建设等重点工作需求。还要注重与成本监审要求的衔接，提高成本与输配电业务的直接相关性，控制其他费用增长。

（二）推动财务集约化创新发展，促进管理精益高效

财务集约化管理变革历程，充分证明了坚持创新是保持良好发展态势的关键。当前，随着各项改革步入“深水区”，财务管理更需要通过创新发展，适应新形势、化解新矛盾、破解新问题，持续提升财务集约化管理的质量和效益。一是在经营目标核定方面。要在电改新边界条件下，研究应用经营目标测算模型，科学合理确定经营目标。二是在有效资产投入产出考评方面。要科学核定与经营目标相适应的投资规模，确保投资能纳入有效资产获得足额回报。要严格工程成本管控，深化标准成本和投资预算管理，全面推行工程自动竣工决算。要着眼投入产出，研究开展资产组绩效评价，促进资源精准配置。三是在资金保障运作方面。要继续深化资金集中管理，实施内部资金封闭结算，进一步盘活存量、用好增量。要继续开展资金全方位监控，加强现金流量管理，实现资金安全性、流动性和效益性的融合提升。要继续多渠道筹集低成本资金，保障公司和电网发展资金需求。四是在风险实时管控方面。要以内控体系为基础，依托信息技术手段，加强对重大风险的动态监测和异动预警，做到问题定位及时、成因分析准确、整改落实到位，进一步提升风险实时控制和监督防范能力。五是在保障措施方面。一方面要推进会计信息精益核算，建立财务报表多维展示体系，精准反映经营信息，满足配合监管、支持决策、服务业务等多重需要。另一方面要加强业财信息贯通。配合国家电网公司做好五类核心主数据建设，稳妥推进ERP集中部署，实现业务与财务核心主数据“车同轨、书同文”，推动业务与财务系统从表层集成走向底层融合。

（三）进一步做好提质增效，保障效益持续稳定

面对保障电网发展客观需求，和折旧、运维等成本持续攀升的客观事实，公司完成投资和业绩两个“保增长”目标面临较大困难。2017年，公司要进一步提质增效，确保发展质量和企业效益双提升。一是持续提升主营盈利能力。进一步增供扩销，推动电量增长，拉动销售均价提升。实施台区线损精益管控，努力降损增效。配合政府开展本地燃气电量压减工作，扩大市场化交易规模，降低购电成本。二是着重提高投入产出水平。聚焦电网投资方向和重点，加强精准投资管控。根据效益目标、电量变化和电网发展需求，优化各类投资规模、时序，加强过程管控。建立健全投资后评价机制，促进投资与效益良性循环。三是加强精益成本管控。加强标准成本控制，从严从紧控制非生产性和一般性开支，积极完善与监管体制相适应的成本管理体系，优化成本结构。全面落实“营改增”政策，降低税负成本。加大资金集中运作力度，降低资金使用成本。四是鼓励继续争取外部资金。继续争取政府补助支持，规范迁改补偿收入，强化激励导向，在业绩考核和同业对标指标中体现各单位在政策争取、资金到位及项目实施等方面对公司效益增长做出的贡献。

（四）坚持依法从严治企，增强风险防控能力

依法治企是保证公司长期健康发展的成功实践。随着中央深入推进依法治国、从严治党方略，外部监管环境越来越严格，公司依法治企面临新的更高要求。公司需要强化风险管理与内部控制，持续提升依法治企水平。一是配合做好迎接监事会检查。根据监事会工作安排，2017年将对国家电网公司所属各单位开展调研检查，并要求各单位按照“问题定位要准、数据

定量要真、典型事例要实”的原则，结合实际梳理专项问题，推动问题整改落实。公司各部门、各单位要高度重视监事会迎检工作，提前梳理问题，做好迎检准备。二是加强内控体系建设与应用。要落实全面风险管理委员会议事规则，充分发挥风委会的统筹和督导作用。要重点抓好专业风控标准在线管理、实时监督规则固化应用、资金分级授权体系建立、月度实时监督和内控专题评价等工作。要做好年度全面风险管理报告和内控评价报告编报工作。三是加强重点领域风险防控。要落实资金安全责任，明确各单位主要负责人是本单位资金安全管理第一责任人。要做好资金安全专项检查，督促问题整改，持续巩固检查成果，提高风险响应和预警能力。要做好专项工程转资的检查，防范错转、虚转风险。

（五）深入践行“两学一做”，锤炼高素质财会队伍

当前，财务工作面临新的任务和挑战，要实现精益高效的财务管理和稳健的经营业绩，关键是要建设一支高素质的财会队伍。一要牢记使命。以强烈的事业心和责任感，时刻铭记财务工作承担的“引领价值创造、调控配置资源、支撑管理决策、防范经营风险”等光荣职责，始终把党的事业、国家利益和公司发展作为首要价值追求。二要严守规矩。重视修炼道德操守，培养诚信高尚的职业道德。要保持警觉警醒，将党纪国法、财经制度作为财务立业之基，用制度化、流程化、信息化来严守纪律红线。三要勇于创新。在改革发展的新局势下，始终保持迎难而上、积极进取的意志品格，敢于突破传统思维观念，弘扬“敢为人先、追求创新、百折不挠”的创新精神。四要善于学习。常怀“本领恐慌”意识，跳出岗位和专业的桎梏，勤学多思，不断开拓眼界，掌握真才实学，练就过硬本领，在大格局中去认识、思考和谋划财务工作。

创新企协管理　服务公司发展

——公司副总经理王西胜在2017年企协工作会上的讲话（摘要）

（2017年2月28日）

一、2016年工作回顾

2016年，公司上下认真贯彻落实国网决策部署，齐心协力，攻坚克难，奋勇争先，各方面工作取得显著成绩。公司对标获得国家电网公司综合、业绩、管理三大标杆，人力、财力、规划、建设、营销管理5项专业标杆；管理创新获得省部级以上奖项41项，连续四年被评为北京市管理创新优秀组织单位；QC小组活动成果获得省部级以上奖项57项，实现了历史性突破。

（一）对标管理实现突破

加强综合管理，制订111项指标目标和保障措施，指导全年对标工作；制订38项公司重点指标提升行动计划，月度开展跟踪协调，力促短板提升；全面开展指标预测预控，促进了年度目标实现。强化过程管控，优化公司指标体系和评价方案，组织各专业内部点评，指导各单位高效开展对标工作，海淀、顺义、朝阳公司获得公司内部年度对标综合标杆，房山、石景山、昌平公司获得公司内部年度对标综合进步标杆，检修公司在国家电网公司专业机构对标中获得“省检修公司”类国网标杆，城区、通州公司在国网大供企业对标中排名进步。注重经验推广，组织开展50项国家电网公司对标典型经验推广应用；实施《对标典型经验推广应用的机制与实践》管理创新示范项目，促进了典型经验与指标管控的有效融合。公司获得8项国网标杆，创历史最好水平。

（二）导入卓越绩效评价

一是抓结合。认真落实《国家电网公司卓越管理白皮书》要求，结合“三集五大”深化工作，构建大运行、大检修和大营销卓越管理体系，实现卓越管理与专业发展紧密融合。二是抓体系。贯彻国家电网公司卓越绩效管理和评价标准，制定专项实施方案，提出“搭建一个平台、实现两个成果、建立三个机制、提升四种能力、实施五项措施”的总体思路。三是抓实践。编制自评价报告、综合诊断分析报告、卓越绩效评价工作手册，印发宣传册300余本，制作培训课件7个，编制工作周报30余期。以卓越评价导入为手段，以丰台公司为试点，促进卓越绩效管理有效落地；卓越绩效评价成果入选国家电网公司卓越管理案例11项，得到了国家电网公司高度评价。

（三）管理创新成效显著

突出创新重点，围绕公司“三集五大”体系深化建设、“互联网+管理”“煤改电”工程等重点工作开展年度77项重大重要管理创新项目实践，其中3项入选国网计划；怀柔公司《电网企业重大活动供电保障体系建设》成果获得国家二等奖，城区公司《重点领

域关键环节风险防控机制构建与实践》成果获得国家电网公司一等奖。加强过程管理，通过推进会、座谈会、月度点评通报等形式实现创新项目全过程管控；将各级专家统一纳入创新专家体系，开展集中培训和重大示范项目“一对一”指导。充分利用QC活动等载体，发挥员工创造性。全年立项194个课题，推动28项优秀成果在职工创新工作室完成孵化，组织28家单位54个小组外出参赛，获得各级奖项57项，其中国家级23项。加大成果应用，结合公司实际，遴选国网系统优秀创新成果推广应用；推荐61项优秀成果参加各级评审，开展了《管理创新工作手册》应用试点工作，有力促进了公司管理提升。

（四）基础工作不断夯实

规范社团组织管理，依照国家电网公司通用制度，对公司参加、成立、挂靠的社团组织全面排查，目前公司与基层单位层面参加的分别为3家和12家，社团组织数量压缩70%、会费缴纳压缩50%。推进信用体系建设，通过手机APP、网站专栏等载体开展信用体系知识宣贯；顺利通过电力企业3A信用等级复评；组织“信用电力”知识竞赛活动，并提炼4个信用体系案例上报国家电网公司。强化制度标准宣贯，全年上报制度标准执行情况4次，宣贯通用制度44个、技术标准158个，企业负责人业绩考核任务全部完成。加强企协队伍建设，组织公司从事企协相关业务人员开展系统专业培训，从理论、制度、流程、步骤、典型做法和经验等方面整体强化企协队伍专业能力；选取业务能力强的基层相关人员深度参与工作，培养基层企协业务骨干。

二、企协面临的形势和任务

2017年是公司“十三五”发展的关键之年，面对复杂的发展环境和艰巨的发展任务，公司提出要坚持高起点、高标准、高定位，在服务党和国家工作大局争当先锋、在国网“一强三优”现代公司建设中争当标兵，对企业管理提出了更高的要求。企协要适应形势，围绕中心，服务大局，做好工作。

（一）要进一步深化对标管理

2016年通过大家的共同努力，公司进入综合标杆。2017年要继续加强管理，提升水平。总的来看，除江苏、浙江、山东公司之外，我们与上海、天津、福建、辽宁、陕西等公司位于同一层面，竞争激烈，不进则退。北京公司因为政治责任和社会贡献影响，在以经济效益为核心的业绩对标竞争中处于不利地位，历年与上海、天津等公司差距30分以上。2017年公司利润目标13.6亿，较2016年17.6亿有所降低，业绩对标任务更加艰巨。通过汇报沟通，2017年国家电网公司将省公司业绩和管理对标权重从450：550调整为300：700（满分1000分），业绩得分对整体对标的影响降低。对于我们提升管理，谋求优势创造了良好条件，但也面临着其他管理先进省公司的新的挑战。必须进一步补短板，强优势，做优业绩，做强管理，特别是要以“两个争当”为目标，努力在国网创经验，树标杆，以管理突破促业绩突破，在对标管理上再创佳绩。

（二）要进一步推进管理创新

北京公司地处首都，既是国网的服务窗口，也是国网的管理窗口。提升对标管理，促进企业发展，做到“两个争当”，打造首都电力品牌，关键在于管理创新。2016年我们在“互联网+”“五新”服务，电能替代、“三集五大”、班组建设等工作上取得了一系列突破，促进了企业增效、员工减负、服务提质，在地方和国网都产生了良好效应。这些好的经验和做法要予以坚持。要进一步服务大局，围绕公司“三大战役、五大任务、三集五大”等重点工作推进管理创新，以更加精益化的管理、现代化的手段促进全年任务的圆满完成。要进一步统筹组织，促进管理创新、科技创新、QC活动结合，企协工作、工会群创、团青创新联动，总体策划、专业组织、基层实施协同，确保方向一致，专业贯通，各方主动，充分调动公司上下积极性。要进一步加强引导，公司将出台专门办法，鼓励全员创造性地开展工作，引导激励多出成果，多出人才，为公司打造标准高、管理精、手段新、服务优的首都品牌做好支撑。

（三）要进一步做好企协服务

无论是同业对标、管理创新，还是其他工作，企协都不是直接实操业务，而是搭平台、建机制、搞服务。要高定位，把北京公司放在国网窗口、国际一流的高度来策划工作，推进管理。以更加开放的视野，促进先进理念、现代工具、科学方法的学习应用，实际问题、工作难点、业务短板的研究解决，营造干就干到最好、做就做到最优的良好氛围。要谋大势，围绕公司的重点任务、重大工程、重要创新来做工作，搞服务。充分运用好企协的同业对标工具、创新管理平台、QC活动手段，将公司重点任务作为同业对标的重点，将实际问题的解决作为管理创新的热点，促进公司上下围绕大局，聚焦中心，创新创业。要重融合，企协管理要与专业需求一致，矢量相同，不搞“两张皮”，找到各项业务工作的公约数，合并同类项。使公司工作虽然部门各有分工，执行主体不同，但一体多面，目标一致，过程协作，成果共享。避免重复投入，减轻基层负担，促进齐抓共赢，提高投入产出。

三、2017 年重点工作

2017 年企协工作要认真贯彻北京公司“两会”部署，以及国家电网公司 2017 年企协工作会议精神，抓对标、抓创新、抓基础、抓服务。围绕中心，服务大局，把握规律，突出重点，切实做好各方面工作。具体业务企协负责人还要安排，我就企协工作中需要把握的几个问题做简要强调。

（一）突出业务系统性，服务公司发展

一是抓重点，近年来，公司承担了很多中央关心、国网重视的重点任务，要通过管理创新成果、对标指标水平、卓越管理评价来推进工作，检验成效，严抓细管，形成标杆效应。二是抓示范，公司要将卓越管理宣贯列入重点培训项目，组织各层级人员系统学习“163”卓越管理体系，将卓越管理理念深入人心，同时围绕公司创新发展的关键问题和重点工作，多出紧扣公司发展主题和最新成就的高质量成果，形成示范效应。三是抓管理，各部门、各单位要认真学习企协编制的相关工作方案、指南和手册，企协人员要做好服务，指导大家系统规范掌握对标、管理创新、卓越绩效评价等管理工具，培养业务骨干，建设企业管理专家队伍，全面提升公司管理，加快实现“两个转变”。

（二）突出业务融合性，服务职能管理

一是抓目标，充分运用对标平台，将各项指标逐层分解至末端因素，落实到具体业务，明确目标，强化措施，促进职能工作主动、管理到位。二是抓过程，推进卓越绩效评价、管理创新、对标管理等与各专业的紧密融合，以月度推进、专题协调、定期诊断、综合指导等形式，狠抓过程管理。结合公司“三集五大”深化建设和“五位一体”协同运行，全面开展卓越绩效评价，促进专业闭环管控。三是抓成效，2017 年，公司将继续向国家电网公司及北京市、行业、国家等推荐管理创新成果，向国家电网公司推荐对标典型经验、卓越管理案例，大家要扎实工作，也要善于总结提炼和宣传，要运用好通过这些窗口向外展示公司各专业和各单位的管理特色和发展成就。

（三）突出业务基础性，服务基层工作

一是抓规范，要全面推广对标管理体系、管理创新体系、QC 工作机制等，引导基层广泛学习、积极应用现代管理工具，发挥对业务的提升改进作用。二是抓问题，从卓越绩效评价、对标指标管控、管理创新实践等工作入手，组织专业部门对实际问题专题分析、实施改进，重点帮扶有诉求的基层单位，促进公司管理上下贯通，基层单位均衡发展。三是抓全员，积极响应国家“大众创业、万众创新”号召，加强青工联合、工企联合。打造融合型班组，实施一体化作业，推行智能化管理，培养全能型员工，引导一线员工广集众智，创新管理，促进工作提升和员工成长。

公司副总经理王西胜在 2017 年人力资源工作会议上的讲话（摘要）

（2017 年 3 月 22 日）

一、2016 年工作回顾

2016 年在公司的坚强领导和各级干部员工共同努力下，人力资源工作取得了新的成绩。公司业绩排名蝉联 A 段，人资专业管理对标保持国网标杆行列，首次荣获国家电网公司人资专业先进单位称号。全口径劳动生产率完成 157.18 万元/人，同比提升 10.8%，排名第二；公司竞赛调考综合排名进入 B 段，提升 1 个段位；全员绩效管理规范指数、人力资源计划完成率排名第一，人工成本投入产出效率排名第二，内部人力资源市场配置指数排名第三。主要做了五个方面的工作。

（一）勇于担当，“三集五大”优化试点任务圆满完成

公司各部门、各单位围绕试点任务，紧密协同，聚力攻坚，锐意进取，圆满完成试点任务，得到国家电网公司高度评价和兄弟单位充分肯定，为国家电网公司大中城市业务集约融合探索了有益经验。注重统筹设计，整体推进。围绕公司核心职能，统筹布局，提出了“4+1”的总体建设思路，因地制宜，有序推进。顶层实施专业集约，管理强化内部协同，一线注重业务融合，对外推行服务一体；创新“互联网+北京电力”，构建了智能管理体系。注重专业贯通，作业融合。建设主网运检指挥和配电运营指挥中心，促

进信息共享、资源统筹和集约管理。各单位结合实际，推行一体化作业，建设融合型班组，促进了优化布点，缩小半径、贴近现场、扁平高效。注重技术进步，智能管理。积极构建“移动终端+互联网+大数据”的支撑体系。通过后端平台建设、前端移动应用，促进管理、作业和服务三个层面的智能化，转变了传统的管理及作业模式。在试点工作中，检修、城区、海淀、丰台、朝阳公司等单位勇挑重担，做出了积极贡献。

（二）勇于争先，公司业绩水平显著提升

在公司领导高度重视和各部门积极努力下，公司业绩管理呈现良好态势。工作中，各部门自我加压、强化管控，各单位层层分解、细化落实，做了大量深入细致的工作，促进了公司各项业绩指标有效提升。售电量完成918.37亿kWh，同比增长6.7%，较国家电网公司平均增速高2.24个百分点；实现利润17.6亿元，同比增长50.6%；全年新增接电容量1283.31万kVA，同比增长42.2%；“三集五大”优化提升得到国家电网公司高度肯定；公司各项重点工程创新突破；7大方面57项减项指标未发生扣减；这些重点指标和任务的完成为实现公司优秀业绩交出了满意答卷。所属各单位圆满完成了公司下达的业绩考核目标，排名前5位的供电公司为海淀、城区、通州、顺义和丰台公司，其他单位为检修公司、电科院、工程公司、客服中心和经研院，进一步形成了争先创优的良好局面。

（三）勇于开拓，全力保障企业职工利益

围绕公司重点任务及取得的突出贡献，主动积极与国家电网公司和北京市汇报沟通，争取并用足、用好政策，强化企业和员工利益保障。员工收入实现稳步增长。依托公司取得良好经营业绩成果和重点工作成效，积极向国家电网公司争取政策，实现年度工资总额增加4.5%，位列省公司第一。服务重点工作，实施专项奖励。紧密围绕公司安全生产、“煤改电”工程、城市副中心建设、“三集五大”、劳动竞赛、度夏防汛等年度重点工作，加大专项奖励激励引导作用，奖励总额达到9576万元，为2015年的5.4倍。主动争取政策，实现企业降本、员工获益。额外申请食堂经费、福利机构经费626万元，向城区、通州、检修、海淀公司等单位进行分配倾斜。取得政府部门认可，执行“五险”企业缴费最低费率，公司每年减少支出1019万元。向市人社局争取稳岗补贴资金659万，围绕公司重大任务和重点工作，资金分配倾斜基层单位、一线班组，强化健康食堂建设，提升一线员工就餐品质。

（四）勇于创新，“五位一体”机制进一步落地

适应业务集约融合新形势，围绕“重规范、重融合、重智能”，试点将“五位一体”融入管理和作业过程，为员工提供有力技术支撑，促进班组减负提质增效。管理层面，对集约融合后的业务流程进行优化，调整相关职责、制度、标准等各管理要素；将“五位一体”的职责、流程、制度、标准、考核应用至主网运检指挥平台和配电运营指挥平台，转化为业务管理要求，优化业务信息传导机制，提升管控水平。作业层面，将“五位一体”融入作业过程，构建涵盖生产及营销等专业的APP应用，将“五位一体”的各管理要素由PC端拓展至移动端，转化为电子工单要求、现场作业标准和员工作业行为，与工作任务自动匹配，使“五位一体”融入日常管理、现场作业、员工行为。取得成功经验和初步成效，经验被国家电网公司予以推广。

（五）勇于攻坚，人才引进培养成绩突出

针对公司总体缺员、年龄老化的现状，适应电网发展、管理创新的要求，加大人才招聘培养力度。一是招聘总量质量双提升。在国家电网公司实施“降总量”的用工策略下，积极向国家电网公司争取，毕业生招聘数量较2016年提高56.9%，硕士及以上学历占比54.3%，招聘数量与质量明显提升。二是用工配置更科学。通过“三集五大”深化集约、人员交流和新增配置，市调新增调度员34人，检修公司补员204人，城近郊及通州供电公司134人保留充实至其他核心业务，为城区、通州等缺员严重的市区供电公司补员116人，缓解了缺员局面。三是人才培养出成效。建立专家人才选拔、使用、评价和激励机制，人才管理体系基本建成。公司共有电力行业技术能手37人，系统内各级各类人才新增206人，总量达到664人，专家人才队伍初具规模。23人次获得国家发明专利及国家级成果奖，4人获得国家电网公司级成果奖，专家引领作用日益显著。在基建专业试点建立专家骨干人才培养和使用新模式，为公司专家成长与专业发展深度融合积累经验。

二、面临的形势与挑战

2017年是公司“十三五”发展的关键之年，国家电网公司和北京市以新的发展理念，推进改革发展迈向更高水平，对公司各项工作提出更高要求。面对复杂的发展环境和艰巨的发展任务，公司强调新时期要主动承担重要的政治责任，努力实现“两个争当”的发展目标；要加强管理创新，实现体制机制超越；要加强理念创新，实现队伍素质超越。国家电网公司2017年人力资源工作会议强调，要坚持用现代管理理念和“互联网+”思维破解难题，以促进企业和员工

共同发展为宗旨，以改革创新为动力，以提升人力资本效率效益为中心，以增活力、控人耗、调结构、提素质为重点，加快建成“一强三优”现代公司人力资源管理体系。

我们必须要深刻认识当前面临的新形势、新要求，积极研究适应变革和促进公司长远发展的新思路、新方法。随着企业内外部环境的深刻变化，公司人力资源管理面临新的机遇与挑战，我们必须深刻认识、准确把握、积极应对。

一是电改加速推进，人资管理面临新考验。售电侧改革步伐进一步加快，北京市电改综合试点方案已经获批，注册售电公司已超过百家，多元化市场主体竞争态势加剧。如何打造面向市场、快速响应的业务模式，创造人才选、用、育、留一体化的政策条件和成长环境，培养“全科型”、“专家型”人才，促进提质增效，提高竞争能力，需要我们在创新组织模式、提高运营效率、育才留人、激励保障等方面深入研究、赢得主动。

二是企业创新超越，人资管理面临新挑战。当前，北京电网快速发展，公司三大攻坚战强势启动，“三集五大”优化提升，“互联网+”蓬勃兴起，供电服务模式逐步重塑，员工在思想理念、素质能力、工作行为等方面还不能完全适应，技术的发展对专业人才的需求更为迫切，需要我们进一步在管理创新和技术创新、强化薪酬激励、提升队伍能力等方面主动作为、有力保障。

三是队伍发展成长，对人资管理提出新要求。目前公司用工总量缺员，队伍年龄结构老化，高端人才较少；培训培养工作尚不能完全适应新形势下“全能型班组、复合型岗位”建设要求，员工素质有待提升；此外还存在专家成长与专业发展融合不够、部分员工参培积极性不高、实训资源不足等问题，需要我们在队伍精炼培养、员工素质提升等方面狠下功夫，不断激发员工活力。

在新的形势下，公司人力资源管理有了很大提高，也面临新的挑战。2017年公司要打造国网首都电力品牌，形象在服务，支撑在管理，保障在队伍，对我们提出了更高的要求。要统一思想、把握方向，牢固树立大局意识、责任意识、人本意识、创新意识和全员人力资源管理意识。坚持高定位，站在首都服务窗口的高度，在服务党和国家工作大局中争当先锋，在国网“一强三优”现代公司建设中争做标兵。坚持高品质，立足国网管理高地的标准，深化提升“三集五大”，强化精准、精细、精益管理，追求更高投入产出，努力争创国际一流。坚持高科技，适应现代科技进步的趋势，充分利用“互联网+”、智能管理等手段，更好地为企业增效、为服务提质、为员工减负。为公司建设定位高、管理精、手段强的现代企业提供人力资源保障。

面对新的形势和任务，我们要处理好“三个关系”。“刚”和“柔”的关系：人力资源管理原则性强，各项部署、制度等一经确定，必须刚性执行，不搞变通；同时人力资源管理也要与时俱进。2016年以来，公司在学生分配、薪酬激励、组织机构等方面作了很多优化，收到很好效果。要继续加强这方面工作，使管理更加有利于企业发展、员工成长、市场竞争。“点”和“面”的关系：在管理上要由点到面，将2016年“三集五大”等行之有效的模式予以推广，提高整体管理水平。在投向上要面点结合，既要统筹激励、普惠员工，又要精准投放、突出重点，薪酬向表现突出的骨干、人才，向攻坚克难的工作倾斜。“外”和“内”的关系：既要眼睛向外，把改革压力变为动力和机遇，争取政策支持，改进管理方式，为企业和职工赢得更大利益；也要眼睛向内，增强全员人力资源管理意识，加强专业协同，上下联动，在业绩提升、组织优化、员工配置、人才培养、考核激励、竞赛调考等方面形成合力。进一步使人力资源管理与时俱进，精准精益，适应改革。

三、2017年重点工作

2017年，公司人力资源工作要围绕中心，服务大局，突出重点，统筹兼顾，勇于创新，进一步优化提升“三集五大”体系，努力提升业绩，加大招聘力度，强化薪酬激励，加强人才培训培养，推进全员人力资源管理，促进企业与员工和谐共赢，为企业发展提供坚强组织与人才保障。

（一）优化提升“三集五大”体系

在试点工作基础上，继续以提质增效减负为导向，结合实际、因地制宜，将业务集约融合落到实处。一要统筹推进。各供电公司要借鉴试点经验，结合自身实际，有序推进前端全能型班组和后台营配调贯通工作，形成相对完整的业务集约融合体系。有条件的单位要适应电力体制改革形势，试点建立工业园区供电服务机构，快速响应用电需求，积极抢占优质资源。二要精益管理。进一步优化业务流程，完善系统功能，深化专业管理。在业务实际运转中对集约融合模式总结完善、梳理优化、磨合提升。在推行集约融合落地过程中，不搞一刀切，鼓励各单位结合实际，先试再推，因地制宜，确保实效，调动各方面积极性。三要开拓创新。进一步开阔视野，广泛学习借鉴国内外先进经验，充分利用现代化手段，不断完善“智能终端+互联网+大数据”为支撑的管理体系，简化业务流程，提升管理品质，提升服务效率，提升竞争优势，服务好首都电力品牌建设。

（二）优化员工配置

坚持规划引领。滚动修订人力资源规划，明确人才队伍建设目标、重点任务和主要措施；精准开展人力资源诊断分析，建立覆盖各单位、各专业，细化到班组的人力资源配置“一本账”，明晰超缺员状况，为优化人员配置做好基础支撑。抓好人才招聘，统筹分析用工需求和缺员状况，结合相关高校毕业生供给情况，加强校企合作，提早进校园、抢人才，加大宣传力度，提升引导效果，多措并举增强企业吸引力。积极争取招聘计划，提升毕业生招聘数量，力争实现长期用工总量适度增长。优化员工配置，加强职员职级管理，职员设置向一线倾斜，拓展班组业务骨干发展空间。发挥内部人力资源市场积极作用，盘活现有人力资源存量，重点提高核心业务长期职工配置率。用好人员增量，新进毕业生重点配置到技术密集性强、工作要求高、核心业务缺员多的单位，优先配置至核心业务一线岗位。

（三）加强激励保障

推动提升经营业绩。要结合国家电网公司差异化考核方式，主动汇报北京公司的政治责任和社会贡献，争取有利政策。各部门要优化业绩指标体系，指标设计要体现“三大攻坚战”、五方面重点任务；目标值要统筹各单位客观条件、历史情况、公司目标等因素；评价规则要考虑各单位的努力程度，加大增量贡献评价权重。强化指标分解与过程管控，促进业绩提升。优化薪酬分配机制。积极争取工资总额增长，优化薪酬分配机制，向职责重要、任务艰巨、贡献突出、缺员较多、条件艰苦的单位和岗位倾斜。各单位要完善“三级三维”目标任务制和工时积分同价计酬机制，适度拉开绩效工资分配差距。建立专项奖励新机制。围绕公司年度重点工作和核心任务，提高专项奖励工资总额占比，完善奖励立项、进度跟踪、工作评价、激励兑现的闭环管理，强化薪酬激励的引导性和时效性，实现专项奖励、业绩评价与重点工作的“双挂钩、双激励”。深化社会保险精准服务。加强对渐进式延迟退休、降低企业缴费费率等社保政策变化研究；抓好社会保险参保、登记、缴费及待遇申领等关键环节管控；推进“两审一核查”机制，确保退休人员及时准确领取保险待遇。确保企业年金保值增值。积极研究金融市场行情，准确把握企业年金的养老属性，做好企业年金投资目标制定、资产配置、产品审核、运营监管等工作，提升投资收益水平。

（四）加快人才培养

开展“全科型”人才培养。围绕业务集约融合新模式下一体化作业、复合型岗位要求，按照“集什么补什么，融什么学什么”的原则，实施专项针对性培训，提高综合技能，加快知识完善，促进人才由“单一型”向“全科型”转变，同步探索建立标准化的培训培养体系。加强高端人才队伍建设。鼓励和引导各专业、各单位依托重大工程项目、重点实验室、劳模创新工作室、博士后工作站等平台，实施高端人才培养计划，提供项目、经费、激励等支持。重点开展智能电网、新能源、电力市场、客户服务、信息技术等关键领域的人才培养，实现公司人才队伍从“量”到“质”的全面提升。创新培训手段。积极应用“互联网+”思维，丰富网络大学培训课程，推广移动学习模式，缓解工学矛盾；通过智能终端自动推送培训内容，提高培训效能。做好竞赛调考工作。总结2016年提升晋段经验，各相关专业部门全力做好普遍培训、选手选拔、精准集训、教练团队、士气提振等方面的工作，千方百计取得优异成绩。强化培训支撑保障作用。要系统分析当前公司培训工作现状，转变观念，深入对接各专业，主动作为，找准短板，精准发力；借力公司专业机构技术与人才优势，统筹内外部资源，切实提升培训支撑能力。

（五）构建全员人力资源管理格局

人力资源工作贯穿于企业生产经营各个环节，关系到公司健康长远发展和员工切身利益，需要各单位负责人、各专业关心理解和大力支持，形成全员人力资源管理格局。各级人力资源部门要主动融入业务，了解业务发展方向，掌握业务运转现状，分析各业务在组织优化、员工配置、业绩考核、工作激励等方面的需求，提供精准人力资源支撑保障。各级专业部门要树立“管专业就要管队伍、干成事就要培养人”的理念，充分履行本专业人才队伍建设的主体责任，主动承担培训资源建设、人才培养、专家使用、竞赛调考、人才评价激励等工作，以专业促人才成长，以人才支撑专业发展。各单位负责人要对人力资源工作高度重视，主动调动各方资源，搭建人才成长梯队，统筹发挥好人力资源部门和专业部门的合力作用，形成“靠人才成就事业、用事业造就人才”的良好格局。

履职担当　创新突破　团结动员广大职工　为加快建设“一强三优”现代公司　更好地服务首都经济社会发展做出新贡献

——公司副总经理王西胜在工会二届八次全委会暨2017年工作会议上的报告（摘要）

（2017年5月5日）

一、2016年工作回顾

2016年，在公司党委和上级工会的坚强领导下，公司各级工会组织和广大工会干部全面落实上级部署，服务大局，服务职工，有力促进了公司各项事业的发展，实现了“十三五”良好开局。

（一）民主管理持续深入

不断完善组织建设。完成华商伟业、承发包公司建会工作，实现工会组织全覆盖。全面完成专兼职工会主席设置，明确了30家基层工会组织负责人。

积极落实民主权益。严格履行民主程序，规范执行提案办理工作，征集提案75件，提案办结率、满意度100%。坚持下沉基层、问题导向，开展职工代表巡视检查，推动职代会各项决议与公司重点任务落实到位。开展“我为企业献一策”合理化建议征集工作，采纳优秀建议109条。公司被北京市总工会评为“北京市构建和谐劳动关系先进单位”。

全面深化厂务公开。建设三级厂务公开体系，明确领导责任、实施主体等7个管理环节，促进厂务公开规范化管理。在用好传统载体基础上，通过公众号、微信群等新媒介，提高厂务公开效率。加强班组民主管理，积极推进班务公开，维护职工知情权、参与权、表达权及监督权。

（二）职工素质显著提升

创新开展劳动竞赛。紧密围绕公司重点工程、重要任务、重大课题，全面开展“煤改电”工程等7项劳动竞赛活动。创新竞赛组织模式，通过搭建网站平台，加强过程管控，建立数据发布、专题宣传、表彰激励机制，推动公司年度重点工作实现全面突破。注重发掘竞赛先进典型，评选113个红旗单位、149名竞赛之星，激发了广大职工岗位建功热情。竞赛活动得到全总与国家电网公司高度肯定。

积极参加技能比赛。承办北京市电力电缆工技能比赛，138名职工获得职业资格晋升。落实职工职业发展助推计划，266名职工获得市总助推补贴44.2万元，251名职工获得公司助推补贴29.6万元。30项电力行业特有工种被市总列入助推工种名录。加强劳动保护三级网络建设，84名职工获得《安全生产督导师》证书。公司通过全国“安康杯”竞赛复查验收并保持优胜单位称号。

有效激发创新活力。加大资金投入，聚焦工作实际，对接生产需求，打造高水平群众性创新平台。张文新创新工作室代表市总参加海峡两岸职工创新交流活动。举办大数据创意应用大赛，引导干部职工建立大数据理念。深化创新成果孵化基地建设，规范成果孵化立项、审批、设计、加工、验收体系。全年累计完成成果转化49项，多项职工创新成果受到全总、市总和国家电网公司工会表彰。

注重选树示范典型。规范劳模选树培养机制，选树时代性、先进性鲜明的示范典型。史景坚、李建、方文军3名同志被评为国家电网公司“劳动模范”；徐向东获得“首都劳动奖章”；张文新荣获首批“国网工匠”称号；冯丽利荣获“全国五一巾帼”奖章；通州公司、亦庄公司、经研院荣获国家电网公司“先进集体”；照明中心荣获“首都劳动奖状”。大力弘扬劳模精神和工匠精神，引领职工敬业爱岗。

（三）班组建设实现突破

转变班组作业模式。牢固树立“班组是企业管理的第一关、职工成长的第一站、服务客户的第一线、创新发展的第一源”理念。打造融合型班组，推行一体化作业，培养复合型职工。建立“智能终端+互联网+大数据”的智能管控、作业、服务体系，促进班组减负降耗、企业提质增效，班组建设“北京模式”初步形成。国家电网公司召开现场会议，推广北京公司经验，班组建设成效和职工良好精神风貌受到全总、国网、兄弟单位的高度肯定。

加强班组生态建设。深入贯彻落实《关于国家电网公司“十三五”班组建设再提升工程的指导意见》，着力加强班组标准化建设和规范化管理。编制《班组标准化配置指导手册》，加大班组标配资金投入，改善基层班组生产生活条件。广泛开展“职工小家”创建活动，系统推进班组安全管理、民主管理、创新创效和文化建设，打造温馨和谐的职工家园。公司7个班组分获北京市和国家电网公司“工人先锋号”，47个班组被评为国家电网公司“先进班组”。

（四）服务水平大幅提升

服务职工生活与身心健康。引入社会专业机构，开展职工健康管理、法律咨询、职工子女暑期托管、职工心理健康维护等服务项目，职工满意度显著提升。开展职工健康食堂创建活动，完善机关、工区、班组、流动配餐点四级体系建设，改善职工生活条件。关心关爱女职工，圆满承办国家电网公司女职工主题读书活动启动仪式，组织参加全国第四届“书香三八”读书活动，公司工会荣获“优秀组织奖”。

服务职工文化素质提升。优化整合文体资源，打造“四中心四基地十支撑”文体工作服务体系，创建十大文体协会。举办公司2016年度表彰会、悦读会、足球赛等文体活动。公司荣获国家电网公司职工主持人大赛“优秀组织奖”，在全国电力行业及北京市多项体育赛事中取得优异成绩。开展“送文化到基层”活动。开发“北京电力家园”微信公众号，为职工提供工作热点宣传和生活服务推介。深化职工书屋建设，检修公司荣获全国职工示范书屋，朝阳公司、海淀公司被评为国家电网公司职工书屋示范点。

送温暖工程体现人文关怀。开展迎峰度夏送清凉、节日保电送关怀、年关岁尾送温暖活动，切实把公司党委的关心关爱送到职工心中。全年走访慰问困难职工156人次，发放劳模慰问金7.8万元，发放困难补助18.6万元。健全完善多层次保障体系，完成4753名职工重大医疗保险投保工作，为100名职工互助补贴18.7万元。

提升工会自身服务能力。针对2016年工会重点任务、重要接待、重大活动等工作，开展课题研究和项目管理，科学谋划，周密部署，有序推进，工会整体工作水平全面提升，工会干部队伍综合素质显著增强。加强工会财务规范化管理，完成本级工会经费审计，引入社会审计机构对30家基层单位开展全覆盖审计，切实增强经费管理水平。

二、准确把握工会面临的形势和任务

2017年是全面落实“十三五”规划的关键之年，公司改革发展面临复杂的内外部形势，对工会工作提出了新的要求和新的挑战，也带来了难得的发展机遇。

从党中央和上级工会的要求来看，党的十八大以来，习近平总书记多次就新形势下我国工人阶级和工会工作作出重要指示，强调新形势下，群团工作只能加强，不能削弱，只能改进提高，不能停滞不前。中央召开的国有企业党的建设工作会议提出，坚持全心全意依靠职工办企业，是国有企业的鲜明特色和独特优势。北京市总工会十三届六次委员会、国家电网公司工会二届四次全委会对贯彻上述精神作了全面部署。党中央和上级工会对工会工作的高度重视为我们做好工会工作、展示工会价值增添了动力，指明了方向。

从公司改革发展内在需求来看，2017年，党的十九大、“一带一路”国际高峰论坛等重要活动将在北京举行，公司政治供电责任重大；城市副中心建设、冬奥会、世园会、首都第二机场等重点项目加快实施，电网发展全面提速；治理北京大气污染，实施清洁能源战略，“煤改电”再创新高，公司任务更加艰巨；国家电网公司提出，要打造具有“卓越技术、卓越管理、卓越服务、卓越绩效”的现代企业集团，作为国家电网公司窗口单位，公司队伍素质、工作水平、品牌形象具有很强的示范效应，对加强工会工作，凝心聚力，干事创业提出了更高的要求。

面对新的形势和任务，公司提出要围绕中心，服务大局，着力建设“听党话、跟党走”的现代产业员工队伍，在服务党和国家工作大局中争当先锋，在国网“一强三优”现代公司建设中争当标兵。做好这些工作，要把握好以下几点：

一是强化工作导向。牢固树立“四个意识”，落实“五大理念”。在传承公司拼搏奉献、勤奋敬业优良传统基础上，提高公司履职的政治站位、管理的精益水平和工作的技术含量。坚持高站位，紧跟中央部署，服务首都大局；坚持高品质，追求精益管理，争创国际一流；坚持高科技，加快技术进步，减负提质增效。树立与北京“四个中心”定位相适应，与国网国际一流要求相匹配的现代管理和员工队伍形象。

二是注重管理统筹。今年公司结合上级要求和工作实际，提出“三抓一树”的工会工作重点，以抓队伍强化支撑，以抓班组夯实基础，以抓竞赛促进赶超，突出公司使命担当、创新进取、拼搏奉献等工作特质，服务平安首都、绿色北京、群众生活等社会贡献，赋予了先进创建新的时代内涵。各单位要注重工作策划，统筹管理，整体布局，使各项工作主体不同但导向一致，聚焦品牌。

三是加强先进培育。一个企业的品牌、队伍的形象需要群体的支撑。今年公司“三抓一树”推出百佳班组、百佳工匠，加上百位竞赛之星，目的在于鼓励各级员工都争先锋、各项工作都创先进，丰厚先进基础，实现整体提高。平台成就品牌，公司当前承担的一系列重大任务是锤炼队伍、培养先进、选树典型的大好舞台，要把握机遇，充分利用重要保电、重点工程、重大创新等载体，打造先进典型。

四是切实服务员工。今年公司各方面任务很重，员工很辛苦，要充分发挥工会职能，工作上要坚持创新发展，鼓励创造，创新管理，提高安全质量，减轻员工负担；生活上继续推进职工小家、健康食堂、班组标配等方面建设，进一步改善生产生活条件；文体上发挥好各协会功能，组织开展丰富多彩的活动，促进员工劳逸结合，身心健康。要重心下移，服务基层，使职工切实感受到企业温暖、组织关怀。

三、2017 年重点工作任务

2017 年工会工作思路是：在公司党委的坚强领导下，坚持围绕中心，融入大局，服务职工，以“三抓一树”为重点，打造新时期首都电力产业工人队伍，营造比学赶超、干事创业的良好氛围，引导职工听党话，带领职工跟党走，在加快建设“一强三优”现代公司实践中体现新价值，实现新突破。

（一）切实加强队伍建设

公司政治责任重、保障压力大、服务标准高，今年工作更是点多面广，任务艰巨。无论紧跟中央部署，加快发展建设；还是追求精益管理，争创国网标杆；以及强化技术创新，减负提质增效，都对队伍建设提出了更高的要求。要按照中央精神，结合公司实际，把建设“有理想守信念、懂技术会创新、敢担当讲奉献”的员工队伍作为全局工作的重要支撑，结合岗位练兵、劳动竞赛、技能比武、竞赛调考等工作，加大员工培养培训力度，提高整体队伍素质。年内面向主业和集体企业的各专业、岗位和工种，选树“百佳工匠”，给予表彰奖励，鼓励全员创新创业、争当先锋。

（二）着力打造全能班组

班组是企业的基础单元，班组强则企业强，公司去年加强班组智能化建设，今年又提出了“服务、素质、手段、装备”四个全能建设思路，进一步提高了建设层次。一要抓试点，围绕公司重点专业选择十个左右班组开展全能型建设，形成初步模式；二要抓布局，组织各单位结合自身实际、地域特色、客户状况选择一到两个班组按照公司模式，打造示范窗口；三要抓推广，在总结经验基础上，统筹推进建设工作，年内评选“百佳班组”。各单位要树立“小班组大格局，小岗位大作为，小指标大贡献”的理念，结合实际，协同专业，发动员工，做细工作，不断提高公司管理水平。

（三）全面深化劳动竞赛

按照公司部署，5 月份启动 2017 年度劳动竞赛。今年竞赛要进一步突出重点，围绕本质安全、电网建设、以电代煤等重点任务设项立赛；要进一步强化导向，在注重进度的同时，突出安全质量、效率效益等管理要素的综合考评；要进一步聚焦基层，强化过程管控，展示一线风采，宣传基层业绩，更好地营造氛围、激发活力；要进一步提高层次，将以电代煤、电网建设等列为市总和全总劳动竞赛示范项目，在更大平台上展示工作，争取表彰；要进一步强化激励，更好地鼓励大家争先创优、干事创业。各单位要加强组织，做好工作，发挥好竞赛对全局工作的促进作用。

（四）积极推进全员创新

近年来，公司面对发展任务重、工作要求高、人少活多压力大的形势，推动全员创新，破解管理难题。充分利用现代化手段，构建“智能终端+互联网+大数据”为支撑的“互联网+北京电力”智能体系。智慧工地对电网建设、智能运检对安全生产、运营平台对营销服务、移动终端对一线作业的提质增效、减负降耗作用不断加强。要继续深化这方面的工作，发挥员工首创精神，深入推进职工创新工作室建设，大力开展职工技术创新竞赛，拓展创新创意智库联盟，加强与社会机构交流合作，进一步拓展视野，提高层次，增进创新科技含量和实用水平，发挥好职工创新主力军作用。

（五）不断深化民主管理

贯彻落实《国家电网公司“十三五”民主管理行动计划》。建立会员数字档案，夯实会员管理基础。深化厂务公开工作实践，积极维护职工民主权益。高质量开展职工代表巡视检查，及时反映基层的意见建议，确保公司年度重点工作和职代会各项决议有效落实。加强合理化建议与提案征集管理，做好征集、立项、督办、落实、反馈、评估的全过程管控，注重聚集民智、倾听民意，推动优秀合理化建议的采纳实施。强化员工的自主管理，鼓励员工自觉围绕自身工作，出主意，想办法，定措施，提业绩，发挥主人翁作用，激发干事创业的热情。

（六）切实关心服务员工

大力繁荣职工文化生活。加大文化体育基地建设投入，形成空间布局合理、内容覆盖全面、设施功能完备的文体综合平台。依托文体协会组织，开展丰富多彩的职工文体活动。加大职工文艺骨干培养力度，创作一批接地气、动人心、传真情的文艺作品，为公司发展提供精神引领和文化支撑。全力做好职工关爱工作。深入推进“职工之家”实体化建设，探索“互联网+工会”工作新模式，畅通工会与职工互动通道。持续做好健康食堂建设、职工健康管理、劳模疗休养、子女暑期托管等关爱项目，全心全意为职工办好事、解难事。深化“巾帼建功”，助力女职工成长，维护女职工权益。

（七）加强工会自身建设

随着形势的变化，对工会工作的要求越来越高。

要加强学习型工会组织建设，把握学习需求，实施精准培训，提升工会队伍综合素质水平。全面加强工会作风建设，深入基层开展调查研究，贴近一线、贴近职工、贴近实际，切实解决职工关心关切的问题。将劳动竞赛、职工创新等重点工作纳入项目化管理，强化全周期管控和成效评估，确保工作取得实效落实。加强工会经费管理，做好廉洁风险防控，确保工会经费取之于职工、用之于职工。

坚持更安全更集约更高效
全面提升集体企业发展水平和支撑能力

——公司副总经理张铁恒在2017年集体企业工作会议上的报告（摘要）

（2017年4月13日）

一、2016年工作回顾

一年来，公司集体企业开拓创新、锐意进取，全面完成改革改制，圆满实现经营目标，企业运营保持稳健，职工队伍整体稳定，各项工作推进有序、成效显著，得到国家电网公司高度肯定。

（一）改革改制树立标杆

处置整合优质高效。清理小微、亏损及不符合发展战略企业44户，法人数量压减45%；加强政策研究和沟通对接，节约税费9亿元，保留车辆号牌近900部。形成“华商电力为出资人、华商伟业为平台、与全部企业建立资本纽带”的产权格局，全面理顺产权关系，改革改制成效在国家电网公司排名第一。攻坚克难成绩突出。平谷、中电联公司协同争取地方政策，电科院（计量中心）首家完成改制任务，华商远大主动协助兄弟单位破解难题，石景山、顺义、承发包和工程公司等单位妥善处置25项历史问题，城区、朝阳、亦庄和信通公司等单位依法完成40户企业股权划转。公司各部门群策群力，各单位大局担当，为构建规范的集体企业产权结构做出重要贡献。发展后劲有力增强。目前集体企业共计53户，资产总额235亿元。通过改革改制，优化了产业结构布局，清理了历史遗留问题，吃透了工商税务政策，摸清了管理流程，锻炼了员工队伍，为集体企业后续发展积累了资源、创造了空间。

（二）管控机制创新提效

优化调整管控模式。落实国家电网公司指导意见，撤销集体资产监督管理委员会，明确公司党委会、总经理办公会作为集体企业重大决策机构。优化“三会一层”，重组内设机构，配置党委、纪委和工会组织，在国家电网公司系统率先完成经营平台搭建，提前一年基本实现法人治理模式。加强资源集约管控。严把人员入口，加大激励引导，吉北公司、海淀公司等单位建立了市场化薪酬绩效体系；发挥银杰公司优势，提升劳动合同和薪酬保险管控水平；开展资金集中运作，累计委贷33.6亿元，降低了公司融资成本；主动参与国家电网公司资金池建设，丰台、密云、信通公司等单位36户企业归集资金28亿元，提高了资金运作效率。夯实企业管理基础。华商远大、大兴公司等单位开展单项工程核算，推行项目部制，加强成本管控，实现降本增效。城区、朝阳公司等单位大力压降历史挂账，有效降低经营风险。京电设计、经研院等单位，积极参与集体企业信息化建设试点，优化制度流程，提升业务管控水平，为全面推广应用积累了经验。

（三）经营形势保持稳定

业务布局持续优化。调整华德公司等6户企业经营范围，整合潞电电气、潞电设计等4户企业产权结构，组建谷新、海泰公司，强化服务支撑作用，提升核心竞争力。理顺城六区营业窗口管理方式，改进华商电灯农电业务管理模式，进一步明确责任界面，持续提升受托业务管理水平。市场开拓卓有成效。供电公司发挥属地优势，支撑机构发挥专业特长，积极参与市场竞争，集体企业全年实现收入114.47亿元、利润6.9亿元。丰台、昌平公司等单位抢先拓展代维业务，实现创收1.3亿元；华商远大、华商能源紧跟电改动向，积极参与配售电市场放开，创造新的利润增长点；华商三优创新商业模式，加大科技投入，取得专利49项，在电动汽车充电领域打响了品牌。资源资产盘活增效。建成平谷、通州副食基地，为公司健康食堂建设提供保障。海泰、培训中心、延庆公司等单位协同配合，集中运作大雁楼、龙苑宾馆等资产，实现了国有资产保值增值。统筹车辆资源，服务公司主营业务，集中运营车辆1300余部，提高资产使用效率和规范化管理水平。

（四）依法治企成效显著

有序清理低效企业。全力推进华商绘都处置，清理债权债务，妥善安置人员，清算关闭工作按计划顺利推进。照明中心多措并举、开源节流，实现了明都饭店扭亏为盈。客服、培训中心全面完成无资本纽带企业处置工作。落实国家电网公司法人层级压降要求，积极推进实开、京电房公司清理方案落地。稳妥解决历史问题。房山、检修、物业公司等14家单位，结合改革改制，全面关闭21户遗留企业。通州、门头沟公司克服困难，高效完成15户供电所办企业处置。昌平、怀柔等公司积极争取政策，有效保全了公司土地房屋资产。切实防范审计风险。完成国家电网公司集体企业专项审计迎审，全面整改工程管理、财务管理、关联交易等问题22项。开展集体企业资金专项审计，发现账户管理、资金使用、报表核算等问题17项，全部整改到位。修订完善制度12项，建立健全长效机制，有效防范经营风险。

（五）队伍建设保障有力

在公司党委的坚强领导下，认真落实“两个责任”，扎实开展“两学一做”学习教育，各级党组织讲党课187场次，制定问题整改措施153项，充分发挥党委领导、纪委监督和工会保障作用，在维护集体企业生产经营稳健和职工队伍稳定方面成效显著。召开公司直属产业党员代表大会，圆满完成代表选举工作；持续开展“八项规定”专项检查，深化重点岗位廉洁培训，确保了队伍廉政安全。加强干部队伍建设，有针对性地开展培训培养，促进干部年轻化和专业化；坚持以人为本，加大先进选树，近三年涌现出公司劳动模范3名，重点工作功勋12名。组建华商伟业（平台企业）工会和各企业分会，召开第一次代表大会，依法处理员工岗位调整、合同转签和经济补偿，维护职工合法权益；关心关爱职工，组织足球、乒乓球等丰富多彩的文体活动，营造了良好的发展氛围。

近年来，按照厂办大集体改革的总体要求，集体企业经历了主多分开、重组整合和改革改制，在压缩数量、优化产权、规范管理、提升效益等方面实现突破，既实现了安全健康发展，更在保障电网安全、服务公司主业和确保队伍稳定等方面做出了突出贡献。

二、把握定位、明确方向，凝聚集体企业改革发展共识

集体企业是特定历史时期的特殊产物，在公司和电网发展的进程中，发挥了不可或缺的生力军作用。舒印彪董事长强调，在我国目前市场经济大环境和电网发展大背景下，集体企业作为推动国家电网发展的第二梯队，是一支必须存在而且不可替代的重要力量。与其他省公司相比，北京公司在电网发展、政治保电和优质服务中承担的责任更重、压力更大，而作为严重缺员单位，仅仅依靠主业现有人员力量，难以承担起这一重任，需要一支冲得上、顶得住、技术过硬、忠诚可靠的队伍作为支撑和补充。我们集体企业经过多年历练，不管从人员素质和装备水平，还是从技术能力和实战经验来说，都已经成为推动公司发展的“第二生力军”，特别是随着业务委托的深入推进，集体企业承担的责任和发挥的作用，是任何社会企业都不可比拟的。因此，发展好集体企业，更好地支撑主业，对北京公司意义更加重大。

2016年，十九大、“一带一路”等政治保电责任重大，电能替代、城市副中心建设等重大项目务期必成，公司经营发展任务异常繁重。职代会上，李总对集体企业发展思路和任务进行了全面系统地部署，对我们当前和今后一段时期，管理和发展好集体企业具有重要的指导意义。公司各部门、各单位，特别是党政一把手，要准确把握服务主业的战略定位、做强做优的发展目标，以及“更安全、更集约、更高效”的管理思路，始终把集体企业融入公司工作大局，推动主业与集体企业相互支持、共同发展。广大干部员工要增强发展集体企业的使命感、责任感和荣誉感，提升对市场经营的敏感性、敏锐性和敏捷性，有激情、勇担当，推进集体企业实现高层次、高质量和高水平的新发展。

坚持更安全，就是要贯彻“安全第一、预防为主、综合治理”的方针，落实本质安全要求，健全常态管控机制，解决安全意识不强、管理基础薄弱等问题，推进同质化管理有效落地，全面提升集体企业生产、经营和廉政安全水平。持续完善安全管控体系。集体企业作为独立法人，要健全管理机构和规章制度，建立法定代表人为第一责任人的全员安全生产责任制。各受托单位作为集体企业实际控制人，同样是集体企业安全生产第一责任人，要切实把集体企业纳入本单位安全管理体系，建立人员和资源协同共享的管理模式，完善公司主业和集体企业共同负责的双重保证和监督体系。建立隐患排查治理工作机制，认真开展巡查巡检，严格执行“一票否决”制度，实现全覆盖、常态化、重改进的安全管控模式。全面提升安全承载能力。突出企业资质建设，提升与经营范围、市场规模、管理方式相匹配的资质等级，坚决杜绝挂靠或借用资质，有效防范超范围、超能力承揽业务。规范分包管理，严格分包程序、工程现场和作业人员，严抓严管、同进同出，坚决杜绝“以包代管”。加大安全投入，推进装备标准化建设，逐步实现生产设施模块化配置、标准化配送和规范化管理。突出队伍素质建设，统筹盘活存量人力资源，培养管理专家和业务骨

干，提高全员技能水平和安全意识。

坚持更集约，就是要加强资源和业务统筹，发挥规模效益和协同优势，集中力量办好大事，有效解决资源分散、管理失范和效率不高等问题。坚持集约管控与自主经营并举，充分发挥各级主观能动性，避免一管就死、一放就乱，切实提升企业发展质量。持续推进集约化管控。压降用工总量，管控人工成本，优化存量人力资源配置，实现优胜劣汰，确保核心岗位需求，探索市场化的激励约束机制和薪酬绩效体系。推行全面预算管理，提升科学性和预见性，提高控制力和执行力，做到无预算不开支、有预算不超支。开展资金集中运作，压降银行账户，严格大额资金流向监控，提升资金安全水平和利用效率。统筹房屋土地车辆资源，盘活闲置资产，探索物资集中采购和统一配送模式，切实防范风险、提高效率。逐步实现集团化运作。围绕集体企业整体战略和发展方向，发挥平台企业统筹调控作用，建立联合运营、分工协作、互利共赢的经营机制。推进同类企业之间，以及关联行业之间的联合运作，遵守市场规则，依法合规开展信息共享、装备互通、人员互补、业务互助，最大程度地发挥资源整体效用，有效降低发展成本，全面提升集团公司核心竞争力和市场占有率。正确处理主业与产业的关系，加大人员、资源、信息和业务上的相互支撑，实现协同发展、互利共赢。

坚持更高效，就是要瞄准效率效益，紧跟中央全面深化改革的大形势，把握首都发展转型的新机遇，持续推动集体企业规范管理和转型提升，实现创新创效和提质增效，更好地服务和支撑公司中心工作。持续推进规范管理。落实企业法人主体责任，突出受托单位行政管理，强化平台集约管控。突出工程承分包、物资采购、关联交易等重点领域，健全管控制度和内控机制，降低运营风险，实现管理增效。突出核心业务，严格投资审查，规范经营范围，坚决退出资质能力不足的领域。依法合规抢占市场，积极参与行业标准制定，着力发挥集体企业技术和服务优势，高质量、高层次参与市场竞争；加强与外部企业的良性协作，促进形成互利共赢的市场秩序。加快推进转型提升。跟进厂办大集体改革动向，持续深化重组整合，进一步压减企业数量，清理低效无效企业，优化产业布局，努力将集体企业打造为“产权清晰、管理规范、面向市场、独立运作”的法人实体和市场主体。优化资源配置，逐步将非核心业务和辅助性人员实现社会化，推行项目部制，着力打造管理型团队，推动减员降本增效，加快向经营管理型转变。围绕公司主业和电力行业，发挥产业集团优势，做强做优传统业务，积极参与配售电市场，打造能源综合服务商，创造多元利润空间，实现主营业务发展转型。

三、全面做好2017年重点工作任务

2017年集体企业工作总的要求是：认真落实国家电网公司工作部署，全面贯彻公司“两会”精神，围绕服务主业，持续做强做优，坚持“更安全、更集约、更高效”，规范管理、转型提升，全面打赢改革发展攻坚战，努力提升集体企业发展水平和支撑能力，为切实担当好首都供电政治责任贡献力量。

2017年集体企业发展总体目标是：全面完成国家电网公司下达的经营指标任务，实现确保收入135亿元、利润6亿元，努力争取更加卓越的业绩；不发生影响公司安全目标和廉政责任的事件，保持集体企业整体生产经营形势稳定，争做国家电网公司集体企业管理的新标杆。

重点做好以下五方面工作。

（一）全面打赢安全稳定攻坚战

深刻认识集体企业安全管理的严峻形势，认真贯彻《国网北京市电力公司关于落实安全监管责任工作要点的通知》（京电安〔2017〕1号）文件精神，全面加强规范管理，突出重点风险领域，落实全员安全责任，切实提升集体企业安全稳定水平。

进一步落实法人主体责任。法定代表人要严格落实第一责任人职责，认真履行法定义务，完善安全生产组织体系，成立安全生产委员会，按照《安全生产法》和北京对市属国有企业安全生产机构和人员的有关要求，依法设置管理机构、配足管理人员，确保4月底前实施到位。建立全员安全生产责任制，明确各岗位的责任人员、责任范围和考核标准。健全管理制度体系，常态评估落实情况，确保制度全覆盖、可执行。平台企业作为股东，依法履行母公司职责，建立安全工作目标分级控制体系，落实对子公司安全监督指导责任。

进一步明晰公司管理责任。公司作为主办单位，履行集体企业股东职责，借鉴对子公司的管理方式，将公司层面集体企业安全工作纳入整体管理范畴。公司各单位要将受托管理的集体企业安全工作与主业“同部署、同检查、同考核”，做到安全巡检全覆盖。公司两级职能部门，认真学习京电安〔2017〕1号文件精神，加大对集体企业的监督指导，把主业安全管理经验应用到集体企业，确保同质化要求在集体企业有效落地。

进一步突出重点管控领域。认真开展集体企业安全规范管理年活动，落实“三查三提升”方案要求，

提升安全基础、工程管理和安全监督水平。系统梳理企业资质等级、经营范围、人员素质和装备水平，坚决防止过多过量承揽项目，重点抓好分包程序和分包队伍管理，6月底前完成各企业安全承载力评价，制定改进提升方案。加强作业现场管控，尤其是“煤改电”工程现场，要合理安排作业人员和工期时序，全力确保人身和设备安全。高度重视受托业务管理，增强与主业单位协同，推进人员培训、隐患排查、风险管控和应急联动一体化。

（二）全面打赢提质增效攻坚战

把提质增效作为做强做优的关键，切实增强经营意识，准确把握市场机遇，建立健全市场化的运营机制，开源节流、降本增效，不断提升企业效率效益。

巩固拓展传统优势。要把握首都发展转型机遇，主动对接城市副中心、新机场、冬奥会等重大项目，发挥专业和品牌优势，实现设计施工监理一体化服务。全面参与“煤改电”工程，规范项目部管理，合理调配人员，加强安全质量管控，确保务期必成。大力抢占客户内部市场，与主业协调联动，提前介入，主动服务，提高市场占有率和客户服务水平。继续做好业务委托工作，优化组织管理方式，充实受托业务人员，配齐配全作业装备，确保电网运维、政治保电和客户服务等各项业务“接得住、管得好”。

努力扩展发展空间。主动参与电力体制改革，学习借鉴广东公司等单位拓展售电业务的模式和经验，研究华商远大、节能公司与属地集体企业协同开展售电业务的可行性。创新商业模式，探索向“能源e管家”综合服务商转型，通过用户代维服务，增加用户黏合度和信赖度，推出节能改造、能源管理、充换电服务等能源服务新产品。加大充换电设施设备研发投入，加强与公交、首钢集团对接，跟踪首都电动汽车推广计划，继续抢占私人充电领域市场。探索参与国网光伏云平台、以及分布式光伏投资的可行性，努力在节能及清洁能源领域实现新的突破。

鼓励开展创新创效。推动设计施工企业联合运营，5月选定试点单位，力争年内全面推广。推动预收账款压降、代维市场拓展、联合运作等年度重点任务顺利推进，对业绩好、贡献大的企业，适度调增工资总额和绩效奖励，鼓励奋勇争先，创新突破。广泛开展创新创效活动，跨单位、跨部门组建承包式创新团队，针对技术革新和创造发明聚力攻关，组织项目发布展示，推动成果转化应用，对贡献突出的团队和个人予以表彰奖励，鼓励全员创新、集体创效，引导员工“干到最好、做到最优”。

（三）全面打赢管理提升攻坚战

落实《全面加强集体企业管理20条》，强化过程管控和效果评估，促进核心资源资产集约管控，推进治理方式、业务范围和经营模式转型，实现集体企业向经营管理型转变。

强化人力集约管控。4月底前出台集体企业用工管控方案，细化不同行业人员引进标准，建立“总量压降、量出为入、统一审批、动态管控”的用工机制，切实达到控制总量、优化存量的目的。严格控制短期用工，限制用工范围，规范合同签订和审批程序，有效防范风险。盘活内部人力资源，搭建人才交流平台，有序引导冗余人员向缺员单位和业务领域流动。强化工资总额管控，加强预算管理和过程监督，把工资总额与经营业绩紧密挂钩，持续优化薪酬体系，建立简明有效、奖罚分明的业绩考核制度，激发全员积极性和创造力。

强化财力集约管控。全面加强预算管理，细化预算单元和项目，提升编制的科学性和执行刚性，真实反映企业经营情况、成本水平和资产状况。全面加强结算管理，优化结算流程，提升结算时效；全面推行单项工程核算，大力压降历史挂账，5月底前形成压降工作安排；应对营改增政策变化，最大程度降低企业税负。落实国家电网公司资金集约管控部署，加强与中电财对接，参与国家电网公司资金池建设，与试点单位同步推进、同步完成，6月底前完成资金归集，不断提升资金使用效率。推进财务工作转型，实现由事后管理向全程管控转变。

强化物力集约管控。出台规范分包管理和物资采购的指导意见，统一制度流程，明确工作要求，各单位于5月底前制定实施细则；对接国网电商平台，学习先进经验，研究物资采购与供应管理的新模式，达到规范管理、降低成本和防范风险的目的。加强房屋、土地集约管控，5月底前全面摸清底数，明确使用计划，规范租赁行为，提升资产使用效率。把集体企业车辆纳入公司统一管理，严格报废更新程序，力争上半年完成国Ⅰ、国Ⅱ车辆更新，最大限度盘活车辆和号牌资源，满足公司生产运营需求。

强化依法规范运营。深化法人治理结构建设，6月底前，各级企业要形成工作方案，确保年内实施到位。规范投资管理，加强可行性分析，严格审批决策程序，深化项目后评估，确保投资安全高效。将经营分析与集体企业对标和业绩考核协同联动，强化过程管控与目标引导，发挥激励作用。加快信息化建设，全面完成财务预算等二期系统部署，6月底前通过国家电网公司验收，探索工程管理信息化支撑手段。落实规范关联交易指导意见，加强招投标、合同签订和资金结算管理，规避“三指定”和利益输送风险。强化审计监督，开展重大投资项目、物资采购和人力资源管理专项审计，防范经营风险。

（四）全面打赢改革改制攻坚战

准确把握厂办大集体改革政策，紧密跟踪国家电网公司工作动态，坚持“小步稳走、精准调控”，加快历史遗留问题处置，不断调整集体企业布局，实现持续健康发展。

继续优化集体企业布局。落实国家政策和国家电网公司要求，进一步压减企业数量，突出核心业务，实现瘦身健体、提质增效。电科院、物资公司要围绕主营业务，找准服务支撑和增收创效的结合点，确保平稳过渡和成功转型。华商三优和金电联要加快增办新能源设计咨询资质，谷新公司要积极申办一级物业服务资质，华商远大要加快向一级总承包迈进，不断提升资质能力水平。严格新业务审批流程，系统梳理集体企业经营范围，适度整合同质化企业，调整关联度弱、风险性高的业务。

加快推进历史问题处置。加快推进华商绘都及 2 户无资本纽带企业处置工作，确保 10 月底前全部完成。加快推进昌平供电所办企业处置，加强与地方政府沟通，摸清事业法人情况，制定操作方案和工作计划，力争年内完成关闭工作。继续研究 4 户停歇业企业房屋土地处置方案，严格控制经营性业务，减少法人数量。加大力度清理 4 项对外低效股权投资，按要求完成实开、京电房公司债权债务处置工作，压缩法人层级。全面推进集体企业问题清单梳理工作，发现制约企业健康发展的薄弱环节，全面落实整改。

（五）全面打赢三个建设攻坚战

落实党委主体责任和纪委监督责任，实现党的领导与现代企业治理有效融合，努力营造和谐稳定、聚力争先的发展氛围。

切实加强党的建设。全面加强集体企业党组织建设，做好公司层面集体企业党组织调整及换届选举。各单位党委要加强对受托集体企业的领导和指导，确保集体企业党组织建设全覆盖和党建工作规范化。严格落实“两个责任”，增强“四种意识”，按照“四个合格”标准，抓好党员学习教育工作。深入贯彻《准则》《条例》，落实廉洁宣教专项行动部署，开展全员红线教育活动，比照“六项纪律”，筑牢防线、守住底线、不碰红线。

全面加强队伍建设。持续优化集体企业经营班子结构，创造条件开展多岗位培养锻炼，做好后备梯队建设。组织经营管理和专业技能等专题培训，分层次、分专业做好集体企业人才培养，在实践中提升技术技能、经营意识和市场开拓能力，通过培养、借用和引进相结合的方式，加强集体企业专家队伍力量。开展“走出去”学习调研，开阔视野，拓展思路。推进职工创新工作室建设，围绕公司重大课题和重点任务，开展科技攻关和劳动竞赛，为员工钻研技术和提升技能搭建平台。

加强企业文化建设。大力弘扬企业精神和核心价值观，与公司主业一道，共同打造“首都电力”靓丽品牌。进一步完善集体企业工会建设，关心关爱职工，维护员工合法权益。加强集体企业新闻宣传，完善工作体系，注重主题策划，整合宣传载体。深入挖掘先进典型人物和优秀事迹，发挥示范作用，凝聚正能量。积极开展“职工之家”实体化建设，丰富职工文化活动，提高员工归属感和凝聚力。办好“华商 e 家园”公众号，打造集体企业交流展示平台，更好地凝聚发展合力。

重　要　文　件

上级单位重要文件索引（摘要）

文　号	文件标题
京安监发〔2016〕60 号	北京市安全生产监督管理局关于印发《北京市生产经营单位生产安全事故隐患排查治理信息系统应用管理办法（试行）》的通知
京办发〔2016〕47 号	中共北京市委办公厅　北京市人民政府办公厅关于印发《北京市贯彻落实〈党政领导干部生态环境损害责任追究办法（试行）〉实施细则》的通知
京发改〔2016〕1025 号	北京市发展和改革委员会关于组建首都电力交易中心有限公司的批复
京发改〔2016〕1119 号	北京市发展和改革委员会关于北京电网 2016 年拉路限电序位的批复

续表

文　　号	文件标题
京发改〔2016〕1765 号	北京市发展和改革委员会关于北京地区 2016 年第二批替代发电方案的批复
京发改（核）〔2015〕43 号	北京市发展和改革委员会关于辛营 110kV 输变电工程项目核准的批复
京发改（核）〔2016〕262 号	北京市发展和改革委员会关于杨各庄 220kV 输变电工程项目核准的批复
京发改（核）〔2016〕263 号	北京市发展和改革委员会关于罗奇营 220kV 输变电工程项目核准的批复
京发改（核）〔2016〕264 号	北京市发展和改革委员会关于宝善庄 220kV 输变电工程项目核准的批复
京发改（核）〔2016〕265 号	北京市发展和改革委员会关于张家务 220kV 输变电工程项目核准的批复
京发改（核）〔2016〕266 号	北京市发展和改革委员会关于良乡北 220kV 输变电工程项目核准的批复
京发改（核）〔2016〕307 号	北京市发展和改革委员会关于东府 220kV 输变电工程项目核准的批复
京发改（核）〔2016〕309 号	北京市发展和改革委员会关于邓庄 220kV 输变电工程项目核准的批复
京发改（核）〔2016〕310 号	北京市发展和改革委员会关于沙河北 220kV 输变电工程项目核准的批复
京发改（核）〔2016〕311 号	北京市发展和改革委员会关于四家庄 220kV 输变电工程项目核准的批复
京发改（核）〔2016〕327 号	北京市发展和改革委员会关于北京地区“煤改电”配套实验设施建设工程项目核准的批复
京发改（核）〔2016〕335 号	北京市发展和改革委员会关于涿州电厂 220kV 送出（北京段）工程项目核准的批复
京丰台发改（核）〔2016〕71 号	关于北湖 110kV 输变电工程项目核准的批复
京金融〔2016〕158 号	北京市金融工作局关于同意首都电力交易中心设立的批复
京统发〔2016〕118 号	北京市统计局关于印发《关于进一步整合部门统计数据资源加强信息共享的实施意见》和《北京市部门统计数据质量评估办法》的通知
京应急办发〔2016〕5 号	北京市突发事件应急委员会办公室关于印发《北京市应急系统视频例会制度（2016 年修订）》的通知
京应急委发〔2016〕11 号	北京市突发事件应急委员会关于印发《北京市突发事件信息管理办法》的通知
市电指办〔2015〕3 号	北京市电力事故应急指挥部办公室关于印发北京市电力突发事件应急预案管理办法的通知
市电指办〔2015〕4 号	北京市电力事故应急指挥部办公室关于印发北京市电力突发事件应急演练管理办法的通知
办财〔2016〕90 号	国家电网公司办公厅转发国资委、财政部关于《企业国有资产交易监督管理办法》的通知
国家电网安质〔2016〕212 号	国家电网公司关于印发《国家电网公司电力安全工作规程（电网建设部分）》（试行）的通知
国家电网安质〔2016〕232 号	国家电网公司关于印发《国家电网公司大面积停电事件应急预案》（2016 年修订版）的通知
国家电网安质〔2016〕356 号	国家电网公司关于印发生产作业安全管控标准化工作规范（试行）的通知
国家电网安质〔2016〕1033 号	国家电网公司关于印发《国家电网公司安全事故调查规程》信息通信部分修订条款的通知
国家电网办〔2016〕1040 号	国家电网公司关于印发《国家电网公司领导干部外出请假报告管理办法》的通知
国家电网党〔2016〕24 号	中共国家电网公司党组关于印发《国家电网公司党风廉政建设约谈和报告工作规定》的通知
国家电网党〔2016〕39 号	中共国家电网公司党组关于印发《国家电网公司各单位领导班子和领导干部综合考核评价办法》的通知
国家电网党〔2016〕48 号	中共国家电网公司党组关于印发《国家电网公司党风廉政问题线索三级排查处理规定》和《国家电网公司纪律审查工作管理规定》的通知
国家电网党〔2016〕78 号	中共国家电网公司党组关于印发《国家电网公司所属二级单位纪委书记纪委副书记提名考察办法（试行）》的通知
国家电网发展〔2016〕178 号	国家电网公司关于北京电网黄港 110kV 输变电工程可行性研究报告的批复
国家电网发展〔2016〕682 号	国家电网公司关于北京朝阳地区电网调度控制系统整体改造等工程可行性研究报告的批复
国家电网发展〔2016〕929 号	国家电网公司关于北京电网南营等 110kV 输变电工程可行性研究报告的批复
国家电网发展〔2016〕991 号	国家电网公司关于北京电网良乡北等 220、110kV 输变电工程可行性研究报告的批复
国家电网法〔2016〕488 号	国家电网公司关于印发《国家电网公司法律风险管理办法（试行）》的通知

续表

文　　号	文 件 标 题
国家电网后勤〔2016〕512号	国家电网公司关于国网北京电力中心库（一期）项目可行性研究报告的批复
国家电网企管〔2016〕9号	国家电网公司关于印发《电能表用元器件技术规范　第8部分：负荷开关》等10项技术标准的通知
国家电网企管〔2016〕10号	国家电网公司关于印发《超、特高压变压器现场工厂化检修技术规范》的通知
国家电网企管〔2016〕27号	国家电网公司关于印发《国家电网公司各单位承担外部任务管理办法》的通知
国家电网企管〔2016〕41号	国家电网公司关于印发《国家电网公司95598客户服务业务管理办法》的通知
国家电网企管〔2016〕144号	国家电网公司关于印发《国家电网公司国际业务预防商业贿赂风险管理办法》的通知
国家电网企管〔2016〕145号	国家电网公司关于印发《国家电网公司水电优质工程评定管理办法》等3项通用制度的通知
国家电网企管〔2016〕174号	国家电网公司关于印发《抽水蓄能电站工程项目划分导则》等5项技术标准的通知
国家电网企管〔2016〕229号	国家电网公司关于印发《国家电网公司国际项目业务人员因公临时出国简化审批实施细则》和《国家电网公司外事接待经费管理办法》的通知
国家电网企管〔2016〕230号	国家电网公司关于印发《国家电网公司国家科技项目管理细则》和《国家电网公司职业卫生管理办法》的通知
国家电网企管〔2016〕235号	国家电网公司关于印发《国家电网公司高端智库建设管理办法》和《国家电网公司软科学成果奖励办法》的通知
国家电网企管〔2016〕275号	国家电网公司关于印发《国家电网公司所属各级单位企业负责人履职待遇、业务支出管理办法》的通知
国家电网企管〔2016〕277号	国家电网公司关于印发《国家电网公司供电企业内控劳动定员标准　第1部分：规划》等9项技术标准的通知
国家电网企管〔2016〕296号	国家电网公司关于印发《国家电网公司数据通信网设备测试规范》等8项技术标准的通知
国家电网企管〔2016〕297号	国家电网公司关于印发《电网设施布局规划内容深度规定》等5项技术标准的通知
国家电网企管〔2016〕321号	国家电网公司关于印发《国家电网公司平等协商和签订集体合同办法》的通知
国家电网企管〔2016〕386号	国家电网公司关于印发《国家电网公司差旅费管理办法》的通知
国家电网企管〔2016〕446号	国家电网公司关于印发《国家电网公司应急指挥中心建设规范》等2项技术标准的通知
国家电网企管〔2016〕521号	国家电网公司关于印发《国家电网公司职业卫生技术规范》和《输变电工程环境监理规范》的通知
国家电网企管〔2016〕572号	国家电网公司关于印发《IMS行政交换网业务　第1部分：多媒体电话基本业务及补充业务》等11项技术标准的通知
国家电网企管〔2016〕573号	国家电网公司关于印发《国家电网公司担保管理办法》的通知
国家电网企管〔2016〕630号	国家电网公司关于印发《国家电网公司输变电工程前期管理办法》等3项通用制度的通知
国家电网企管〔2016〕648号	国家电网公司关于印发《国家电网公司质量事件调查管理办法》的通知
国家电网企管〔2016〕649号	国家电网公司关于印发《国家电网公司变电站设备监控信息管理规定》等6项通用制度的通知
国家电网企管〔2016〕650号	国家电网公司关于印发《国家电网公司物资计划管理办法》等10项通用制度的通知
国家电网企管〔2016〕651号	国家电网公司关于印发《1000kV交流架空输电线路检修规范》等13项技术标准的通知
国家电网企管〔2016〕726号	国家电网公司关于印发《国家电网公司管理创新工作管理办法》和《国家电网公司质量管理小组活动管理办法》的通知
国家电网企管〔2016〕846号	国家电网公司关于印发《感应滤波变压器成套设备技术规范》等7项技术标准的通知
国家电网企管〔2016〕848号	国家电网公司关于印发《国家电网公司招标采购监督专家管理办法》的通知
国家电网企管〔2016〕849号	国家电网公司关于印发《国家电网公司审计工作办法》等3项通用制度的通知

续表

文号	文件标题
国家电网企管〔2016〕933 号	国家电网公司关于印发《水电站水机保护配置及运行维护导则》等 10 项技术标准的通知
国家电网企管〔2016〕954 号	国家电网公司关于印发《国家电网公司信息安全风险评估实施细则》等 8 项技术标准的通知
国家电网企管〔2016〕957 号	国家电网公司关于印发《智能变电站合并单元技术规范》等 6 项技术标准的通知
国家电网企管〔2016〕986 号	国家电网公司关于印发《智能变电站继电保护装置检验测试规范》等 11 项技术标准的通知
国家电网企管〔2016〕987 号	国家电网公司关于印发《输电线路组塔落地抱杆》等 14 项技术标准的通知
国家电网企管〔2016〕988 号	国家电网公司关于印发《750kV 主变压器技术规范》等 14 项技术标准的通知
国家电网企管〔2016〕1017 号	国家电网公司关于印发《电力设备带电检测仪器技术规范　第 1 部分：带电检测仪器通用技术规范》等 14 项技术标准的通知
国家电网企管〔2016〕1023 号	国家电网公司关于印发《变电站智能机器人巡检系统技术规范　第 1 部分：变电站智能巡检机器人》等 8 项技术标准的通知
国家电网企管〔2016〕1042 号	国家电网公司关于印发《隔离断路器运维导则》等 9 项技术标准的通知
国家电网企管〔2016〕1043 号	国家电网公司关于印发《1000kV 变电站检修管理规范》等 6 项技术标准的通知
国家电网企管〔2016〕1046 号	国家电网公司关于印发《串联电容器补偿装置通用技术要求》等 9 项技术标准的通知
国家电网企管〔2016〕1050 号	国家电网公司关于印发《智能变电站继电保护装置检验测试规范》等 11 项技术标准的通知
国家电网企管〔2016〕1059 号	国家电网公司关于印发《架空输电线路在线监测设计技术导则》等 5 项技术标准的通知
国家电网企管〔2016〕1060 号	国家电网公司关于印发《国家电网公司频率同步网技术基础　第 3 部分：同步网节点时钟设备测试方法》等 6 项技术标准的通知
国家电网企管〔2016〕1110 号	国家电网公司关于印发《国家电网公司法定代表人授权委托管理办法》的通知
国家电网企管〔2015〕1246 号	国家电网公司关于印发《国家电网公司电视电话会议管理办法》的通知
国家电网企管〔2015〕1247 号	国家电网公司关于印发《国家电网公司新闻媒体管理办法》的通知
国家电网人事〔2016〕676 号	国家电网公司关于印发《国家电网公司因私事出国（境）管理暂行办法》的通知
国家电网信通〔2016〕490 号	国家电网公司关于分析与决策-运营监测（控）信息支撑子系统设计开发实施信息化项目可研调整的批复
国家电网营销〔2016〕261 号	国家电网公司关于印发《〈国家电网公司 95598 客户服务业务管理办法〉释义》的通知
国家电网运检〔2016〕48 号	国家电网公司关于印发《重大检修管理办法（试行）》的通知
国家电网运检〔2016〕413 号	国家电网公司关于印发《架空输电线路"三跨"重大反事故措施（试行）》的通知
后勤小型基建〔2016〕6 号	国网后勤部关于国网北京电力本部计量实验检测设备库项目可行性研究报告的批复
后勤小型基建〔2016〕60 号	国网后勤部关于北京公司通州生产综合楼（首都副中心电网应急抢修分中心）初步设计的批复
后勤小型基建〔2016〕173 号	国网后勤部关于国网北京电力本部计量实验检测设备库项目初步设计的批复
后勤小型基建〔2016〕194 号	国网后勤部关于国网北京电力中心库（一期）项目初步设计的批复
华北安监〔2016〕32 号	国网华北分部关于印发《直调系统电网运行风险预警管理工作规范》的通知
华北分调〔2016〕68 号	国网华北电力调控分中心关于印发《华北电网特高压交流系统调度运行管理规定（试行）》的通知
华北监能市场〔2016〕354 号	华北能源监管局关于印发实施《京津唐电网电力用户与发电企业直接交易暂行规则》的通知
基建计划〔2016〕25 号	国网基建部关于应用 35kV 输变电工程业主、施工、监理项目部标准化管理手册（试行）的通知
基建技经〔2016〕54 号	国网基建部关于印发《调相机工程建设预算编制指导意见》（试行）的通知
科环〔2016〕71 号	国网科技部关于印发《重点输变电工程设计阶段环境保护技术监督工作方案（试行）》的通知
科计〔2016〕72 号	国网科技部关于转发中电联《中国电力企业联合会标准管理办法》等 2 项规定的通知
调监〔2016〕57 号	国调中心关于印发基于监控数据的变电站设备运行大数据分析功能需求规范（2016 版）的通知
调监〔2016〕82 号	国调中心关于印发《调控机构输变电设备在线监测运行分析评价细则》的通知

续表

文　号	文件标题
调监〔2016〕110号	国调中心、国网运检部关于印发调度管理系统（OMS2.0）与设备（资产）运维管理系统（PMS2.0）数据共享业务协同接口技术规范等规范的通知
调监〔2016〕124号	国调中心关于印发基于监控数据的变电站设备运行大数据分析系统功能需求规范等三项规范的通知
调水〔2016〕133号	国调中心关于印发抽蓄调度基础信息管理规范（试行）的通知
调调〔2016〕49号	国调中心关于印发国调直调设备运行、监控、运维人员持证上岗管理办法的通知
调调〔2016〕96号	国调中心关于印发《电网调控术语规范》和《调控日志记录数据规范》的通知
调调〔2016〕104号	国调中心关于印发国家电网公司故障停运线路远方试送管理规范的通知
调运〔2016〕84号	国调中心关于印发2016年特高压互联电网稳定及无功电压调度运行规定（第二版）的通知
外事经商〔2016〕26号	国网国际部关于印发《国家电网公司国际业务数据安全传输系统使用管理规范（试行）》的通知
物资综〔2016〕47号	国网物资部关于印发国家电网公司零星物资电商化采购和供应工作规范（试行）的通知
信通计划〔2016〕118号	国网信通部关于国网北京电力2017年500万元以上独立建设信息化项目可研的批复
信通运行〔2016〕51号	国网信通部关于印发国际业务数据安全传输系统运行维护管理规范（试行）的通知
信通运行〔2016〕74号	国网信通部关于印发公司信息系统运行风险预警管理规范的通知
信通运行〔2016〕77号	国网信通部关于印发国家电网公司信息通信运维服务管理规范的通知
信通运行〔2016〕88号	国网信通部关于印发国家电网公司人力资源管理信息系统运行维护管理规范（试行）的通知
信通运行〔2016〕94号	国网信通部关于印发信息通信调度同质化管理3个规范的通知
信通运行〔2016〕150号	国网信通部关于印发国家电网公司基层班组（供电所）电子计算机配置标准规范（2016年版）的通知
信通运行〔2016〕173号	国网信通部关于印发国家电网公司信息系统（设备）调度运行命名规范（试行）的通知
运检二〔2016〕5号	国网运检部关于印发架空输电线路防鸟害装置安装及验收规范（试行）的通知
运检二〔2016〕23号	国网运检部关于印发输电专业精益化管理考核评价规范的通知
运检二〔2016〕85号	国网运检部关于印发架空输电线路和高压电缆线路停电检修（施工）典型作业工期指导意见（试行）的通知
运检计划〔2016〕8号	国网运检部关于印发设备（资产）运维精益管理系统应用管理规范（试行）的通知
运检技术〔2016〕131号	国网运检部关于征求《变压器全过程技术监督精益化管理实施评价细则》等15项细则意见的通知
运检三〔2016〕57号	国网运检部关于印发《10kV及以下配电网标准化建设改造创建活动验收细则（试行）》的通知
运检三〔2016〕94号	国网运检部关于印发10kV配网不停电作业规范（试行）的通知
运检三〔2016〕109号	国网运检部关于印发暂态录波型故障指示器技术条件和检测规范（试行）的通知

公司重要文件索引（摘要）

文　号	文件标题
京电安〔2016〕9号	国网北京市电力公司关于修订印发《安全双准入管理规定》的通知
京电安〔2016〕13号	国网北京市电力公司关于贯彻执行《国家电网公司生产作业安全管控标准化工作规范》的通知
京电安〔2016〕14号	国网北京市电力公司关于印发《国网北京市电力公司危险化学品和易燃易爆品管理办法》的通知
京电安〔2016〕21号	国网北京市电力公司关于印发《国网北京市电力公司大面积停电事件应急预案》的通知
京电安〔2016〕26号	国网北京市电力公司关于印发《国网北京市电力公司应急救援队伍管理细则》的通知
京电安〔2016〕27号	国网北京市电力公司关于印发《国网北京市电力公司应急装备管理细则》的通知
京电安〔2016〕28号	国网北京市电力公司关于印发《国网北京市电力公司预警应急响应工作细则》的通知

续表

文　号	文件标题
京电安〔2016〕29号	国网北京市电力公司关于印发《国网北京市电力公司突发事件应急响应工作细则》的通知
京电安〔2016〕30号	国网北京市电力公司关于印发《国网北京市电力公司安全技术劳动保护措施计划管理办法》的通知
京电安〔2016〕31号	国网北京市电力公司关于印发《国网北京市电力公司班组安全管理规定》的通知
京电安〔2016〕32号	国网北京市电力公司关于修订印发《国网北京市电力公司生产作业安全风险预警管控管理规定》的通知
京电安〔2016〕33号	国网北京市电力公司关于发布《国网北京市电力公司煤改电客户停电事件应急预案》的通知
京电安〔2016〕34号	国网北京市电力公司关于印发《国网北京市电力公司特种设备与特种作业人员安全监督管理规定》的通知
京电安〔2016〕39号	国网北京市电力公司关于下发《国网北京市电力公司集体企业安全监督检查标准》的通知
京电办〔2016〕5号	国网北京市电力公司关于印发《国网北京市电力公司总经理办公会议议事规则》的通知
京电办〔2016〕6号	国网北京市电力公司关于贯彻执行《国家电网公司电视电话会议管理办法》和《国家电网公司各单位承担外部任务管理办法》通用制度的通知
京电办〔2016〕18号	国网北京市电力公司关于贯彻执行《国家电网公司国际项目业务人员因公临时出国简化审批实施细则》和《国家电网公司外事接待经费管理办法》的通知
京电办〔2016〕19号	国网北京市电力公司关于贯彻执行《国家电网公司所属各级单位企业负责人履职待遇、业务支出管理办法》的通知
京电财〔2016〕8号	国网北京市电力公司关于贯彻执行《国家电网公司差旅费管理办法》的通知
京电财〔2016〕22号	国网北京市电力公司关于国网北京节能服务有限公司开立内部封闭结算账户的批复
京电财〔2016〕23号	国网北京市电力公司关于国网北京电动汽车服务有限公司开立内部银行账户的批复
京电党任〔2016〕1号	徐驰等同志职务任免
京电党任〔2016〕2号	李国昌等同志职务任免
京电党任〔2016〕3号	胡蕴鑫等同志职务任免
京电党任〔2016〕4号	王健等同志职务任免
京电发展〔2016〕4号	国网北京市电力公司关于北京市行政副中心行政办公区涉及高压架空线路迁改工程咨询报告的批复
京电发展〔2016〕5号	国网北京市电力公司关于通州三联供电厂220kV送出等输变电工程可行性研究报告的批复
京电发展〔2016〕6号	国网北京市电力公司关于信息港220kV变电站110kV配套送出工程可行性研究报告的批复
京电发展〔2016〕9号	国网北京市电力公司关于城区供电公司重要驻地供电可靠性提升（西城区）等2项工程可行性研究报告的批复
京电发展〔2016〕26号	国网北京市电力公司关于石景山供电公司南山110kV变电站10kV配套送出工程可行性研究报告的批复
京电发展〔2016〕69号	国网北京市电力公司关于平谷供电公司10kV安固路网架结构优化及线路标准化改造等8项工程可行性研究报告的批复
京电发展〔2016〕70号	国网北京市电力公司关于大兴供电公司10kV西集路网架结构优化等5项工程可行性研究报告的批复
京电发展〔2016〕71号	国网北京市电力公司关于房山供电公司10kV西召路网架结构优化等10项工程可行性研究报告的批复
京电发展〔2016〕72号	国网北京市电力公司关于城区供电公司10kV园恩寺路标准化及分段改造等21项工程可行性研究报告的批复

续表

文　　号	文件标题
京电发展〔2016〕73号	国网北京市电力公司关于怀柔供电公司10kV汤碾路网架结构优化工程可行性研究报告的批复
京电发展〔2016〕75号	国网北京市电力公司关于延庆供电公司10kV扬水路标准化改造等2项工程可行性研究报告的批复
京电发展〔2016〕77号	国网北京市电力公司关于密云供电公司10kV穆东路标准化改造等10项工程可行性研究报告的批复
京电发展〔2016〕78号	国网北京市电力公司关于朝阳供电公司10kV于桥路网架结构优化及标准化改造等28项工程可行性研究报告的批复
京电发展〔2016〕81号	国网北京市电力公司关于通州供电公司10kV金桥路加装分段联络开关及绝缘化改造等3项工程可行性研究报告的批复
京电发展〔2016〕82号	国网北京市电力公司关于海淀供电公司10kV万安路标准化及分段联络改造等25项工程可行性研究报告的批复
京电发展〔2016〕83号	国网北京市电力公司关于国网北京延庆供电公司永宁35kV变电站改造工程可行性研究报告的批复
京电发展〔2016〕84号	国网北京市电力公司关于石景山供电公司10kV张仪路架空线路标准化及分段改造等4项工程可行性研究报告的批复
京电发展〔2016〕85号	国网北京市电力公司关于昌平供电公司东沙各庄站35kV变电站单射线路构建单环等23项工程可行性研究报告的批复
京电发展〔2016〕86号	国网北京市电力公司关于国网北京朝阳供电公司2016年农村煤改电等17项工程可行性研究报告的批复
京电发展〔2016〕87号	国网北京市电力公司关于顺义供电公司10kV向阳路分段联络改造等12项工程可行性研究报告的批复
京电发展〔2016〕93号	国网北京市电力公司关于国网北京顺义供电公司王泮庄35kV变电站主变增容工程可行性研究报告的批复
京电发展〔2016〕97号	国网北京市电力公司关于丰台供电公司10kV丽泽大厦二路环网改造等26项工程可行性研究报告的批复
京电发展〔2016〕103号	国网北京市电力公司关于昊天变电站10kV出线沟道工程可行性研究报告的批复
京电发展〔2016〕104号	国网北京市电力公司关于房山供电公司10kV常乐寺路网架结构优化等50项工程可行性研究报告的批复
京电发展〔2016〕113号	国网北京市电力公司关于朝阳供电公司方家村110kV输变电工程配套10kV切改等2项工程可行性研究报告的批复
京电发展〔2016〕120号	国网北京市电力公司关于国网北京城区供电公司景山前街架空线入地等六项工程可行性研究报告的批复
京电发展〔2016〕124号	国网北京市电力公司关于昌平供电公司10kV北苑路解重载等7项工程可行性研究报告的批复
京电发展〔2016〕135号	国网北京市电力公司关于北神树110kV变电站配套电力隧道工程可行性研究报告的批复
京电发展〔2016〕137号	国网北京市电力公司关于广安门—宣武门π入广内大街变电站110kV线路工程可行性研究报告的批复
京电发展〔2016〕138号	国网北京市电力公司关于顺义供电公司10kV赵庄路绝缘化改造及网架优化等22项工程可行性研究报告的批复
京电发展〔2016〕146号	国网北京市电力公司关于大兴供电公司10kV韩村路网架结构优化等35项工程可行性研究报告的批复
京电发展〔2016〕151号	国网北京市电力公司关于门头沟供电公司10kV黄塔路标准化改造等10项工程可行性研究报告的批复

续表

文　　号	文 件 标 题
京电发展〔2016〕155号	国网北京市电力公司关于张华110kV输变电工程等两项工程可行性研究报告的批复
京电发展〔2016〕160号	国网北京市电力公司关于通州供电公司2016年10kV城市分散快充1号充电站外电源新建等31项工程可行性研究报告的批复
京电发展〔2016〕161号	国网北京市电力公司关于城区供电公司东城区故障高发架混线路改造等3项工程可行性研究报告的批复
京电发展〔2016〕162号	国网北京市电力公司关于怀柔供电公司下元变电站10kV出线路增加联络等3项工程可行性研究报告的批复
京电发展〔2016〕177号	国网北京市电力公司关于城区供电公司2016年10kV城市分散快充1号站外电源新建等32项工程可行性研究报告的批复
京电发展〔2016〕184号	国网北京市电力公司关于国网北京朝阳供电公司2016年10kV城市分散快充1号站外电源新建等30项工程可行性研究报告的批复
京电发展〔2016〕191号	国网北京市电力公司关于国网北京延庆供电公司张山营35kV变电站改造工程可行性研究报告的批复
京电发展〔2016〕196号	国网北京市电力公司关于顺义供电公司板桥110kV变电站10kV配套送出等2项工程可行性研究报告的批复
京电发展〔2016〕198号	国网北京市电力公司关于丰台供电公司2016年农村煤改电追加等5项工程可行性研究报告的批复
京电发展〔2016〕199号	国网北京市电力公司关于昌平供电公司香屯站10kV配电室加装联络等2项工程可行性研究报告的批复
京电发展〔2016〕200号	国网北京市电力公司关于怀柔供电公司10kV府东路更换小截面电缆等3项工程可行性研究报告的批复
京电发展〔2016〕208号	国网北京市电力公司关于检修公司220kV栗元变电站10kV间隔扩建工程可行性研究报告的批复
京电发展〔2016〕209号	国网北京市电力公司关于国网北京顺义牛长35kV线路改造工程可行性研究报告的批复
京电发展〔2016〕210号	国网北京市电力公司关于仁和220kV变电站主变扩建工程可行性研究报告的批复
京电发展〔2016〕223号	国网北京市电力公司关于东府220kV输变电工程可行性研究报告的批复
京电发展〔2016〕228号	国网北京市电力公司关于石景山供电公司模式口配电室改造工程可行性研究报告的批复
京电发展〔2016〕229号	国网北京市电力公司关于丰台供电公司镇国寺10kV切改电力管道工程可行性研究报告的批复
京电发展〔2016〕234号	国网北京市电力公司关于北宫220kV输变电工程可行性研究报告的批复
京电发展〔2016〕239号	国网北京市电力公司关于城区供电公司2015年老旧小区配电设施改造工程（巴黎公寓）等14项工程可行性研究报告的批复
京电发展〔2016〕247号	国网北京市电力公司关于城区供电公司2016年柱上断路器安装等19项工程可行性研究报告的批复
京电发展〔2016〕248号	国网北京市电力公司关于海淀供电公司中央民族歌舞团民族广场配电设施改造工程可行性研究报告的批复
京电发展〔2016〕261号	国网北京市电力公司关于大兴供电公司会战村110kV变电站增容扩建工程可行性研究报告的批复
京电发展〔2016〕262号	国网北京市电力公司关于国网北京城区供电公司马连道南街架空线入地工程可行性研究报告的批复
京电发展〔2016〕264号	国网北京市电力公司关于岳庄110kV输变电工程芦庄南街市政电力管线部分可行性研究报告的批复
京电发展〔2016〕267号	国网北京市电力公司关于2016年国网北京丰台供电公司10kV马家堡以东地区电缆网架结构优化等9项工程可行性研究报告的批复

续表

文 号	文 件 标 题
京电发展〔2016〕268 号	国网北京市电力公司关于 2016 年海淀供电公司 10kV 曙光一二路等设备健康水平提升等九项工程可行性研究报告的批复
京电发展〔2016〕270 号	国网北京市电力公司关于 2016 年朝阳供电公司白家庄变电站所带电缆线路供电可靠性提升等 24 项工程可行性研究报告的批复
京电发展〔2016〕312 号	国网北京市电力公司关于永新 110kV 变电站扩建工程可行性研究报告的批复
京电发展〔2016〕313 号	国网北京市电力公司关于北湖 110kV 输变电工程可行性研究报告的批复
京电发展〔2016〕314 号	国网北京市电力公司关于 2015 年亦庄供电公司 10kV 老旧小区电网配电设施改造工程（东晶国际小区）等 14 项工程可行性研究报告的批复
京电发展〔2016〕316 号	国网北京市电力公司关于顺义供电公司 110kV 杨镇变电站 10kV 开关柜改造工程可行性研究报告的批复
京电发展〔2016〕317 号	国网北京市电力公司关于永乐店 110kV 变电站扩建工程可行性研究报告的批复
京电发展〔2016〕320 号	国网北京市电力公司关于房山供电公司普安屯外电源电力隧道建设工程可行性研究报告的批复
京电发展〔2016〕324 号	国网北京市电力公司关于房山供电公司普安屯站配套 35kV 切改等 4 项工程可行性研究报告的批复
京电发展〔2016〕331 号	国网北京市电力公司关于滹县 110kV 变电站扩建工程可行性研究报告的批复
京电发展〔2016〕339 号	国网北京市电力公司关于郎辛庄 110kV 输变电工程可行性研究报告的批复
京电发展〔2016〕341 号	国网北京市电力公司关于北汽 110kV 输变电工程（送电部分）可行性研究报告的批复
京电发展〔2016〕352 号	国网北京市电力公司关于东高村 110kV 输变电工程可行性研究报告的批复
京电发展〔2016〕358 号	国网北京市电力公司关于北京京能涿州电厂 220kV 并网送出工程可行性研究报告的批复
京电发展〔2016〕372 号	国网北京市电力公司关于周各庄 110kV 输变电工程可行性研究报告的批复
京电发展〔2016〕373 号	国网北京市电力公司关于生命园 110kV 变电站主变扩建工程可行性研究报告的批复
京电发展〔2016〕374 号	国网北京市电力公司关于潞城 110kV 变电站扩建工程可行性研究报告的批复
京电发展〔2016〕375 号	国网北京市电力公司关于山峡 110kV 变电站主变扩建工程可行性研究报告的批复
京电发展〔2016〕376 号	国网北京市电力公司关于国网北京房山供电公司老旧小区改造工程——长虹小区等 14 项工程可行性研究报告的批复
京电发展〔2016〕377 号	国网北京市电力公司关于通州供电公司三元一路、西北路网架结构优化工程可行性研究报告的批复
京电发展〔2016〕382 号	国网北京市电力公司关于宝善庄 220kV 输变电工程可行性研究报告的批复
京电发展〔2016〕395 号	国网北京市电力公司关于罗奇营 220kV 输变电工程可行性研究报告的批复
京电发展〔2016〕416 号	国网北京市电力公司关于梁各庄 220kV 输变电工程可行性研究报告的批复
京电发展〔2016〕419 号	国网北京市电力公司关于 2017 年国网北京通州供电公司居民煤改电等 5 项工程可行性研究报告的批复
京电发展〔2016〕420 号	国网北京市电力公司关于 2017 年国网北京平谷供电公司东部地区煤改电等 2 项工程可行性研究报告的批复
京电发展〔2016〕421 号	国网北京市电力公司关于 2017 年国网北京丰台供电公司居民煤改电（长辛店街道）等 3 项工程可行性研究报告的批复
京电发展〔2016〕422 号	国网北京市电力公司关于 2017 年国网北京门头沟供电公司农村煤改电等 3 项工程可行性研究报告的批复
京电发展〔2016〕423 号	国网北京市电力公司关于 2017 年国网北京海淀供电公司居民煤改电等 2 项工程可行性研究报告的批复
京电发展〔2016〕425 号	国网北京市电力公司关于 2017 年国网北京朝阳供电公司居民煤改电等 3 项工程可行性研究报告的批复

续表

文　　号	文件标题
京电发展〔2016〕427号	国网北京市电力公司关于邓庄220kV输变电工程可行性研究报告的批复
京电发展〔2016〕428号	国网北京市电力公司关于四家庄220kV输变电工程可行性研究报告的批复
京电发展〔2016〕429号	国网北京市电力公司关于鱼子山220kV输变电工程可行性研究报告的批复
京电发展〔2016〕430号	国网北京市电力公司关于沙河北220kV输变电工程可行性研究报告的批复
京电发展〔2016〕431号	国网北京市电力公司关于2017年国网北京怀柔供电公司北房等4个地区农村煤改电等2项工程可行性研究报告的批复
京电发展〔2016〕432号	国网北京市电力公司关于2017年国网北京大兴供电公司安定、礼贤等地区煤改电等2项工程可行性研究报告的批复
京电发展〔2016〕433号	国网北京市电力公司关于2017年国网北京房山供电公司青龙湖、长沟等多个地区煤改电等4项工程可行性研究报告的批复
京电发展〔2016〕434号	国网北京市电力公司关于2017年国网北京昌平供电公司江屯村等17个村煤改电等2项工程可行性研究报告的批复
京电发展〔2016〕435号	国网北京市电力公司关于2017年国网北京顺义供电公司李桥等地区农村煤改电等4项工程可行性研究报告的批复
京电发展〔2016〕436号	国网北京市电力公司关于顺密220kV架空线迁改等8项工程咨询报告的批复
京电发展〔2016〕437号	国网北京市电力公司关于通州供电公司辛安屯110kV输变电工程可行性研究报告的批复
京电发展〔2016〕439号	国网北京市电力公司关于东营110kV输变电工程可行性研究报告的批复
京电发展〔2016〕440号	国网北京市电力公司关于流村110kV输变电工程可行性研究报告的批复
京电发展〔2016〕441号	国网北京市电力公司关于张镇110kV输变电工程可行性研究报告的批复
京电发展〔2016〕442号	国网北京市电力公司关于王平110kV输变电工程可行性研究报告的批复
京电发展〔2016〕444号	国网北京市电力公司关于灰峪110kV站35kV切改工程可行性研究报告的批复
京电发展〔2016〕445号	国网北京市电力公司关于石城35kV输变电工程可行性研究报告的批复
京电发展〔2016〕446号	国网北京市电力公司关于十三陵35kV变电站升压工程可行性研究报告的批复
京电发展〔2016〕447号	国网北京市电力公司关于大东流35kV变电站升压工程可行性研究报告的批复
京电发展〔2016〕453号	国网北京市电力公司关于顺义供电公司李桥路等线路标准化改造等五十项工程可行性研究报告的批复
京电发展〔2016〕465号	国网北京市电力公司关于大兴供电公司观音寺110kV变电站10kV配套送出等七项工程可行性研究报告的批复
京电发展〔2016〕467号	国网北京市电力公司关于2017年怀柔供电公司10kV下元站出站电缆线路网架结构优化等十一项工程项目可行性研究报告的批复
京电发展〔2016〕472号	国网北京市电力公司关于于庄110kV输变电工程可行性研究报告的批复
京电发展〔2016〕473号	国网北京市电力公司关于2017年国网北京大兴供电公司新城地区10kV电缆网架结构完善等九项工程可行性研究报告的批复
京电发展〔2016〕475号	国网北京市电力公司关于通州供电公司北关南街、北关中路、上园南街、新华东路四项电力管道新建工程可行性研究报告的批复
京电发展〔2016〕476号	国网北京市电力公司关于丰台供电公司2017年河东地区架空线路网架结构优化等九项工程可行性研究报告的批复
京电发展〔2016〕486号	国网北京市电力公司关于通州三联供电厂220kV送出工程可行性研究报告调整的批复
京电发展〔2016〕487号	国网北京市电力公司关于房山供电公司大宁110kV变电站扩建等两项工程可行性研究报告的批复

续表

文　　号	文件标题
京电发展〔2016〕488号	国网北京市电力公司关于大羊坊110kV输变电工程可行性研究报告的批复
京电发展〔2016〕489号	国网北京市电力公司关于官道110kV输变电工程可行性研究报告的批复
京电发展〔2016〕496号	国网北京市电力公司关于三营门220kV输变电工程可行性研究报告调整的批复
京电发展〔2016〕498号	国网北京市电力公司关于国网北京朝阳供电公司东苇110kV输变电工程配套10kV切改等2项工程可行性研究报告的批复
京电发展〔2016〕501号	国网北京市电力公司关于密云供电公司2017年城区路等9路设备健康水平提升等10项工程可行性研究报告的批复
京电发展〔2016〕504号	国网北京市电力公司关于北宫220kV变电站110kV配套送出工程可行性研究报告的批复
京电发展〔2016〕509号	国网北京市电力公司关于良乡北220kV变电站110kV配套送出工程可行性研究报告的批复
京电发展〔2016〕510号	国网北京市电力公司关于南尚乐110kV变电站扩建工程可行性研究报告的批复
京电发展〔2016〕511号	国网北京市电力公司关于110kV郝家疃站扩建10kV间隔等3项工程可行性研究报告的批复
京电发展〔2016〕514号	国网北京市电力公司关于堂上35kV变电站改造提升工程可行性研究报告的批复
京电发展〔2016〕515号	国网北京市电力公司关于陆港110kV输变电工程可行性研究报告的批复
京电发展〔2016〕516号	国网北京市电力公司关于五侯35kV变电站改造提升工程可行性研究报告的批复
京电发展〔2016〕519号	国网北京市电力公司关于海淀供电公司10kV西二旗一二路等设备健康水平提升等十二项工程可行性研究报告的批复
京电发展〔2016〕524号	国网北京市电力公司关于平谷鱼子山220kV变电站110kV配套送出工程可行性研究报告的批复
京电发展〔2016〕539号	国网北京市电力公司关于大兴供电公司广厦110kV输变电工程可行性研究报告的批复
京电发展〔2016〕540号	国网北京市电力公司关于昌平供电公司邓庄220kV变电站110kV配套送出工程可行性研究报告的批复
京电发展〔2016〕547号	国网北京市电力公司关于汤河口110kV输变电工程可行性研究报告的批复
京电发展〔2016〕548号	国网北京市电力公司关于国网北京平谷供电公司110kV陆港变电站10kV配套送出工程可行性研究报告的批复
京电发展〔2016〕551号	国网北京市电力公司关于北河110kV输变电工程可行性研究报告的批复
京电发展〔2016〕552号	国网北京市电力公司关于国网北京怀柔供电公司辛营110kV变电站10kV配套送出工程可行性研究报告的批复
京电发展〔2016〕564号	国网北京市电力公司关于亦庄西南220kV输变电工程可行性研究报告的批复
京电发展〔2016〕574号	国网北京市电力公司关于城区供电公司居民小区充电设施配网建设改造等16项工程可行性研究报告的批复
京电发展〔2016〕575号	国网北京市电力公司关于杨各庄220kV输变电工程可行性研究报告的批复
京电发展〔2016〕583号	国网北京市电力公司关于通州可再生能源电厂110kV送出工程可行性研究报告的批复
京电发展〔2016〕588号	国网北京市电力公司关于2017年延庆供电公司10kV古城路等线路网架结构完善等3项工程可行性研究报告的批复
京电发展〔2016〕589号	国网北京市电力公司关于平谷供电公司10kV后北宫路网架结构优化及线路标准化改造等7项工程可行性研究报告的批复
京电发展〔2016〕590号	国网北京市电力公司关于石景山供电公司10kV六合园开闭站外电源切改等17项工程可行性研究报告的批复
京电发展〔2016〕591号	国网北京市电力公司关于2017年门头沟供电公司10kV电缆线路网架结构优化工程等7项工程可行性研究报告的批复

续表

文号	文件标题
京电发展〔2016〕592号	国网北京市电力公司关于通州供电公司非中心区域10kV网架结构完善等8项工程可行性研究报告的批复
京电发展〔2016〕593号	国网北京市电力公司关于城区供电公司QH333政治供电可靠性提升等36项工程可行性研究报告的批复
京电发展〔2016〕595号	国网北京市电力公司关于亦庄供电公司2017年10kV核心区设备健康水平提升等4项工程可行性研究报告的批复
京电发展〔2016〕596号	国网北京市电力公司关于2017年怀柔供电公司10kV甘涧峪路标准化改造等3项工程可行性研究报告的批复
京电发展〔2016〕597号	国网北京市电力公司关于大兴宝善庄220kV变电站110kV配套送出工程可行性研究报告的批复
京电发展〔2016〕598号	国网北京市电力公司关于昌平供电公司10kV文化区A一二路等可靠性提升等6项工程可行性研究报告的批复
京电发展〔2016〕621号	国网北京市电力公司关于丰台供电公司110kV长辛店变电站10kV煤改电配套送出等2项工程可行性研究报告的批复
京电发展〔2016〕624号	国网北京市电力公司关于门头沟供电公司10kV南街西路切改工程可行性研究报告的批复
京电发展〔2016〕628号	国网北京市电力公司关于海淀供电公司2015年海淀区老旧小区电力改造工程（小南庄25号院）等2项工程可行性研究报告的批复
京电发展〔2016〕629号	国网北京市电力公司关于延庆供电公司铁炉村电网提升入地工程可行性研究报告的批复
京电发展〔2016〕630号	国网北京市电力公司关于平谷供电公司10kV金海路网架结构优化及线路标准化改造等4项工程可行性研究报告的批复
京电发展〔2016〕632号	国网北京市电力公司关于通州梁各庄220kV变电站配套110kV送出工程可行性研究报告的批复
京电发展〔2016〕634号	国网北京市电力公司关于顺义东府220kV变电站配套110kV送出工程可行性研究报告的批复
京电发展〔2016〕641号	国网北京市电力公司关于2017年延庆供电公司度冬解重载等两项工程可行性研究报告的批复
京电发展〔2016〕642号	国网北京市电力公司关于石景山供电公司10kV杨庄开闭站切改等2项工程可行性研究报告的批复
京电发展〔2016〕643号	国网北京市电力公司关于密云供电公司十里堡路解重载等3项工程可行性研究报告的批复
京电发展〔2016〕644号	国网北京市电力公司关于密云供电公司35kV石城变电站10kV煤改电配套送出工程可行性研究报告的批复
京电发展〔2016〕645号	国网北京市电力公司关于房山供电公司江村站35kV解重载工程可行性研究报告的批复
京电发展〔2016〕646号	国网北京市电力公司关于海淀供电公司2017年柳东路、知春路网架结构优化工程项目可行性研究报告的批复
京电发展〔2016〕647号	国网北京市电力公司关于韩村河220kV变电站扩建3号主变工程可行性研究报告的批复
京电后勤〔2016〕23号	国网北京市电力公司关于同意调整国网北京海淀供电公司温泉附属用房给水排水分系统维修项目的批复
京电后勤〔2016〕35号	关于印发《国网北京市电力公司亦庄办公区物业管理及考核办法》的通知
京电后勤〔2016〕51号	国网北京市电力公司关于通州生产综合楼开办费的批复
京电后勤〔2016〕55号	关于国网北京客服中心第二办公区开办费的批复
京电集体〔2016〕1号	关于修订《国网北京市电力公司集体企业会议管理办法》的通知
京电集体〔2016〕2号	关于印发《国网北京市电力公司集体企业公务活动管理办法》的通知
京电集体〔2016〕8号	关于调整北京明湖技术培训中心处置方式的批复
京电集体〔2016〕11号	国网北京市电力公司关于昌平供电公司歇业企业改制实施方案的批复

续表

文　号	文件标题
京电集体〔2016〕12号	国网北京市电力公司关于顺义供电公司歇业企业改制实施方案的批复
京电监〔2016〕1号	国网北京市电力公司关于贯彻执行《国家电网公司党风廉政建设约谈和报告工作规定》和《中共国家电网公司党组巡视工作暂行规定》的通知
京电建设〔2016〕1号	国网北京市电力公司关于坨阳35kV线路迁改（地铁16号线）等10项工程初步设计的批复
京电建设〔2016〕6号	国网北京市电力公司关于东苇（草场地）110kV变电站等10项工程初步设计的批复
京电建设〔2016〕10号	国网北京市电力公司关于军营110kV变电站工程（电气部分）等3项工程初步设计的批复
京电建设〔2016〕17号	国网北京市电力公司关于西北旺220kV变电站主变扩建等2项工程初步设计的批复
京电建设〔2016〕22号	国网北京市电力公司关于运河220kV输变电等2项工程初步设计的批复
京电建设〔2016〕24号	国网北京市电力公司关于玉渊潭220kV输变电工程初步设计的批复
京电建设〔2016〕31号	国网北京市电力公司关于顺义新城110kV变电站工程初步设计的批复
京电建设〔2016〕32号	国网北京市电力公司关于辛店居住组团地块开发涉及高压线迁改项目初步设计的批复
京电建设〔2016〕35号	国网北京市电力公司关于龙潭湖变电站10kV切改等2项工程初步设计的批复
京电建设〔2016〕37号	国网北京市电力公司关于石景山石莲110kV变电站10kV切改工程初步设计的批复
京电建设〔2016〕42号	国网北京市电力公司关于高安屯充电站工程等3项工程初步设计的批复
京电建设〔2016〕46号	国网北京市电力公司关于半壁店变电站配套10kV切改等2项工程初步设计的批复
京电建设〔2016〕54号	国网北京市电力公司关于地铁16号线二期电力隧道穿越等3项工程初步设计的批复
京电建设〔2016〕61号	国网北京市电力公司关于大刘庄220kV牵引站外电源（电缆部分）等5项工程初步设计的批复
京电建设〔2016〕63号	国网北京市电力公司关于肖家河110kV变电等5项工程初步设计的批复
京电建设〔2016〕64号	国网北京市电力公司关于西直门南小街架空线入地等6项工程初步设计的批复
京电建设〔2016〕67号	国网北京市电力公司关于北京市行政副中心行政办公区涉及架空线路迁改工程初步设计的批复
京电建设〔2016〕68号	国网北京市电力公司关于辛营110kV输变电等3项工程初步设计的批复
京电建设〔2016〕73号	国网北京市电力公司关于马连道南街电力架空线入地工程初步设计的批复
京电建设〔2016〕76号	国网北京市电力公司关于北湖110kV变电站等3项工程初步设计的批复
京电建设〔2016〕81号	国网北京市电力公司关于岳庄110kV变电站等5项工程初步设计的批复
京电建设〔2016〕85号	国网北京市电力公司关于东小井110kV送电等6项工程初步设计的批复
京电建设〔2016〕86号	国网北京市电力公司关于印发《国网北京市电力公司输变电工程建设储备库管理规定》的通知
京电建设〔2016〕87号	国网北京市电力公司关于北宫220kV输变电工程初步设计的批复
京电建设〔2016〕90号	国网北京市电力公司关于商务区北110kV输变电等2项工程初步设计的批复
京电建设〔2016〕92号	国网北京市电力公司关于南营110kV变电站等2项工程初步设计的批复
京电建设〔2016〕97号	国网北京市电力公司关于张华110kV变电站等3项工程初步设计的批复
京电建设〔2016〕102号	国网北京市电力公司关于通州三联供电厂220kV并网送出等3项工程初步设计的批复
京电建设〔2016〕103号	国网北京市电力公司关于东郊农场110kV变电站工程初步设计的批复
京电建设〔2016〕106号	国网北京市电力公司关于官道110kV变电站等2项工程初步设计的批复
京电建设〔2016〕108号	国网北京市电力公司关于玉河110kV变电工程初步设计的批复
京电建设〔2016〕113号	国网北京市电力公司关于陆港110kV输变电等5项工程初步设计的批复
京电建设〔2016〕114号	国网北京市电力公司关于普安屯外电源电力隧道建设工程初步设计的批复
京电建设〔2016〕118号	国网北京市电力公司关于生命园110kV变电站4号主变扩建等2项工程初步设计的批复
京电建设〔2016〕120号	国网北京市电力公司关于涿州电厂220kV送出等5项工程初步设计的批复
京电建设〔2016〕122号	国网北京市电力公司关于宝善庄220kV输变电等5项工程初步设计的批复
京电建设〔2016〕124号	国网北京市电力公司关于王平110kV输变电等2项工程初步设计的批复

续表

文　号	文 件 标 题
京电建设〔2016〕125 号	国网北京市电力公司关于郎辛庄 110kV 输变电等 2 项工程初步设计的批复
京电建设〔2016〕126 号	国网北京市电力公司关于北河 110kV 输变电等 2 项工程初步设计的批复
京电建设〔2016〕127 号	国网北京市电力公司关于官道 110kV 送电工程初步设计的批复
京电建设〔2016〕131 号	国网北京市电力公司关于流村 110kV 输变电工程初步设计的批复
京电交易〔2016〕9 号	国网北京市电力公司关于神华国华（北京）燃气热电有限公司 1-3 号机组进入商业运营的批复
京电经法〔2016〕9 号	关于印发《国网北京市电力公司资质性证照管理办法》的通知
京电科信〔2016〕3 号	国网北京市电力公司关于转发《国家电网公司电网建设项目环境影响评价管理办法》的通知
京电科信〔2016〕5 号	国网北京市电力公司关于印发《国网北京市电力公司自建信息系统管理规范》的通知
京电科信〔2016〕14 号	国网北京市电力公司关于 2017 年第一批信息系统储备项目可研的批复
京电科信〔2016〕16 号	国网北京市电力公司关于 2017 年第二批信息系统储备项目可研的批复
京电科信〔2016〕17 号	国网北京市电力公司关于 2017 年第三批信息系统储备项目可研的批复
京电科信〔2016〕23 号	国网北京市电力公司关于国网北京电力-四表合一抄收系统-实施项目可研的批复
京电人资〔2016〕22 号	国网北京市电力公司关于印发《国网北京市电力公司所属单位及其企业负责人业绩考核管理办法》的通知
京电人资〔2016〕41 号	国网北京市电力公司关于怀柔供电公司末端业务融合方案的批复
京电人资〔2016〕42 号	国网北京市电力公司关于顺义供电公司末端业务融合方案的批复
京电人资〔2016〕43 号	国网北京市电力公司关于亦庄供电公司末端业务融合方案的批复
京电人资〔2016〕44 号	国网北京市电力公司关于城区供电公司末端业务融合方案的批复
京电人资〔2016〕45 号	国网北京市电力公司关于朝阳供电公司末端业务融合方案的批复
京电人资〔2016〕46 号	国网北京市电力公司关于昌平供电公司末端业务融合方案的批复
京电人资〔2016〕47 号	国网北京市电力公司关于海淀供电公司末端业务融合方案的批复
京电人资〔2016〕48 号	国网北京市电力公司关于丰台供电公司末端业务融合方案的批复
京电人资〔2016〕55 号	国网北京市电力公司关于门头沟供电公司末端业务融合方案的批复
京电人资〔2016〕56 号	国网北京市电力公司关于密云供电公司末端业务融合方案的批复
京电人资〔2016〕57 号	国网北京市电力公司关于大兴供电公司末端业务融合方案的批复
京电人资〔2016〕58 号	国网北京市电力公司关于房山供电公司末端业务融合方案的批复
京电人资〔2016〕59 号	国网北京市电力公司关于通州供电公司末端业务融合方案的批复
京电人资〔2016〕60 号	国网北京市电力公司关于石景山供电公司末端业务融合方案的批复
京电人资〔2016〕61 号	国网北京市电力公司关于平谷供电公司末端业务融合方案的批复
京电人资〔2016〕62 号	国网北京市电力公司关于延庆供电公司末端业务融合方案的批复
京电任〔2016〕1 号	邵晓明等职务任免
京电任〔2016〕2 号	魏世岭等职务任免
京电任〔2016〕3 号	陈爽等职务任免
京电任〔2016〕4 号	张白茹等职务任免
京电任〔2016〕5 号	程晓春等职务任免
京电审〔2016〕9 号	国网北京市电力公司关于贯彻执行《国家电网公司审计工作管理办法》等 3 项通用制度的通知
京电调〔2016〕4 号	国网北京市电力公司关于转发《国家电网公司关于印发〈智能变电站自动化设备检测规范　第 1 部分：概论〉等 2 项技术标准的通知》
京电调〔2016〕16 号	关于印发《国网北京市电力公司用户变电站信息接入及运行管理规定（试行）》的通知
京电调〔2016〕20 号	国网北京市电力公司关于印发《北京电网智能变电站继电保护现场作业安全规范》的通知

续表

文　　号	文件标题
京电调〔2016〕38号	国网北京市电力公司电力调度控制中心关于印发《国网北京市电力公司设备监控信息分析及会商管理规范》的通知
京电调〔2016〕39号	国网北京市电力公司关于印发《北京电网调控运行管理规范》的通知
京电调〔2016〕40号	国网北京市电力公司关于印发《安装柱上断路器的10kV架空线路继电保护整定原则》的通知
京电调〔2016〕41号	国网北京市电力公司电力调度控制中心关于印发《北京电网新设备启动规范》的通知
京电调〔2016〕42号	国网北京市电力公司关于印发《北京电网运行方式管理规范》的通知
京电调〔2016〕43号	国网北京市电力公司电力调度控制中心关于印发《国网北京市电力公司设备监控信息管理规范》的通知
京电调〔2016〕45号	国网北京市电力公司关于印发《国网北京市电力公司电量采集系统运行管理规范》的通知
京电调〔2016〕46号	国网北京市电力公司关于下发《北京电网自动化信息参数配置管理规范》的通知
京电调〔2016〕47号	国网北京市电力公司关于印发《国网北京市电力公司变电站视频监控系统运行管理规范》的通知
京电调〔2016〕48号	国网北京市电力公司关于印发《北京电网调控系统参数管理办法》的通知
京电调〔2016〕49号	国网北京市电力公司调度数据网运行管理规范
京电调〔2016〕54号	国网北京市电力公司关于印发《国网北京市电力公司0.4kV电网调控管理规范（试行）》的通知
京电调〔2016〕58号	国网北京市电力公司关于印发《国网北京市电力公司变电站设备远方一键操作管理规定》的通知
京电调〔2016〕59号	国网北京市电力公司关于下发《北京电网输变电设备改造标准工时（修订）》的通知
京电调〔2016〕60号	国网北京市电力公司关于印发《国网北京市电力公司集中监控告警信息缺陷管理实施细则》的通知
京电物资〔2016〕3号	国网北京市电力公司关于贯彻执行《国家电网公司供应商不良行为处理管理细则》的通知
京电物资〔2016〕8号	国网北京市电力公司关于转发《国家电网公司物资计划管理办法》等10项通用制度的通知
京电营〔2016〕2号	国网北京市电力公司关于印发《国网北京市电力公司反窃电分析预警处置管理办法》的通知
京电营〔2016〕3号	关于印发《国网北京市电力公司“国网北京电力”微信公众号运营管理办法》的通知
京电营〔2016〕4号	国网北京市电力公司关于转发《国家电网公司95598客户服务业务管理办法》的通知
京电营〔2016〕5号	关于印发《国网北京市电力公司“掌上电力”手机客户端运营管理办法（试行）》的通知
京电营〔2016〕20号	关于印发《国网北京市电力公司重要客户服务管理办法（修订）》的通知
京电营〔2016〕24号	关于转发《〈国家电网公司95598客户服务业务管理办法〉释义》的通知
京电营〔2016〕29号	国网北京市电力公司关于国网北京市电力公司用电信息采集系统建设与改造项目可行性研究报告的批复
京电营〔2016〕30号	国网北京市电力公司关于2016年智能电能表及用电采集系统建设项目可行性研究报告的批复
京电营〔2016〕32号	国网北京市电力公司关于2015年国网北京城区供电公司10kV公共充电站外电源新建等十八项工程初步设计的批复
京电营〔2016〕40号	国网北京市电力公司关于国网北京城区供电公司2017年计量装置建设与改造工程等39项电能计量项目可行性研究报告的批复
京电营〔2016〕41号	国网北京市电力公司关于国网北京城区供电公司2017年营业网点标准化建设与改造等39项供电服务类项目可行性研究报告的批复
京电营〔2016〕42号	国网北京市电力公司关于2017年充电桩移建项目等2项智能用电限下项目可行性研究报告的批复
京电营〔2016〕43号	国网北京市电力公司关于2017年通州公司全电厨房电能替代与节能服务展示厅建设等5项市场与能效项目可行性研究报告的批复
京电营〔2016〕44号	国网北京市电力公司关于国网北京城区供电公司2017年营销档案室升级改造等33项用电营业类项目可行性研究报告的批复

续表

文　号	文 件 标 题
京电营〔2016〕46号	国网北京市电力公司关于国网北京信通公司2017年营销档案管理建设（档案数据校验）等3项用电营业项目可行性研究报告的批复
京电营〔2016〕47号	国网北京市电力公司关于国网北京电科院2017年数字电能计量仿真实验室建设项目可行性研究报告的批复
京电营〔2016〕48号	国网北京市电力公司关于2015年国网北京朝阳供电公司10kV祁家坟公交车充电站外电源新建等9项工程初步设计的批复
京电营〔2016〕49号	国网北京市电力公司关于国网北京城区供电公司2016年10kV城市分散快充1号站外电源新建等92项工程初步设计的批复
京电营〔2016〕50号	国网北京市电力公司关于国网北京电科院四惠换电站换电系统改造工程可行性研究报告（项目说明书）评审意见的批复
京电营〔2016〕52号	国网北京市电力公司关于下达朝阳供电公司2016年农村煤改电等16项工程初步设计和概算的批复
京电营〔2016〕53号	国网北京市电力公司关于下达丰台供电公司2016年居民煤改电工程初步设计和概算的批复
京电营〔2016〕54号	国网北京市电力公司关于下达丰台供电公司2016年农村煤改电追加等5项工程初步设计和概算的批复
京电营〔2016〕61号	国网北京市电力公司关于国网北京城区公司2015城市分散快充改建等工程初步设计的批复
京电运检〔2016〕5号	国网北京市电力公司关于印发《架空输电线路在线监测装置使用手册》和《电缆输电线路在线监测装置使用手册》的通知
京电运检〔2016〕6号	国网北京市电力公司关于海淀供电公司大有庄路标准化及分段联络改造工程等十四项工程初步设计的批复
京电运检〔2016〕7号	国网北京市电力公司关于房山供电公司10kV孤山口路网架结构优化工程等4项工程初步设计的批复
京电运检〔2016〕8号	国网北京市电力公司关于昌平供电公司10kV太伟路网架结构优化工程等十四项工程初步设计的批复
京电运检〔2016〕9号	国网北京市电力公司关于城区供电公司10kV崇内路标准化及分段改造工程等二十项工程初步设计的批复
京电运检〔2016〕10号	国网北京市电力公司关于门头沟供电公司10kV斋西路标准化改造工程等十一项工程初步设计的批复
京电运检〔2016〕11号	国网北京市电力公司关于顺义供电公司10kV赵南路分段联络改造工程等三十二项工程初步设计的批复
京电运检〔2016〕12号	国网北京市电力公司关于石景山供电公司10kV廖公庄架空线路标准化及联络改造工程等七项工程初步设计的批复
京电运检〔2016〕16号	国网北京市电力公司关于密云供电公司10kV冯番路标准化改造工程等十一项工程初步设计的批复
京电运检〔2016〕18号	国网北京市电力公司关于丰台供电公司10kV八一厂路标准化及网架结构优化改造工程等十项工程初步设计的批复
京电运检〔2016〕19号	国网北京市电力公司关于通州供电公司10kV周坡路加装分段、联络开关，同步实施自动化及绝缘化改造工程等四十七项工程初步设计的批复
京电运检〔2016〕20号	国网北京市电力公司关于大兴供电公司10kV南三路网架结构优化工程等二十六项工程初步设计的批复
京电运检〔2016〕21号	国网北京市电力公司关于怀柔供电公司10kV红宅路标准化线路改造工程等七项工程初步设计的批复

续表

文　　号	文 件 标 题
京电运检〔2016〕22 号	国网北京市电力公司关于延庆供电公司 10kV 郭家堡路标准化改造工程等十一项工程初步设计的批复
京电运检〔2016〕23 号	国网北京市电力公司关于朝阳供电公司 10kV 大柳树路网架结构优化及标准化改造工程等三十六项工程初步设计的批复
京电运检〔2016〕25 号	国网北京市电力公司关于怀柔供电公司 10kV 汤碾路绝缘化改造工程初步设计的批复
京电运检〔2016〕28 号	国网北京市电力公司关于平谷供电公司 10kV 太务路网架结构优化及线路标准化改造工程等四项工程初步设计的批复
京电运检〔2016〕29 号	关于印发《国网北京市电力公司生产技改大修精益化管理提升工作实施细则（试行）》的通知
京电运检〔2016〕30 号	国网北京市电力公司关于延庆供电公司延西 35kV 变电站改造工程等四项工程初步设计的批复
京电运检〔2016〕31 号	国网北京市电力公司关于丰台供电公司方庄地区 10kV 高可靠性配电网提升工程初步设计批复
京电运检〔2016〕34 号	国网北京市电力公司关于城区供电公司 10kV 达官营路标准化改造工程等二十一项工程初步设计的批复
京电运检〔2016〕39 号	国网北京市电力公司关于昌平供电公司 10kV 龙泽 G1#配电室改造工程等十九项工程初步设计的批复
京电运检〔2016〕47 号	国网北京市电力公司关于密云供电公司 10kV 滨河路标准化改造工程等十一项工程初步设计的批复
京电运检〔2016〕50 号	国网北京市电力公司关于通州供电公司 10kV 皇马路重载线路切改工程等六项工程初步设计的批复
京电运检〔2016〕52 号	关于发布《“国网北京电力”微信公众号电力设施保护有奖举报平台暂行管理办法》的通知
京电运检〔2016〕55 号	国网北京市电力公司关于平谷供电公司 110kV 马坊变电站 10kV 间隔扩建工程等四项工程初步设计的批复
京电运检〔2016〕59 号	关于修编印发《国网北京市电力公司电缆通道断面管理办法》的通知
京电运检〔2016〕68 号	国网北京市电力公司关于印发《国网北京市电力公司智能配电网建设改造技术细则》《国网北京市电力公司“煤改电”建设改造技术细则》的通知
京电运检〔2016〕69 号	国网北京市电力公司关于密云供电公司 10kV 中科二路网架结构完善工程等十项工程初步设计的批复
京电运检〔2016〕71 号	国网北京市电力公司关于房山供电公司张坊 35kV 变电站增容改造工程等两项工程初步设计的批复
京电运检〔2016〕77 号	国网北京市电力公司关于平谷供电公司 10kV 安固路网架结构优化及线路标准化改造工程等 16 项工程初步设计的批复
京电运检〔2016〕80 号	国网北京市电力公司关于海淀供电公司马坊村路标准化及分段联络改造工程等三十八项工程初步设计的批复
京电运检〔2016〕83 号	国网北京市电力公司关于国网北京房山供电公司 10kV 交道路网架结构优化等 20 项工程初步设计的批复
京电运检〔2016〕85 号	国网北京市电力公司关于丰台供电公司 10kV 碾子坟路标准化及网架结构优化改造工程等二十一项工程初步设计的批复
京电运检〔2016〕86 号	国网北京市电力公司关于昌平供电公司北七家站 10kV 东沙各庄分支箱路隐患消除工程等三十七项工程初步设计的批复
京电运检〔2016〕87 号	国网北京市电力公司关于石景山供电公司 10kV 福寿岭路架空线路标准化及分段改造等四项工程初步设计的批复
京电运检〔2016〕89 号	国网北京市电力公司关于延庆供电公司张山营 35kV 变电站改造工程初步设计的批复
京电运检〔2016〕90 号	国网北京市电力公司关于朝阳供电公司 10kV 关东南路网架结构优化改造工程等三十项工程初步设计的批复

续表

文　号	文 件 标 题
京电运检〔2016〕91 号	关于印发《国网北京市电力公司带电检测管理办法》的通知
京电运检〔2016〕92 号	国网北京市电力公司关于国网北京丰台供电公司 10kV 丽泽大厦二路环网改造等四十二项工程初步设计的批复
京电运检〔2016〕93 号	国网北京市电力公司关于门头沟供电公司 10kV 军响路标准化改造工程等十项工程初步设计的批复
京电运检〔2016〕95 号	国网北京市电力公司关于印发《国网北京市电力公司设备（资产）运维精益化管理系统（PMS2.0）数据治理工作方案》的通知
京电运检〔2016〕102 号	国网北京市电力公司关于印发《国网北京市电力公司架空输电线路通道运维管理办法》的通知
京电运检〔2016〕103 号	国网北京市电力公司关于国网北京丰台供电公司 10kV 郭公庄变电站倒改工程初步设计的补充批复
京电运检〔2016〕104 号	国网北京市电力公司关于国网北京怀柔供电公司 2016 年柱上断路器安装工程初步设计的批复
京电运检〔2016〕105 号	国网北京市电力公司关于国网北京延庆供电公司 10kV 扬水路标准化改造等 2 项工程初步设计的批复
京电运检〔2016〕107 号	国网北京市电力公司关于国网北京延庆供电公司 2016 年柱上断路器安装工程初步设计的批复
京电运检〔2016〕108 号	国网北京市电力公司关于国网北京大兴供电公司 10kV 永辛路网架结构优化等 36 项工程初步设计的批复
京电运检〔2016〕109 号	国网北京市电力公司关于国网北京密云供电公司 2016 年柱上断路器安装工程初步设计的批复
京电运检〔2016〕110 号	国网北京市电力公司关于国网北京房山供电公司 2016 年柱上断路器安装工程初步设计的批复
京电运检〔2016〕111 号	国网北京市电力公司关于国网北京门头沟供电公司 2016 年柱上断路器安装工程初步设计的批复
京电运检〔2016〕113 号	国网北京市电力公司关于国网北京平谷供电公司 2016 年柱上断路器安装工程初步设计的批复
京电运检〔2016〕114 号	国网北京市电力公司关于国网北京大兴供电公司 10kV 西集路网架结构优化等四项工程初步设计的批复
京电运检〔2016〕116 号	国网北京市电力公司关于国网北京丰台供电公司 2016 年柱上断路器安装等十项工程初步设计的批复
京电运检〔2016〕119 号	国网北京市电力公司关于印发《国网北京市电力公司 10kV 及以下生产计划工作规范（试行）》的通知
京电运检〔2016〕125 号	国网北京市电力公司关于国网北京朝阳供电公司白家庄变电站所带电缆线路供电可靠性提升等二十二项工程初步设计的批复
京电运检〔2016〕126 号	国网北京市电力公司关于国网北京海淀供电公司 2016 年柱上断路器安装工程等十项工程初步设计的批复
京电运检〔2016〕127 号	国网北京市电力公司关于国网北京昌平供电公司 2016 年柱上断路器安装工程初步设计的批复
京电运检〔2016〕128 号	国网北京市电力公司关于国网北京石景山供电公司 2016 年柱上断路器安装工程初步设计的批复
京电运检〔2016〕129 号	国网北京市电力公司关于国网北京丰台供电公司大灰厂 110kV 变电站主变增容工程初步设计的批复
京电运检〔2016〕130 号	国网北京市电力公司关于国网北京通州供电公司 2016 年柱上断路器安装等四项工程初步设计的批复
京电运检〔2016〕132 号	国网北京市电力公司关于国网北京城区供电公司 10kV 凉水河路标准化改造工程等四十项工程初步设计的批复
京电运检〔2016〕133 号	国网北京市电力公司关于印发《国网北京市电力公司供电设施分界分工管理规定》的通知
京电运检〔2016〕134 号	国网北京市电力公司关于印发《国网北京市电力公司电网实物资产精益化管理工作方案》的通知
京电运检〔2016〕137 号	国网北京市电力公司关于国网北京房山供电公司窦店 35kV 站增容工程初步设计的批复
京电运检〔2016〕138 号	国网北京市电力公司关于国网北京城区供电公司 2016 年柱上断路器安装工程等十五项工程初步设计的批复

续表

文　　号	文　件　标　题
京电运检〔2016〕139号	国网北京市电力公司关于国网北京海淀供电公司10kV黑泉路标准化及分段联络改造工程等五十六项工程初步设计的批复
京电运检〔2016〕140号	国网北京市电力公司关于印发《国网北京市电力公司台区关口计量及采集装置管理工作规范（试行）》的通知
京电运检〔2016〕141号	国网北京市电力公司关于国网北京顺义供电公司2016年柱上断路器安装工程初步设计的批复
京电运检〔2016〕142号	国网北京市电力公司关于国网北京大兴供电公司会战村110kV变电站增容扩建工程初步设计的批复
京电运检〔2016〕143号	国网北京市电力公司关于国网北京怀柔供电公司桥梓110kV变电站（扩建）改造工程初步设计的批复
京电运检〔2016〕144号	国网北京市电力公司关于国网北京亦庄供电公司2016年柱上断路器安装工程初步设计的批复
京电运检〔2016〕145号	国网北京市电力公司关于国网北京怀柔供电公司10kV府东路更换小截面电缆等五项工程初步设计的批复
京电运检〔2016〕148号	国网北京市电力公司关于印发《国网北京市电力公司设备（资产）运维精益管理系统（PMS2.0）应用管理规范》的通知
京电运检〔2016〕150号	国网北京市电力公司关于发布《智能配电网建设劳动竞赛流动红旗评比规则》的通知
京电运检〔2016〕151号	国网北京市电力公司关于国网北京检修公司聂各庄220kV变电站改造（小型化）工程初步设计的批复
京电运检〔2016〕153号	国网北京市电力公司关于国网北京城区供电公司“煤改电”地区老旧设备及消隐改造工程等三项工程初步设计的批复
京电运检〔2016〕156号	国网北京市电力公司关于国网北京顺义供电公司10kV赵全路绝缘化改造及增加分段优化网架等四十五项工程初步设计的批复
京电运检〔2016〕157号	国网北京市电力公司关于国网北京房山供电公司江村站10kV出线间隔扩建等两项工程初步设计的批复
京电运检〔2016〕158号	国网北京市电力公司关于国网北京昌平供电公司10kV陈营一二路隐患消除工程等六项工程初步设计的批复
京电运检〔2016〕164号	国网北京市电力公司关于国网北京朝阳供电公司2016年柱上断路器安装等三项工程初步设计的批复
京电运检〔2016〕166号	国网北京市电力公司关于印发《国网北京市电力公司输电线路视频监控设备运行维护管理规范》的通知
京电运检〔2016〕170号	国网北京市电力公司关于国网北京房山供电公司10kV常乐寺路网架结构优化等六十项工程初步设计的批复
京电运检〔2016〕171号	国网北京市电力公司关于国网北京延庆供电公司永宁35kV变电站改造工程主变增容工程初步设计的批复
京电运检〔2016〕172号	国网北京市电力公司关于国网北京丰台公司10kV云吕路解重载分倒路工程初步设计的批复

统计资料

北京市全社会用电量及分类指标

指标名称	本年累计用电量（亿千瓦时）	增长率（%）	所占比例（%）
全社会用电量	1020.27	7.09	100
A. 全行业用电量	824.84	6.03	80.85
按产业类型分			
第一产业	19.62	6.05	1.92
第二产业	334.32	3.24	32.77
第三产业	470.90	8.10	46.15
按行业类型分			
农、林、牧、渔业	19.62	6.05	1.92
工业	312.97	3.27	30.68
建筑业	21.35	2.84	2.09
交通运输、仓储和邮政业	49.86	6.97	4.89
信息传输、计算机服务和软件业	33.71	17.58	3.30
商业、住宿和餐饮业	91.94	5.73	9.01
金融、房地产、商务及居民服务业	155.53	8.10	15.24
公共事业及管理组织	139.85	7.98	13.71
B. 城乡居民生活用电量	195.43	11.83	19.15
全行业用电量分类	824.84	602.60%	80.85

北京地区变电站分布情况

地区	变电站座数（座）					主变压器容量（万kVA）				
	合计	500kV	220kV	110kV	35kV	合计	500kV	220kV	110kV	35kV
合 计	492	4	78	331	79	9000.585	960	3878	3980.75	181.835
城 区	37	0	6	31		914.2	0	384.0	530.2	
朝阳地区	66	2	18	44	2	2082.95	480.0	927.0	668.0	8.0
海淀地区	51	1	12	38		1547.3	240.0	678.0	629.3	
丰台地区	39	0	8	30	1	754.3	0	399.0	351.3	4.0
石景山地区	8	0	1	7		124	0	36.0	88.0	
亦庄地区	12	0	2	10		251.6	0	126.0	125.6	
通州地区	37	0	6	23	8	528.17	0	288.0	219.7	20.5
昌平地区	43	0	7	29	7	594.31	0	284.0	287.1	23.3

续表

地　区	变电站座数（座）					主变压器容量（万 kVA）				
	合计	500kV	220kV	110kV	35kV	合计	500kV	220kV	110kV	35kV
门头沟地区	12	0	1	6	5	104. 82	0	36. 0	56. 3	12. 5
房山地区	36	0	3	22	11	368. 025	0	126. 0	219. 3	22. 7
大兴地区	37	1	5	28	3	708. 13	240. 0	198. 0	264. 5	5. 6
平谷地区	16	0	1	10	5	123. 8	0	36. 0	75. 8	12. 0
怀柔地区	19	0	2	12	5	204. 38	0	90. 0	107. 6	6. 8
密云地区	25	0	1	11	13	147. 02	0	36. 0	84. 4	26. 7
顺义地区	38	0	4	24	10	432. 54	0	180. 0	228. 7	23. 9
延庆地区	16	0	1	6	9	115. 04	0	54. 0	45. 2	15. 8

各供电公司售电量情况

单位名称	本年累计（万 kWh）	去年累计（万 kWh）	同比（%）
合计	9 183 663	8 605 014	6. 72
城区	1 014 111	972 971	4. 23
朝阳	1 698 129	1 601 575	6. 03
海淀	1 326 226	1 260 779	5. 19
丰台	794 293	744 639	6. 67
石景山	182 468	167 541	8. 91
亦庄	488 234	448 111	8. 95
通州	570 340	519 508	9. 78
昌平	651 078	588 478	10. 64
门头沟	100 175	93 078	7. 62
房山	574 341	563 345	1. 95
大兴	551 974	513 514	7. 49
平谷	147 923	132 686	11. 48
怀柔	175 021	166 498	5. 12
密云	167 946	153 738	9. 24
顺义	657 783	600 135	9. 61
延庆	83 621	78 418	6. 63

国网北京市电力公司营业窗口统计表

序号	供电公司	供电营业窗口名称	地　址	电话	营业时间	窗口类别
1	城区供电公司	城区客服中心营业厅	北京市西城区西直门南小街 174 号	63660839	8:30-17:30 法定节假日休息	A
2	城区供电公司	东城供电营业所营业厅	东城区朝内大街 298 号	65133025	8:30-17:30 法定节假日休息	B
3	城区供电公司	崇文供电服务中心营业厅	珠市口东大街 4-19 号	67071747	8:30-17:30 法定节假日休息	B
4	城区供电公司	西城供电营业所营业厅	北京市西城区西直门内大街 147 号西侧	66012677	8:30-17:30 法定节假日休息	B
5	城区供电公司	宣武供电营业所营业厅	西城区南横东街四平园一号楼一层	63514105	8:30-17:30 法定节假日休息	B
6	城区供电公司	黄寺供电营业所营业厅	西城区黄寺大街 23 号阳光丽景小区北门	62026127	8:30-17:30 法定节假日休息	C
7	朝阳供电公司	安华营业所	朝阳区安贞西里三区七号楼	64435032	8:30-17:30 法定节假日休息	C
8	朝阳供电公司	小庄营业所	朝阳区延静西里八号	65928946	8:30-17:30 法定节假日休息	C
9	朝阳供电公司	华威营业所	朝阳区华威西里甲 18 号	87717289	8:30-17:30 法定节假日休息	C
10	朝阳供电公司	望京营业所	朝阳区望京广顺南大街(眉州东坡酒楼旁)	64740901	8:30-17:30 法定节假日休息	C
11	朝阳供电公司	奥运村营业所	朝阳区北辰东路凯迪克酒店北侧	63661307	8:30-17:30 法定节假日休息	C
12	朝阳供电公司	十里居营业所	朝阳区南十里居东风家园 42 号	84569273	8:30-17:30 法定节假日休息	C
13	朝阳供电公司	翠城营业所	朝阳区翠城馨园 405 甲楼,有国家电网标志	67299380	8:30-17:30 法定节假日休息	B
14	朝阳供电公司	客户服务中心	朝阳区百子湾西里 303 号(朝阳区交通支队)北侧	63232904	8:30-17:30 法定节假日休息	A
15	海淀供电公司	客服中心营业厅	北京市海淀区常青路 6 号院	63232574	8:30-17:30 法定节假日休息 注:周休日和法定节假日不办理增值税发票和业务费用收取	A
16	海淀供电公司	双榆树供电营业所	海淀区双榆树南里二区 8 号	63129796	8:30-17:30 法定节假日休息	C
17	海淀供电公司	航天桥供电营业所	海淀区阜成路 28 号旁国家电网	68475408	8:30-17:30 法定节假日休息	C
18	海淀供电公司	东升供电营业所	海淀区中关村东路 21 号旁国家电网	82863381	8:30-17:30 法定节假日休息	C
19	海淀供电公司	四季青供电所	海淀区闵西桥路口向西 200 米路北	62594883	8:30-17:30 法定节假日休息	C
20	海淀供电公司	海淀供电所	海淀区树村万树园小区 30 号楼	82794973	8:30-17:30 法定节假日休息	C

续表

序号	供电公司	供电营业窗口名称	地　　址	电话	营业时间	窗口类别
21	海淀供电公司	上庄供电所	海淀区上庄镇上庄路99号	62471344	8:30-17:30法定节假日休息	C
22	海淀供电公司	西北旺供电所	海淀区西北旺镇皇后店村西	62473639	8:30-17:30法定节假日休息	C
23	海淀供电公司	苏家坨供电所	海淀区苏家坨镇苏一路凤仪佳苑小区二里北门	59848472	8:30-17:30法定节假日休息	C
24	海淀供电公司	温泉供电所	海淀区温泉镇杨家庄南山	62458830	8:30-17:30法定节假日休息	D
25	丰台供电公司	客服中心	丰台区丰北路117号	63813160	8:30-17:30	A
26	丰台供电公司	云岗供电营业所	丰台区云岗镇南里2号院	83319742	8:30-17:30	C
27	丰台供电公司	和义供电营业所	丰台区南苑北里三区6号楼西侧	67961801	8:30-17:30	C
28	丰台供电公司	方庄供电营业所	丰台区芳古园二区甲10号楼	67680359	8:30-17:30	C
29	丰台供电公司	马家堡供电营业所	丰台区北甲地路2号院4号楼东侧	63120002	8:30-17:30	C
30	丰台供电公司	科技园供电营业所	丰台区富锦家园二区2号楼	83624425	8:30-17:30	C
31	石景山供电公司	客户服务中心营业厅	石景山区鲁谷路59号	68653081	8:30-17:30	A
32	亦庄供电公司	客户服务中心营业厅	北京市亦庄经济技术开发区北环东路11号	63665015	8:30-17:30	C
33	通州供电公司	宋庄供电所营业厅	北京市通州区宋庄镇京榆旧路谷德玛特超市对面	89579882	8:00-17:00法定节假日休息	C
34	通州供电公司	梨园供电所营业厅	北京市通州区梨园地区日新路东侧	81519058	8:00-17:00法定节假日休息	C
35	通州供电公司	永顺供电所营业厅	通州区永顺镇陈列馆路焦王庄村南	89593825	8:00-17:00法定节假日休息	C
36	通州供电公司	马驹桥供电所营业厅	通州区马驹桥镇政府东侧(六环路马驹桥3号桥下能源站北)	60592005	8:00-17:00法定节假日休息	C
37	通州供电公司	台湖供电所营业厅	北京市通州区台湖镇次渠大街次渠中学东侧	69501731	8:30-17:30法定节假日休息	C
38	通州供电公司	潞城供电所营业厅	通州区潞城镇运河东大街南侧郝家府村东500米	89580891	8:00-17:00法定节假日休息	C
39	通州供电公司	西集供电所营业厅	通州区西集镇通香路西集环岛往南500米	61579000	8:00-17:00法定节假日休息	C
40	通州供电公司	张家湾供电所营业厅	北京市通州区张家湾镇光华路西侧	69572302	8:00-17:00法定节假日休息	C
41	通州供电公司	漷县供电所营业厅	通州区漷县镇漷兴二街与京津公路交叉口	80586718	8:00-17:00法定节假日休息	C
42	通州供电公司	永乐店供电所营业厅	通州区于家乡渠头大街51号	80521054	8:00-17:00法定节假日休息	C
43	通州供电公司	供电营业所营业厅	通州区九棵树瑞都国际小区东侧	69547385	8:30-17:30	B
44	通州供电公司	客户服务中心营业厅	通州区玉带河东街356号	63666139	8:30-17:30法定节假日休息(不办理电费业务)	C
45	昌平供电公司	昌平供电公司营业大厅	昌平区永安路33号	63667156	8:30-17:30	A
46	昌平供电公司	昌平流村供电所	北京市昌平区流村镇人民政府西侧	89771015	8:00-17:00	C

续表

序号	供电公司	供电营业窗口名称	地　址	电话	营业时间	窗口类别
47	昌平供电公司	东小口供电所	昌平区东小口镇中滩村北	84816897	8:30-17:30	C
48	昌平供电公司	百善供电所	北京市昌平区百善镇百善村西北	61739297	8:30-17:30	C
49	昌平供电公司	马池口供电所	北京市昌平区马池口镇上念头村北	60700030	8:30-17:30	C
50	昌平供电公司	小汤山供电所	小汤山邮局东 80 米	61785374	8:30-17:30	C
51	昌平供电公司	阳坊供电所	北京市昌平区阳坊镇阳坊村北	69760519	8:30-17:30	C
52	昌平供电公司	昌平回龙观供电所	霍营派出所北 150 米	69791352	8:30-17:30	C
53	昌平供电公司	沙河供电所	沙河镇松兰堡村北侧	80703137	8:30-17:30	C
54	昌平供电公司	南口供电所	北京市昌平区南口镇马坊村南	80191220	8:30-17:30	C
55	昌平供电公司	南邵供电所	北京市昌平区南邵镇政府西 200 米路北	60732144-8101	8:30-17:30	C
56	昌平供电公司	北七家供电所	北京市昌平区北七家镇燕丹村东	81752266	8:30-17:30	C
57	昌平供电公司	崔村供电所	北京市昌平区崔村镇西崔村村北	60721395	8:30-17:30	C
58	昌平供电公司	十三陵供电所	北京市昌平区十三陵镇定陵路口西侧 200 米	60761874	8:30-17:30	B
59	昌平供电公司	兴寿供电所	兴寿邮局向北 200 米路西(门口国家电网标牌)	61726146	8:00-17:00	C
60	门头沟供电公司	客户服务中心	门头沟区滨河路 66 号	63668556	8:30-17:30	A
61	门头沟供电公司	龙泉供电所	门头沟区城子大街 3 号	69844656	8:30-17:30	C
62	门头沟供电公司	永定供电所	门头沟区永定镇石门营环岛东路 1 号	69804934	8:30-17:30	D
63	门头沟供电公司	潭柘寺供电所	门头沟区鲁家滩大街 4 号	60861465	8:30-17:30	D
64	门头沟供电公司	妙峰山供电所	门头沟区陇家庄村坟上妙峰山供电所	61881412	8:30-17:30	D
65	门头沟供电公司	清水供电所	门头沟区清水镇上清水村清水供电所	60855075	8:30-17:30	D
66	门头沟供电公司	斋堂供电所	门头沟区斋堂镇东斋堂村东斋堂供电所	69818805	8:30-17:30	D
67	门头沟供电公司	雁翅供电所	门头沟区雁翅镇芹峪口下马岭村 1 号	61830371	8:30-17:30	D
68	房山供电公司	国网房山客户服务中心供电营业厅	北京市房山区广阳西路 11 号西侧营销服务中心	63669566(工作日) 63669660(节假日)	8:30-17:300	A
69	房山供电公司	国网阎村供电所供电营业厅	北京市房山区阎村镇紫园路 108 号	89313809	8:30-17:30	C
70	房山供电公司	国网琉璃河供电所供电营业厅	北京市房山区琉璃河镇东街 27 号	89381006	8:30-17:30	C
71	房山供电公司	国网窦店供电所供电营业厅	北京市房山区窦店镇窦店镇政府向北 200 米路西	69392805	8:30-17:30	C
72	房山供电公司	国网城关供电所供电营业厅	北京市房山区城关饶乐府村南	69314277	8:30-17:30	C
73	房山供电公司	国网佛子庄供电所供电营业厅	北京市房山区佛子庄乡西班各庄村	60360026	8:00-17:00	C
74	房山供电公司	国网佛子庄供电所河北供电营业厅	北京市房山区河北镇邮局东 20 米	60377632	8:30-17:30 法定节假日休息	D
75	房山供电公司	国网佛子庄供电所大安山供电营业厅	北京市房山区大安山乡乡政府路口	60373284	8:00-17:00 法定节假日休息	D

续表

序号	供电公司	供电营业窗口名称	地　址	电话	营业时间	窗口类别
76	房山供电公司	国网佛子庄供电所南窖供电营业厅	房山区南窖乡南窖村(乡政府院内)	60375621	8:00-17:00 法定节假日休息	D
77	房山供电公司	国网青龙湖供电所供电营业厅	北京市房山区青龙湖镇豆各庄村	60321668	8:00-17:00	C
78	房山供电公司	国网张坊供电所供电营业厅	北京市房山区张坊镇张坊村东	61339774	8:30-17:30	C
79	房山供电公司	国网石楼供电所供电营业厅	北京市房山区石楼镇石楼大街 39 号	89300083	8:00-17:00	C
80	房山供电公司	国网长阳供电所供电营业厅	房山区长阳镇广阳大街中路天骄骏园小区对面	80356551	8:30-17:30	C
81	房山供电公司	国网良乡供电所供电营业厅	北京市房山区良乡西路临 13 号	60382528	8:30-17:30	C
82	房山供电公司	国网长沟供电所供电营业厅	房山区长沟镇西长沟村	61363384	8:00-17:00	C
83	房山供电公司	国网长沟供电所石窝供电营业厅	房山区大石窝镇石窝村	61323101	8:00-17:00 法定节假日休息	D
84	房山供电公司	国网周口店供电所供电营业厅	北京市房山区周口店大街 1 号	69303918	8:30-17:30	B
85	房山供电公司	国网韩村河供电所供电营业厅	北京市房山区韩村河镇五侯路口	61312088	8:00-17:00	C
86	房山供电公司	国网霞云岭供电所供电营业厅	房山区霞云岭乡霞云岭村凉水泉	60367011	8:30-17:30	C
87	大兴供电公司	安定供电所营业厅	大兴区安定镇兴安大街 17 号	63233552	8:00-17:00	C
88	大兴供电公司	北臧村供电所营业厅	北京市大兴区北臧村供电所(京开高速兆丰桥出口向西 2.5 公里)	60276146-806	8:00-17:00	C
89	大兴供电公司	采育供电所营业厅	大兴区采育镇消防队东 200 米	80276542	8:00-17:00	C
90	大兴供电公司	黄村供电所营业厅	北京市大兴区黄村镇孙村卫生院南侧	61268100	8:00-17:00	C
91	大兴供电公司	旧宫供电所营业厅	旧宫镇小红门路幻星家园北侧路口里	87970320	8:00-17:00	C
92	大兴供电公司	客户服务中心营业厅	大兴区黄村镇兴政街一号	63670270	8:30-17:30	A
93	大兴供电公司	新城北区营业厅	大兴区黄村镇康庄路 53 号院康泰园小区底商 8-1 号	63670568	8:30-17:30	C
94	大兴供电公司	礼贤供电所营业厅	北京市大兴区礼贤镇青礼路 3 号	89275865	8:00-17:00	C
95	大兴供电公司	庞各庄供电所营业厅	庞各庄镇瓜乡桥向西 2000 米路南	89289989	8:00-17:00	C
96	大兴供电公司	青云店供电所营业厅	青云店镇堡上村村东	80211760-8001	8:00-17:00	C
97	大兴供电公司	魏善庄供电所营业厅	大兴区魏善庄镇半壁店工业街路北	89232919	8:00-17:00	C
98	大兴供电公司	西红门供电所营业厅	北京市大兴区西红门镇宏康路 17 号东院	63670526	8:00-17:00	B
99	大兴供电公司	瀛海供电所营业厅	瀛海镇派出所对面	69272318	8:00-17:00	C
100	大兴供电公司	榆垡供电所营业厅	北京市大兴区榆垡镇榆平路 4 号	63670772	8:00-17:00	C
101	大兴供电公司	芦城供电所营业厅	大兴区黄村镇西芦城村西 500 米	61239569	8:00-17:00	C

续表

序号	供电公司	供电营业窗口名称	地　址	电话	营业时间	窗口类别
102	大兴供电公司	长子营供电所营业厅	长子营大街政府东100米	80265747	8:00-17:00	C
103	平谷供电公司	客户服务中心营业厅	平谷区新平南路239号	63671050	8:30-17:30法定节假日休息	A
104	平谷供电公司	城区供电所	平谷区府前街国泰路口东北角（国美电器东）	63671780	8:30-17:30法定节假日休息	C
105	平谷供电公司	大华山供电所	大华山镇大华山村西	63671630	8:00-17:00法定节假日休息	C
106	平谷供电公司	峪口供电所	峪口镇政府西	63671369	8:00-17:00法定节假日休息	C
107	平谷供电公司	马昌营供电所	马昌营镇海子村东	61981024	8:00-17:00法定节假日休息	C
108	平谷供电公司	马坊供电所	马坊镇二条街村南	60996380	8:00-17:00法定节假日休息	C
109	平谷供电公司	东高村供电所	东高村镇大旺务村西	63671654	8:00-17:00法定节假日休息	C
110	平谷供电公司	夏各庄供电所	夏各庄镇政府路口北260米路东	63671498	8:00-17:00法定节假日休息	C
111	平谷供电公司	金海湖供电所	金海湖镇胡庄东环路8号	69992199	8:00-17:00法定节假日休息	C
112	平谷供电公司	山东庄供电所	山东庄镇小北关东环路4号	60937604	8:00-17:00法定节假日休息	C
113	平谷供电公司	王辛庄供电所	平谷镇谷丰东路2号	61921427	8:00-17:00法定节假日休息	C
114	怀柔供电公司	客户服务中心营业厅	北京市怀柔区湖光小区36号	69652449	9:00-18:00	A
115	怀柔供电公司	城区供电所营业厅	北京市怀柔区开放路111号	61630210	8:00-17:00	B
116	怀柔供电公司	庙城供电所营业厅	北京市怀柔区庙城镇庙城政府南庙城供电所	60695329	8:00-17:00	C
117	怀柔供电公司	杨宋供电所营业厅	怀柔区杨宋镇凤翔开发区杨宋镇政府西1000米	61675343	8:00-17:00	C
118	怀柔供电公司	北房供电所营业厅	北京市怀柔区北房镇幸福东街68号	61684543	8:00-17:00	C
119	怀柔供电公司	雁栖供电所营业厅	北京市怀柔区雁栖镇雁栖大街38号	61668871	8:00-17:00	C
120	怀柔供电公司	梓梓供电所营业厅	怀柔区桥梓镇前辛庄村南	60673067	8:00-17:00	D
121	怀柔供电公司	汤河口供电所营业厅	北京市怀柔区汤河口镇汤河口村45号	89671988	8:00-17:00	D
122	密云供电公司	客服中心营业厅	密云县新中街3号	69056571	8:30-17:30	A
123	密云供电公司	城区供电所营业厅	密云县长安小区西区1号楼5号门脸	69059223	8:30-17:30	C
124	密云供电公司	河南寨供电所营业厅	密云县河南寨镇套里村北	61086123	8:30-17:30	C
125	密云供电公司	溪翁庄供电所营业厅	密云县溪翁庄镇溪翁庄村（镇政府西侧100米）	69011315	8:30-17:30	C
126	密云供电公司	冯家峪供电所营业厅	密云县冯家峪镇冯家峪村	81060094	8:30-17:30	D
127	密云供电公司	十里堡供电所营业厅	密云县十里堡镇王各庄村对面	89021551	8:30-17:30	C
128	密云供电公司	巨各庄供电所营业厅	密云县巨各庄镇政府东侧	63234314	8:30-17:30	C
129	密云供电公司	东邵渠供电所营业厅	密云县东邵渠镇太保庄村北东侧	61061995	8:30-17:30	D
130	密云供电公司	大城子供电所营业厅	密云县大城子镇高庄子村	61071180	8:30-17:30	D

续表

序号	供电公司	供电营业窗口名称	地　址	电话	营业时间	窗口类别
131	密云供电公司	西田各庄供电所营业厅	密云县西田各庄镇西田各庄村北	61015689	8:30-17:30	C
132	密云供电公司	太师屯供电所营业厅	密云县太师屯镇葡萄园村	69032674	8:30-17:30	D
133	密云供电公司	北庄供电所营业厅	密云县北庄镇北庄村	81001026	8:30-17:30	D
134	密云供电公司	高岭供电所营业厅	密云县高岭镇高岭村西(镇政府西边)	81081384	8:30-17:30	D
135	密云供电公司	古北口供电所营业厅	密云县古北口镇河西村桥头西侧	81051373	8:30-17:30	D
136	密云供电公司	不老屯供电所营业厅	密云县不老屯镇不老屯村北(镇政府北150米)	81090891	8:30-17:30	D
137	顺义供电公司	客户服务中心营业厅	顺义区站前北街四号	63674876	9:00-18:00	A
138	顺义供电公司	李桥供电所营业厅	顺义区李桥镇沿河村西	63234587	8:00-17:00	C
139	顺义供电公司	仁和供电所营业厅	顺义区仁和镇米各庄村北	63234726	8:00-17:00	C
140	顺义供电公司	高丽营供电所营业厅	顺义区高丽营学校对面	63234564	8:00-17:00	C
141	顺义供电公司	杨镇供电所营业厅	顺义区杨镇工业区内	63234760	8:00-17:00	C
142	顺义供电公司	北石槽供电所营业厅	顺义区北石槽镇府前西街13号	63234475	8:00-17:00	C
143	顺义供电公司	北小营供电所营业厅	顺义区北小营镇西乌鸡村南	63674963	8:00-17:00	C
144	顺义供电公司	大孙各庄供电所营业厅	顺义区大孙各庄镇府前东街17号	63234543	8:00-17:00	C
145	顺义供电公司	后沙峪供电所营业厅	顺义区后沙峪镇裕安路4号	63234572	8:00-17:00	C
146	顺义供电公司	龙湾屯供电所营业厅	顺义区龙湾屯镇焦庄户村南2000米	63234625	8:00-17:00	C
147	顺义供电公司	南法信供电所营业厅	顺义区南法信镇府前街刘家河段1号	63234689	8:00-17:00	C
148	顺义供电公司	天竺供电所营业厅	顺义区天竺镇小王辛庄南路6号	63234739	8:00-17:00	C
149	顺义供电公司	赵全营供电所营业厅	顺义区赵全营镇政府西侧100米路北	63674979	8:00-17:00	C
150	顺义供电公司	南彩供电所营业厅	顺义区南彩镇河北村南	63674881	8:00-17:00	C
151	顺义供电公司	牛栏山供电所营业厅	顺义区牛栏山镇先进村北	63234707	8:00-17:00	C
152	顺义供电公司	木林供电所营业厅	顺义区木林镇木林教师楼北	63674984	8:00-17:00	C
153	顺义供电公司	张镇供电所营业厅	顺义区张镇派出所南侧200米	63234768	8:00-17:00	C
154	顺义供电公司	马坡供电所营业厅	顺义区马坡镇马坡幼儿园东侧	63674861	8:00-17:00	C
155	顺义供电公司	北务供电所营业厅	顺义区北务镇北务村北	63234509、63234510	8:00-17:00	C
156	顺义供电公司	李遂供电所营业厅	顺义区李遂镇工业区内	63234603	8:00-17:00	C
157	延庆供电公司	客户服务中心营业厅	北京市延庆县庆园街53号	69187024	8:30-17:30	A
158	延庆供电公司	旧县供电所营业厅	北京市延庆县旧县商业街西南(旧县镇政府对面)	61151874	8:30-17:30	C
159	延庆供电公司	沈家营营业所营业厅	延庆县沈家营镇八里店东岔口路北	69103142	8:00-17:00	D
160	延庆供电公司	香营营业所营业厅	北京市延庆县香营乡政府西	60162177	8:00-17:00	D
161	延庆供电公司	永宁供电所营业厅	北京市延庆县永宁西关村北	60171219	8:30-17:30	C
162	延庆供电公司	刘斌堡营业所营业厅	北京市延庆县刘斌堡乡政府东侧	60181794	8:00-17:00	D
163	延庆供电公司	大庄科营业所营业厅	北京市延庆县大庄科乡政府东侧	60189915	8:00-17:00	D
164	延庆供电公司	千家店供电所营业厅	北京市延庆县千家店镇政府斜对面	60188112	8:30-17:30	C
165	延庆供电公司	张山营供电所营业厅	北京市延庆县温泉馨苑小区北侧	69147931	8:30-17:30	C

续表

序号	供电公司	供电营业窗口名称	地　　址	电话	营业时间	窗口类别
166	延庆供电公司	张山营营业所营业厅	北京市延庆县张山营镇政府东	69112532	8:00-17:00	D
167	延庆供电公司	大榆树供电所营业厅	北京市延庆县大榆树镇刘家堡村南	61182473	8:30-17:30	C
168	延庆供电公司	八达岭供电所营业厅	北京市延庆县八达岭镇营城子村东	69129439	8:00-17:00	D
169	延庆供电公司	康庄营业所营业厅	北京市延庆县康庄镇政府院西	69131327	8:30-17:30	C
170	延庆供电公司	四海供电所营业厅	北京市延庆县四海镇四海村	60187110	8:00-17:00	C

备注:A、B类窗口为无周休日营业窗口。

集体企业名录(含无资本组带及代管企业)

序号	企　业　名　称	企业隶属关系
1	北京市华商电力开发公司	平台企业出资人
2	北京华商伟业资产管理有限公司	集体资产经营平台
3	北京华商远大电力建设有限公司	下属集体企业
4	北京华商三优新能源科技有限公司	下属集体企业
5	北京潞电电气设备有限公司	下属集体企业
6	北京谷晨电力工程有限公司	下属集体企业
7	北京华商绘都建筑有限责任公司	下属集体企业
8	北京京电电力工程设计有限公司	下属集体企业
9	北京吉北电力工程咨询有限公司	下属集体企业
10	北京潞电电力设计有限公司	下属集体企业
11	北京华商能源管理有限公司	下属集体企业
12	北京银杰供电民用电有限公司	下属集体企业
13	北京中电联汽车服务有限责任公司	下属集体企业
14	北京华商利通汽车服务有限公司	下属集体企业
15	北京华商电灯有限公司	下属集体企业
16	北京华商海泰科技发展有限公司	下属集体企业
17	北京鑫业博诚电力设计有限公司	下属集体企业
18	北京谷新投资管理有限公司	下属集体企业
19	北京华商鹏达物业管理有限公司	下属集体企业
20	北京城区供电开发有限公司	下属集体企业
21	北京朝阳电力实业开发有限公司	下属集体企业
22	北京海淀供电实业开发有限公司	下属集体企业
23	北京丰供送变电工程有限责任公司	下属集体企业
24	北京市银光电力工程有限公司	下属集体企业
25	北京亦利和电力工程安装有限责任公司	下属集体企业
26	北京潞电电力建设有限公司	下属集体企业
27	北京市京电博源供用电工程安装有限公司	下属集体企业
28	北京门供电力工程有限公司	下属集体企业
29	北京房供电力工程有限责任公司	下属集体企业
30	北京首兴安成电力工程有限公司	下属集体企业

续表

序号	企业名称	企业隶属关系
31	北京绿谷光明电力工程有限公司	下属集体企业
32	北京市京怀电力工程安装有限公司	下属集体企业
33	北京云电电气有限责任公司	下属集体企业
34	北京顺力成电力设备安装维修有限公司	下属集体企业
35	北京诚惠电力工程有限公司	下属集体企业
36	北京金电联供用电咨询有限公司	下属集体企业
37	北京华联京电工程建设监理有限公司	下属集体企业
38	北京鼎诚供电设备安装有限责任公司	下属集体企业
39	北京市北电电能调试安装服务有限公司	下属集体企业
40	北京新悦广发电力工程有限公司	下属集体企业
41	北京京电电网维护集团有限公司	下属集体企业
42	北京华商电力管道有限公司	下属集体企业
43	北京博瑞翔伦科技发展有限公司	下属集体企业
44	北京华商科技有限责任公司	下属集体企业
45	北京惟明力通工程监理有限责任公司	下属集体企业
46	北京华德电力工程有限公司	下属集体企业
47	北京北电华明物业管理有限公司	下属集体企业
48	北京华光锅炉设备安装有限公司	下属集体企业
49	北京京供民科技开发有限公司	下属集体企业
50	北京路明路灯电气安装有限公司	下属集体企业
51	北京城市虹光照明科技有限公司	下属集体企业
52	北京路特明电气安装有限公司	下属集体企业
53	北京市明都饭店有限公司	下属集体企业